全国高职院校电类专业
招生考试辅导教程

杨清德　林安全　主编

電子工業出版社
Publishing House of Electronics Industry
北京·BEIJING

内 容 简 介

本书共 15 章，包括最新版"电工技术基础与技能"、"电子技术基础与技能"、"电子测量仪器"等课程的内容。全书以 2015 年高职考试大纲为纲，以考生为本，立足教材，对考点做到精讲、精析、精练，让读者能举一反三，顺顺利利圆大学梦。

本书是三年制职业高中电类专业学生参加对口高职招生考试的复习备考教程，也可供非毕业班学生使用，还可供从事电子、电工技术的专业人员参考。

图书在版编目（CIP）数据

全国高职院校电类专业招生考试辅导教程/杨清德，林安全主编 . —北京：电子工业出版社，2014.3

ISBN 978-7-121-22383-9

Ⅰ . ①全… Ⅱ . ①杨… ②林… Ⅲ . ①电工技术－高等职业教育－教学参考资料 Ⅳ . ①TM

中国版本图书馆 CIP 数据核字（2014）第 010975 号

策划编辑：王敬栋（wangjd@ phei. com. cn）
责任编辑：周宏敏　　　文字编辑：张　迪
印　　刷：北京虎彩文化传播有限公司
装　　订：北京虎彩文化传播有限公司
出版发行：电子工业出版社
　　　　　北京市海淀区万寿路 173 信箱　邮编　100036
开　　本：787×1 092　1/16　印张：21　字数：537.6 千字
版　　次：2014 年 3 月第 1 版
印　　次：2023 年 8 月第 15 次印刷
定　　价：49.80 元

凡所购买电子工业出版社图书有缺损问题，请向购买书店调换。若书店售缺，请与本社发行部联系，联系及邮购电话：(010) 88254888。

质量投诉请发邮件至 zlts@ phei. com. cn，盗版侵权举报请发邮件至 dbqq@ phei. com. cn。

服务热线：(010) 88258888。

前　言

本书根据 2015 年全国部分省市中等职业学校对口高职招生考试电类专业复习大纲的要求，参照最新版的中等职业教育课程改革国家规划新教材，分析近三年对口高职招生考试命题的趋势编写而成。

本书涉及"电工技术基础与技能"、"电子技术基础与技能"、"电子测量仪器"等课程的内容。编排体系与所学教材相对应，结构包括考试要求、知识要点、解题方法指导、典例剖析、自我检测、模拟试题等模块，部分习题提供了参考答案或解题思路。

本书按照"重视基础，突出重点，分解难点，捕捉热点"的编写原则，在复习方法、解题技巧、解题思路等方面给予考生最大的帮助，让考生能用最少的时间掌握最全面的知识，达到最好的备战状态。本书经过近 8 年的使用和教师、学生的信息反馈，不断完善，已成为广大教师和学生的一本备考指南书和应试实战书。

为帮助考生能够扎实地掌握考试大纲所要求的内容，书中设计了大量的习题。其中，70% 为容易题，20% 为中等难度题，10% 为难度题。模拟试题的分值比例为电工技术基础与技能约为 40%，电子技术基础与技能约为 40%，电子测量仪器约为 20%。

本书是三年制职业高中电类专业学生参加对口高职考试的复习备考教程，也可供非毕业班学生使用，还可供从事电子、电工技术的专业人员参考。

本书由特级教师杨清德、研究员林安全主编。参加编写的人员全部都是高级讲师，他们是谭定轩、张川、鲁世金、丁汝玲、赵顺洪、沈文琴、官伦、杨祖荣、乐发明、兰晓军、杨卓荣、林红、冉洪俊、柯世民、童光法、郭建。

本书在编写过程中，得到了部分参加中等职业教育课程改革国家规划新教材编写的主编、高考命题教师等权威专家的指导，并得到部分省市教委职成处和教科院领导的大力支持和帮助，在此一并表示感谢。本书引用了一些例题、习题，未同原作者商榷，特此致歉。

由于编者水平有限，加之时间仓促，书中难免存在缺点和错误，敬请各位老师和读者批评指正。

编　者

2014 年 10 月

目　　录

第三篇　电子测量仪器

第四篇　模拟考试题

第 一 篇

电工技术基础与技能

第1章
安全用电与用电保护常识

📖 **考试要求**

○ 了解安全用电常识。
○ 较熟练使用相关的常用仪器、仪表和工具。

💡 **知识要点**

一、参观实训室

（1）实训室的交流电源包括总供电交流电源和每个实训操作台的交流电源两部分。

① 总供电交流电源由一个配电控制箱组成，一般采用三相五线制电源供电。

② 每个实训操作台的交流电源一般位于实训台的左侧，其组成如图1-1所示。

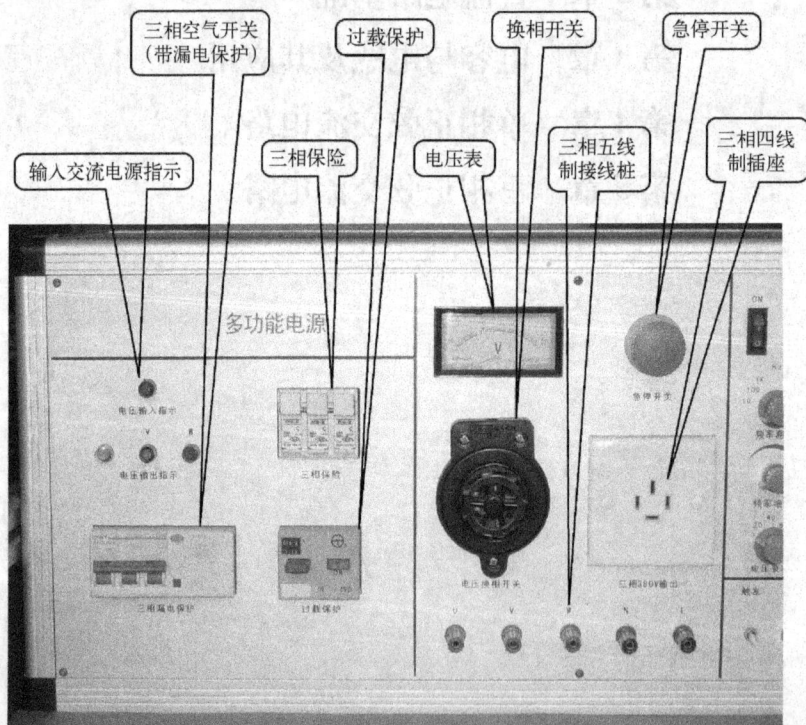

图 1-1　实训台上的交流电源

（2）实训室的直流电源可以采用输出电压可调的直流电源，也可以采用实训台提供的多组直流电源。

（3）常用的电工工具有电烙铁、螺钉旋具、试电笔、电工刀、钢丝钳、尖嘴钳、斜口钳、剥线钳、活络扳手等，其主要用途见表 1-1。

表 1-1　常用电工工具的用途

序号	工具名称		实 物 图	主 要 用 途
1	电烙铁			焊接导线、元器件
2	螺钉旋具			拧松或拧紧螺钉
3	试电笔			检测电气线路及用电器是否带电
4	电工刀			剥削导线绝缘层，削制其他物品
5	电工钳	钢丝钳		主要用于剪切导线、金属线，也可用于夹持物品及工件
		尖嘴钳		主要用于剪切截面积较小的导线，以及在较小的空间操作及钳持小零件
		斜口钳		用于电路安装时剪断较细的导线或金属线
		剥线钳		剥削导线线头的绝缘层
6	活络扳手			旋动带角的螺杆和螺母

（4）常用电工仪表有电压表、电流表、万用表、钳形电流表、兆欧表。此外，还有示波器、信号发生器等仪器。其功能及用途见教材中的介绍。

（5）实训室安全操作规程张贴在墙壁上比较显眼的位置，它规定了实训者在实训室什么可以做、什么不可以做、做什么、怎么做等。在进行实训时，必须严格遵守安全操作规程，否则会危及自己或他人及国家财产的安全。

二、安全用电常识

1. 安全电压

较长时间接触不会对人体造成伤害（致死或致残）的电压称为安全电压。我国规定了 5 个安全电压等级，即 42V、36V、24V、12V、6V。

应根据作业场所、操作条件、使用方式、供电方式、线路状况等因素选用安全电压等级。即便是安全电压，也有可能产生不安全因素，因此要时刻注意安全用电。

2. 安全用电要注意的问题

（1）建立完善的安全用电制度，树立安全用电意识。
（2）操作规范，养成安全用电习惯。

3. 触电的类型及原因

人体接触带电物体，在电流的作用下造成对人体伤害的现象称为触电。触电的种类有电击和电伤两种。

记忆口诀

人体为何会触电，是因人体如导线。
加之大地零电位，没有绝缘祸跟随。
电流要向地下跑，如同水往地下流。
近离裸线有危险，接近带电会触电。
电流产生热效应，轻则受伤重要命。
电流伤害有两种，电击伤和电灼伤。

人体触电的原因主要有以下 4 个：电气操作制度不健全或不遵守规章制度；用电设备不合格；用电不谨慎；线路敷设不合格。

4. 触电方式

我们平常说的触电，大多是电击。在电击中，根据人体接触带电体的具体情况，可分为 3 种触电方式，分别是单相触电、两相触电和跨步电压触电。

记忆口诀

安全用电很重要，触电类型要记牢。
单相两相和跨步，安全距离保平安。
静电以及感应电，及时消除有必要。
不懂千万别乱摸，练就技能事故防。

5. 触电的现场处理

（1）让触电者尽快脱离电源。常用的方法有拉闸（切断电源）、拉离（让触电者脱离电源）、挑开（用绝缘杆拨开触电者身上的电线）、抛线（抛接地线，使电路跳闸）。

记忆口诀

有人触电莫手牵，伤员脱电最关键。

切断电源是首先，干燥竹木挑电线。

如果身边无工具，干燥衣服也可用。

脱电伤员要平放，检查呼吸和心跳。

人工急救不间断，联系医生要尽快。

（2）触电发生时，当触电者脱离电源后，应尽量将他移至通风干燥处仰卧，松开衣领、裤带，畅通呼吸道。对触电者急救越及时，救治效果就越好，见表1-2。

表1-2　急救时间与救治效果

开始急救时刻	救治效果
1分钟	90%有良好效果
6分钟	10%有良好效果
12分钟	救活的可能性极小
超过15分钟	基本上是触电者死亡

（3）对于神志清醒、呼吸心跳均自主者，让触电者就地平躺，严密观察，暂时不要他站立或走动，防止休克。

（4）若发现触电者呼吸停止，一般可采用口对口人工呼吸法进行急救；发现触电者心跳停止时，一般可采用胸外心脏挤压法进行急救。

若发现触电者呼吸、心跳均停止，可同时采用口对口人工呼吸法和心脏胸外挤压法，进行双重施救。双重施救又分为双人施救法和单人施救法两种。如果现场有两人以上，可以采取双人施救法；如果现场只有一人（或者只有一人懂触电急救），则采用单人施救法。

（5）边急救，边呼叫120。就近送触电者去医院治疗。在转送触电者去医院途中，抢救工作不能中断。

6. 口对口人工呼吸法

口对口人工呼吸法采用人工方法使气体有节律地进入肺部，再排出体外，使触电者获得氧气，排出二氧化碳，人为地维持呼吸功能。

口对口人工呼吸法操作要领

伤员仰卧平地上，解开领扣松衣裳。

张口捏鼻手抬颌，贴嘴吹气看胸张。

张口困难吹鼻孔，五秒一次吹正常。

吹气多少看对象，大人小孩要适量。

采用口对口人工呼吸法的技术要点有两个。

（1）操作者在触电者腰旁侧卧，一手抬高触电者下颌，使其口张开。用另一只手捏住触电者的鼻子，保证吹气时不漏气。如果不捏住触电者的鼻子，吹的气就会从鼻子中出来，影响吹气效果，如图1-2所示。

（2）掌握好吹气速度，对成人采用吹气 2s，停 3s 为一个循环。成年人每分钟 12 ~ 16 次，对儿童是每分钟吹气 18 ~ 24 次。若触电者嘴不能掰开，可进行口对鼻吹气。方法同上，只是要用一只手封住嘴以免漏气。

7. 胸外心脏挤压法

胸外心脏挤压法是帮助触电者恢复心脏跳动的最有效方法，如图 1-3 所示。

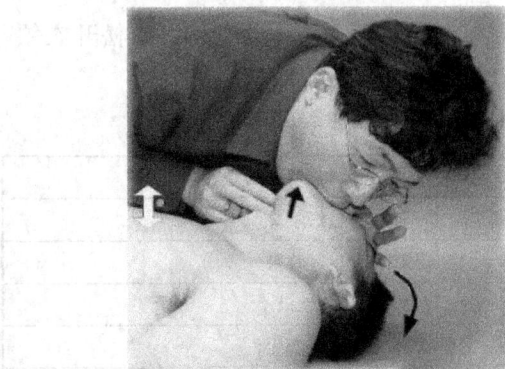

图 1-2　口对口人工呼吸法　　　　图 1-3　胸外心脏挤压法

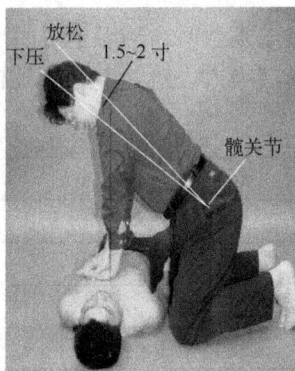

胸外心脏挤压法操作要领

病人仰卧硬板床，通畅气道有保障。
手沿肋弓找切迹，掌跟靠在食指上。
两手上下要重叠，垂直压向脊柱上。
上下按压四厘米，两肩垂直冲击量。
用力按压心收缩，迅速放松心舒张。
一秒一次较适宜，节奏均匀力适当。
颈动脉博能触及，按压效果才够上。

8. 电气火灾的预防与扑救

（1）产生电气火灾的原因主要有线路过载；电气设计不良；电气设备使用不当；电气线路老化。

（2）电气火灾的特点：电气设备着火后可能仍然带电；充油电气设备受热后有可能喷油，甚至爆炸。

（3）对电气火灾的扑救灭火分为断电灭火、带电灭火和对充油电气设备的灭火等几种。带电灭火不能用直射水流、泡沫等进行喷射，一般采用二氧化碳，以及 1211、1301、干粉等灭火器进行灭火。

三、用电保护

1. 预防触电的保护措施

（1）绝缘措施。用绝缘材料将电器或线路的带电保护起来。

（2）自动断电措施。例如，在电气设备前端的控制电路上采用短路保护、漏电保护、过流保护、过压保护和欠压保护等装置。一旦电路异常，可以自动断电。

（3）间距措施。与带电体保持一定的安全距离。

（4）警示措施。例如，悬挂警示牌。

（5）屏护措施。用屏护装置将带电体与外界隔离起来，以杜绝不安全隐患的发生。

2. 接地保护

接地保护分为保护接地和保护接零两种方式。

保护接零和保护接地均为供电系统两个重要的安全技术措施，但两者有明显的差异，施工时必须严格区分。保护接地与保护接零的相同点与不同点见表 1-3。

表 1-3 保护接地与保护接零的相同点与不同点

比 较		保 护 接 地	保 护 接 零
相同点		（1）都属于用来保护电气设备金属外壳带电而采取的保护措施； （2）适用的电气设备基本相同； （3）都要求有一个良好的接地或接零装置	
不同点	适用场合不同	适用于中性点不接地的低压供电系统	适用于中性点接地的低压供电系统
	线路连接不同	接地线直接与接地系统相连	接零线直接与电网的中性线连接，再通过中性线接地
	接地方法不同	要求每个电器都要接地	只要求三相四线制系统的中性点接地
	经济性不同	采用保护接地的 TT 供电系统时，要求保护接地的电阻小于 4Ω，也就是每台设备都要求一定数量的钢材打入地下，费工且费材料	采用保护接零的 TN 供电系统时，敷设的零线可以多次周转使用，省工、省料，故接零保护从经济上都是合理的

3. 保护接地

（1）IT 供电系统是指电力系统在供电端的中性线不接地（或高阻接地），而所有用户设备的外壳都直接保护接地的系统。

（2）TT 供电系统是指电力系统在供电端的中性线直接接地，所有用户设备的外壳也直接保护接地的系统。

记忆口诀

接地接零保安全，系统运行要贯穿。
根据供电选方式，三相三线选接地。
电气设备金属壳，电机电容变压器，
电缆头的金属皮，靠近带电体栏杆，
电热设备金属壳，以上设备要接地。
三相四线选接零，接零保护最常用。
金属外壳接零线，合格安装最关键。

自我检测

一、填空题

1. 下列常用工具的作用是：电工刀_____；尖嘴钳_____；试电笔_____。

2. 万用表能够测量的基本物理量有_____（列举 2 种以上）。

3. 钳形电流表简称_____，可用于_____测量电路的电流。

4. 示波器是能够显示多种信号_____的仪器。

5. 国家规定，常用的安全电压等级有_____5 个等级。

6. 人体触电的常见类型有_____，触电方式有_____。

7. 人体触电的原因有_____（列举 3 种以上的原因）。

8. 预防触电的措施主要有_____（列举 4 种以上的措施）。

9. 实训室的电源一般由_____和_____两部分组成。

10. 跨步电压触电是指人进入发生接地的高压散流场所时，电流_____触电方式。

11. 接地保护分为_____和_____两种方式。

12. 可用于带电灭火的灭火器主要有_____（列举 3 种以上）。

13. 对触电者进行口对口人工呼吸时，成年人每分钟_____次，儿童_____次。

14. 保护接地电阻应小于_____。

15. 发现有人触电时，最重要的是使触电者_____。

16. 在 IT、TT、TN–C、TN–S 等几种供电系统中，采用三相四线制供电的是_____；采用三相五线制供电的是_____。

二、判断题

1. 尖嘴钳多用在较小空间操作，钳夹小零件等。　　　　　　　　　　（　　）

2. 在操作人员因工作需要，人体必须长时间接触带电线路和设备的场所时，应采用 24V 的安全电压。　　　　　　　　　　　　　　　　　　　　　（　　）

3. 人体的不同部位同时接触带电的火线和零线造成的触电，叫两相触电。　（　　）

4. 发现有人触电时，首先打电话 120 呼救，然后迅速切断电源进行急救。（　　）

5. 家庭用电中常用的低压断路器具有自动断电措施功能。　　　　　　（　　）

6. 两相触电比单相触电更危险。　　　　　　　　　　　　　　　　　（　　）

7. 用钳形电流表测量电动机的工作电流时，可以不断开线路直接进行测量。（　　）

8. 对电火灾灭火时，可以使用泡沫灭火器和干粉灭火器。　　　　　　（　　）

9. IT 供电系统可以采用三相四线制供电。　　　　　　　　　　　　（　　）

10. 如果触电者呼吸和心跳均无，施救者只有一人在场，则只能采取口对口人工呼吸法或胸外心脏挤压法交替进行施救。　　　　　　　　　　　　　　　（　　）

11. 如果发现触电者眼皮会动、有吞咽动作时，即可停止抢救。　　　（　　）

12. 由于保护接地需要有一套可靠的接地装置，从而对于不具备条件的家庭和规模小的单位，在安全用电上，一般都采用保护接零措施。　　　（　　）

13. 判断触电者是否还有心跳，可用手指探测颈动脉是否还有搏动。　　　（　　）

14. 保护接零适用于中性点不接地的系统。　　　（　　）

15. 救护人员可以用双手缠上围巾拉住触电人的衣服，将触电人拉开带电体。（　　）

三、选择题

1. 采用保护接地和保护接零措施的主要目的是（　　）。
   A. 既保护人身安全又保护设备安全　　B. 保护人身安全
   C. 保护电气线路安全　　　　　　　　D. 保护电器设备安全

2. 做胸外心脏挤压法时，压挤的着力部位是（　　）。
   A. 十指，压挤触电者腹部　　　　　　B. 手掌，压挤触电者胸部
   C. 掌跟，压挤触电者胸骨以下横向 1/2 处　D. 手掌全部着力，推压胸腹部

3. 下列的（　　）属于禁止类标示牌。
   A. 止步，高压危险　　　　　　　　　B. 禁止合闸，有人工作
   C. 禁止攀登，高压危险　　　　　　　D. 在此工作

4. 我国规定的交流安全电压为 42V、36V、（　　）。
   A. 220V、380V　　　　　　　　　　B. 380V、12V
   C. 220V、6V　　　　　　　　　　　D. 12V、6V

5. 某下雨天，一电线杆被风吹倒，引起一相电线断线掉地，路上某人在附近走过时被电击摔倒，他所受到的电击属于（　　）。
   A. 单相电击　　　　　　　　　　　　B. 两相电击
   C. 接触电压电击　　　　　　　　　　D. 跨步电压电击

6. 电对人体的伤害，主要来自（　　）。
   A. 电压　　　　　B. 电流　　　　　　C. 电磁场　　　　　D. 电弧

7. 电流流过人体的路径，以从（　　）对人体的伤害程度最大。
   A. 右手至脚　　　　　　　　　　　　B. 左手至脚
   C. 左手至右手　　　　　　　　　　　D. 左脚至右脚

8. 人体在地面或其他接地导体上，人体某一部分触及一相带电体的电击事故称为（　　）。
   A. 两相电击　　　　　　　　　　　　B. 跨步电压电击
   C. 接触电击　　　　　　　　　　　　D. 单相电击

9. 对 380/220V 中性点直接接地的低压系统，若人体电阻为 1000Ω，则遭受单相电击时，通过人体的电流约为（　　）。
   A. 30mA　　　　B. 220mA　　　　　C. 380mA　　　　D. 1000mA

10. 380/220V 低压系统，若人体电阻为 1000Ω，则遭受两相电击时，通过人体的电流约为（　　）。
   A. 30mA　　　　B. 220mA　　　　　C. 380mA　　　　D. 1000mA

11. 不会使人发生电击危险的电压是（　　）。

A. 交流电压 B. 安全电压   C. 跨步电压   D. 直流电压

12. 下列（ ）的连接方式称为保护接地。

  A. 将电气设备的外壳与中性线相连 B. 将电气设备的外壳与接地装置相连

  C. 将电气设备的外壳与其中一条相线相连 D. 将电气设备的中性线与接地线相连

13. 在低压配电系统（ ）的主干线上不允许装设断路器或熔断器。

  A. U 相线   B. V 相线   C. W 相线   D. N 线

14. 带电灭火不宜采用（ ）。

  A. 干砂   B. 1211 灭火器 C. 干粉灭火器 D. 水

15. 使用灭火器扑救火灾时要对准火焰（ ）喷射。

  A. 上部   B. 中部   C. 根部   D. 上述部位均可

16. 我国安全电压标准规定的交流电安全电压最高是（ ）。

  A. 12V   B. 24V   C. 36V   D. 42V

17. 试电笔不可用来（ ）。

  A. 判断有电无电   B. 区别相线和中性线

  C. 判断电压高低   D. 判断电流大小

18. 触电急救时，胸外按压要均匀速度进行，一般为每分钟（ ）次左右。

  A. 50   B. 70   C. 80   D. 100

19. 在触电现场有一块干燥木板，使触电者脱离电源的措施是（ ）。

  A. 用木板打断导线   B. 用木板将人与带电体隔开

  C. 站在木板上将触电者拉离电源   D. 都不对

20. 将用电器的带电部分用金属与外界隔离，称为（ ）。

  A. 屏护措施 B. 间距措施   C. 绝缘措施   D. 自动断电措施

四、问答题

1. 口对口人工呼吸法的操作要点是什么？

2. 简要说明安全电压各个等级的适用场合。

3. 如何判断触电者的受伤程度？

4. 列举家庭安全用电的要求有哪些？（至少 5 条）

第2章

直流电路基础

考试要求

○ 了解电路的基本组成及基本功能，理解电路模型。
○ 理解电流、电压及其参考方向的概念，掌握电压和电位之间的关系。
○ 掌握电阻定律及其应用。
○ 掌握部分电路、全电路欧姆定律及其应用。
○ 掌握电功、电功率、焦耳－楞次定律及其应用。
○ 理解负载获取最大功率的条件，能进行最大功率的计算。
○ 掌握识别电阻，以及用万用表测量电阻、电压、电流的方法。
○ 掌握电阻串联电路的特点及分压公式。
○ 掌握电阻并联电路的特点及分流公式。
○ 掌握电阻混联电路的特点及等效电阻的计算。
○ 掌握基尔霍夫定律及其应用（能用支路法求解两个网孔的电路）。
○ 掌握电路中各点电位的计算。
○ 理解惠斯通电桥电路及其平衡条件。

知识要点

一、电路

1. 电路的组成及作用

电流通过的闭合路径叫做电路，它是人们按照一定的规则或要求将电子器材或设备连接起来构成的一个整体。

最简单的电路由电源、负载（用电器）、连接导线、控制和保护装置4个部分组成。电路各个组成部分的作用见表2-1所示。

表2-1 电路各个组成部分的作用

组成部分	作　用	举　例
电源	它是供应电能的设备，属于供能元件，其作用是为电路中的负载提供电能	干电池、蓄电池、发电机等
负载	各种用电设备（即用电器）总称为负载，属于耗能元件，其作用是将电能转换成所需其他形式的能量	灯泡将电能转化为光能、电动机将电能转化为机械能、电炉将电能转化为热能等

续表

组成部分	作　用	举　例
控制和保护装置	根据需要，控制电路的工作状态（如通、断），保护电路的安全	开关、熔断器等控制电路工作状态（通/断）的器件或设备
连接导线	它是电源与负载形成通路的中间环节，输送和分配电能	各种连接电线

记忆口诀

电流路径叫电路，四个部分来组成。

电源设备和负载，还有开关和连线。

电路故障怕短路，断路漏电要维修。

开关一合电路通，用电设备就做功。

提示：电路有通路（导通）、开路（断路）、短路（捷路）3 种状态。

记忆口诀

电路工作有三态，不同状态要区分。

处处相通成回路，有载工作是通路。

意外导通叫短路，此时用电最危险。

某处断开叫开路，空载电流等于零。

2. 电路的类型

电路按照传输电压、电流的频率可以分为直流电路和交流电路；按照作用的不同，可将电路分为两大类：一是用于传输、分配、使用电能的电路，如电力供电和配电线路，二是传递处理信号，如电视机、DVD 机中的电路。

3. 电路模型

在进行电路分析时，用简单的文字、特定符号和图形将实际电路中的电子器材和设备进行表述，人们把这种书面表示的电路称为电路模型，也叫做实际电路的电路原理图，简称为电路图。

注意：电路图必须按照国家统一的规范来绘制，采用标准的图形符号和文字符号。

记忆口诀

图形符号及连线，就可绘制电路图。

文字符号做标注，一目了然不糊涂。

注意名称及作用，电路分析识读图。

电工能绘电路图，安装维修心有数。

4. 常用电池

（1）电池的分类。

根据电池的外形不同，可分为圆柱形、方形、纽扣形和薄片形等电池；根据充电性能，可将电池分为一次性电池和蓄电池（俗称充电电池）两大类。

（2）额定电压和容量是电池最重要的两个参数。

（3）电池多用有毒、有害的化学物质制成，凡是不能使用的电池，必须小心处理。最好的处理方法是深埋在土层中。

二、电路的基本物理量

1. 电流

（1）电流的定义。

电荷在电路中的定向运动叫做电流。电流的大小可用以下公式进行计算：

$$I = \frac{q}{t}$$

式中，电荷 q 的单位为 C（库）；时间 t 的单位为 s（秒）；电流 I 的单位为 A（安）。

电流的单位还有千安（kA）、毫安（mA）、微安（μA），复习时应注意它们之间的换算关系。例如，

$$1A = 10^3 mA = 10^6 \mu A$$

记忆口诀

电流神速来传输，好似钢管进钢珠，

电子流动负向正，电流规定正向负。

钻研电工有兴趣，多思多想道理出，

博采电学智慧树，有了知识穷变富。

（2）电流的方向。

电流的方向规定为正电荷定向运动的方向。在金属导体中，电流的方向与自由电子的定向运动方向相反。

记忆口诀

形成电流有规定，电荷定向之移动。

正电移动的方向，定为电流的方向。

金属导电靠电子，电子方向电流反。

（3）电流的参考方向。

在对某些复杂电路进行分析与计算时，常常先假设一个电流方向，称为参考方向。如果计算结果的电流为正值（$I>0$），则说明电流的实际方向与参考方向一致；如果计算结果的电流为负值（$I<0$），则说明电流的实际方向与参考方向相反。

（4）电流的测量。

在实际运用时，电流的大小可以用电流表（安培表）进行测量。测量前，要选择好仪表的量程，将电流表串联接入被测电路中。注意，电流表的"＋"接线柱接高电位端，"－"接线柱接低电位端。

在安装及维修时，常常用万用表的电流挡来测量电流。

2. 电压

（1）电压的定义及单位。

电压是指电路中任意某两点之间的电位差，其大小等于电场力将正电荷由一点移动到另一点时所做的功与被移动电荷电量的比值，即

$$U = \frac{W}{q}$$

式中，W 的单位为 J（焦耳）；电荷 q 的单位为 C（库）；电压 U 的单位为 V（伏）。

电压的国际单位制为伏特（V），常用的单位还有毫伏（mV）、微伏（μV）、千伏（kV）等，它们与伏特的换算关系为

$$1mV = 10^{-3}V；\quad 1\mu V = 10^{-6}V；\quad 1kV = 10^{3}V$$

电压是反应电场力做功本领大小的物理量。电压的大小与参考点的选择无关，是绝对量。

（2）电压的方向。

规定电压的方向为从高电位指向低电位，即电位降低的方向。在电路图中，电压的方向一般用箭头表示。

（3）电压的参考方向。

在分析和计算比较复杂的电路时，若无法根据电源的极性判定电压的实际方向，则可先设定参考方向。如果计算结果的电压为正值，则说明电压的实际方向与参考方向一致；如果计算结果的电压为负值，则说明电压的实际方向与参考方向相反。

电压的参考方向有 3 种表示方法，这三种表示方法的意义相同，如图 2-1 所示。

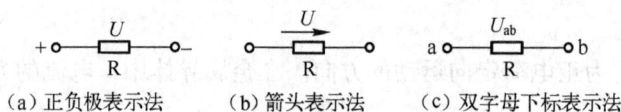

（a）正负极表示法　　　（b）箭头表示法　　　（c）双字母下标表示法

图 2-1　电压参考方向的表示方法

注意：电压是标量，其方向只表示电位的高低。

（4）直流电压和变动电压。

如果电压的大小及方向都不随时间变化，称为直流电压，用大写字母 U 表示。如果电压的大小及方向随时间变化，则称为变动电压。一种最为重要的变动电压是正弦交流电压，简称为交流电压，交流电压的瞬时值用小写字母 u 表示。

（5）电压的测量。

电压的大小可以用电压表（伏特表）来测量。测量前，要选择好仪表的量程，将电压表并联接入被测电路中。注意，测量直流电压时需要使用直流电压表，此时电压表的"＋"接线柱接正极，"－"接线柱接负极。测量交流电压时需要使用交流电压表，连接时可以不考虑极性。

在安装及维修时，常常用万用表的电压挡来测量电压。

记忆口诀

电位之差是电压，电压永远是正值。

电压方向高向低，国际单位为伏特。

电压等级有多种，额定电压最安全。

3. 电位

（1）定义。

电场中某点与零参考点（参考点电位为 0）之间的电压称为电位。电场中某点的电位就是该点与参考点的电压，即 $V_a = U_{ab}$。

电位等于电场中电场力将正电荷由 a 点移到参考点所做的功与被移动电荷 q 的比值，即

$$V_a = \frac{W_a}{q}$$

式中的单位与电压公式的相同。

（2）参考点的选择。

参考点是计算电位的基准点。讨论电位时，先选参考点（即零电位点）。

零电位点的选择是任意的。在电力工程电路中一般选大地、机壳等为参考点；在点电荷电场中，选择无穷远为参考点；在电子电路中把很多元件的汇集处，而且通常选择电源的负极作为参考点。

（3）正确理解电位。

电位是代数量，有正负值之分。正值表明电位高于零电位；负值表明电位低于零电位；等于零则两点等电位。

电位实际上就是电压，它是某一点与参考点之间的电压。在电工技术中，通常使用电压的概念；在复杂的电路和电子电路中，为了便于分析与计算，较多使用电位的概念。

电路中某一点的电位与零电位点的选择有关。选择不同的零电位点，相应点的电位会不相同。

（4）电压与电位的联系和区别。

① 联系：它们的单位相同，都是 V（伏特）；电压等于电位之差，即 $U_{ab} = V_a - V_b$。

② 区别：电位是指某点与参考点的电压，其数值是相对的，它的大小与参考点的选择有关；电压总是存在于电场中的两点之间，其数值是绝对的，它的大小与参考点的选择无关。

4. 电动势

（1）电源和电源力。

在电源外部，电场力总是把正电荷从高电位经过负载移动到低电位；而在电源内部，电源力总是不断地将正电荷从低电位移动到高电位。

存在于电源内部的非静电性质的力，称为电源力。

（2）电动势的定义。

电动势等于在电源内部电源力将正电荷由低电位移到高电位反抗电场力做的功与被移动电荷电量的比值。即

$$E = \frac{W}{q}$$

式中，W 的单位为 J（焦耳）；q 的单位为 C（库仑）；E 的单位为 V（伏特）。

电动势是衡量电源做功本领大小的物理量，仅存在于电源的内部。

（3）电动势的方向。

规定电动势的方向由电源的负极（低电位）指向正极（高电位）。在电源内部，电源力移动正电荷形成电流，电流由低电位（正极）流向高电位（负极）；在电源外部的电路中，电场力移动正电荷形成电流，电流由高电位（正极）流向低电位（负极）。

（4）正确理解电动势。

① 电动势既有大小，又有方向。其大小在数值上等于电源正负极之间的电位差；电动势与电压的实际方向相反。

② 电源的电动势由电源本身决定，与外电路的性质，以及通断状况无关。

③ 每个电源都有一定的电动势，但不同的电源，其电动势则不一定相同。

（5）电压和电动势的关系。

① 相同点：电压和电动势的单位相同，都是伏特（V）。

② 不同点：电压和电动势的不同点如下所示。

○ 含义不同。电动势和电压是两个物理量意义完全不同的量。电动势是衡量电源内部的电源力（非静电场力）做功本领大小的物理量；电压是衡量电源外部电路中电场力做功本领大小的物理量。

○ 存在的位置不同。电动势仅存在于电源内部，在数值上等于电源两端的开路电压（即电源两端不接负载时的电压）。电压既存在于电源的内部，也存在于电源的外部。

○ 方向不同。电动势的方向从负极指向正极，即电位升高的方向；电压的方向从正极指向负极，即电位降低的方向。

5. 电能

（1）在电场力的作用下，电荷定向移动形成电流做的功称为电能，用 W 表示。即电能是电流在一段时间内所做的功，其计算公式为

$$W = Uq = UIt = Pt$$

式中，U 的单位为 V；I 的单位为 A；t 的单位为 s；W 的单位为 J。

电流通过用电器时，将电能转化为其他形式的能（热能、光能等），这就是电流做功的过程。

（2）在生活中，电能通常用千瓦小时（kW·h）来表示大小，也叫做度（电）。

$$1\ \text{度（电）} = 1\text{kW·h} = 3.6 \times 10^6 \text{J}$$

即功率为 1000W 的供能或耗能元件，在 1 小时的时间内所发出或消耗的电能量为 1 度（电）。

（3）对于纯电阻电路，电能的计算公式还可以为

$$W = \frac{U^2}{R}t = I^2 Rt$$

（4）焦耳定律。

① 内容：电流通过电阻时产生的热量 Q 与流过导体电流的平方、导体的电阻和通电时间是成正比的，这就是焦耳定律。即

$$Q = I^2 Rt$$

式中，I 为通过导体的直流电流或交流电流的有效值，单位为 A；R 为导体的电阻值，单位为 Ω；t 为通过导体电流持续的时间，单位为 s；Q 为电流通过电阻时产生的热量，单位为 J。

② 电流热效应：对于纯电阻电路，电能（电流所做的功）全部转变为热能，即 $Q = W_{热} = W_{电}$。

提示：电流的热效应有利有弊。在实际应用时，应注意防止导线发热、电气设备温升超过规定值。

记忆口诀

电能单位是焦耳，生活常用千瓦时。

消耗电能电表测，用电等于计数差。

6. 电功率

电流通过用电设备时，在单位时间内所做的功称为电功率，用字母 P 表示。

$$P = W/t$$

式中，W 的单位为 J；t 的单位为 s；P 的单位为 W（瓦）。

电功率是衡量电流做功快慢的物理量。

电功率的公式还可以写为

$$P = UI = \frac{U^2}{R} = I^2 R$$

电功率的国际单位制单位为瓦特（W），常用的单位还有毫瓦（mW）、千瓦（kW），它们与 W 的换算关系是

$$1 \text{mW} = 10^{-3} \text{W}; \quad 1 \text{kW} = 10^3 \text{W}$$

记忆口诀

电灯电器有标志，额定电压额功率。

消耗电能的快慢，功率为 P 单位瓦，

常用代号达不溜，大的单位为千瓦。

功率计算有多法，阻性负载压乘流。

电流平方乘电阻，也可算出电功率。

提示：负载获得最大功率的条件也称为最大功率输出定理，当负载电阻 R 与电源内阻 r 的阻值相等时，电源的输出功率最大，即 $R = r$。

$$P_m = \frac{V_{cc}^2}{4R}$$

在电子技术中，把负载电阻等于电源内阻的状态称为负载匹配。负载匹配时，负载可以获得最大的功率，但此时电源的效率只有 50%。

三、电阻与电阻的识别

1. 电阻的定义及单位

（1）当电流通过某种物质时，物质对电流有一定的阻碍作用，这个阻碍作用就是物质的电阻。

电阻是表示物质对电流阻碍作用大小的物理量。电阻器是耗能元件。

（2）电阻的文字符号为"R"，单位是欧姆，简称欧，用符号"Ω"表示。电阻的常用单位还有千欧（$k\Omega$）和兆欧（$M\Omega$），它们的换算关系为

$$1k\Omega = 10^3\Omega$$
$$1M\Omega = 10^3 k\Omega = 10^6\Omega$$

2. 电阻定律

（1）电阻定律的内容。在温度不变时，导体的电阻和它的长度成正比，而和它的横截面积成反比，这就是电阻定律。即金属导体电阻的大小是由它的长短、粗细及材料的性质等因素决定的。它们之间的关系为

$$R = \rho\frac{l}{S}$$

式中，ρ 由电阻材料的性质决定，是反映材料导电性能的物理量，称为电阻率，单位为 $\Omega\cdot m$（欧·米）；R 的单位为 Ω（欧姆）；长度 L 的单位为 m（米）；横截面积 S 的单位为 m^2（平方米）。

（2）影响电阻大小的因素有长度 L、横截面积 S、电阻率 ρ 及温度 t。

（3）电阻与温度的关系。

电阻元件的电阻值大小一般与温度有关。衡量电阻受温度影响大小的物理量是温度系数，其定义为温度每升高 1℃时电阻值发生变化的百分数，用 α 表示。

$$\alpha = \frac{R_2 - R_1}{R_1(t_2 - t_1)}$$

如果 $R_2 > R_1$，则 $\alpha > 0$，将 R 称为正温度系数电阻，即电阻值随着温度的升高而增大；如果 $R_2 < R_1$，则 $\alpha < 0$，将 R 称为负温度系数电阻，即电阻值随着温度的升高而减小。显然 α 的绝对值越大，表明电阻受温度的影响也越大。

记忆口诀

决定电阻三因素，长度材料截面积。

不与电压成正比，电流与它无关系。

温度变化受影响，通常计算不考虑。

（4）物质在低温下电阻突然消失的现象称为超导现象。

（5）物质的分类。

自然界的物质，按其导电性能的强弱（即电阻率的大小），可分为导体（ρ 为 10^{-6} ～ $10^{-8}\Omega\cdot m$）、绝缘体（ρ 为 10^{11} ～ $10^{16}\Omega\cdot m$）和半导体（ρ 介于导体与绝缘体之间）。

3. 电阻器的命名方法

电阻器的识别是看电阻器的标注和字样。电阻器型号的命名方法一般是由 4 个符号或者数码构成，如图 2-2 所示，第一部分表示主称，第二部分表示材料，第三部分表示特征，第四部分表示序号。例如，RT11 为普通碳膜电阻器，WXT1 为线绕可调电位器。

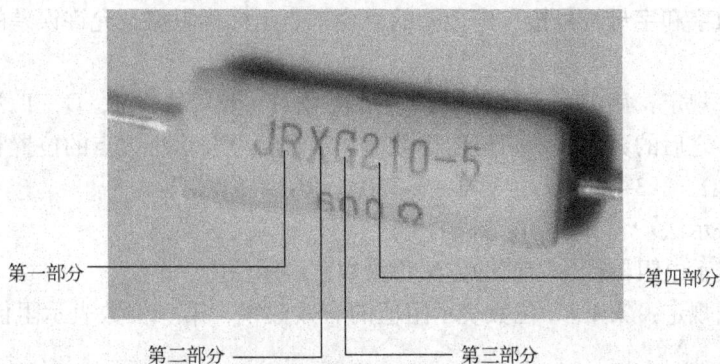

图 2-2　电阻器型号的命名

4. 电阻器的主要参数

（1）标称阻值和允许误差。

① 电阻器的标称阻值就是标注在电阻体上的电阻值。

② 电阻器的允许误差是实际电阻值与标称阻值的误差。允许误差的表示方法见表 2-2。

表 2-2　电阻器允许误差的表示法

百分比表示	色标表示	文字符号表示	罗马数字表示
1%	棕色	F	
2%	红色	G	
5%	金色	J	I
10%	银色	K	II
20%	无色	M	III

（2）额定功率。

常用的非线绕电阻的额定功率有 0.05W、0.125W、0.25W、0.5W、1W、2W、5W。通常小于 1W 的电阻器在电路图中不标出额定功率值，大于 1W 的电阻器用阿拉伯数字加单位表示，如 10W。

5. 电位器

电位器是通过旋转轴或滑动臂来调节阻值的可变电阻器。按阻体材料可分为线绕电位器、合成电位器和薄膜电位器 3 大种类。

6. 电阻器的识读

电阻器的标称阻值和允许误差均标注在电阻体上，其标注方法有直标法、文字符号法、数字法和色标法 4 种。

（1）直标法。

用阿拉伯数字和单位符号在电阻器的表面直接标出标称阻值和允许误差的方法。例如，$0.33\Omega \pm 5\%$。

（2）文字符号法。

将阿拉伯数字和字母符号按一定规律的组合来表示标称阻值及允许误差的方法。多用在大功率电阻器上。

文字符号法规定：用于表示阻值时，字母符号 Ω（R），k，M，G，T 之前的数字表示阻值的整数值，之后的数字表示阻值的小数值，字母符号表示小数点的位置和阻值单位。例如，$\Omega33\rightarrow0.33\Omega$；$3k3\rightarrow3.3k\Omega$；$33M\rightarrow3.3M\Omega$；$3G3\rightarrow3.3G\Omega$。

（3）数字表示法。

用 3 位数表示电阻器标称阻值的方法称为数字表示法。

数字表示法规定：第 1、2 位数表示阻值的有效数字，第 3 位数表示阻值倍率，单位为欧姆（Ω）。

数字表示法一般用于片状电阻的标注，一般只将阻值标注在电阻表面，其余参数予以省略。例如，103 表示 $10 \times 10^3 = 10000\Omega = 10k\Omega$；182 表示 $18 \times 10^2 = 1800\Omega = 1.8k\Omega$。

（4）色标法。

色标法是用色环或色点在电阻器表面标出标称阻值和允许误差的方法。

色标法分为四色环色标法和五色环色标法，如图 2-3 所示。

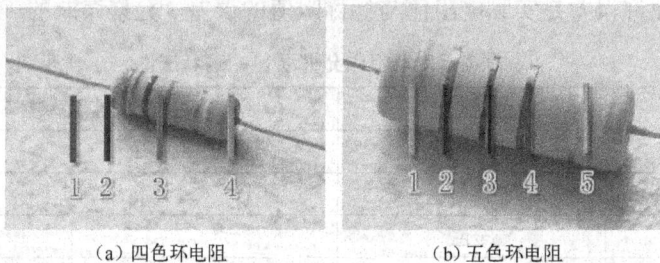

(a) 四色环电阻　　　　　　　(b) 五色环电阻

图 2-3　色环电阻

普通电阻器大多用四色环色标法来标注，四色环的前两条色环表示阻值的有效数字，第 3 条色环表示阻值倍率，第 4 条色环表示阻值的允许误差范围；精密电阻器大多用五色环法来标注，五色环的前 3 条色环表示阻值的有效数字，第 4 条色环表示阻值倍率，第 5 色环表示阻值的允许误差范围。

色环巧记口诀

棕一红二橙是三，黄四绿五蓝为六；
紫七灰八白对九，剩下一个黑为零；
金五银十无色廿，读准色环就计算。

电阻色环标志的识读规则，如图 2-4 所示。

标称值第一位有效数字
标称值第二位有效数字
标称值有效数后 0 的个数
允许误差

标称值第一位有效数字
标称值第二位有效数字
标称值第三位有效数字
标称值有效数后 0 的个数
允许误差

颜色	第一有效数	第二有效数	倍率	允许误差
黑	0	0	10^0	
棕	1	1	10^1	
红	2	2	10^2	
橙	3	3	10^3	
黄	4	4	10^4	
绿	5	5	10^5	
蓝	6	6	10^6	
紫	7	7	10^7	
灰	8	8	10^8	
白	9	9	10^9	$+50\%$ -20%
金			10^{-1}	$\pm 5\%$
银			10^{-2}	$\pm 10\%$
无色				$\pm 20\%$

颜色	第一有效数	第二有效数	第三有效数	倍率	允许误差
黑	0	0	0	10^0	
棕	1	1	1	10^1	$\pm 1\%$
红	2	2	2	10^2	$\pm 2\%$
橙	3	3	3	10^3	
黄	4	4	4	10^4	
绿	5	5	5	10^5	$\pm 5\%$
蓝	6	6	6	10^6	$\pm 0.23\%$
紫	7	7	7	10^7	$\pm 0.1\%$
灰	8	8	8	10^8	
白	9	9	9	10^9	
金				10^{-1}	
银				10^{-2}	

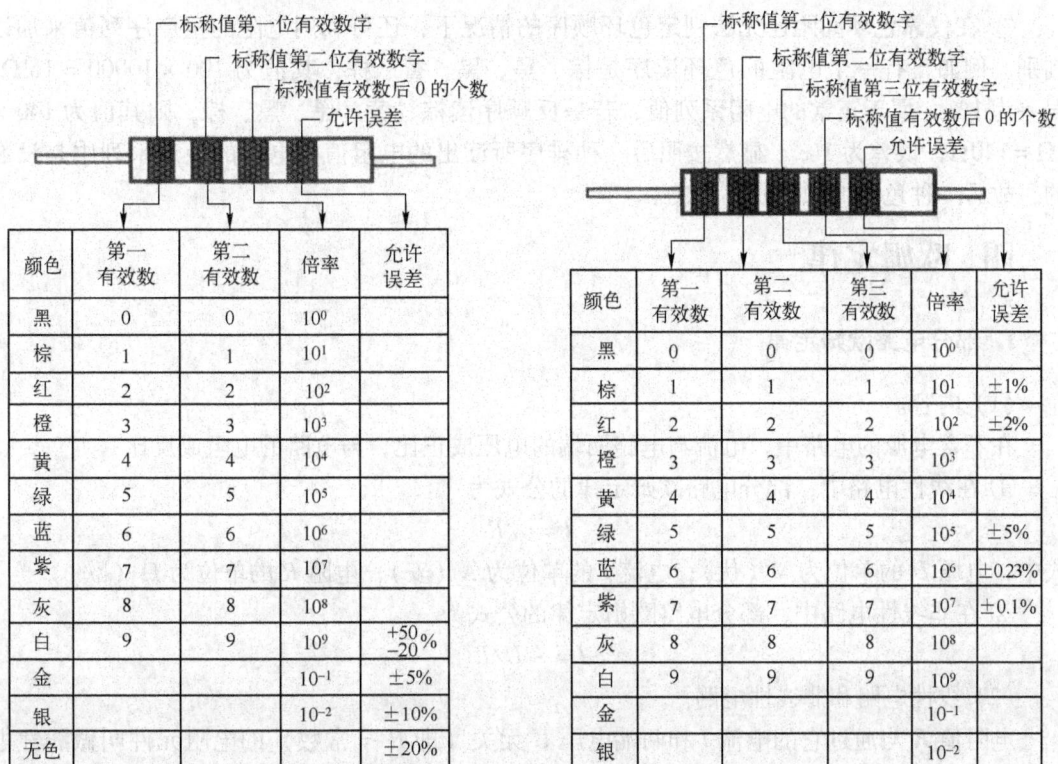

图 2-4　电阻色环标志的识读规则

例如，如图 2-5（a）所示的电阻器阻值按色环计算为 $47 \times 10^4 \Omega = 470 \text{k}\Omega$（误差为 $\pm 5\%$）；如图 2-5（b）所示的电阻器阻值按色环计算为 $900 \times 10^{-1} \Omega = 90\Omega$（误差为 $\pm 0.5\%$）。

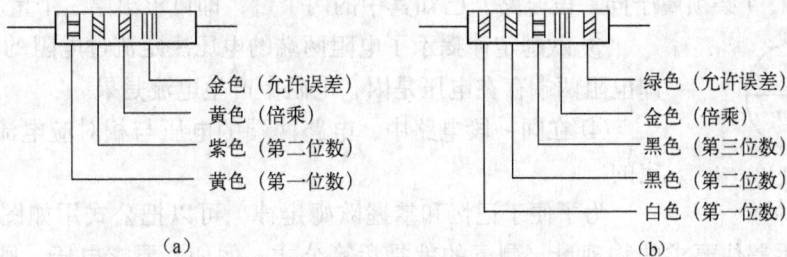

金色（允许误差）
黄色（倍乘）
紫色（第二位数）
黄色（第一位数）

（a）

绿色（允许误差）
金色（倍乘）
黑色（第三位数）
黑色（第二位数）
白色（第一位数）

（b）

图 2-5　色环电阻识读举例

下面介绍识读色环电阻的几个技巧。

① 先找标志误差的色环，从而排定色环的顺序。最常用的表示电阻误差的颜色是金、银、棕，尤其是金环和银环，一般绝少用做电阻色环的第一环，所以在电阻上只要有金环和银环，就可以基本认定这是色环电阻的最末一环。

② 棕色环是否是误差标志的判别。棕色环既常用做误差环，又常作为有效数字环，且常常在第一环和最末一环中同时出现，让人很难识别谁是第一环。可以按照色环之间的间隔加以判别。例如，一个五色环电阻，第五环和第四环之间的间隔比第一环和第二环之间的间隔要宽一些，据此可判定色环的排列顺序。

③ 在仅靠色环间距还无法判定色环顺序的情况下，还可利用电阻的生产序列值来加以判别。例如，有一个电阻的色环读序是棕、黑、黑、黄、棕，其值为 $100 \times 10000 = 1M\Omega$，误差为 1%，属于正常的电阻系列值，若是反顺序读棕、黄、黑、黑、棕，则其值为 $140 \times 1\Omega = 140\Omega$，误差为 1%。显然按照后一种排序所读出的电阻值在电阻的生产系列中是没有的，故后一种色环的顺序是不对的。

四、欧姆定律

1. 部分电路欧姆定律

（1）内容。

在不含电源的电路中，电流与电路两端的电压成正比，与电路的电阻成反比。

① 在线性电路中，部分电路欧姆定律的公式为

$$I = U/R$$

式中，电压 U 的单位为 V（伏）；电流 I 的单位为 A（安）；电阻 R 的单位为 Ω（欧）。

② 在非线性电路中，部分电路欧姆定律的公式为

$$I = -U/R$$

（2）线性电路和非线性电路。

电阻值 R 与通过它的电流 I 和两端电压 U 无关（即 $R = $ 常数）的电阻元件叫做线性电阻，由线性电阻组成的电路叫线性电路。电阻值 R 与通过它的电流 I 和两端电压 U 有关（即 $R \neq$ 常数）的电阻元件叫做非线性电阻，含有非线性电阻的电路叫非线性电路。

（3）运用欧姆定律的注意事项。

① 欧姆定律只适用于线性电路。

② R、U、I 必须属于同一段电路。已知其中的两个量，即可求出第三个量。

③ 欧姆定律揭示了电阻两端的电压决定流过电阻的电流的规律，即电阻两端存在电压是因，电阻中产生电流是果。

④ 在同一段电路中，电路两端的电压与相对应电流的比值是恒定的。

图 2-6　欧姆定律
公式记忆图

为了便于记忆和掌握欧姆定律，可以把公式用如图 2-6 所示的来表示。用手盖住要求的物理量，剩下的就是运算公式。例如，要求电压，则用手盖住电压，公式就是 $U = IR$。

记忆口诀

电压下面画一横，电流电阻横下承。

用手盖住所求数，计算公式自然成。

电流等于阻除压，阻乘电流积为 U。

U 等 I 来乘以 R，R 等 U 来除以 I。

同一导体同一路，三者单位要统一。

2. 全电路欧姆定律

由电源和负载组成的闭合电路叫全电路，如图 2-7 所示。在电路中，内电路表示成电

动势串内阻形式，内电阻一般在电路图中单独画出。

（1）内容。

在全电路中，电路内的电流与电源的电动势成正比，与电路的总电阻（外电路的电阻和电源的内阻之和）成反比。

（2）公式。

全电路欧姆定律的数学表达式为

$$I = \frac{E}{R + r}$$

全电路欧姆定律的电压表达式为

$$E = IR + Ir = U + Ir$$

即

$$U = E - Ir$$

图 2-7　全电路

式中，电动势 E 和内阻 r 均是由电源决定的参数。U 是外电路的电压降，也是电源两端的电压，称为路端电压；Ir 是电源内部的电压降。

注意：全电路欧姆定律适用于外电阻为纯电阻的电路。

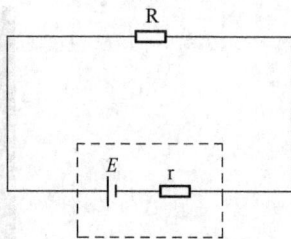

记忆口诀

全电路的电动势，符号为 E 单位 V。

电路闭合有电流，通过内阻和外阻。

欲求电流有多少？E 除内阻加外阻。

（3）电路的外特性。

根据全电路欧姆定律，可以分析电路的 3 种情况。

① 通路：在 $I = \frac{E}{R + r}$ 中，E，R，r 数值为确定值，电流也为确定值，电路工作正常。

② 短路：当外电路电阻 $R = 0$ 时，由于电源内阻 r 很小，则 $I = \frac{E}{r}$，电流趋于无穷大，将烧毁电路和用电器，严重时造成火灾，实用中应该尽量避免。为避免短路造成的严重后果，电路中专门设置了保护装置。

③ 断路（开路）：此时 $R = \infty$，有 $I = \frac{E}{R + r} = 0$，即电路不通，不能正常工作。

五、电阻器的测量

1. 万用表测量固定电阻

（1）对电阻器进行外观检查。

（2）用万用表合适的电阻挡测量电阻器的阻值。

注意：测量电阻时，应选择适当的电阻挡，使指针尽可能接近标度尺的几何中心。每次测量前或每次更换倍率挡时，都应重新调整欧姆零点。在测量时，手不要同时触及被测电阻两端的引出线，如图 2-8 所示。对于几欧姆的小阻值电阻，应注意表笔与引出端的接触是否良好，必要时可将引出线的氧化物刮掉后再进行测量。如果需要测量电路中元件的准确电阻值，应在先切断电源后将被测元件从电路中焊下一端后再进行测量。严禁在被测电路带电的情况下测量电阻器。在检测热敏电阻时，应注意由于电流的热效应作用会改变热敏电阻的阻值，这种测量读数仅供参考。

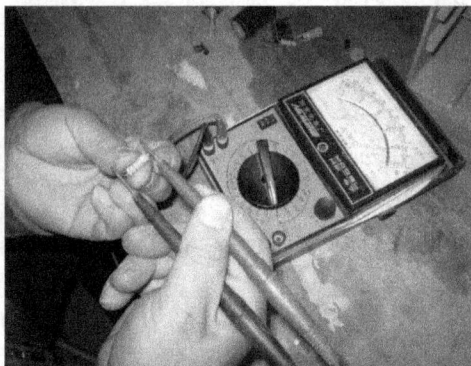

图 2-8　万用表测量电阻器

2. 万用表测量电位器

（1）测量电位器的标称阻值。

（2）判断电位器是否接触良好。选择指针式万用表合适的电阻挡，观察指针是否连续、均匀地移动，同时检查是否与标称阻值一致。

（3）测量电位器各端子与外壳及旋转轴之间的绝缘电阻值是否足够大（正常应接近∞）。

3. 伏安法测量电阻器

伏安法测电阻时，有两种将电压表和电流表接入电路的方法，如图 2-9 所示。采用图 2-9（a）的接法时（电流表外接法），由于电压表的分流，电流表测出的电流比通过电阻的电流要大些，这样计算出的电阻值就要比实际值小些。采用图 2-9（b）的接法时（电流表内接法），由于电流表的分压，电压表测出的电压比电阻两端的电压大些，这样计算出的电阻值就要比实际值大些。

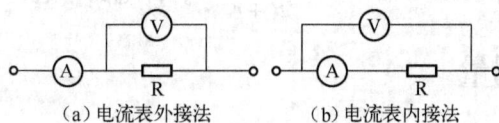

（a）电流表外接法　　　　（b）电流表内接法

图 2-9　伏安法测电阻

六、电阻的连接方式

在电路中，电阻的连接方式是多种多样的，其中最常见的有电阻串联连接、并联连接和混联连接。

（1）把两个或两个以上的电阻依次连接起来，只为电流提供唯一的一条路径，没有其他分支的电路连接方式，叫做电阻串联电路。

（2）把两个或两个以上的电阻并排连接在电路中的两个节点之间，为电流提供多条路径的电路连接方式，叫做电阻并联电路。

（3）在电阻电路中，既有电阻的串联关系又有电阻的并联关系，称为电阻混联。

1. 电阻串联、并联

电阻串联、并联的特点及应用见表 2-3 所示。

表 2-3　电阻串联、并联的特点及应用

项目 \ 连接方式	串　联	并　联
电流	电流处处相等，即 $I_1 = I_2 = I_3 = \cdots = I$	总电流等于各支路电流之和。即 $I = I_1 + I_2 + \cdots + I_n$
电压	两端的总电压等于各个电阻两端的电压之和，即 $U = U_1 + U_2 + U_3 + \cdots + U_n$	总电压等于各分电压，即 $U_1 = U_2 = \cdots = U = U_a - U_b$
电阻	总电阻等于各电阻之和，即 $R = R_1 + R_2 + R_3 + \cdots + R_n$	总电阻的倒数等于各个并联电阻倒数之和，即 $\dfrac{1}{R} = \dfrac{1}{R_1} + \dfrac{1}{R_2} \cdots + \dfrac{1}{R_n}$
电阻与分压	各个电阻两端上分配的电压与其阻值成正比，即 $U_1 : U_2 : U_3 : \cdots : U_n = R_1 : R_2 : R_3 : \cdots : R_n$	各个支路电阻上的电压相等
电阻与分流	不分流	与电阻值成反比，即 $I_1 : I_2 : \cdots : I_n = \dfrac{1}{R_1} : \dfrac{1}{R_2} : \cdots : \dfrac{1}{R_n}$
功率分配	各个电阻分配的功率与其阻值成正比，即 $P_1 : P_2 : P_3 : \cdots : P_n = R_1 : R_2 : R_3 : \cdots : R_n$ （其中，$P = I^2 R$）	各电阻分配的功率与阻值成反比。即 $R_1 P_1 = R_2 P_2 = \cdots = R_n P_n = RP$
应用举例	（1）用于分压：为获取所需电压，常利用电阻串联电路的分压原理制成分压器。 （2）用于限流：在电路中串联一个电阻，限制流过负载的电流。 （3）用于扩大伏特表的量程：利用串联电路的分压作用可完成伏特表的改装，即将电流表与一个分压电阻串联，便把电流表改装成了伏特表	（1）组成等电压多支路供电网络。例如，220V 照明电路。 （2）分流与扩大电流表量程，运用并联电路的分流作用可对安培表进行扩大量程的改装，即将电流表与一个分流电阻相并联，便把电流表改装成了较大量程的安培表

在复习电阻串联、并联时，还应注意以下几个特例。

（1）若有两个电阻串联，则分压公式为

$$U_1 = \frac{R_1}{R_1 + R_2} U; \qquad U_2 = \frac{R_2}{R_1 + R_2} U$$

（2）若两个电阻串联，则功率分配公式为

$$\frac{P_1}{P_2} = \frac{R_1}{R_2}$$

（3）若只有两个电阻并联，则等效电阻值为

$$R = \frac{R_1 R_2}{R_1 + R_2}$$

若 3 个电阻并联，则

$$R = \frac{R_1 R_2 R_3}{R_1 R_2 + R_1 R_3 + R_2 R_3}$$

（4）若只有两个电阻并联，则分流公式为

$$I_1 = \frac{R_2}{R_1 + R_2} I; \quad I_2 = \frac{R_1}{R_1 + R_2} I$$

（5）扩大伏特表的量程时，其分压电阻的大小可以根据其所需的量程由串联电路电压分配规律计算。若将满偏电流为 I_g、内阻为 R_g 的电流表改装成量程为 U 的伏特表，这时需要串联的分压电阻为

$$R = \frac{U}{I_g} - R_g = \frac{U - I_g R_g}{I_g}$$

（6）扩大电流表量程时，分流电阻的大小可以根据安培表的量程由并联电路电流分配规律算出，若将满偏电流 I_g、内阻为 R_g 的电流表改装成量程为 I 的安培表，这时需要并联的分流电阻阻值为

$$R = \frac{I_g}{I - I_g} R_g$$

提示：一般说来，电路里并联的用电器越多，并联部分的电阻值就越小，在总电压不变的条件下，电路里的总电流就越大，因此，输电线上的电压降就越大。这样，加在用电器上的电压就越小，每个用电器消耗的功率也越小。在晚上七八点钟开灯时，使用照明灯的用户多，灯光比较暗，而深夜用户减少时灯光较亮，就是这个缘故。

串联电阻可以分担一部分电压，使额定电压低的用电器能连到电压高的线路上使用。串联电阻的这种作用称为分压作用，做这种用途的电阻称为分压电阻。但分压电阻上将有一定的功率损耗，若损耗太大，就不能采用这一方法。

记忆口诀

串联电路一条线，不分岔来不分电。
串联电流之关系，各处电流都相等。
串联电压之关系，总压等于分压和。
串阻相加总阻增，电压与阻比成正，
串联电阻分功率，阻与功率比成正。
电阻串联应用广，分压限流最常用。

头头连，尾尾连，并列两点为并联。
并联电流之特点，总流等于支流和。
并联电压之特点，支压都等电源压。
阻小流大成反比，功率与阻成反比。
两阻并联积比和，相同电阻作等分。
电阻并联可分流，照明电路最常用。

2. 电阻混联

（1）电阻混联电路的识别。

① 将电路中某些不含电阻元件的导线缩短为一点，即把导线的两个端点合并为一点。

② 在无分支的电路中，各个电阻一定是串联的。

③ 连接在两个共同节点之间的各电阻是并联的。

（2）电路的分析与计算。

对于混联电路的计算，只要按照串联和并联的计算方法，一步一步地把电路化简，最后就可以求出总的等效电阻。但是，在有些混联电路里，往往很难一下子就看清各电阻之间的连接关系，难以下手分析。这时就要根据电路的具体结构，按照串联和并联电路的定义和性质进行电路的等效变换，使其电阻之间的关系一目了然，而后进行计算。

① 整理电路，使之连接关系明朗化。整理出各电阻串、并连接线的等效电路图。

② 简化支路，即根据电阻串联的特点求出各支路的等效电阻。

③ 合并支路，即根据电阻并联的特点进一步简化电路。

画直流电路等效图的方法可用下面的口诀来记忆。

记忆口诀

无阻导线缩一点，等势点间连成线；

断路无用线撤去，节点之间依次连；

整理图形标准化，最后还要看一遍。

如图 2-10（a）所示的电阻混联电路，先根据电流的流向进行整理。总电流通过电阻 R_1 后在 C 点分成两路，一支路经 R_7 到 D 点，另一支路经 R_3 到 E 点后又分成两路，一支路经 R_8 到 F 点，另一支路经 R_5、R_9、R_6 也到 F 点，电流汇合后经 R_4 到 D 点，与经 R_7 到 D 点的电流汇合成总电流通过 R_2，故画出如图 2-10（b）所示的等效电路。

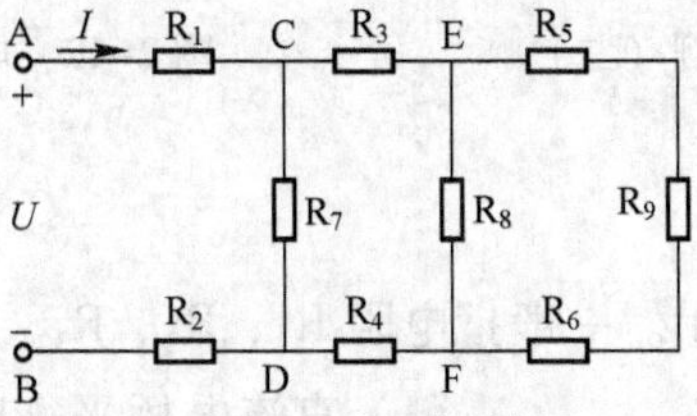

(a) 电阻混联电路

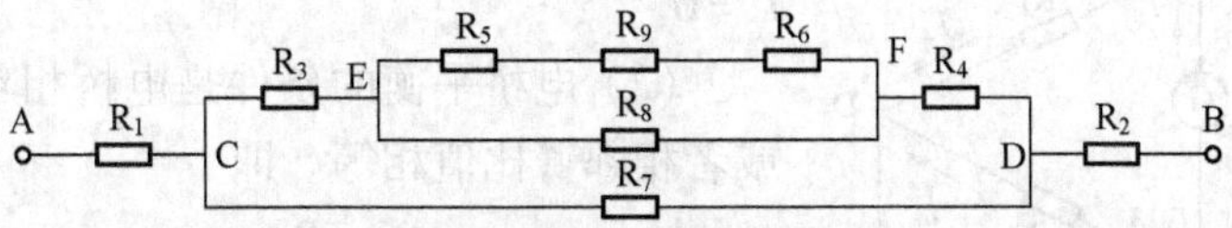

(b) 等效电路

图 2-10　电阻混联电路分析举例（一）

在分析电阻混联电路时，有的同学反映教材上介绍画等效电路的方法不好掌握。现通过两个例子，介绍用"橡皮筋"法画等效电路图。

画出图 2-11（a）所示电路的等效电路图。

① 画草图。设电路的两端点为 A、B，将连接导线想象为导电的"橡皮筋"，可自由拉伸，绘出草图，如图 2-11（b）所示。

② 画等效图。整理草图，画出等效电路图，如图 2-11（c）所示，其连接方式为

$$R = R_1 + R_2 /\!/ R_3 /\!/ R_4$$

画出图 2-12（a）所示电路的等效电路图。

① 画草图。想象中的"橡皮筋"从 A 点出发，其中一条"橡皮筋"经 R_1 到 B 点，另一条"橡皮筋"经 R_3 后又分 R_2、R_4、R_5 三条"橡皮筋"到 B 点，于是得到如图 2-12（b）所示的草图。

② 画等效图。整理出等效电路图，如图 2-12（c）所示，其连接方式为

$$R = R_1 /\!/ (R_3 + R_2 /\!/ R_4 /\!/ R_5)$$

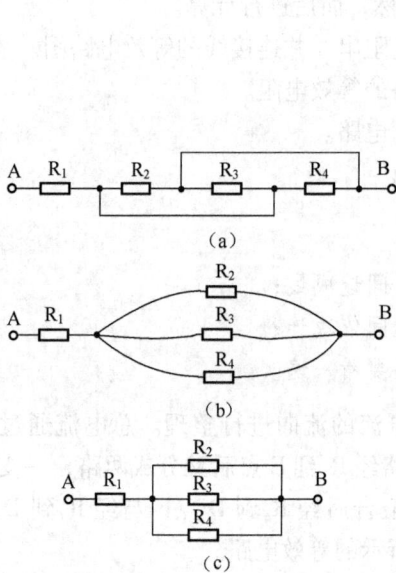

图 2-11　电阻混联电路分析举例（二）

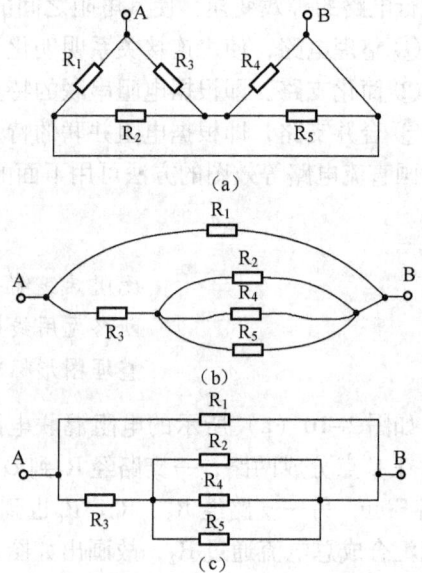

图 2-12　电阻混联电路分析举例（三）

七、直流电桥

直流电桥电路如图 2-13 所示。一般把电阻 R_1、R_2、R_3、R_4 称为桥臂电阻。

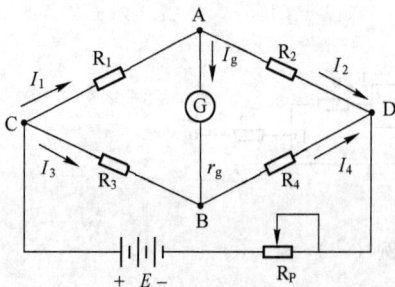

图 2-13　直流电桥电路

（1）直流电桥平衡时，桥支路 AB 间无电流，即 $I_g = 0$。

（2）电桥平衡的条件是电桥相对臂电阻乘积相等或者相邻臂比值相等。即

$$\frac{R_1}{R_2} = \frac{R_3}{R_4} \text{或} R_1 R_4 = R_2 R_3$$

（3）直流电桥的作用是可以比较精确地测量电阻。

八、电路中各点电位的计算

电路中的每一点都有一定的电位，电位的高低可以直接反映出电路的工作状态。检测电路中各个点的电位是分析电路与维修电路的重要手段。

电位的计算方法是：先确定参考点；再从某点选择一定的路径绕至零点（以元件少为佳），某点的电位等于选择路径上各个元件电压的代数和。

在分析与计算电路中各点电位的基本方法和步骤如下。

（1）根据题意选择电路的零电位点（即参考点）。

一般来说，参考点的选择是任意的，但一个电路只能有一个参考点。在电力电路中通常规定大地的电位为零，一般选择机壳为参考点；在电子线路中，一般是选择许多元件汇集的公共点为参考点。在电路中通常用符号"⊥"标出电位参考点。

注意：一旦电路中的零电位点规定后，电路中任一点对零电位点的电位差（电压）就是该点的电位。

（2）标出回路的电流方向，并确定各元件两端电压的正、负极性。

如果在绕行过程中，从电源正极到负极，则电动势应取正值，反之取负值。如果绕行方向与电阻上的电流方向一致（即顺着电流的方向），则应取正值，反之取负值，如图 2-14所示。

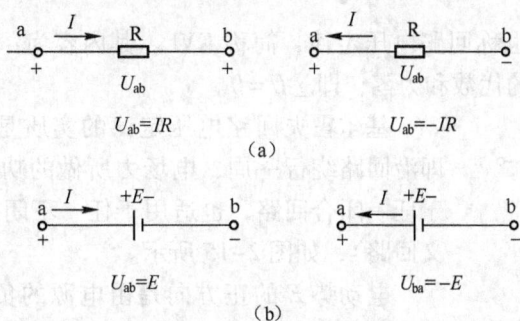

$U_{ab}=IR$　　　　　　　　　　　$U_{ab}=-IR$

(a)

$U_{ab}=E$　　　　　　　　　　　$U_{ba}=-E$

(b)

图 2-14　电压正负号的确定

（3）从某点（待求点）选择一条捷径绕至零电位点（以元件数目少为佳），某点电位就是此捷径上各部分电压的代数和。换言之，零电位点选定后，各点的电位与计算时所选择的路径无关。

（4）列出选择路径上各部分电压代数和的方程便可计算出某点的电位。

电路中两点间的电位差（即电压）是绝对的，不随电位参考点的不同发生变化，即电压值与电位的参考点无关，而电路中某一点的电位则是相对电位参考点而言的，电位参考点不同，该点的电位值也将不同。

九、基尔霍夫定律

基尔霍夫定律既适用于简单电路，也适用于复杂电路；适用于实际回路，也适用于假想的回路。对直流电路、交流电路、线性电路和非线性电路均适用。

1. 有关电路结构的几个名词

（1）支路：由一个或几个元件组成的无分支电路。
（2）节点：3 条或 3 条以上支路的连接点。
（3）回路：电路中任意一个闭合路径。
（4）网孔：电路中不能再分的回路（中间无支路穿过）。

2. 基尔霍夫第一定律

基尔霍夫第一定律，也称节点电流定律，简称 KCL。其内容为：任一瞬间，在电路中的任一节点，流入节点的电流之和等于流出该节点的电流之和。

$$\sum I_\text{入} = \sum I_\text{出}$$

KCL 的另一种表达形式为：任一瞬间，流过任一节点上电流的代数和为零，即

$$\sum I = 0$$

一般规定流入节点的电流为正，流出节点的电流为负。

基尔霍夫电流定律的实质是反映了电流的连续性，即电荷不可能在任一点上有所积累或减少。它不仅适用于节点，还可推广应用于电路中的任一闭合面，称为广义节点。

3. 基尔霍夫第二定律

基尔霍夫第二定律也称回路电压定律，简称 KVL。其内容为：对任意闭合回路，沿回路绕行一周，各段电压的代数和为零，即 $\sum U = 0$。

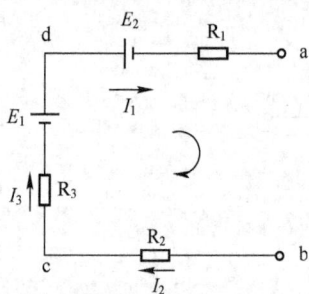

基尔霍夫回路电压定律的实质是反映了电位的单一性，即沿回路绕行一周，电场力所做的功为零。该定律不仅适用于任一闭合回路，也适用于任一不闭合的假想回路（称为广义回路），如图 2-15 所示。

电动势 E 的正方向是由电源的负极指向电源的正极的，而电源的端电压的方向与电动势的方向相反，是由正极指向负极；而电阻上电压的方向是由通过电阻的电流方向确定的（电流流入电阻端为正，电流从电阻另一端流出为负），即由电阻上电位高的正端指向电位低的负端。根据基尔霍夫回路电压定律，图 2-15 所示的电路为：

图 2-15 广义回路

$$U_{ab} + I_2 R_2 + I_3 R_3 - E_1 + E_2 + I_1 R_1 = 0$$

基尔霍夫回路电压定律的另一种表述形式为：任一回路中，沿回路绕行一周，所有电阻上电压的代数和等于所有电动势的代数和，即

$$\sum U = \sum E$$

4. 基尔霍夫定律的应用——支路电流法

求复杂直流电路的一般方法是支路电流法。支路电流法是以支路电流为未知量，应用基尔霍夫定律列出足够方程式联立求解的方法，它是应用基尔霍定律解题的基本方法。

应用支路电流法求解各支路电流的步骤如下。

（1）认真分析电路结构，有几条支路、几个网孔，并任意标出各支路电流的参考方向和网孔的回路电流的绕行方向。

（2）根据节点电流定律对节点个数 n 列出 $(n-1)$ 个独立电流方程（$\sum I = 0$）。

（3）从所给电路图中找出支路数 m，需列出 m 个网孔的独立回路电压方程（按电路的网孔来列 $\sum U = 0$）。

（4）代入已知电阻和电动势的数值，解联立方程组求出各支路电流。

（5）由各支路电流可求出相应的电压和功率。

提示：当支路电流的计算结果为正值时，说明支路电流的方向与假设的参考方向相同；当计算结果为负时，说明支路电流的方向与假设的参考方向相反。

十、惠斯通电桥电路及其平衡条件

1. 电桥平衡的条件

惠斯通电桥平衡时，桥支路无电流，即 $I_g = 0$。

惠斯通电桥平衡的条件：电桥相对臂电阻乘积相等或者相邻臂比值相等。即

$$\frac{R_1}{R_2} = \frac{R_3}{R_4} \text{或} R_1 R_4 = R_2 R_3$$

2. 惠斯通电桥的作用

惠斯通可以用于比较精确地测量电阻。

解题方法指导

（1）解题时，必须认真分析命题和与命题相关的电路。要对与命题相关的物理量、定律等有充分的理解。

（2）当电路中接入了伏特表或者安培表时，一般是将伏特表做开路处理，安培表做短路处理。若题目告诉了电表的内阻，可将它看作为具体的电阻对待。

（3）任何电流必定自成回路，即从电源正极流出，经过一定的路径回到负极。

（4）当电路中有开关动作时，每次拨动都会改变电路的结构，I、U、P 等参数会随之发生改变。

（5）全电路中，当外电路开路时，断口间的电压（端电压）等于电源的电动势；当外电路短路时，短路电流等于电源的恒流源 $\left(I = \dfrac{E}{r}\right)$。

（6）$P = I^2 R$ 和 $P = \dfrac{U^2}{R}$ 两个公式既矛盾又统一，适用对象不同。$P = I^2 R$ 用在电阻串联的电阻中，$P = \dfrac{U^2}{R}$ 用在电阻并联的电路中。

（7）运用基尔霍夫定律解题时，要认真分析命题中的已知量和待求量，从中找到二者间的联系，从而也就找到了解题的途径和方法。

（8）认真分析命题所附的电路图，审查电路的节点数、支路数和网孔数，结合命题条件

和要求确定最省时、省事的解题方法。

（9）为了确保最后答案的精确度，对于解题过程中出现的不能整除的中间数据，可用分数的形式保留。最后结果的数据如果也不是整数，则必须用小数（或指数）表示。

（10）运用基尔霍夫定律求解各支路电流的结果是否正确，可以验算。一般验算的方法有两种，其一是选用求解时未用过的回路（一般是选择最大的回路），应用基尔霍夫第二定律进行验算；其二是通过功率平衡关系进行验算，即电路消耗功率（电阻上的，以及电动势方向与电流实际方向相反的电源的功率）＝电源发出功率（电动势方向与电流实际方向相同的电源的功率）。

（11）负载获得最大功率的条件是负载电阻等于电源内阻，即 $R = r$，此时，负载的最大功率为

$$P_\mathrm{m} = \frac{E^2}{4r}$$

典例剖析

例2-1　一个电灯泡标有"220V，40W"的字样，则灯丝的热态电阻是多少？如果每天使用它照明的时间为 4 小时，平均每月按 30 天计算，那么每月消耗的电能为多少度？

【分析】（1）欲求电阻 R，先想计算 R 的公式，再根据题意知道 P 和 U，所以用 $P = \dfrac{U^2}{R}$。

（2）欲求电能 W，根据公式 $W = Pt$，而电能的国际单位为 J，常用单位是 kW·h（即度），在此时单位不用换算就可以。

解：（1）由题意知 $U = 220\mathrm{V}$、$P = 40\mathrm{W}$，根据公式 $P = U^2/R$ 得

$$R = U^2/P = 220^2/100 = 1210\,\Omega$$

（2）一天用 4 小时，每月用的时间为 $t = 4 \times 30 = 120\mathrm{h}$

$$W = Pt = 40 \times 120 = 4800\,\mathrm{W \cdot h} = 4.8\,\mathrm{kW \cdot h} = 4.8\,（度）$$

【说明】电能的国际单位为 J，常用单位是 kW·h，在此时单位不用换成国际单位 s，直接用 h（小时）就可以了。

例2-2　如图 2-16 所示，$E_1 = 18\mathrm{V}$，$E_2 = 10\mathrm{V}$，$R_1 = 3\,\Omega$，$R_2 = 4\,\Omega$，$R_3 = 2\,\Omega$，$R_4 = 6\,\Omega$，求 A、B、C 三点的电位。

【分析】图中 R_4 的两端没有电流流过，故两端无电压。电源 E_1、电阻 R_1、R_2、R_3 组成闭合回路。计算电位得首先设定零参考点，图中的 C 点与地直接连接，故选择 C 点为参考点比较方便。

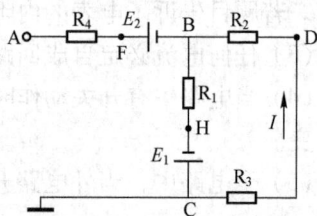

图 2-16　例题 2-2 图

解：由全电路欧姆定律，在 R_1、R_2、R_3 组成的闭合回路中

$$I = \frac{E_1}{R_1 + R_2 + R_3} = \frac{18}{9} = 2\,（A）$$

设 C 点为参考点，其电位 $V_C = 0\mathrm{V}$

$$V_B = V_C - E_1 - (-IR_1) = 0 - 18 - (-2 \times 3) = -12\,（V）$$

$$V_A = V_B + E_2 = -12 + 10 = -2\,（V）$$

【说明】参考点一旦选定后，计算某点的电位与绕行路径无关。例如，B 点的电位也可

以下面的方法求出来，其计算结果完全相同。

$$V_B = V_C - IR_3 - IR_2 = 0 - 2 \times (4 + 2) = -12(V)$$

例 2-3　一根粗细均匀的电线，当其两端的电压为 U 时，通过的电流为 I，若将此电线均匀拉长为原来的 2 倍，要使电流仍然为 I，则电线两端所加的电压应为多少？

【分析】 计算本题时，主要是要掌握电阻定律的运用。

解：（1）设原导线长为 L 米，横截面积为 S 平方米，则

电阻为
$$R = \rho \frac{L}{S}$$

电流为
$$I = \frac{U}{R} = \frac{U}{\rho \dfrac{L}{S}}$$

（2）导线均匀拉长为原来的 2 倍后，$L' = 2L$，$S' = \dfrac{S}{2}$。则

$$R' = \rho \frac{L'}{S'} = \rho \frac{2L}{\dfrac{S}{2}} = 4\rho \frac{L}{S}，\text{电流为 } I' = \frac{U'}{R'} = \frac{U'}{4\rho \dfrac{L}{S}}$$

要与拉长前的电流相等，即 $I = I'$

$$\frac{U}{\rho \dfrac{L}{S}} = \frac{U'}{4\rho \dfrac{L}{S}}；\ U' = 4U$$

【说明】 举一反三，若将该电线对折，其计算方法是一样的。

例 2-4　如图 2-17（a）所示，已知 $R_3 = R_4 = 100\text{k}\Omega$，$R_1 = R_2 = 200\text{k}\Omega$，$U = 300\text{V}$，试求 S 接通时 A 点的电位为多少？

【分析】 要求 A 点电位→求 A 点到零电位之间的电压→先选零电位点（一般选公共接地点），确定 C 点为参考点→然后选便捷路径（经 R_4 最简单）→求流过 R_4 的电流。

解： 选择 C 点为参考点（因为 C 点接地）。S 闭合后的电路如图 2-17（b）所示。

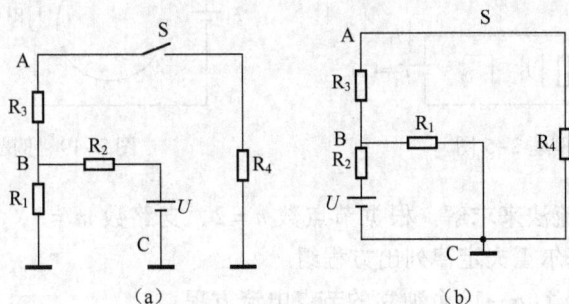

图 2-17　例题 2-4 图

$$R = R_2 + R_1 \mathbin{/\!/} (R_3 + R_4) = 300\text{k}\Omega；\ I = \frac{E}{R} = \frac{300}{300} = 1\text{mA}$$

$$I_4 = \frac{R_2}{R_2 + R_{34}} I = \frac{200}{200 + 200} \times 1 = 0.5\text{mA}$$

$$V_A = U_{AC} = I_4 R_4 = 0.5 \times 100 = 50\text{V}$$

从而 A 点的电位为 50V。

【说明】①本题有 3 个接地点，等效化简时变为一个点，能看出明显的回路。②这个题图不是常规图，解时按我们的习惯把电源移出来，负载转移到中间，这样利于求解。

例 2-5　如图 2-18 所示的电路，用支路电流法求各支路的电流。

【分析】求各支路的电流→用支路电流法（基尔霍夫定律的应用）→支路电流法的解题步骤→列节点电流方程和回路电压方程→标出回路绕行方向和支路电流方向。

解：各支路的电流方向已知，回路绕行方向如图 2-18 所示（顺时针）。

由题意可得方程组：
$$\begin{cases} I_1 - I_2 - I_3 = 0 & ① \\ -E_1 + I_1 R_1 + I_1 R_2 + I_2 R_3 = 0 & ② \\ -I_2 R_3 + E_2 = 0 & ③ \end{cases}$$

由③代入数据得 $I_2 = 2A$

将 I_2 值代入②得 $I_1 = 0.5A$

将 I_1、I_2 的值代入①得 $I_3 = -1.5A$

【说明】① 这个题图不是一个符合常规的图，R_3 支路的电流不是 I_3 而是 I_2，同样流过 R_2 的电流不是 I_2 而是 I_1，E_2 支路无负载。如果不小心，按照我们平时的习惯列方程就容易出错。

② 关于支路电流法，高考要求我们会解三条支路、两个节点、两个网孔的方程，即会求解三元一次方程组。高考对于 3 个或 3 个以上节点的方程要求会列方程组，不要求求解。

例 2-6　在图 2-19 中，已知 $E_2 = 20V$，$R_1 = 2\Omega$，$R_2 = 5\Omega$，$R_3 = 20\Omega$，用基尔霍夫定律（支路电流法）求：（1）若使 $I_1 = 0$ 时，E_1 为多大？（2）若使电流 $I_2 = 0$ 时，E_1 又为多大？（3）若使 $E_1 = 10V$ 时，求通过 R_3 的电流 I_3 为多少？

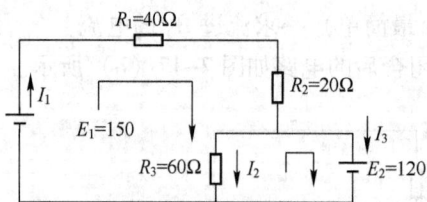

图 2-18　例题 2-5 图　　　　　　　　图 2-19　例题 2-6 图

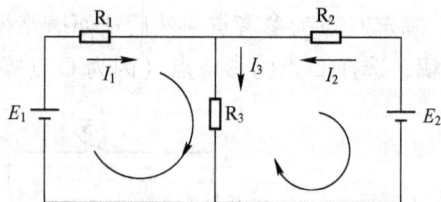

【分析】用支路电流法来求解。根据节点数 $n = 2$、支路数 $m = 3$，以及标定电流正方向和回路绕行方向，用基尔霍夫定律列出方程组

$$\begin{cases} (n-1) \text{个独立的节点电流方程} \\ [m-(n-1)] \text{个独立的回路方程（以网孔）} \end{cases}$$

解：根据基尔霍夫定律列出方程组

$$\begin{cases} I_1 + I_2 - I_3 = 0 & ① \\ I_1 R_1 + I_3 R_3 - E_1 = 0 & ② \\ -I_2 R_2 + E_2 - I_3 R_3 = 0 & ③ \end{cases}$$

（1）当电流 $I_1 = 0$ 时。

由给定条件可知 $I_1 = 0$ 时，则由式①可得

$$I_2 = I_3 \qquad \text{④}$$

把④代入③得

$$I_2 R_2 + I_3 R_3 = I_3 (R_2 + R_3) = E_2$$

所以

$$I_3 = \frac{E_2}{R_2 + R_3} = \frac{20\text{V}}{5\Omega + 20\Omega} = 0.8\text{A}$$

$$E_1 = I_1 R_1 + I_3 R_3 = 0 \times 2\Omega + 0.8\text{A} \times 20\Omega = 16\text{V}$$

（2）当电流 $I_2 = 0$ 时。

由给定条件 $I_2 = 0$，则由式①得

$$I_1 = I_3 \qquad \text{⑤}$$

由③得

$$I_3 = \frac{E_2}{R_3} = \frac{20\text{V}}{20\Omega} = 1\text{A}$$

$$E_1 = I_1 R_1 + I_3 R_3 = I_3 (R_1 + R_3) = 1\text{A} \times (2\Omega + 20\Omega) = 22\text{V}$$

（3）当 $E_1 = 10\text{V}$ 时。

将①、②、③化简 $\begin{cases} (I_3 - I_2) R_1 + I_3 R_3 = E_1 \\ I_2 R_2 + I_3 R_3 = E_2 \end{cases}$

代入数据

$$\begin{cases} 22 I_3 - 2 I_2 = 10 \\ 5 I_2 + 20 I_3 = 20 \end{cases}$$

解方程组得

$$I_1 = -1\text{A}; \quad I_2 = 1.6\text{A}; \quad I_3 = 0.6\text{A}$$

自我检测

一、填空题

1. 根据物质导电能力的强弱，一般将物质分为_____、_____、_____三类。

2. 电路中某点的电位，就是该点到_____之间的电压。电路中任两点之间的电压等于这两点的_____。

3. 电压的方向规定由_____电位端指向_____电位端的方向。

4. 一导线的横截面在 2s 内通过的电荷量是 5C，则此时导线的电流强度 $I =$ ____A。

5. 电源力在电源内部把正电荷从负极移到正极所做的功 W 与被移动的电荷量 q 的比值，称为电源的_____。

6. 全电路的欧姆定律是：闭合电路内的电流，与电源的_____成正比，与整个电路的_____成反比，数学表达式是_____。

7. 在电工测量时，电压表_____联在电路中测_____；电流表_____联在电路中测_____。

8. 电路的 3 种工作状态是_____。

9. 在电阻串联电路中，电路的总电压与分电压的关系为_____。电路的等效电阻与分电阻的关系为_____。各电阻分配的电压与电阻成_____，各电阻分配的功率与电阻成_____。

10. 电阻并联时，各个电阻两端的电压_____。并联电路的总电流与分电流的关系为_____。并联电路的总电阻的_____等于各个并联电阻的_____。各电阻分配的电流与电阻成_____，各电阻分配的功率与电阻成_____。

11. 既有电阻_____又有电阻_____的电路叫混联电路。

12. 当用电器的额定电压高于单个电池的电动势时，可用_____联电池组供电；当用电器的额定电流比单个电池允许通过的最大电流大时，可采用_____联电池组供电。

13. 基尔霍夫电流定律指出对电路中的任一节点，流过的节点_____为零，数学表达式为_____。基尔霍夫电压定律指出从电路的任一点出发绕回路一周回到该点时_____为零，其数学表达式为_____。

14. 用基尔霍夫定律计算出某支路的电流为正值时，表明该支路电流的_____方向与_____方向相同；支路电流为负值时，表明该支路电流的_____方向与_____方向相反。

15. 直流电桥平衡的条件为_____或_____。

16. 电路中电位的计算方法是先确定_____，某点的电位等于该点到_____的电压的代数和。并且电位与绕行路径无关，但若选择不同的_____，电路中的电位将有不同的数值。一般选公共接地点为_____。

17. 四环电阻依次为橙、白、红、银，这时电阻的阻值是_____，误差精度是_____%。

18. 某电阻功率大小的符号为"–▭–"，它所表示的功率为_____W。

二、选择题

1. 某根导线均匀拉长到原来的 10 倍后，其电阻变为 100Ω，则这根导线原来的电阻为（　　）。

    A. 1Ω　　　　　　B. 10Ω　　　　　　C. $1 \times 10^3 \Omega$　　　　　　D. $1 \times 10^4 \Omega$

2. （　　）可以测直流电源的端电压。

    A. 电流表　　　　B. 交流电表　　　　C. 万用表的直流电压挡　D. 以上都可以

3. 已知电源的电动势为 100V，内阻为 2Ω，负载电阻为 18Ω，这时，电源释放的功率为（　　）。

    A. 45W　　　　　　B. 450W　　　　　　C. 50W　　　　　　D. 500W

4. 衡量电源力移动正电荷做功本领大小的物理量是（　　）。

    A. 电压　　　　　　B. 电位　　　　　　C. 电动势　　　　　　D. 电场

5. 有两根同种材料的电阻丝，长度之比为 1:2，横截面积之比为 2:3，则它们电阻之比为（　　）。

    A. 1:2　　　　　　B. 2:3　　　　　　C. 3:4　　　　　　D. 4:5

6. 已知 $R_1 > R_2 > R_3$，若将此 3 只电阻并联接在电压为 U 的电源上，获得最大功率的电阻是（　　）。

    A. R_1　　　　　　B. R_2　　　　　　C. R_3　　　　　　D. R_1 和 R_2

7. 实际电路中，照明灯具的正确连接方法是（　　）。

    A. 串联　　　　　　B. 并联　　　　　　C. 混联　　　　　　D. 乱联

8. 用图 2-20 所示的伏安法测电阻，电压表的读数为 10V，电流表的读数为 0.2A，电流表的内阻为 5Ω，则待测电阻 R 的阻值为（　　）。

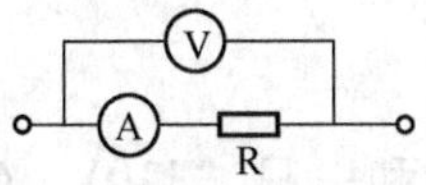

图 2-20

    A. 50Ω　　　　　　B. 90Ω　　　　　　C. 48Ω　　　　　　D. 45Ω

9. 要扩大电压表的量程，应在表头线圈上加入（　　）。

    A. 串联电阻　　　　B. 并联电阻　　　　C. 混联电阻　　　　D. 都不是

10. 有两个电阻串联，$R_1 = 2R_2$，若 R_2 的功率为 10W，则 R_1 的功率是（　　）。

    A. 5W　　　　　　B. 10W　　　　　　C. 15W　　　　　　D. 20W

11. 要扩大电流表的量程，应在表头线圈上加入（　　）。

    A. 串联电阻　　　　B. 并联电阻　　　　C. 混联电阻　　　　D. 都不是

三、判断题

1. 金属导体中自由电子定向移动的方为电流方向。　　　　　　　　　　　　（　　）

2. 万用表电阻挡的标尺是均匀的。　　　　　　　　　　　　　　　　　　　（　　）

3. 根据公式 $P = I^2 R$ 可知，电阻消耗的功率 P 与电阻 R 成正比。　　　　（　　）

4. 电动势是衡量电场力做功本领的物理量。　　　　　　　　　　　　　　　（　　）

5. 电路形成电流的条件是要自由移动的带电粒子和两端有电压。　　　　　　（　　）

6. 电源的端电压随负载电阻的增大而增大。　　　　　　　　　　　　　　　（　　）

7. 并联电阻可以用于分压和电流表扩大量程。　　　　　　　　　　　　　　（　　）

8. 在电阻分压电路中，电阻值越大，流过它的电流也就越大。　　　　　　　（　　）

9. 串联电路中各电阻分配的电压与电阻成正比。　　　　　　　　　　　　　（　　）

10. 并联电路的总功率等于各电阻消耗的功率之和。　　　　　　　　　　　（　　）

11. 电动势不同的电池不允许并联。　　　　　　　　　　　　　　　　　　（　　）

12. 串联电路总电流等于各分支路的电流之和。　　　　　　　　　　　　　（　　）

13. 电路中任一回路都可以称为网孔。　　　　　　　　　　　　　　　　　（　　）

14. 在电路分析时，任意假定支路电流方向，都会带来计算错误。　　　　　（　　）

四、问答题

1. 白炽灯的灯丝烧断后搭接上反而更亮，为什么？

2. 把电压表接到电源的两端，可以近似测得电源的电动势，为什么？而电流表接到电源的两端，能不能测量电源的电流，为什么？

3. 一只"110V、100W"的电灯和一只"110V、60W"的电灯串联接在 220V 的电源上，这种接法行不行？为什么？如果是两只"110V、60W"的灯泡，是否可以这样使用？

4. 怎样用兆欧表检测电动机绕组对外壳的绝缘电阻？

5. 如何用电阻法对电阻性的电路进行故障检测？请简述其步骤和方法。

五、计算题

1. 如图 2-21 所示的电路，断开开关 S 时，电压表的读数为 15V，闭合开关时电压表的读数为 12V、电流表读数为 0.2A，求 R_1 的电阻值。

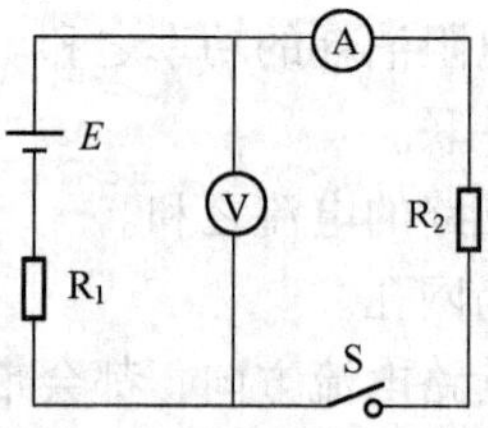

图 2-21

2. 由电动势为 110V、内电阻为 0.5Ω 的电源给负载供电，负载电流为 10A，求通路时的输出电压。若负载短路，求短路电流和电源输出电压。

3. 如图 2-22 所示的电路，已知电源电动势 $E_1 = 18V$，$E_3 = 5V$，内电阻 $r_1 = r_2 = 1Ω$，外电阻 $R_1 = 4Ω$，$R_2 = 2Ω$，$R_3 = 6Ω$，$R_4 = 10Ω$，电压表的读数为 28V。求电源电动势 E_2 和 A、B、C、D 各点的电位。

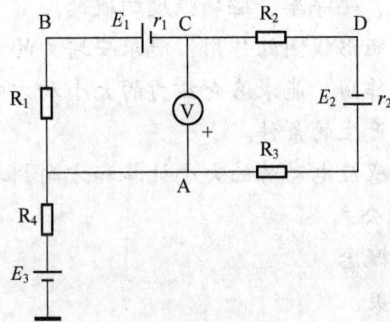

图 2-22

第3章
电容与电感及其应用

考试要求

- 理解磁场的概念，能用右手螺旋法则判求直导线和载流线圈的磁场方向。
- 理解磁感应强度、磁通、磁导率、磁场强度的概念。
- 掌握磁场对载流导体、矩形线圈的作用，能求安培力的大小和方向。
- 掌握磁场对运动电荷的作用，能求洛仑兹力的大小和方向。
- 了解电磁感应现象及其产生的条件。
- 掌握导体切割磁感线时感应电动势的大小计算和方向判求。
- 理解线圈的储（磁）能公式。
- 理解电场及电场强度的概念。
- 了解电容器的参数和种类。
- 掌握电容串并联电路的特点及应用。
- 理解电容器的储（电）能公式。
- 掌握识别电容器和用万用表初步测量电容器好坏的方法。

知识要点

一、电容器和电容

1. 电容器

电容器是储存电荷的元件，用 C 表示，它是电路的基本元件之一。被绝缘介质隔开的两个相互靠近的导体都可以看成是一个电容器，这两个导体就是电容器的两个极，两个极之间的绝缘介质称为电介质。

电容器最基本的功能是储存电荷和容纳电荷。电容器也是储存电场能量的装置，其每个极板上所储存的电荷的量叫电容器的电量。

电容器最基本的特性是具有储存和释放电能的性质，在电路中表现为电容器的充电和放电现象。电容器具有"隔直流、通交流"的特性。电容器的主要特性见表 3–1。

表 3–1　电容器的主要特性

电容器的主要特性	特性描述
隔直通交特性	电容器在电路中能识别交流电和直流电，即只让交流电流通过，不让直流电流通过

电容器的主要特性	特 性 描 述
容抗特性	电容器在让交流电流通过时，存在着像电阻对电流阻碍作用一样的容抗。容抗与频率高低、容量大小相关。频率越高，容抗越小，反之则高；容量越大，容抗越小，反之则大
储能特性	电容器能够像水缸存放水一样存储电荷
两端电压不能突变特性	电容器在接入电路或是断开电路的瞬间，电容器内部的电荷不能发生改变，从而电容器两端的电压大小不能发生突然的改变

电容器在电路中具有隔断直流电、通过交流电的作用，因此常用于级间耦合、滤波、去耦、旁路及信号调谐。

2. 电容

电容是表示电容器储存电荷能力的物理量。

（1）定义：电容器任一极板的所带电量 Q 与两极板间电压 U 的比值叫电容器的电容量，简称电容。即

$$C = \frac{Q}{U}$$

记忆口诀

电容两端加电压，正负电荷两边站。

电荷在上电压下，两者相除来计算。

单位一般是法拉，微法皮法可换算。

（2）单位：电容的国际单位 F（法拉），常用单位有 mF、μF、pF，它们的关系为

$$1F = 10^3 mF = 10^6 uF = 10^{12} pF$$

（3）对同一电容器，比值 C 不变；对不同的电容器，比值 C 不同。它的物理意义在于比较不同的电容器在它们两极板电压相同的条件下，哪一个电容器容纳的电荷量多。

（4）并非只有成品的电容器有电容，只要是相邻的两个导体之间都存在电容。如两根输电线之间、输电线与大地之间、导线和仪器的金属外壳之间等，这样的电容叫做分布电容，虽然它的数值很小，但有时却可能干扰传输线路或仪器设备的正常工作，因此在工程设计时必须加以防止。

3. 平行板电容器

由两块相互平行且靠得很近而又彼此绝缘的平行金属板组成的平板电容器是最简单的电容器，也是最常见的一种电容器。

（1）平行板电容器的电容与极板正对面积 S 和电介质的介电常数 ε 成正比，与两极板间的距离 d 成反比。即

$$C = \frac{\varepsilon_r \varepsilon_0 S}{d}$$

式中，ε_0 为真空中的介电常数，$\varepsilon_0 = 8.85 \times 10^{-12}$ F/m；ε_r 为物质的相对介电常数；$\varepsilon_0 \varepsilon_r = \varepsilon$，$\varepsilon$ 称为某种物质的介电常数；C 表示电容器的电容（F）；d 表示两极板间的距离（m）；S 表示两极板的正对面积（m^2）。

相对介电常数的物理意义：表示了原为真空的电容器的两极板间插入某种电介质后，电容增加的倍数。

记忆口诀

电路能够存电能，绝缘极板两导体。

极板面积成正比，极板距离成反比。

绝缘介质有多种，介电常数成正比。

（2）电容是电容器的固有特性，其大小仅与电容器自身的结构（两极板正对面积、板间距离及板间的介质）有关。外界条件变化、电容器是否带电或带电的多少，都不会使电容改变。

4. 电容器的种类和符号

电容器按结构可分为固定电容器、可变电容器及微调电容器三类，其中使用最多的是固定电容器。可变电容器常见的有空气介质电容器和塑料薄膜电容器。微调电容器又叫做半可变电容器，一般使用的有空气介质、陶瓷介质及有机薄膜介质等微调电容器。

电容器按极性可分为有极性电容和无极性电容。我们最常见到的就是电解电容器。电解电容器是有正、负极之分的，使用时不可将极性接反或接到交流电路中，否则会将电解电容器击穿。

电容器在电路图中的符号见教材的相关内容。

5. 电容器的参数

（1）额定工作电压：额定工作电压又叫耐压，是指电容器能够长时间可靠工作，并且保证电介质性能良好的直流电压的数值。

一般电解电容的耐压分为 6.3V、10V、16V、25V、50V、100V、250V、400V 等。耐压值一般直接标称在电容器上，但有些电解电容的耐压采用色标法，位置靠近正极引出线的根部，所表示的意义见表 3-2。

表 3-2　电容器耐压色环标志

颜色	黑	棕	红	橙	黄	绿	蓝	紫	灰
耐压（V）	4	6.3	10	16	25	32	40	50	63

提示：要使电容器能安全可靠地工作，所加的电压值不得超过其耐压值。否则，有可能破坏介质的绝缘性，甚至会使电容器被击穿而损坏。

（2）标称容量：成品的电容器体表上所标明的电容量称为标称容量。电容器容量的标注法见表 3-3。

表 3-3　电容器容量的标注法

标 注 法	含 义	举 例 说 明
直标法	将标称容量及偏差直接标在电容体上。若是零点零几，常把整数位的"0"省去	.01μF 表示 0.01μF。有些电容器也采用"R"表示小数点，如 R47μF 表示 0.47μF
数字表示法	只标数字不标单位的直接表示法。采用此法的仅限 pF 和 μF 两种	某瓷片电容器上标注数字 68，表示其容量为 68pF
数字字母法	容量的整数部分写在容量单位标志字母的前面，容量的小数部分写在容量单位标志字母的后面	1p5 表示容量为 1.5pF；6n8 表示容量为 6.8nF，即 6800pF
数码法	一般用三位数字表示电容器的容量大小，其单位为 pF。其中第一位和第二位为有效值数字，第三位表示倍数，即表示有效值后"0"的个数	103 表示容量为 10×10^3 pF（0.01μF）
色标法	用色码标注，其标志的颜色符号的含义与电阻器采用的相同，容量单位为 pF	对于立式电容器，色环顺序从上而下，沿引线方向排列。如果某个色环的宽度等于标准宽度的 2 或 3 倍，则表示相同颜色的有 2 个或 3 个色环。有时小型电解电容器的工作电压也采用色标表示

（3）允许误差：不同的电容器，有不同的误差范围，在此范围之内的误差称为允许误差。电容器的标称容量与实际容量的误差反映了电容器的精度。精度等级与允许误差的对应关系见表 3-4。实际电容量和标称电容量允许的最大误差范围一般分为 3 级： I 级 ±5%、II 级 ±10%、III 级 ±20%。

表 3-4　电容器的精度等级与允许误差的对应关系

精度级别	罗马数字标注			字母标注					
	I	II	III	D	F	G	J	K	M
允许误差（%）	±5	±10	±20	±0.5	±1	±2	±5	±10	±20

（4）工作温度范围：指电容器确定能连续工作的温度范围，只要在这个温度范围内使用，电容器的各项性能指标均能得到保证，尤其是电解电容。这一工作温度范围往往打印在外壳上，如 -40℃ ~ +85℃ 或 -40℃ ~ +105℃ 等。

提示：电容器的额定工作电压、电容量、允许误差、工作温度范围等参数，一般标在电容器的外壳上。对于容量小于 1μF 的电容器，通常在容量后面用字母表示误差。

6. 电容器的充放电

电容器的充电过程中，两个极板上有电荷积累，两极板间形成电场。电场具有能量，这部分能量是从电源吸收过来储存在电容器中的。

电容器充电时，极板上的电荷逐渐增加，两极板间的电压也在逐渐增加，电压是与电荷量成正比的，而电容值越高，储存的电荷量就越高，也就是说，电容器中储存的电场能量与电容器的电容值成正比，与电容器两极板之间的电压平方成正比，即

$$W_{\mathrm{C}} = \frac{1}{2}CU_{\mathrm{C}}^2 \text{ 或 } W_{\mathrm{C}} = \frac{1}{2}QU_{\mathrm{C}} = \frac{Q^2}{2C}$$

式中，电容 C 的单位为 F；电压 U_C 的单位为 V；电荷量 Q 的单位为 C；电场能量的单位为 J。

电容器是一种储能元件，它充放电的过程，就是与电源进行能量交换的过程。电容器中电场能量的积累和释放都是逐渐变化的，即从一种稳态逐渐变化到另一种稳态，电容器两极板之间的电压不能发生突变，也只能是一个逐渐变化的过程。

提示：电感器、电容器都是储能元件。电感器储存磁场能，电容器储存电场能。

7. 电容器质量判别

电容器的好坏可用万用表的电阻挡检测。检测时，首先根据被测电容器容量的大小，将万用表的转换开关置于适当的"Ω"挡位，视为电解电容器容量的大小。通常选用万用表的"R×100"、"R×1k"、"R×10k"挡进行测试判断。例如，100μF 以上的电容器用"R×100"挡；1～100μF 的电容器用"R×1k"挡；1μF 以下的电容器用"R×10k"挡，如图 3-1 所示。

图 3-1　不同容量电容质量判别电阻挡选择

（1）无极性电容器的检测。

用指针式万用表检测无极性电容器的具体方法见表 3-5。

表 3-5　用指针式万用表检测无极性电容器的具体方法

接线示意图	表头指针指示	说　　明
R×10k 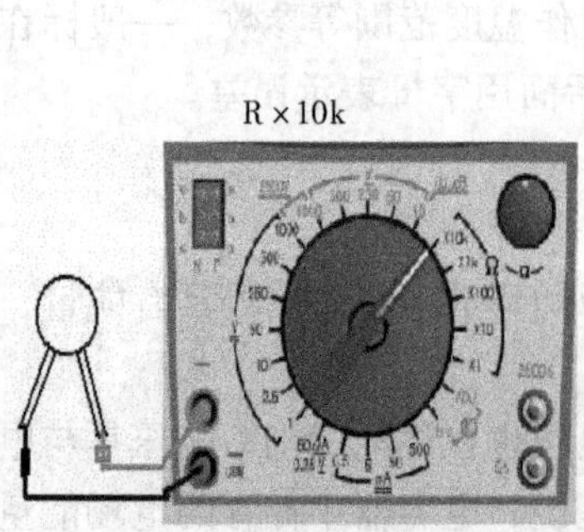 测量 0.01μF 以下的电容器	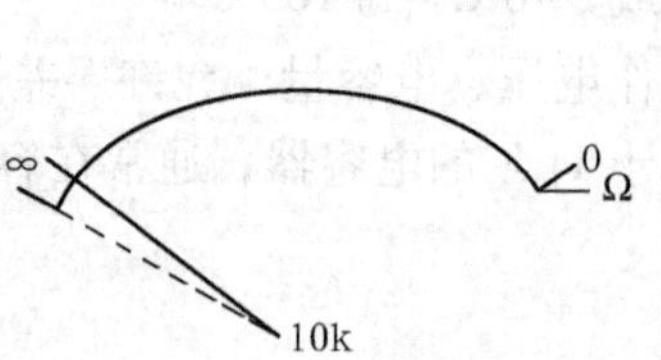	由于容量小，充电电流小，现象不明显，指针向右偏转的角度不大，阻值为无穷大
	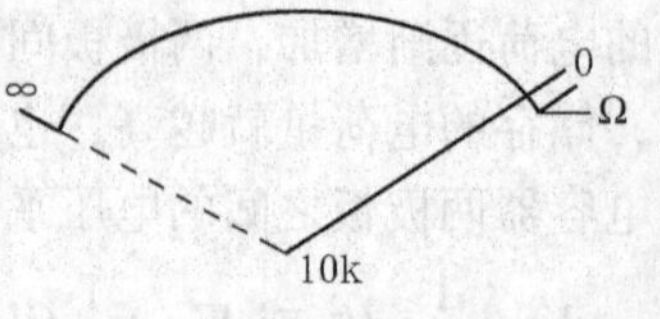	如果测出阻值（指针向右摆动）为零，则说明电容漏电损坏或击穿

接线示意图	表头指针指示	说　明
R×10k 0.01μF 以上的电容器		容量越大，指针偏转的角度就越大，向左返回也就越慢
		如果指针向右偏转后不能返回，则说明电容器已经短路损坏；如果指针向右偏转然后向左返回稳定值后，阻值小于500kΩ，则说明电容器的绝缘电阻太小，漏电电流较大，也不能使用

（2）有极性（电解）电容器的检测。

一般有极性（电解）电容器的容量比无极性（非电解）电容器的容量大，测量时，应根据不同容量选择合适的量程。一般来说，容量在 1 ~ 47μF 的电容器检测，可用 R×1k 挡测量，大于 47μF 的电容器可用 R×100 挡测量。具体检测方法见表 3-6 所示。

表3-6　用指针式万用表检测有极性电容器的方法

接线示意图	表头指针指示	说　明
	不接万用表	检测前，先将电容器的两引脚短接，以放掉电容内残余的电荷
有极性（电解）电容器质量检测 		黑表笔接电容器的正极，红表笔接电容器的负极，指针迅速向右偏转，而且电容量越大，偏转角度越大，若指针没有偏转，则说明电容器开路失效
		指针到达最右端之后，开始向左偏转，先快后慢，表头指针左偏到接近电阻无穷大处，则说明电容器的质量良好，指针指示的电阻值为漏电阻值。如果指示的值不是无穷大，说明电容器的质量有问题，若阻值为零，则说明电容器已经击穿

接线示意图	表头指针指示	说　　明
电解电容器极性判断		若电解电容器的正、负极性标注不清楚，用万用表 R×1k 挡可以将电容器正、负极性判定出来。方法是先任意测量漏电电阻，记住大小，然后交换表笔再测一次，比较两次测量的漏电电阻的大小，漏电电阻大的那一次黑表笔接的就是电容器正极，红表笔为负极

实际使用经验表明，电解电容的漏电阻一般应在几百千欧姆以上，否则，将不能正常工作。在测试中，若正向、反向均无充电现象，即指针不动，则说明容量消失或内部短路；如果所测阻值很小或为零，则说明电容漏电大或已击穿损坏，不能再使用。

如果指针不动，则说明该电容器已经断路损坏；如果指针向右偏转后不向左返回，则说明该电容器已经短路损坏；如果指针向右偏转然后向左返回稳定后，指针指示的阻值小于 $500k\Omega$，则说明该电容器的绝缘电阻太小，漏电电流较大，也不能使用。

二、电容器的串联和并联

在使用电容器时，往往会遇到电容器不合适或耐压不符合要求的情况，为满足电路的电容值和耐压值，可将几个电容器做适当的连接组合起来使用。与电阻器相同，电容器最基本的连接方式为串联和并联。下面以 3 个电容器为例介绍电容器串联、并联的特点，见表 3-7。

表 3-7　电容器串联、并联的特点

项目　接方式联　目	串　　联	并　　联
总电容量	总电容量的倒数等于各个电容器的电容的倒数之和。即 $$\frac{1}{C}=\frac{1}{C_1}+\frac{1}{C_2}+\frac{1}{C_3}$$	总电容等于每个电容器的电容之和。即 $$C=C_1+C_2+C_3$$
电量关系	每只电容器所带的电量相等。即 $$Q=Q_1=Q_2=Q_3$$	总电量等于每个电容器所带的电量之和。即 $$Q=Q_1+Q_2+Q_3$$ 电荷量的分配与电容器的容量成正比。即 $$Q_1:Q_2:Q_3=C_1:C_2:C_3$$

续表

项目 \ 联接方式	串　联	并　联
电压关系	总电压等于各分电压之和。即 $$U = U_1 + U_2 + U_3 = Q\left(\frac{1}{C_1} + \frac{1}{C_2} + \frac{1}{C_3}\right)$$ 各个电容器两端的电压分配与其电容成反比。即 $$U_1 : U_2 : U_3 = \frac{1}{C_1} : \frac{1}{C_2} : \frac{1}{C_3}$$	每个电容器上的电压相等，且为所连接电路的电源电压。即 $$U = U_1 = U_2 = U_3$$
应用	电容器串联，相当于拉大了两个极板间的距离，所以其总容量会减小。 电容器串联可以提高耐压。当一只电容器的额定工作电压值太小不能满足需要时，除选用额定工作电压值高的电容器外，还可采用电容器串联的方式来获得较高的电压。 电容值不等的电容器串联使用时，每个电容器上所分配到的电压是不相等的。各电容器上的电压分配和它的电容成反比，即电容小的电容器比电容大的电容器所分配的电压要高。所以，电容值不等的电容器串联时，应先通过计算，在安全可靠的情况下再串联使用	电容器并联，相当于扩大了两个极板的正对面积（有效面积），所以总容量将增大。当需要增大电容量时，可采用几个适当的电容器并联来解决。 电容器并联时，每只电容器的耐压均应大于外加电压。换言之，并联电容器组的耐压值等于其中耐压值最小的那一个电容器。若该电容器被击穿而短路，会使整个电容器组的端电压为零。 交流电路中，在负载两端并联电容器可提高电路的功率因数，以减小在线路中产生的热损失和电压损失，提高电路的总体效率

（1）当两个电容器串联时，分压公式为

$$U_1 = \frac{C_2}{C_1 + C_2}U; \quad U_2 = \frac{C_1}{C_1 + C_2}U$$

（2）当两个电容器串联时，总电容为

$$C = \frac{C_1 C_2}{C_1 + C_2}$$

（3）当两个电容器并联时，电量分配公式为

$$Q_1 = \frac{C_1}{C_1 + C_2} \cdot Q; \quad Q_2 = \frac{C_2}{C_1 + C_2} \cdot Q$$

电容器串联、并联的特点与电阻器串联、并联的特点虽然对应，但是区别甚大，复习时宜对比记忆，不得马虎。例如，串联电容器组的总电压与串联电阻器两端的总电压的特性相同，等于各电容器（电阻器）的端电压之和；串联电容器组的等效电容与电阻并联电路的总电阻的计算公式就非常相似，等于各电容器电容（电阻）的倒数之和。下面推荐一个口诀，希望帮助你记忆电容器串联、并联的特点。

电容器串联、并联的记忆口诀

电容串联容减小，相当板距在加长，
各容倒数再求和，再求倒数总容量。

电容并联容增大；相当板面在增大，
并后容量很好求，各容数值来相加。

想起电阻串并联，电容计算正相反，
电容串联电阻并，电容并联电阻串。

三、磁场及其物理量

1. 磁场

（1）磁体的周围存在磁力作用的空间称为磁场。磁场是一种特殊形式的物质，具有力和能的性质。

（2）磁场方向的规定。在磁场的任一点，小磁针静止时 N 极所指的方向就是该点的磁场方向。

（3）任何磁体的磁极总是成对出现的，即 S 极（南极）和 N（北极）。磁极之间具有相互作用的磁力。同名磁极相互排斥，异名磁极相互吸引。

2. 磁感线

磁感线是为研究问题方便人为引入的假想曲线，实际上并不存在。曲线上每一点的切线方向都与该点的磁场方向相同。磁感线具有以下特征。

（1）磁感线在磁体外部从 N 极（北极）出来，绕进 S 极（南极），而在磁体内部却是从 S 极指向 N 极，形成一个闭合回路。磁感线互不相交。

（2）磁感线任意一点的切线方向就是该点的磁场方向。

（3）磁场越强，磁感线越密。匀强磁场的磁感线是一些分布均匀的平行直线。

（4）当存在导磁材料时，磁感线主要从导磁材料中通过。

3. 磁场的基本物理量

磁场是一种特殊的物质，其主要物理量有磁感应强度、磁通、磁导率和磁场强度，见表 3-8。它们是从不同的侧面来描述磁场的特性的。

表 3-8　磁场的基本物理量

物　理　量	符号	表达式	单位及符号	说　　明
磁感应强度	B	$B=\dfrac{F}{IL}$	特（T）	（1）磁感应强度又称磁通密度，是反映磁场中某一个点性质的物理量。它既反映某点磁场的强弱，又反映某点磁场的方向。 （2）匀强磁场的磁力线是均匀分布的平行直线。 （3）$B=\dfrac{F}{IL}$ 成立的条件是导线与磁感应强度垂直。$\dfrac{F}{IL}$ 的比值是一个恒定值，所以，不能说 B 与 F 成正比，也不能说 B 与 I 和 L 的乘积成正比
磁通	ϕ	$\phi=BS$	韦伯（Wb）	（1）磁通是反映磁场中某个面的磁场情况的物理量。 （2）公式 $B=\dfrac{\phi}{S}$ 说明在匀强磁场中，磁感应强度就是与磁场垂直的单位面积上的磁通。所以，磁感应强度又叫磁通密度。 （3）由公式 $B=\dfrac{\phi}{S}$ 还可得到磁感应强度的另一个单位：韦/米^2（Wb/m^2）

续表

物 理 量	符号	表达式	单位及符号	说　　明
磁导率	μ	$\mu = \mu_r \mu_0$	亨利/米（H/m）	（1）磁导率是描述物质导磁能力强弱的物理量。 （2）铁磁性物质的磁导率是一个变量，非铁磁性物质在真空中的磁导率是一个常数，用 $\mu_0 = 4\pi \times 10^{-7} \dfrac{H}{m}$，其他物质的磁导率与真空中磁导率的比值叫做相对磁导率，即 $$\mu_r = \frac{\mu}{\mu_0} \text{ 或 } \mu = \mu_0 \mu_r$$ （3）根据相对磁导率的大小，可将物质分为 3 类。 ① $\mu_r < 1$ 的物质叫反磁性物质； ② $\mu_r > 1$ 的物质叫顺磁性物质； ③ $\mu_r \gg 1$ 的物质叫铁磁性物质
磁场强度	H	$H = \dfrac{B}{\mu}$	安培/米（A/m）	（1）磁场强度反映磁场中某点的磁感应强度与磁介质磁导率的比值，是描述磁场强弱与方向的又一个基本物理量。 （2）磁场强度是矢量，方向与该点的磁感应强度 B 的方向相同

提示：虽然磁感应强度、磁通和磁场强度都是反映磁场性质的物理量，但各自反映磁场性质的侧重点不同。磁感应强度主要反映磁场中某一点的磁场强弱和方向，它的大小与该磁场中的介质即磁导率有关；磁通是反映磁场中某一个截面的磁场情况，它同样与介质有关；磁场强度是反映磁场中某一点的磁场情况，与励磁电流和导体形状有关，但它与磁场中的介质即磁导率无关，它只是为了使运算简便而引入的一个物理量。

四、电流与磁场

1. 通电直导线的磁场

通电直导线的磁场，其磁感线是一组以导体为圆心的同心圆。离导线越近，磁场越强，磁感线越密。磁感线的方向取决于导线中电流的方向。

通电直导线的磁场可用安培定则（又称为右手螺旋定则）判定。方法是：用右手的大拇指伸直，四指握住导线，当大拇指指向电流时，其余四指所指的方向就是磁感线的方向，如图 3-2 所示。

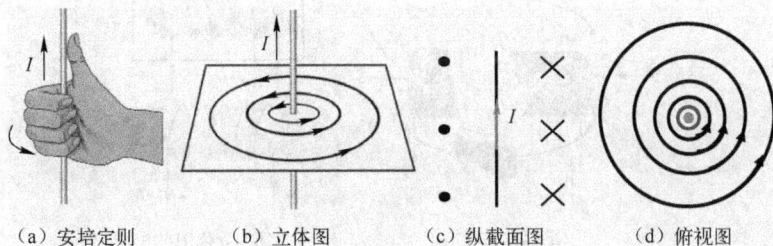

（a）安培定则　　　　（b）立体图　　　　（c）纵截面图　　　　（d）俯视图

图 3-2　判定通电直导线的磁场

记忆口诀

导体通电生磁场，右手判断其方向。
伸手握住直导线，拇指指向流方向，
四指握成一个圈，指尖指示磁方向。

2. 环形电流的磁场

环形电流的磁场，其磁感线是一系列围绕环形导线，并且在环形导线的中心轴上的闭合曲线。磁感线和环形导线平面垂直。

环形电流及其磁感线的方向也可以用安培定则来判定。方法是：右手弯曲的四指和环形电流的方向一致，则伸直的大拇指所指的方向就是环形导线中心轴上磁感线的方向，如图3-3所示。

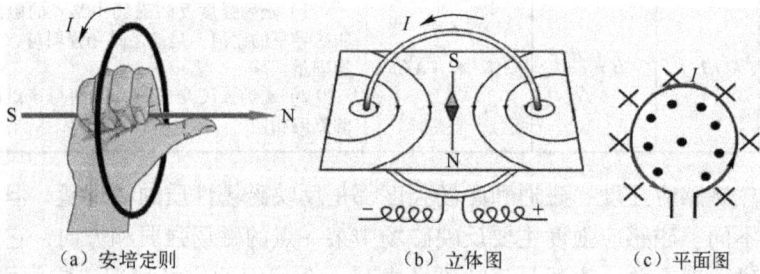

（a）安培定则　　　　　　（b）立体图　　　　　　（c）平面图

图3-3　判定环形电流的磁场

3. 通电线圈的磁场

螺线管线圈可看成是由 N 匝环形导线串联而成，它通电以后产生的磁感线形状与条形铁相似。螺线管内部的磁感线方向与螺线管轴线平行，方向由 S 极指向 N 极；外部的磁感线由 N 极出来进入 S 极，并与内部的磁感线形成闭合曲线。改变电流方向，磁场的极性就对调。

判定通电线圈的磁场用安培定则判定。方法是：右手的大拇指伸直，用右手握住线圈，四指指向电流的方向，则大拇指所指的方向便是线圈中磁感线的 N 极的方向。通常认为通电线圈内部的磁场为匀强磁场，如图3-4所示。

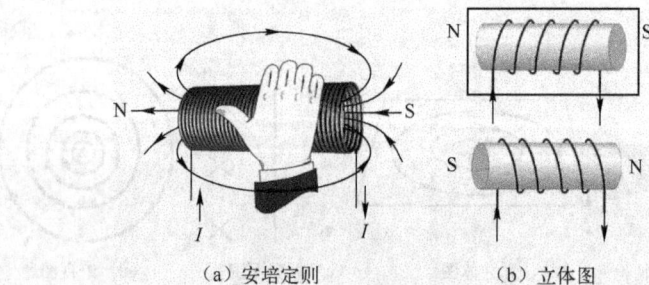

（a）安培定则　　　　　　（b）立体图

图3-4　判定通电线圈的磁场

记忆口诀

通电导线螺线管，形成磁场有北南。

右手握住螺线管，电流方向四指尖。

拇指一端为 N 极，另外一端为 S 极。

提示：电流磁场的方向与电流方向的关系都可用右手螺旋定则来判定，这就是直线电流、环形电流和通电螺线管所具有的共性，它们之间存在着内在联系，但由于电流的形状各不相同，所以对应的磁感线方向在右手螺旋定则的表述中有明显区别，四指与大拇指所指方向的含义不同：在直线电流的安培定则中，伸直的大拇指方向表示电流方向，弯曲的四指方向表示磁感线的环绕方向；而在环形电流和通电螺线管的安培定则中，伸直的大拇指方向则表示轴线处磁感线的方向，弯曲的四指方向表示电流方向，与前者正好相反，这又反映出不同形状的电流磁场的个性。

4. 电磁力

载流直导体在磁场中要受到电磁力的作用。导线在磁场中的部分越长，导线中的电流越大，外界磁场越强，导线受力就越大。导线与磁场方向垂直时，导线所受的力最大。

$$F = BIL\sin\theta$$

式中，F 的单位为 N（牛）；I 的单位为 A（安）；L 的单位为 m（米）；B 的单位为 T（特）；θ 为电流方向与磁场方向之间的夹角。

5. 左手定则

在磁场中，通电导线作用力的方向可用左手定则判定。方法是：伸开左手，使拇指与四指在同一平面内并且互相垂直，让磁感线垂直穿过掌心，四指指向电流方向，则拇指所指的方向就是通电导体受力的方向，如图 3-5 所示。

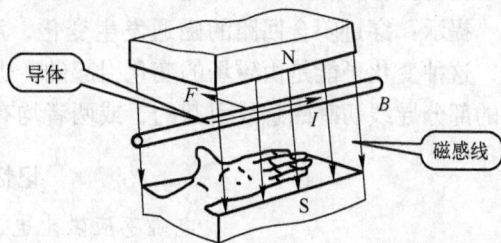

图 3-5　左手定则

磁场对通电导体中的电荷也有作用力，称为洛伦兹力。洛伦兹力的方向仍可以用左手定则判定，但是应该注意，电流方向是正电荷的运动方向。

左手定则记忆口诀

电流通入直导线，就能产生电磁力。

左手用来判断力，拇指四指成垂直。

平伸左手磁场中，N 极正对手心里，

四指指向电流向，拇指所向电磁力。

6. 磁场对载流矩形线圈的作用（力偶矩）

通电矩形线圈在磁场中将受到力偶矩的作用而转动。转动方向用左手定则判定，其受力分析如图 3-6 所示。

合力矩的计算公式为

$$M = nBIS\cos\theta$$

式中，n 为线圈的匝数；θ 为磁场方向与线圈平面的夹角；M 为线圈中的力偶矩，单位为 N·m（牛·米）。

（1）当 $\theta = 0°$，即线圈平面与磁感线平行时，线圈受到的磁力矩最大。

（2）当 $\theta = 90°$，即线圈平面与磁感线垂直时，线圈受到的磁力矩最小，等于零。

提示：电动机、磁力式电表就是根据上述原理工作的。

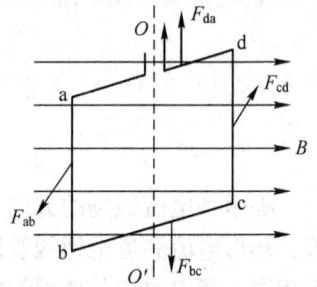

图 3-6　线圈与磁感线垂直边的受力分析

五、电磁感应

1. 感应电流和感应电动势产生的条件

（1）只要穿过电路的磁通发生变化，电路中就有感应电动势产生，与电路是否闭合无关。如果电路是闭合的，则在电路中形成感应电流。若外电路是断开的，则电路中就没有感应电流，只有感应电动势。

提示：感应电动势与电路的组成无关，感应电流与电路的组成有关（电路必须闭合）。

（2）当穿过闭合回路的磁通发生变化时，回路中就有感应电流产生。

产生感应电流的条件是：闭合电路的一部分导体做切割磁感线运动时，或穿过闭合电路的磁通量发生变化时，闭合电路中就有感应电流产生。

提示：穿过闭合回路的磁通发生变化，意味着穿过此闭合电路的磁感线条数发生了变化，这种变化可能是由磁场的变化引起的，也可能是由电流的变化引起的，或者是由闭合电路的部分导线切割磁感线引起的，或两者均有之。

记忆口诀

电磁感应磁生电，磁通变化是条件。

回路闭合有电流，回路断开是电势。

2. 感应电流的判定

在电磁感应现象中，感应电流的方向取决于产生感应电流的条件。

（1）如果是闭合电路一部分的导体在磁场中做切割磁感线运动而产生的感应电流时，可用右手定则来判定。

右手定则的内容：伸开右手，使拇指和其余四指垂直，且在同一平面内，让磁感线垂直穿过手心，大拇指指向导线运动的方向，则其余四指所指着的方向就是感应电流的方向，如图 3-7 所示。

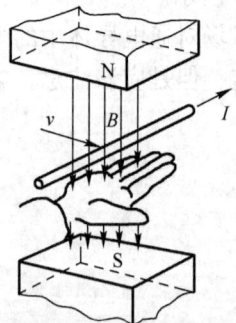

图 3-7　右手定则判定感应电流方向

右手定则记忆口诀

导线切割磁感线，感应电势生里面。

导线外接闭合路，感应电流右手判。

平伸右手磁场中，手心面对 N 极端。

导线运动拇指向，四指方向为电流。

（2）如果是穿过闭合电路的磁通发生变化而产生感应电流时，可用楞次定律来判定。

楞次定律的内容：感应电流的方向，总是使感应电流产生的磁场阻碍引起感应电流的磁通量的变化。

楞次定律还可以这样表述：感应电流的效果总是阻碍导体和引起感应电流的磁体间的相对运动。

对"阻碍"的理解如下。

① 谁起阻碍作用→感应电流产生的磁场。

② 阻碍什么→引起感应电流的磁通量的变化。

③ 阻碍就是感应电流的磁场总与原磁场的方向相反吗→增反减同。

④ 阻碍是阻止吗→只是使磁通量的变化变慢。

（3）判断感应电流的步骤。

① 先确定穿过线圈的原磁场方向。

② 判断穿过线圈的磁通量是增大还是减少。

③ 由楞次定律确定感应电流的磁场方向。（增反减同、来拒去留）

④ 由安培定则确定感应电流的方向。

条形磁铁插入或拔出线圈时产生的感应电流情况用楞次定律来判定，见表 3-9。

表 3-9　楞次定律判定感应电流

试验方案　　　变化情况	↓N	↑N	↓S	↑S
原磁场方向	向下	向下	向上	向上
磁通量 Φ 变化	增加	减少	增加	减少
感应电流方向（俯视）	逆时针	顺时针	顺时针	逆时针
感应电流的磁场方向	向上	向下	向下	向上
$B_{原}$ 和 $B_{感}$ 的关系（$\Phi_{原}$ 和 $\Phi_{感}$）	反向	同向	反向	同向
$\Phi_{感}$ 对 $\Phi_{原}$ 变化的作用（阻碍或帮助）	阻碍增加	阻碍减少	阻碍增加	阻碍减少

提示：右手定则和楞次定律都可用来判断感应电流的方向，两种方法本质上是相同的，所得的结果也是一致的。右手定则适用于判断导体切割磁感线的情况，而楞次定律是判断感

应电流方向的普遍规律。

对于产生感应电动势的那部分导体来说，用楞次定律或右手定则判定其感应电流方向时，四指所指向的方向就是感应电动势的方向，即四指所指向的一端是感应电动势的正极。

3. 感应电动势大小的计算

（1）导线做切割磁感线运动时产生的感应电动势，可用下式进行计算

$$E = BLV\sin\alpha$$

式中，L 为导体在磁场中的有效长度；α 为速度方向和磁场方向的夹角。

上式表明直导体中的感应电动势 E 等于磁感应强度 B、导体的有效长度 L 及运动速度 V 在垂直于 B 的方向上的分量 $V\sin\alpha$ 三者的乘积。

提示：利用公式 $E = BLV\sin\alpha$ 计算感应电动势时，若 V 为平均速度，则计算结果为平均感应电动势；若 V 为瞬时速度，则计算结果为瞬时感应电动势。

（2）磁通变化形式产生的电动势。

线圈中感应电动势的大小与穿过回路磁通的变化率成正比，称为法拉第电磁感应定律。其公式为

$$e = N\frac{\Delta\Phi}{\Delta t} = \frac{\Delta\Psi}{\Delta t}$$

即穿过线圈的磁通发生变化时，线圈中感应电动势 e 的大小和磁通的 $\frac{\Delta\Phi}{\Delta t}$ 变化率，以及线圈的匝数成正比。

考虑到楞次定律时，法拉第电磁感应定律可写成

$$e = -N\frac{\Delta\Phi}{\Delta t} = -\frac{\Delta\Psi}{\Delta t}$$

式中，负号是楞次定律的反映，它表明感应电流的磁场总是要阻碍原磁场的变化。

当回路中原磁通增加（$\Delta\Phi > 0$）时，感应电流产生的磁通与原磁通的方向相反，感应电动势的方向与产生感应电流的 e 正相反，应为负值，即 $e = -\frac{\Delta\Phi}{\Delta t}$，这时 $\frac{\Delta\Phi}{\Delta t} > 0$，前面加负号，$e < 0$；当回路中原磁通减少（$\Delta\Phi < 0$）时，感应电流产生的磁通与原磁通的方向相同。$\frac{\Delta\Phi}{\Delta t} < 0$，前面加负号，$e > 0$，感应电动势的方向与产生感应电流的 e 正相同。可简单记忆为"增则反，减则同"。

提示：利用公式 $e = -\frac{\Delta\Phi}{\Delta t}$ 计算出的结果为 Δt 时间内感应电动势的平均值。

六、电感及应用

1. 自感现象

当线圈中的电流变化时，线圈本身就产生了感应电动势，这个电动势总是阻碍线圈中电流的变化。这种由于线圈本身电流发生变化而产生电磁感应的现象叫自感现象，简称自感，此现象常表现为阻碍电流的变化。在自感现象中产生的感应电动势，叫自感电动势。

自感现象是一种特殊的电磁感应现象，它是由于线圈本身电流的变化而引起的。

自感的存在，是线圈中电流不能突变的原因。

2. 电感

对于不同的线圈，在电流变化快慢相同的情况下，产生的自感电动势是不同的，电学中用自感系数来表示线圈的这种特征。自感系数简称自感或电感，用 L 表示。

实验证明，穿过电感器的磁通量 Φ 和电感器通入的电流 I 成正比关系。磁通量 Φ 与电流 I 的比值称为自感系数，又称电感量，用公式表示为

$$L = \Phi / I$$

电感量的基本单位为亨利（简称亨），用字母 H 表示，此外还有毫亨（mH）和微亨（μH），它们之间的关系是

$$1H = 1 \times 10^3 \, mH = 1 \times 10^6 \, \mu H$$

电感量一般标注在电感器的外壳上，如图 3-8 所示。

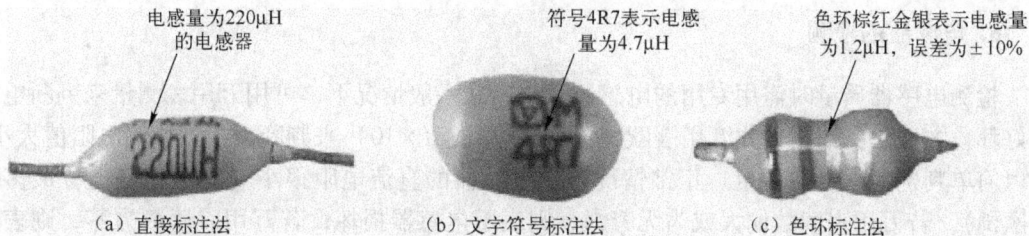

图 3-8 电感量的标注方法

提示：具有电磁感应作用的电子器件称为电感器，简称电感。电感一般由导线绕成线圈构成，故又称为电感线圈（注意同一器件有 3 种称呼法）。

3. 影响电感的因素

电感量的大小主要与线圈的匝数（圈数）、绕制方式和磁芯材料等有关。线圈匝数越多、绕制的线圈越密集，电感量就越大；有磁芯的电感器比无磁芯的电感量大；电感器的磁芯磁导率越高，电感量也就越大。

4. 自感的利弊

自感现象在各种电器设备和无线电技术中有广泛的应用。日光灯的镇流器就是利用线圈的自感现象。

自感现象也有不利的一面。在自感系数很大而电流又很强的电路（如大型电动机的定子绕组）中，在切断电路的瞬间，由于电流在很短的时间内发生很大的变化，会产生很高的自感电动势，使开关的闸刀和固定夹片之间的空气电离而变成导体，形成电弧。因此，切断这段电路时必须采用特制的安全开关。

5. 电感器的标注方法

电感器的标注方法主要有直接标注法、色环标注法和文字符号标注法。

（1）直接标注法：电感器一般都采用直接标注法，就是将标称电感量用数字直接标注在电感器的外壳上，同时还用字母表示电感器的额定电流、允许误差。小型固定电感器一般均采用这种数字与符号直接表示其参数的方法。

例如，电感器的外壳上标有 L、Ⅱ、470μH，表示电感器的电感量为 470μH，最大工作电流为 300mA，允许误差为 ±10%。

（2）色环标注法：色环标注在电感器的外壳上，其标注方法同电阻的标注方法一样。第一个色环表示第一位有效数字，第二个色环表示第二位有效数字，第三个色环表示倍乘数，第四个色环表示允许误差。

例如，某电感器的色环依次为蓝、绿、红、银，表明此电感器的电感量为 6500μH，允许误差为 ±10%。

（3）文字符号标注法：电感器的文字符号标志法同样是用单位的文字符号表示，当单位为 μH 时，用 R 作为电感器的文字符号，其他与电阻器的标注相同。

提示：电感器的主要参数有电感量、品质因数、允许误差、分布电容和额定电流。

6. 电感器的检测

检测电感器质量时需用专用的电感测试仪，在一般情况下，可用万用表测量来判断电感的好坏。方法是：用指针式万用表欧姆挡（R×1 或 R×10）来判断。根据检测电阻值大小，可以简单判别电感器的质量。正常情况下，电感器的直流电阻很小（有一定阻值，最多为几欧姆）。若万用表读数偏大或为无穷大，则表示电感器损坏；若万用表读数为零，则表明电感器已短路。

7. 线圈的磁场能

电感线圈是电路中的储能元件。线圈中的磁场能与本身的电感成正比，与通过线圈的电流最大值的平方成正比，即

$$W_L = \frac{1}{2} L I^2$$

应当指出，上述公式只适用于计算空芯线圈的磁场能量。对于铁芯线圈，由于电感 L 不是常数，该公式并不适用。

提示：磁场能量和电场能量有许多相同的特点。

（1）磁场能量和电场能量在电路中的转化都是可逆的。例如，随着电流的增大，线圈的磁场增强，储入的磁场能量增多；随着电流的减小，磁场减弱，磁场能量通过电磁感应的作用又转化为电能。因此，线圈和电容器一样都是储能元件，而不是电阻类的耗能元件。

（2）磁场能量的计算公式，在形式上与电场能量的计算公式相同。

七、电场和电场强度

1. 电场

电场是电荷周围存在的特殊物质。

（1）电场力：把电场对电荷的作用力称为电场力，又称静电力。

提示：电荷之间存在相互作用力，同种电荷互相排斥、异种电荷互相吸引。电荷之间的相互作用依靠电场实现。

（2）电场的特性：电场具有力且具有能量。

① 电场具有力：位于电场中的任何电荷都必须要受到电场力的作用，这是电场的最基本特性。两个电荷的相互作用的产生表述如下。

```
电荷 ←——→ 电场 ←——→ 电荷
```

② 电场具有能量：电荷在电场中因受到电场力的作用而移动时，电场力要对电荷做功。电场力要做功，说明电场具有能量，这是电场的另一个重要特性。

2. 电场强度

（1）定义：电场中检验电荷在某一点所受电场力 F 与检验电荷的电荷量 q 的比值叫做该点的电场强度，简称场强。即

$$E = \frac{F}{q}$$

（2）单位：N/C 或 V/m。

（3）电场强度是矢量。它的方向为正电荷在该点所受电场力的方向。显然，负电荷受力方向与场强方向相反。

（4）匀强电场：在电场某一区域里，各点的场强大小和方向都相同，那么这个区域就是匀强电场。

3. 电场线

为形象描述电场中各点电场强度的大小和方向，在场源电荷周围做出一系列的曲线，使曲线上每一点的切线方向表示该点的电场强度方向，这些曲线称为电力电场线，如图 3-9 所示。

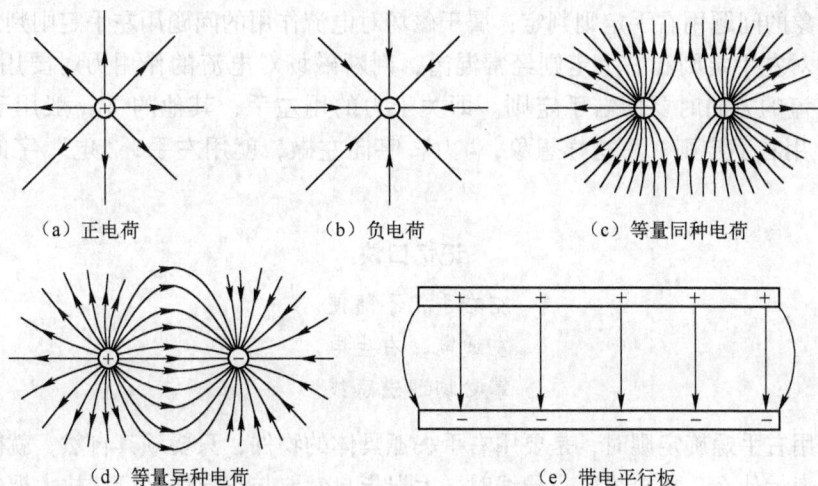

（a）正电荷　　　　（b）负电荷　　　　（c）等量同种电荷

（d）等量异种电荷　　　　　　（e）带电平行板

图 3-9　几种电场的电场线

电场线有以下 3 个基本特征。

（1）在静电场中，电场线总是起于正电荷、止于负电荷。

（2）任何两条电场线都不相交、不闭合、不中止。

（3）电场线的疏密表示电场强度的大小，电场线越密，电场强度越大。

若某区域的电场线是疏密均匀的平行直线，则表示该区域各个点的场强大小和方向都相同，该区域称为匀强电场。

提示：复习时应注意电场线和磁感线的区别。

解题方法指导

1. 关于计算电容器的问题

（1）平行板电容器的电容由决定式 $C = \dfrac{\varepsilon_r \varepsilon_0 S}{d}$ 确定，与电容器是否带电及带多少电无关。

（2）电容器所带电量 Q 及两极板间的电压 U 由定义式 $C = Q/U$ 确定。当电容器与电源相连接时，电压 U 应当保持不变；当电容器充电后与电源断开时，电量 Q 应当保持不变。

（3）关于电容器组耐压值的计算。

耐压不同的电容器串联时，可先计算出各个电容器在各自耐压下能带的最大电荷量，然后取其中最小者，由公式 $U = \dfrac{Q_{min}}{C}$ 确定该电容器组的耐压值。

耐压值不同的电容器并联时，该电容器组的耐压值等于相并联的各个电容器中最小的耐压值。即总耐压值"就低不就高"。

2. 关于磁场和电磁感应的有关问题

（1）在涉及左手定则和右手定则时，应注意从物理本质上理解左、右手的选用，即属于电磁感应现象的问题用右手定则判定；属于磁场对电流作用的问题用左手定则判定。

同学们对左手定则和右手定则经常混淆，判断磁场对电流的作用力时要用左手定则，判断感应电流的方向时要用右手定则。即关于力的用左手，其他的（一般用于判断感生电流方向）用右手定则。可这样想象，"力"字向左撇，就用左手；"电"字向右撇，就用右手。

记忆口诀

左右手，不随便。

左通电，右生电。

掌心均迎磁感线。

（2）运用右手螺旋定则时，是要用右手去抓具体的物件，只要顺其自然，就能明确大拇指与四指各表示什么。如抓通电直导线时，大拇指自然要与直导线平行，故大拇指就只能表示直导线中的电流方向，而环绕直导线的四指则自然地应表示直导线周围的磁力线方向。抓通电螺线管时，环绕螺线管的四指自然会与管上线圈的各匝导线平行，也只能表示线圈各匝中的电流方向，则大拇指也就只能表示螺线管内的磁力线方向。

（3）运用楞次定律判定感应电流方向时，应注意正确使用判定的步骤。

（4）注意磁通量、磁通量的变化和磁通量的变化率三者之间的区别。

① 磁通量是指 $\Phi = BS$。

② 磁通量的变化是指 $\Delta\Phi = \Phi_2 - \Phi_1$。

磁通量的变化与电磁感应现象的联系是：当 $\Delta\Phi \neq 0$ 时，导体中就有感应电动势的产生，反之当 $\Delta\Phi = 0$ 时，导体中就无感应电动势。这里要注意，即使穿过某一线圈的磁通量很大（即 Φ 很大），但只要 $\Delta\Phi = 0$，也不会有感应电动势。

③ 磁通量的变化率是指 $\dfrac{\Delta\Phi}{\Delta t}$。这里要注意，磁通量的变化大，不一定磁通量的变化率就大，这还要看时间 Δt 而定。

磁通量的变化率和电磁感应现象的联系是：感应电动势的大小与磁通量的变化率成正比。如果磁通量的变化率是常量，就表示感应电动势为定值；如果磁通量的变化率在各个时刻不同，就表示感应电动势是变化的。

（5）注意公式 $E = BLV\sin\alpha$ 与 $e = N\dfrac{\Delta\Phi}{\Delta t} = \dfrac{\Delta\Psi}{\Delta t}$ 的区别。

① 公式 $E = BLV\sin\alpha$ 适用于计算感应电动势的即时值，式中 L 为导线的有效切割长度，α 为速度方向和磁场方向的夹角。

② 公式 $e = N\dfrac{\Delta\Phi}{\Delta t} = \dfrac{\Delta\Psi}{\Delta t}$ 只适用于计算感应电动势的平均值。公式的物理意义是感应电动势的大小是由磁通量的变化率 $\dfrac{\Delta\Phi}{\Delta t}$ 决定的，不是由磁通量 Φ 决定的，也不是由磁通量的变化 $\Delta\Phi$ 来决定的。

通常在解题时，会遇到磁通量由小到大的变化，或由大到小的变化。所以磁通量变化率 $\dfrac{\Delta\Phi}{\Delta t}$ 可以大于零，也可以小于零。根据楞次定律，感应电流的磁场总是阻碍引起它的磁通的变化，方向与 $\dfrac{\Delta\Phi}{\Delta t}$ 相反，因而感应电动势的方向也与 $\dfrac{\Delta\Phi}{\Delta t}$ 相反，感应电动势也有正负。为了学习的方便，公式中不引入"+、-"号，也就是要求 $\dfrac{\Delta\Phi}{\Delta t}$ 不论是增大还是减少，一律取正号，同样感应电动势也取正号。

（6）电感线圈是电路中的储能元件。线圈中的磁场能与本身的电感成正比，与通过线圈的电流最大值的平方成正比，即

$$W_L = \frac{1}{2}LI^2$$

应当指出，上述公式只适用于计算空芯线圈的磁场能量；对于铁芯线圈，由于电感 L 不是常数，该公式并不适用。

典例剖析

例 3-1 如图 3-10 中，要使矩形回路中产生逆时针的感应电流，则其上方的通电长直

导线的移动方向应该是（　　　）。

  A. 向左移动　　　　B. 向右移动　　　　C. 向上移动　　　　D. 向下移动

  【分析】（1）原磁通是由通电长直导线产生的，依安培定则可判定穿过矩形回路的原磁通方向是垂直纸面向里（如图中"×"所示）。

  （2）已知矩形回路中的感生电流方向为逆时针方向，依安培定则可确定感应磁通的方向是垂直纸面向外（如图中 i 左边"·"所示）。

  （3）矩形回路中感应磁通与原磁通的方向相反，依"增则反"可断定原磁通应增加，故通电长直导线应向下移动。

  答案：选择 D。

  【说明】正确运用安培定则是解答本题的关键。

  例 3-2　有一个正方形的平面通电矩形线框，可以绕 OO' 轴转动，已知矩形线框每边长 $L=10\text{cm}$，放在磁感应强度 $B=0.05\text{T}$ 的匀强磁场中，如图 3-11 所示，通过线框的电流 $I=0.02\text{A}$。试求：

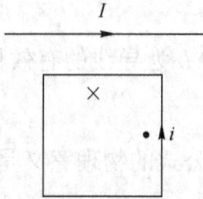

图 3-10　例题 3-1 图　　　　　　　　图 3-11　例题 3-2 图

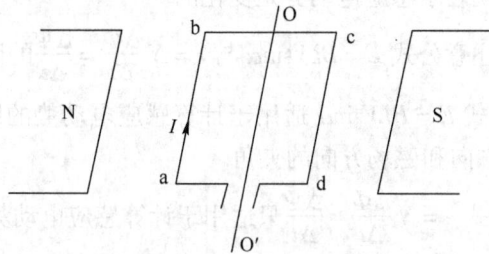

  （1）作用在 ab 边这根导线上的力。

  （2）判断线框的转向。

  【分析】（1）线框绕 OO' 转动过程中，ab 边始终与磁场方向垂直，所受电磁力最大，利用公式 $F=BIL$ 求出 ab 边所受的力。

  （2）通电线框转动的方向由线框各边在磁场中所受电磁力的方向决定。用左手定则判断各边的受力方向，而 bc 和 ad 两边受力总是一对平衡力，其作用相互抵消，对线圈的转动不起作用，所以只需判断 ab 和 cd 两条边的受力。

  （3）在用公式计算时，需要注意单位换算问题。

  解：$F=BIL=0.05\times0.02\times(10\times10^{-2})=0.0001\text{N}=1\times10^{-4}\text{N}$

  根据左手定则，判断出 ab 边受力的方向垂直于纸面向里、cd 边受力的方向垂直于纸面向外，所以线框绕 OO' 轴逆时针转动。

  【说明】在电工基础的电磁学部分有 3 种重要定则：①判断电流产生的磁场方向——右手螺旋定则（安培定则）；②载流导线在磁场中的受力方向——左手定则；③在磁场中运动的导体产生感应电流的方向——右手定则。复习时一定要认真理解并掌握，特别是在考试中遇到需要综合应用这几个方面的知识解答问题时，不能混淆。

  例 3-3　在一个 $B=0.01\text{T}$ 的匀强磁场里，放一个面积为 0.001m^2 的线圈，线圈匝数为 500 匝。在 0.1s 内，把线圈平面从与磁感线平行的位置转过 90° 变成与磁感线垂直，求这个过程中感应电动势的平均值。

【分析】许多学生都害怕做计算题，其根本原因是不能熟练地运用公式。本题涉及磁通变化量、感应电动势平均值的公式等知识点。

解： 在 0.1 s 时间内，穿过线圈平面的磁通变化量为

$$\Delta\Phi = \Phi_2 - \Phi_1 = BS - 0 = 0.01 \times 0.001 = 1 \times 10^{-5}\,\text{Wb}$$

感应电动势为

$$e = N\frac{\Delta\Phi}{\Delta t} = 500 \times \frac{1 \times 10^{-5}}{0.1} = 0.05\,\text{V}$$

【说明】感应电动势的瞬时值和平均值的计算公式不同。

例 3-4　如图 3-12 所示，AB 可在导轨上自由滑动，当 R_P 的滑动触片向右移动时，导线 AB 将怎样运动？C、F 两点中哪一点的电位高？

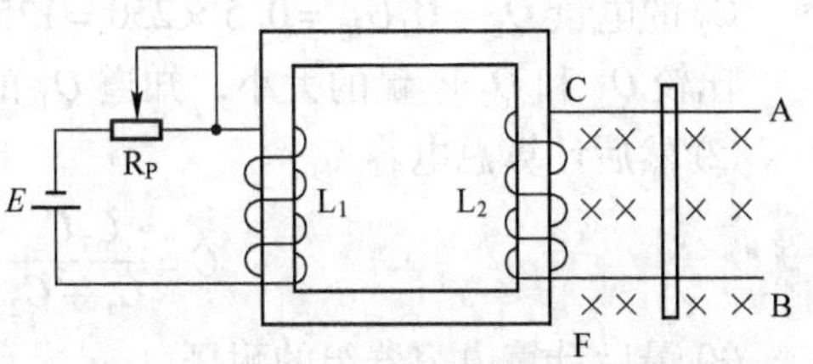

【分析】本题涉及电流的磁效应，磁场对通电导体的作用及电磁感应现象。

图 3-12　例题 3-4 图

解： 第一步，R_P 向右滑动时，回路的阻值减少，电流增大，L_1 产生的磁通也增大，穿过 L_2 的磁通也增大，符合产生电磁感应的条件。

第二步，根据楞次定律可知，L_2 中感应电流的磁通方向应从下向上。

第三步，由右手螺旋定则知，L_2 中感应电流的方向从下端流出，C 端流入，电源内部的电流从低电位流向高电位。所以，下点电位高于 C 点电位。

第四步，AB 中电流方向为 B→A，根据左手定则知，AB 向左运动。

【说明】应用楞次定律判断 C、F 的电位高低，即判定 L_2 中感应电动势是极性（或 C、F 的感应电流即可）。L_2 的感应电动势是由穿过 L_2 的磁通变化引起的。

例 3-5　有两个金属纸介电容器串联后两端接 360V 电压。其中 $C_1 = 0.25\,\mu\text{F}$，耐压为 200V；$C_2 = 0.5\,\mu\text{F}$，耐压为 250V。问电路能否正常工作？若不能正常工作，则电容器组的最大安全工作电压是多少？

【分析】电路能否正常工作，要看串联电路中每只电容器承受的电压是否超过了自身的耐压。若在耐压范围之内，则工作是安全可靠的，否则会发生危险。

电容器组的最大安全电压就是电容器组的耐压，串联电容器组耐压的计算方法参照电容器组的最大安全电压（电容器组的耐压）。串联后的总耐压不能简单地用一个公式计算。首先要保证单个电容上的分压值小于该电容的允许电压值，否则该电容一旦击穿，总电压就要全部加在另一个电容上，若这个电容耐压值低于总电压，则第二个电容也面临击穿的危险。串联电容上的实际电压与其电容量成反比，即容量大的分配的电压低，容量小的分配的电压高。如果容量一样大，那么电压也就一样。

解：（1）用两个电容器串联时的分压公式计算。

电容器 C_1 承受的电压为

$$U_1 = \frac{C_2}{C_1 + C_2}U = \frac{0.5}{0.25 + 0.5} \times 360 = 240\,\text{V}$$

电容器 C_2 承受的电压为

$$U_2 = \frac{C_1}{C_1 + C_2}U = U - U_1 = 360 - 240 = 120V$$

由于电容器 C_1 承受的电压是240V，超过了它的耐压能力200V，所以 C_1 会被击穿，致使360V的电压全部加到 C_2 上，也超过了 C_2 的耐压能力250V，所以 C_2 也会被击穿，这样使用是不安全的。

（2）电容器组的耐压。

① 先计算各自耐压时的最大电量。

C_1 的电量 $Q_1 = C_1 U_{耐} = 0.25 \times 200 = 50uC$

C_2 的电量 $Q_2 = C_2 U_{耐} = 0.5 \times 250 = 125uC$

比较 Q_1 和 Q_2 电量的大小，知道 Q_1 的电量小，所以取 Q_1 的电量作为总电量 Q。

② 然后计算总电容 C。

$$C = \frac{C_1 C_2}{C_1 + C_2} = \frac{0.25 \times 0.3}{0.25 + 0.3} = \frac{1}{6}uF$$

③ 最后计算电容器组的耐压。

$$U = \frac{Q}{C} = \frac{50}{\frac{1}{6}} = 50 \times 6 = 300V$$

所以此电容器组的最大工作安全电压是300V。

【说明】此题涉及的是串联电容器组每个电容器承担的电压的计算方法，用了两个电容器串联的分压公式。当然也可以先计算总电容，再计算总电量，最后计算分电压，其实质是一样的。只是注意每个电容器承担的电压与电容量成反比。

例3-6　如图3-13（a）所示，$C_1 = C_2 = C_3 = C_4 = C_5 = C$，试求开关S断开时，A、B间的等效电容 C_{AB} 为多少？

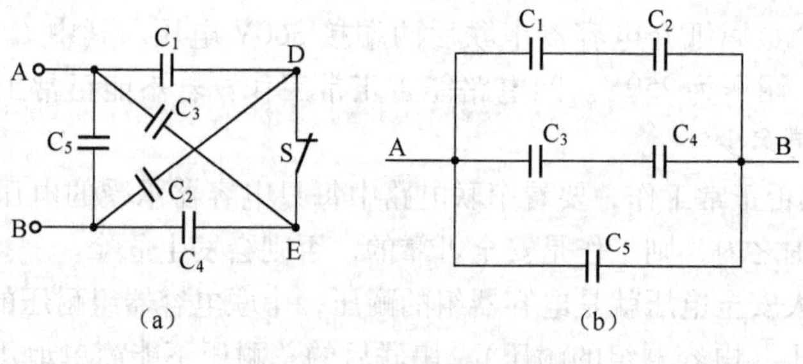

图3-13　例题3-6图

【分析】当S断开时，从A经 C_1 到E再到B支路为 C_1 与 C_2 串联，从A经 C_3 到D再经 C_4 到B支路为 C_3 与 C_4 串联，故它们的等效电路如图3-13（b）所示。

解：C_1 与 C_2 串联为 $C/2$，C_3 与 C_4 串联也为 $C/2$，故两支路并联后为 C，再与 C_5 并联，故 $C_{AB} = C/2 + C/2 + C = 2C$

【说明】此题的关键是将电路进行等效变换，当电路画成图3-13（b）所示的形式后，求解是很顺利的。

例3-7　电容器甲的电容为 $10\mu F$，充电后电压为30V，电容器乙的电容为 $20\mu F$，充电后电压为 15V，把这两个电容器并联在一起，其电压是多少？

【分析】在电容并联电路中，各个电容上的电压相等，这是并联电路共有的基本特性。两个电容器充电后，由于电压不同，所以在连接后，必然有电荷量转移。电荷量转移的结果是最终达到两个电容器的电压相等。

解：连接前，电容器甲的电荷量为

$$q_1 = C_1 U_1 = 10 \times 10^{-6} \times 30 = 3 \times 10^{-4} C$$

连接前，电容器乙的电荷量为

$$q_2 = C_2 U_2 = 20 \times 10^{-6} \times 15 = 3 \times 10^{-4} C$$

它们的总电荷量为

$$q = q_1 + q_2 = 6 \times 10^{-4} C$$

连接后的总电容为

$$C = C_1 + C_2 = 3 \times 10^{-5} F$$

总电荷量并不会因为连接而改变，因此，连接后的共同电压为

$$U = \frac{q}{C} = \frac{6 \times 10^{-4}}{3 \times 10^{-5}} = 20V$$

【说明】熟悉电容器并联的特点，记住公式便可完成本题。在计算时要注意单位的换算。

自我检测

一、填空题

1. 电容器充电后保持与电源相连，将极板面积增大一倍，则电容器的电容将变为原来的_____倍，电容器每个极板所带的电量为原来的_____倍，电容器两极板间的电压_____（变或不变）。

2. 电容器充电后与电源断开，将两极板间的距离增大一倍，则电容为原来的_____，两极板的电压为原来的_____，电量将_____（变或不变）。

3. 电容器串联的作用是_____。

4. 当单独一电容器的_____不能满足电路要求，而其_____能够满足电路要求时，可将电容器并联起来使用。

5. 串联电容器的总电容比每个电容器的电容_____，每个电容器两端的电压和自身电容成_____。

6. 有两个电容器，电容分别为 $10\mu F$ 和 $20\mu F$，它们的耐压分别是 25V 和 15V，现将它们并联后接在 10V 的直流电源上，则它们储存的电量分别是_____C 和_____C，此时等效电容是_____μF；该并联电路允许加的最大工作电压是_____V。

7. 将 $50\mu F$ 的电容器充电到 100V，这时电容器存储的电场能是_____J；若将电容器继续充电到 200V，电容器内又增加了_____J 电场能。

8. 现有两只电容器，其额定值分别为"$2\mu F$、160V"和"$10\mu F$、250V"，它们串联以后的耐压值为_____；并联以后的耐压值为_____。

9. 从电容器充放电实验可知，电容器的_____不能突变，此实验还证明了电容器具有隔断直流电路的特性。

10. 一只电容器,当两端的电压为 5V 时,其极板上的电量为 0.5C,则这只电容器的电容量为_____;当它的两端电压为 2V 时,其极板上的电量为_____。

11. 根据相对磁导率的大小可把物质分为_____三类。根据磁性物质磁滞回线的形状可把磁性物质分为_____三大类。

12. 导体在磁场内"切割"磁感线运动时产生的电动势,叫_____。导体在单位时间内切割的磁感线愈多,则_____越大,反之则小。

13. 如果环形线圈的匝数和流过它的电流不变,只改变线圈中的媒质,则线圈内的磁场强度将_____,而磁感应强度将_____。

14. 如图 3-14 所示,长 10cm 的导线 ab,通有 3A 的电流,电流方向从 a 到 b。将导线 ab 沿垂直磁感线方向放在匀强磁场中,测得 ab 所受的磁场力为 0.15N,则该区域的磁感应强度为_____,磁场对导线 ab 作用力的方向为_____。若导线 ab 中的电流为零,那么该区域的磁感应强度为_____。

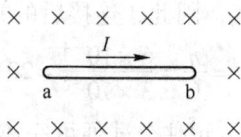

图 3-14

15. 当通电线圈平面与磁感线垂直时,线圈受到的力矩为_____;当通电线圈平面与磁感线平行时,线圈受到的力矩为_____。

16. 当电流分别从两线圈的_____同时流入(或流出)时,两线圈产生的磁通方向相同。

17. 利用导体在磁场中做适当的相对运动可以获得电流的现象,称为_____;这样获得的电流称为_____;形成感应电流的电动势称为_____。

18. 当闭合回路的一部分导线在磁场中做_____运动时,线路里就有_____产生。

19. 当闭合线圈里的_____发生变化时,线路里就有感应电流。

20. 感应电流产生的磁场总是_____原来磁场的变化。

21. 线圈中感应电动势的大小和穿过闭合回路的_____成正比,这就是法拉第电磁感应定律。

22. _____可以判定闭合回路中一部分导体在磁场中做切割磁力线运动,产生的感应电流方向;_____是判定感应电流方向最普遍、最一般的规律。

23. 空芯线圈的电感是常量,与电流的变化_____。其大小只决定于_____和_____。

24. 当通过导体的电流发生变化时,该电流产生的_____也要发生变化,导体本身要产生_____。

25. 线圈的磁场能与_____成正比,与通过线圈电流最大值的平方成正比。

26. 在电感为 10mH 的线圈中,要产生 200V 的自感电动势,则线圈中的电流变化率是_____A/s。

27. 有一电感为 0.5H 的线圈,如果在 0.05s 内电流由 30A 减少到 15A,则线圈中的自感电动势是_____V,方向与原电流方向_____。

28. 人们规定：将一个可以自由转动的小磁针放入磁场中的某点，小磁针静止时，N 极所指的方向就是_____的方向。

29. _____是为了形象描述磁场而引入的一系列假想曲线。常用_____的疏密程度来表示磁场的强弱，用沿_____的切线方向表示该处的磁场方向。

30. 通电直导线的磁感线是一组以直导线为圆心的_____。并且离导线越近，磁感线_____，磁场_____。电流越强，则_____越强。

31. 通常认为通电线圈内部的磁场是_____。

二、判断题

1. 磁感线是一组相交的闭合曲线。　　　　　　　　　　　　　　（　　）
2. 硬磁材料的主要特点是容易去磁。　　　　　　　　　　　　　（　　）
3. 电流产生的磁场方向用左手定则判定。　　　　　　　　　　　（　　）
4. 通电导体在磁场中受力，在磁场方向与电流方向平行时受力最大。（　　）
5. 磁电式仪表是根据通电线圈在磁场中受力矩作用而转动的原理制成的。（　　）
6. 通电线圈在磁场中受力，当线圈平面与磁感线平行时，受力最小为零。（　　）
7. 如果通过某一截面的磁通为零，则该截面处的磁感应强度一定为零。（　　）
8. 通电线圈在磁场中的受力方向，可以用左手定则判别，也可以用安培定则判别。

　　　　　　　　　　　　　　　　　　　　　　　　　　　　（　　）
9. 磁感线的方向总是从 N 极指向 S 极。　　　　　　　　　　　　（　　）
10. 磁导率是一个用来表示媒质磁性能的物理量，对于不同的物质就有不同的磁导率。

　　　　　　　　　　　　　　　　　　　　　　　　　　　　（　　）
11. 通电导线在磁场中某处受到的磁场力为零，则该处的磁感应强度一定为零。（　　）
12. 适合于制成永久磁铁的铁磁性物质是硬磁性物质。　　　　　　（　　）
13. 只要穿过回路的磁通量发生变化，则该回路中必定发生感应电流。（　　）
14. 感应电流产生的磁场总是阻碍原来磁场的变化。　　　　　　　（　　）
15. 电路中有感应电流但不一定有感应电动势。　　　　　　　　　（　　）
16. 右手定则是判定感应电流方向的最一般规律。　　　　　　　　（　　）
17. 自感电动势的实际方向总是和电流的实际方向相反。　　　　　（　　）
18. 线圈的磁通和磁通量的变化是一回事。　　　　　　　　　　　（　　）
19. 电感和电阻一样都是储能元件。　　　　　　　　　　　　　　（　　）
20. 电容器的电容要随所带电量的多少而发生变化。　　　　　　　（　　）
21. 平行电容器的电容与极板面积有关，与两极板间的距离无关。　（　　）
22. 几个电容器串联后，接在直流电源上，则各个电容器的电量相等。（　　）
23. 将 "$10\mu F$、$50V$" 和 "$5\mu F$、$50V$" 的两个电容器串联，那么电容器组的额定工作电压应为100V。　　　　　　　　　　　　　　　　　　　　　　　　　（　　）
24. 两个电容器，一个电容较大，另一个电容较小，如果它们所带的电荷量一样，那么电容较大的电容器两端的电压一定比电容较小的电容器两端的电压高。　　（　　）
25. 电感器是一个储能元件，电感量的大小反映了它储存电能本领的强弱。（　　）

三、选择题

1. 关于磁感线，下列说法正确的是（　　）。
   A. 磁感线是客观存在的有方向的曲线
   B. 磁感线总是始于 N 极而终于 S 极
   C. 磁感线上的箭头表示磁场方向
   D. 磁感线上某处小磁针静止时，N 极所指的方向应与该处曲线的切线方向一致

2. 下列说法不正确的是（　　）。
   A. 电容器串联可以提高电路的耐压
   B. 电容器并联使电容器的总容量增大
   C. 电容器串联后，每只电容器承受的电压与其电容量成反比
   D. 电容器串联后接入电路中，首先被击穿的是电容量最大的电容器

3. 如果线圈的形状、匝数和流过它的电流不变，只改变线圈中的媒质，则线圈内（　　）。
   A. 磁场强度不变，而磁感应强度变化
   B. 磁场强度变化，而磁感应强度不变
   C. 磁场强度和磁感应强度均不变化
   D. 磁场强度和磁感应强度均要改变

4. 如图 3-15 所示，条形磁铁从空中落下并穿过空芯线圈的过程中，检流计的指针指向电流流入的一端，下列说法正确的是（　　）。
   A. 检流计的指针不发生偏转
   B. 检流计的指针偏向上端
   C. 检流计的指针偏向下端
   D. 检流计的指针先偏向下端，后偏向上端

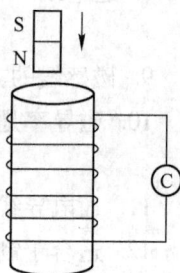

图 3-15

5. 在匀强磁场中，原来载流导线所受的磁场力为 F，若电流减少一半，而导线的长度增加一倍，则载流导线所受的磁场力为（　　）。
   A. $2F$　　　　　　B. F　　　　　　C. $F/2$　　　　　　D. $4F$

6. 如图 3-16 所示，磁极中间通电直导体 A 的受力方向为（　　）。
   A. 垂直向上　　　B. 垂直向下　　　C. 水平向左　　　D. 水平向右

7. 如图 3-17 所示，处在匀强磁场中的载流导线，受到的磁场力的方向应为（　　）。
   A. 垂直向上　　　B. 垂直向下　　　C. 水平向左　　　D. 水平向右

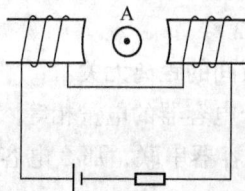

图 3-16

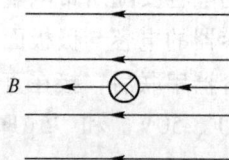

图 3-17

8. 三个电容分别为 $0.1\mu F$、$0.2\mu F$、$0.3\mu F$ 的电容器串联，其等效电容为（　　）。
   A. $0.6\mu F$　　　　B. $1.67\mu F$　　　　C. $3/55\mu F$　　　　D. $55/3\mu F$

9. 两个电容串联的计算公式是 （　　）。

　A. $C = C_1 + C_2$　　B. $C = \dfrac{C_1 C_2}{C_1 + C_2}$　　C. $C = \dfrac{C_1 + C_2}{C_1 C_2}$　　D. 以上的答案都不是

10. 两电容器串联充电后各自储存的电荷量为 （　　）。

　A. $\dfrac{Q_1}{Q_2} = \dfrac{C_1}{C_2}$　　　B. $\dfrac{Q_1}{Q_2} = \dfrac{C_2}{C_1}$　　　C. $Q_1 = Q_2$　　　D. 以上答案都不是

11. 如果把一电容器极板的面积加倍，并使其两板之间的距离减半，则 （　　）。

　A. 电容增大到 4 倍　　　　　　　　B. 电容减半

　C. 电容加倍　　　　　　　　　　　D. 电容保持不变

12. 将电容器 C_1、C_2、C_3 串联，当 $C_1 > C_2 > C_3$ 时，它们两端的电压关系是 （　　）。

　A. $U_1 = U_2 = U_3$　　B. $U_1 > U_2 > U_3$　　C. $U_1 < U_2 < U_3$　　D. 不能确定

13. 电容器 C_1 和 C_2 串联后接到直流电路上，若 $C_1 = 3C_2$，则 C_1 两端的电压是 C_2 两端电压的 （　　）。

　A. 3 倍　　　　　　B. 9 倍　　　　　　C. $\dfrac{1}{3}$　　　　　D. $\dfrac{1}{9}$

14. 如图 3-18 所示，在研究自感现象的实验中，由于电感器 L 的作用，则 （　　）。

　A. 电路接通时，白炽灯不会发光

　B. 电路接通时，白炽灯不能立即达到正常亮度

　C. 电路切断瞬间，白炽灯突然发出较强的光

　D. 电路接通后，白炽灯发光比较暗

15. 如图 3-19 所示，A、B 是两个用细线悬着的闭合铝环，当合上开关 S 的瞬间 （　　）。

　A. A 环向右运动，B 环向左运动

　B. A 环向左运动，B 环向右运动

　C. A、B 环都向右运动

　D. A、B 环都向左运动

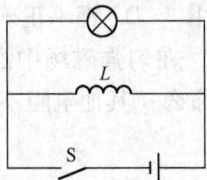

图 3-18

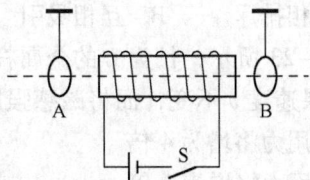

图 3-19

16. 如图 3-20 所示，A 为不闭合金属环，B 为闭合金属环，当条形磁铁向左运动时，其现象为 （　　）。

　A. A、B 环都向左运动

　B. A、B 环都向右运动

　C. A 环不动，B 环向右运动

　D. A 环不动，B 环向左运动

17. 如图 3-21 所示，当开关 S 闭合的瞬间，下列说法正确的是 （　　）。

　A. 线圈 A 中产生感应电动势的极性是左正右负

B. 线圈 B 中产生感应电动势的极性是左负右正

C. 导线 CD 与 EF 相互吸引

D. 以上说法都不对

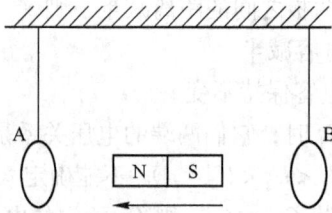

图 3-20

图 3-21

18. 下列说法正确的是（　　）。

A. 一段通电导线在磁场某处受到的力大，则该处的磁感应强度大

B. 磁感线密处的磁感应强度大

C. 通电导线在磁场中受力为零，则磁感应强度一定为零

D. 在磁感应强度 B 的匀强磁场中，放入面积为 S 的导线框，则通过线框的磁通一定为 $\Phi = BS$

19. 如图 3-22 所示，导体 AB 在匀强磁场中按箭头所指的方向运动，其结果是（　　）。

A. 不产生感应电动势

B. 有感应电动势，并且 A 点电位高，B 点电位低

C. 有感应电动势，并且 A 点电位低，B 点电位高

D. 都不正确

20. 两根平行直导线通过相反方向的直流电流时，它们之间的作用力（　　）。

A. 互相排斥　　　B. 互相吸引　　　C. 无相互作用　　　D. 都不正确

21. 如图 3-23 所示，长为 L 的金属杆在外力的作用下，在匀强磁场中沿水平光滑导轨匀速运动，如果速度 v 不变，而将磁感强度由 B 增为 $2B$。那么（其他电阻不计）（　　）。

A. 作用力将增为 4 倍

B. 作用力将增为 2 倍

C. 感应电动势将增为 2 倍

D. 感应电流的热功率将增为 4 倍

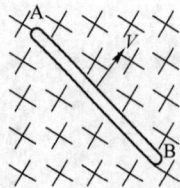

图 3-22

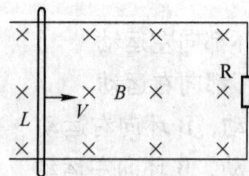

图 3-23

22. 如图 3-24 所示，A、B 是两个完全相同的灯泡，L 是自感系数较大的线圈，其直流电阻忽略不计。当电键 K 闭合时，下列说法正确的是（ ）。

    A. A 比 B 先亮，然后 A 熄灭

    B. B 比 A 先亮，然后 B 逐渐变暗，A 逐渐变亮

    C. AB 同时亮，然后 A 熄灭

    D. A、B 同时亮．然后 A 逐渐变亮，B 的亮度不变

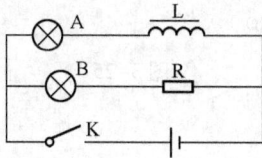

图 3-24

23. 有两个电容器，一个容量大，一个容量小，若加在它们两端的电压相等，则两个电容器所带的电量是（ ）。

    A. 容量小的多   B. 容量大的多

    C. 一样多   D. 不确定

24. 一个电容量为 $A\mu F$ 的电容器 C 与一个电容量为 $8\mu F$ 的电容器并联，总容量为电容器容量 $A\mu F$ 的 3 倍，则电容器 C 的容量是（ ）。

    A. $2\mu F$ B. $6\mu F$ C. $4\mu F$ D. $8\mu F$

25. 某电容器的电压为 $U = 300V$，电容为 $C = 40uF$，则该电容器电场的能量 $W_c = $（ ）J。

    A. 0.006   B. 0.012   C. 1.8   D. 0.048

26. 若电容器 C_1、C_2 并联，其中 C_1 的电容量是 C_2 的一半，则加上电压后，C_1、C_2 所带的电量 Q_1、Q_2 间的关系是（ ）。

    A. $Q_1 = Q_2$ B. $Q_1 = 2Q_2$ C. $2Q_1 = Q_2$ D. $Q_1 = 3Q_2$

四、综合题

1. 通常用万用表的 $R \times 1k$ 挡判别较大容量电容器的质量。如果在检测时，将万用表的表笔分别与电容器的两端接触，则指针会有一定的偏转并且很快回到接近于起始位置（无穷大）的地方，两表笔互相调换再与电容器接触，则指针偏转的幅度较前约大一倍，然后又回到接近于起始位置的地方。试解释这种现象，并说明电容器的好坏。

2. 标出如图 3-25 所示电源的极性或电流产生磁场的方向。

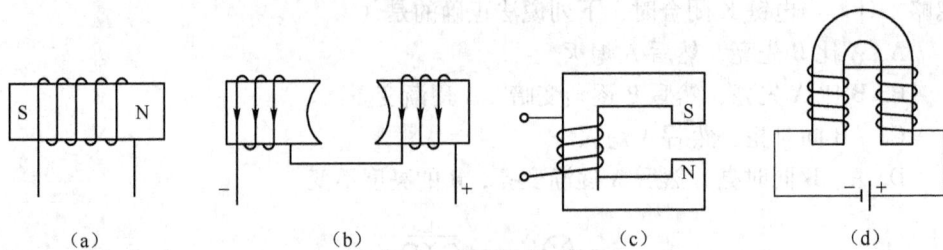

图 3-25

3. 请标出如图 3-26 所示中各载流导体所受到的磁场力的方向。

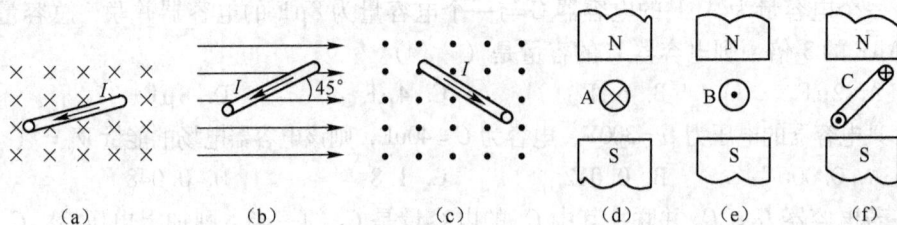

图 3-26

4. 如图 3-27 所示，在条形磁铁 S 极迅速插入线圈的瞬间，在图中标出导体 AB 的感应电流的方向及 AB 导体的受力方向。

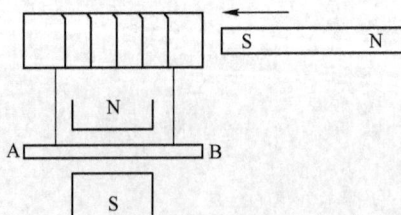

图 3-27

5. 各导体的运动方向如图 3-28 所示，试判定导体中产生感应电流的方向。

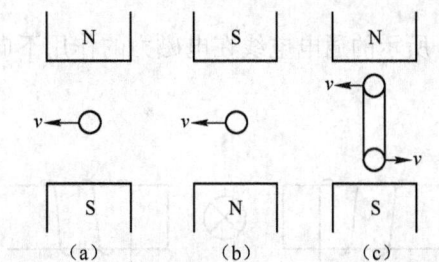

图 3-28

6. 平行板电容器没有带电，它是否有电容，为什么？

7. 画出日光灯电路的工作原理图。

8. 楞次定律告诉我们，感应电流产生的磁通总是阻碍原磁通的变化，这是不是说感应电流产生的磁通总是与原磁通的方向相反？

9. 有人说，因为 $C = \dfrac{q}{U}$，所以 C 与 q 成正比，与 U 成反比，这种说法对吗？为什么？

10. 如果要让如图 3-29 所示的通电电线在电磁力的作用下向上运动，应该如何连接电源，请在图中画出来。

图 3-29

五、计算题

1. 如图 3-30 所示的电路，$C_1 = 20\mu F$，$C_2 = 30\mu F$，电源电压 $U = 100V$，先将开关 S 置于 A 点对电容器 C_1 充电，然后将开关 S 置于 B 点。求（1）当 C_1 与 C_2 连接后两极板间的电压各是多少？（2）每个电容器所带的电量各是多少？

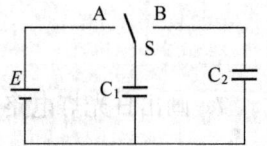

图 3-30

2. 有一个电感 $L = 5.6\text{mH}$ 的空芯线圈，通过 10A 的电流时，线圈中储存的磁场能量是多少？当电流由 10A 增加到 20A 时，线圈中磁场能量增加了多少？

3. 有一长为 0.6m 的直导体，在磁感应强度 $B = 0.5\text{T}$ 的匀强磁场中与磁感线方向成 30°角，且受到的磁场力为 1.5N，求导体的电流强度的大小。

4. 在 0.4T 的匀强磁场中，长度为 25cm 的导线以 6m/s 的速度做切割磁感线的运动，运动方向与磁感线成 30°，并与导线本身垂直，求导线中感应电动势的大小。

5. 如图 3-31 所示，abcd 为导电的框架，中间串接检流计，导体 cd 可在框架上左右移动，如磁感强度 $B = 0.01\text{T}$，导体长度 $cd = 0.1\text{m}$，导体以 0.4m/s 的速度向右做垂直切割磁感线的滑动，求感应电动势的大小和感应电流的方向。

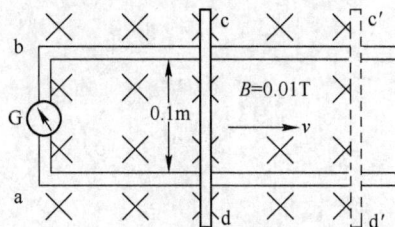

图 3-31

6. 有两只电容器，其中 $C_1 = 20\mu F$，耐压 100V；$C_2 = 40\mu F$，耐压 160V。试求：
（1）它们串联之后总的容量和耐压值。

（2）它们并联之后总的容量和耐压值。

（3）如果将这两只电容器串联后接入电压为 200V 的直流电路中，是否安全？为什么？

7. 三只电容器 C_1、C_2、C_3 串联后，接入 60V 的电压上，其中 $C_1 = 2\mu F$、$C_2 = 3\mu F$、$C_3 = 6\mu F$，求每只电容器承受的电压 U_1、U_2、U_3 各是多少？

第4章
单相正弦交流电路

考试要求

- 理解正弦交流电的基本概念（三要素、有效值、相位差等）。
- 理解正弦交流电的三种常用表示方法。
- 掌握纯电阻电路的特点及其应用。
- 掌握纯电感电路的特点及其应用。
- 掌握纯电容电路的特点及其应用。
- 理解有功功率、无功功率、视在功率和功率因数及其相互关系。
- 掌握 RL 串联电路的特点及其应用。
- 掌握 RC 串联电路的特点及其应用。
- 掌握 RLC 串联电路的特点及其应用。
- 了解 RLC 串联谐振电路的谐振条件、特点和通频带。

知识要点

一、正弦交流电的概念

1. 正弦交流电的定义

把大小和方向都按正弦规律变化的电流或电压叫正弦交流电。

2. 交流电的分类

交流电按随时间变化的规律不同分为两大类：正弦交流电和非正弦交流电。

3. 交流电的书写符号

交流电的电流、电压、电动势和功率的瞬时值分别用 i、v、e、p 等小写字母表示；有效值分别用大写字母 I、U、E、P 等表示。

4. 交流发电机的组成

正弦交流电是由交流发电机产生的。交流发电机由定子（电枢）和转子（磁极）两部分组成。

5. 正弦交流电的表达式

$$e = E_m \sin(\omega t + \varphi_0)\,(\mathrm{V})$$
$$u = U_m \sin(\omega t + \varphi_0)\,(\mathrm{V})$$
$$i = I_m \sin(\omega t + \varphi_0)\,(\mathrm{A})$$

6. 正弦交流电的特点

正弦交流电有三个特点：瞬时性、周期性和规律性。

（1）瞬时性：在一个周期内，不同时间的瞬时值均不相同。

（2）周期性：每隔一相同的时间间隔，曲线将重复变化。

（3）规律性：始终按照正弦函数的规律变化。

二、正弦交流电的基本物理量

1. 瞬时值、最大值、有效值、平均值

瞬时值、最大值、有效值、平均值是表示正弦交流电大小或强弱的物理量。

（1）最大值：正弦交流电在一个周期内所能达到的最大数值，也称幅值、峰值、振幅等。分别用 E_m、U_m、I_m 表示。

（2）有效值：正弦交流电的有效值是根据电流的热效应来规定的，即让交流电与直流电分别通过阻值相同的电阻，如果在相同的时间内，它们所产生的热量相等，则就把这一直流电的数值定义为这一交流电的有效值。分别用大写字母 E、U、I 表示。

提示：平常说的交流电的电压或电流的大小，都是指有效值。一般交流电表测量的数值也是有效值，常用电器上标注的资料均为有效值。但在选择电器的耐压时，必须考虑电压的最大值。

（3）瞬时值：随时间变化的电流、电压、电动势和功率在任何一瞬间的数值。分别用小写字母 i、u、e、p 表示。以电动势为例，$e = E_m \sin\omega t$。

（4）平均值：正弦交流电在半个周期内，在同一方向上通过导体横截面的电流与半个周期时间之比值。分别用 I_{PJ}、U_{PJ}、E_{PJ} 表示。

（5）有效值与最大值的关系。

$$I = \frac{I_m}{\sqrt{2}} = 0.707 I_m, \quad U = \frac{U_m}{\sqrt{2}} = 0.707 U_m, \quad E = \frac{E_m}{\sqrt{2}} = 0.707 E_m$$

有效值和最大值是从不同角度反映交流电强弱的物理量，正弦交流电的有效值是最大值的 0.707 倍，最大值是有效值的 $\sqrt{2}$ 倍。

（6）平均值与最大值的关系。

$$I_{pj} = \frac{2}{\pi} I_m = 0.637 I_m, \quad U_{pj} = \frac{2}{\pi} U_m = 0.637 U_m, \quad E_{pj} = \frac{2}{\pi} E_m = 0.637 E_m$$

即正弦交流电的平均值是最大值的 0.637 倍。

记忆口诀

正弦交流电三值，瞬时最大有效值。

还有一个平均值，维修电工少涉及。

振幅就是最大值，根号二倍有效值。

有效值与平均值，关系零点六三七。

2. 周期、频率、角频率

周期、频率、角频率是表示正弦交流电变化快慢的物理量。

（1）周期：完成一次周期性变化（或者发电机的转子旋转一周）所用的时间，用 T 表示，单位是秒（s）。

（2）频率：交流电在单位时间内（1s）完成周期性变化的次数（或者发电机在1s内旋转的圈数），用 f 表示，单位是赫兹（Hz）。频率常用的单位还有千赫兹（kHz）和兆赫兹（MHz），它们的关系为

$$1\,\mathrm{kHz} = 10^3\,\mathrm{Hz}, 1\,\mathrm{MHz} = 10^6\,\mathrm{Hz}。$$

周期和频率之间互为倒数关系，即 $T = \dfrac{1}{f}$。我国规定交流电的频率是 50Hz，习惯上称为"工频"。

（3）角频率：交流电在1s时间内电角度的变化量（发电机转子在1s钟内所转过的几何角度），用 ω 表示，单位是弧度每秒（rad/s）。

（4）周期、频率和角频率三者的关系。

$$\omega = 2\pi f = \frac{2\pi}{T}, f = \frac{1}{T} = \frac{\omega}{2\pi}, T = \frac{1}{f} = \frac{2\pi}{\omega}$$

记忆口诀

周期频率角频率，变化快慢的参数。

变化一周称周期，一秒周数为频率。

周期频率互倒数，每秒弧度角频率。

3. 相位、初相位、相位差

交流电的相位和初相位如图4-1所示。

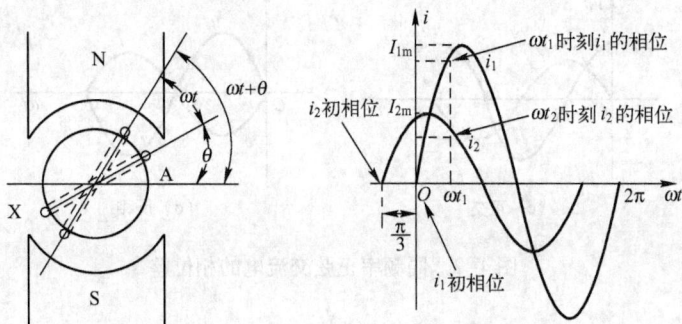

图4-1 交流电的相位和初相位

（1）相位：表示正弦交流电在某一时刻所处状态的物理量。它不仅决定正弦交流电的瞬时值的大小和方向，还能反映正弦交流电的变化趋势。在正弦交流电的三角函数式中，"$\omega t + \Phi$"就是正弦交流电的相位。单位为度（°）或弧度（rad）。

（2）初相位：表示正弦交流电起始时刻所处状态的物理量。正弦交流电在 $t = 0$ 时的相位（或发电机的转子在没有转动之前，其线圈平面与中性面的夹角）叫初相位，简称初相，用 Φ_0 表示。初相位的大小和时间起点的选择有关，初相位的绝对值用小于 π 的角表示。

（3）相位差：两个同频率正弦交流电，在任一瞬间的相位之差就是相位差。用符号 $\Delta\Phi$ 表示。

① 若两个同频率交流电的电压分别为

$$u_1 = U_{m1}\sin(\omega t + \Phi_{01}), \quad u_2 = U_{m2}\sin(\omega t + \Phi_{02})$$

其相位差为

$$\triangle\Phi = (\omega t + \Phi_{01}) - (\omega t + \Phi_{02}) = \Phi_{01} - \Phi_{02}$$

由此可见，两个同频率交流电的相位差为它们的初相位之差，它与时间变化无关。在实际中，规定用小于π的角度表示，如 $\dfrac{3}{2}\pi$ 用 $-\dfrac{\pi}{2}$ 表示，$\dfrac{5}{4}\pi$ 用 $-\dfrac{3}{4}\pi$ 表示等。

② 两个同频率交流电，由于初相不同，$\triangle\Phi$ 存在着下面 4 种情况，如图 4-2 所示。

○ 当 $\Delta\Phi > 0$ 时，称第一个正弦量比第二个正弦量的相位"超前 $\Delta\Phi$"。

○ 当 $\Delta\Phi < 0$ 时，称第一个正弦量比第二个正弦量的相位"滞后 $\Delta\Phi$"。

○ 当 $\Delta\Phi = 0$ 时，称第一个正弦量与第二个正弦量"同相"。

○ 当 $\Delta\Phi = \pm\pi$ 或 $\pm180°$时，称第一个正弦量与第二个正弦量"反相"。

○ 当 $\Delta\Phi = \pm\dfrac{\pi}{2}$ 或 $\pm90°$时，称第一个正弦量与第二个正弦量"正交"。

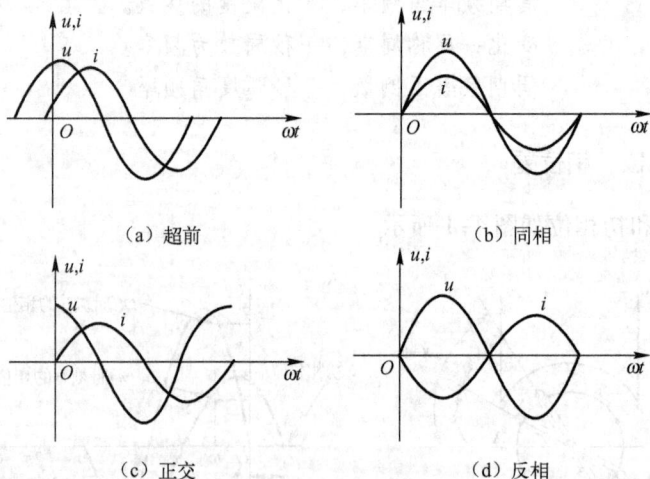

（a）超前　　　　　（b）同相

（c）正交　　　　　（d）反相

图 4-2　同频率正弦交流电的相位差

4. 交流电的三要素

通常把振幅（最大值或有效值）、频率（或者角频率、周期）、初相位称为交流电的三要素。

知道了交流电的三要素，就可写出其解析式，也可画出其波形图。反之，知道了交流电的解析式或波形图，也可找出其三要素。

记忆口诀

交流电有三要素，初相振幅和频率。

变化起点叫初相，小于 π 的角表示。

变化幅度叫振幅，通常也称最大值。

变化快慢叫频率，50 赫兹是工频。

只要知道三要素，交流电能可表述。

三、正弦交流电的表示方法

凡是正弦量均可用解析法、图像法（波形图法）、旋转矢量法和复数法表示。职高学生主要掌握解析法、图像法（波形图法）、旋转矢量法。无论采用哪种表示法，都要求能反映出正弦交流电的三要素。

1. 解析法

利用正弦函数式表示正弦交流电随时间变化关系的方法叫解析法。如电动势、电压、电流的解析式分别为

$$e = E_m \sin(\omega t + \Phi_0)$$
$$u = U_m \sin(\omega t + \Phi_0)$$
$$i = I_m \sin(\omega t + \Phi_0)$$

振幅分别为 E_m、U_m、I_m

频率为 f

初相位为 Φ_0

例如，

$$i = 20 \sin(314t + \Phi_0) \text{A}$$

最大值　　角频率　　初相位

提示：已知三要素，可求出给定时刻的瞬时值。

2. 图像法（波形图法）

用正弦函数的图像表示正弦交流电的方法，也叫图像法、曲线法。其优点是可以直观地看出交流电的变化规律。

可以通过五点作图法来做正弦量的波形图，具体步骤如下。

（1）做出合适的坐标，并分别在纵坐标和横坐标上标出合适的比例线段。

（2）在纵坐标上标出所做正弦量的最大值和最小值。

（3）用五点作图法在直角坐标上描出五点的准确位置：以 Φ_0 为初相位，第一点为起点 $(-\Phi_0, 0)$，第二点为正峰值点 $\left(\dfrac{\pi}{2} \sim \Phi_0, \text{最大值}\right)$，第三点为中点 $(\pi \sim \Phi_0, 0)$，第四点为负峰

值点 $\left(\dfrac{3\pi}{2},\text{最小值}\right)$，第五点为终点 $(2\pi - \varPhi_0, 0)$。

（4）在直角坐标系中用光滑的曲线将五点连接起来，如图 4-3 所示。

采用五点作图法做出了一个周期的波形图，若要做多个周期的波形，可依据此波形画就行了。

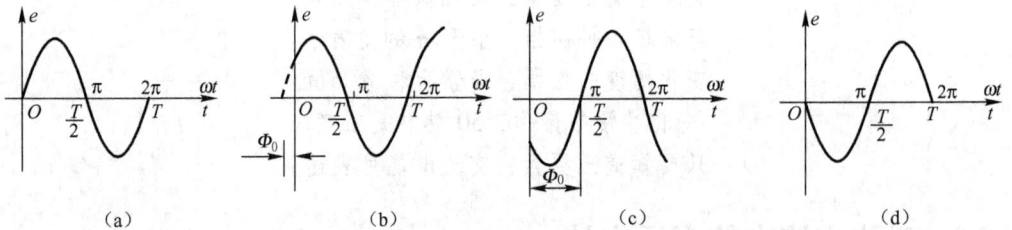

图 4-3　不同初相角的正弦交流电的波形图

3. 旋转矢量法

在平面上以等角速度绕原点不断旋转的矢量，称为旋转矢量。电流、电压、电动势三个正弦量的旋转矢量最大值分别用 $\dot{I}_\text{m}$、$\dot{U}_\text{m}$、$\dot{E}_\text{m}$ 表示，有效值用 $\dot{I}$、$\dot{U}$、$\dot{E}$ 表示。

绘制矢量图的步骤及方法如下。

（1）用虚线表示 ox 轴。

（2）确定有向线段的比例单位。

（3）从 o 点出发做有向线段，它与基准线 x 轴的夹角等于初相位。规定逆时针方向的角度为正，顺时针方向的角度为负。

（4）在有向线段上截取线段，使线段的长度符合解析式中的有效值（或最大值），并在有向线段的末端加是箭头。如图 4-4 所示。

4. 同频率正弦量的加减运算

正弦交流电用矢量表示后，利用矢量加减的方法——平行四边形法则进行运算，可简便地求得合成旋转矢量的振幅和初相。

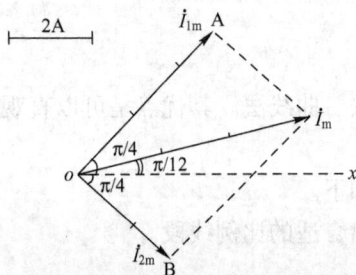

图 4-4　正弦量的振幅矢量图

（1）求矢量和。

以两个矢量的邻边做一个平行四边形，这个平行四边形的对角线矢量就是这两个矢量的合成矢量（即矢量和）的振幅。对角线与 ox 轴的夹角，就是合成正弦量的初相角。

（2）矢量的减法。

减去一个矢量，等于加上它相反的矢量，即具体来说，两个旋转矢量相减，可先将被减的矢量旋转 $180°$，然后再用平行四边形法则相加的方法作图。

提示：只有正弦量才能用旋转矢量表示，只有同频率的正弦量才能利用旋转矢量的平行四边形法则来进行加、减运算。旋转矢量属于时间矢量，它不是空间矢量，不要与电场、磁场、力等空间矢量相混淆。

四、单相正弦交流电路

1. 纯电阻电路

（1）纯电阻电路是最简单的交流电路，它由交流电源和纯电阻组件组成。日常生活和工作中接触的白炽灯、电炉、电烙铁等，都属于纯电阻性负载，它们与交流电源连接即组成纯电阻电路。

（2）纯电阻电路的特性（特点）。

① 电流和电压的频率相同，相位相同。即相位差为零，$\Delta \Phi = 0$。如图 4-5 所示。

② 电流、电压的瞬时值、有效值和最大值均满足欧姆定律。即

$$i = \frac{u}{R}, I_{\mathrm{m}} = \frac{U_{\mathrm{m}}}{R}, I = \frac{U}{R}$$

③ 电阻是耗能组件，它消耗的功率叫做有功功率。由于它是随时间变化的，故取它在一个周期内的平均值来表示交流功率的大小，叫平均功率。平均功率为

$$P = \frac{1}{2} p_{\mathrm{m}} = U_{\mathrm{R}} I = I^2 R = \frac{U_{\mathrm{R}}^2}{R}$$

式中，U 是电阻 R 两端电压的有效值，单位为伏特（V）；I 是流过电阻的电流有效值，单位为安培（A）；R 是用电器的电阻值，单位为欧姆（Ω）；P 为电阻消耗的功率，单位为瓦特（W）。

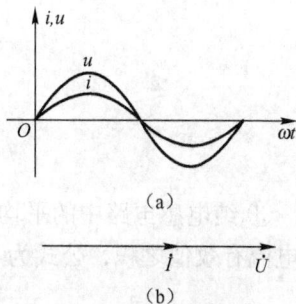

图 4-5　电阻电压与电流的波形图和矢量图

2. 纯电感电路

（1）纯电感电路是指电感线圈（电阻忽略不计）与交流电源连接成的电路。

（2）电感电抗（简称为感抗），用 X_{L} 表示，它的大小和电源频率 f 成正比，和线圈的电感量 L 成正比。

计算感抗的公式为

$$X_{\mathrm{L}} = \omega L = 2\pi f L$$

式中，f 为电源频率，单位为赫兹（Hz）；L 是线圈的电感量，单位为亨利（H）；X_{L} 是电感的电抗，简称感抗，单位为欧姆（Ω）。

感抗是用来表示电感线圈对交流电所呈现的阻碍作用。虽然感抗 X_{L} 和电阻 R 的作用相似，但是它与电阻 R 对电流的阻碍作用有着本质的区别。感抗 X_{L} 表示线圈所产生的自感电动势对通过线圈的交变电流的反抗作用。电感线圈只有在交流电路中才有意义，在直流电路中它可视为短路。

电感线圈有"通直流、阻交流；通低频、阻高频"的性能。

（3）纯电感电路的特性（特点）。

① 电流、电压在数量关系上，只有有效值、最大值满足欧姆定律，瞬时值不遵循欧姆定律。即 $U_{\mathrm{L}} = X_{\mathrm{L}} I, U_{\mathrm{m}} = X_{\mathrm{L}} I_{\mathrm{m}}$。

② 电流、电压是同频率交流量，在相位上电压超前于电流90°。其波形图和矢量图如图4-6所示，其电压和电流的数值关系如下。

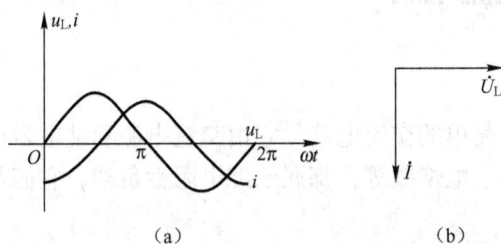

图4-6　电感电压与电流的波形图和矢量图

$$\left.\begin{array}{l} i = I_{\mathrm{m}}\sin\omega t \\ u_{\mathrm{L}} = U_{\mathrm{Lm}}\sin\left(\omega t + \dfrac{\pi}{2}\right) \\ e_{\mathrm{L}} = E_{\mathrm{Lm}}\sin\left(\omega t - \dfrac{\pi}{2}\right) \end{array}\right\}$$

③ 纯电感电路中的平均功率为零，即有功功率为零（$P = 0$）；无功功率等于电压有效值与电流有效值之积，公式为

$$Q = U_{\mathrm{L}}I \text{ 或者 } Q = I^2 X_{\mathrm{L}} = \frac{U_{\mathrm{L}}^2}{X_{\mathrm{L}}}$$

式中，Q 表示无功功率，单位为乏（Var）。

3. 纯电容电路

（1）如果将电容器的漏电电阻和分布电感忽略不计，则将电容器接到交流电源上的电路叫纯电容电路。

（2）反映电容对交流电流阻碍作用程度的参数叫做容抗。容抗计算公式为：

$$X_{\mathrm{L}} = \frac{1}{\omega C} = \frac{1}{2\pi f C}$$

容抗和电阻、感抗的单位一样，也是欧姆（Ω）。

提示：在电路中，用于"通交流、隔直流"的电容叫做隔直电容器；用于"通高频、阻低频"将高频电流成分滤除的电容叫做高频旁路电容器。

（3）电容器两端的电压滞后于电流90°。如图4-7所示。

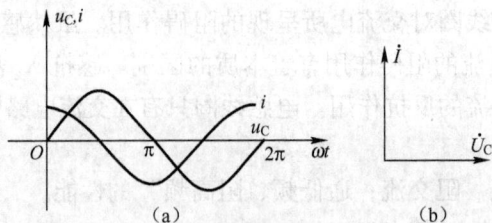

图4-7　电容电压与电流的波形图与矢量图

（4）电流、电压的有效值（或者最大值）满足欧姆定律，瞬时值不遵循欧姆定律。

（5）电容器和电感器一样，是储能组件，有功功率为零（$P=0$），无功功率等于电压有效值与电流有效值之积。即

$$Q_C = U_C I \text{ 或者 } Q_C = I^2 X_C = \frac{U_C^2}{X_C}$$

为便于对比记忆，三种基本交流电路特性的比较见表 4–1。

表 4–1　三种基本交流电路特性的比较

特 性 名 称		纯电阻电路	纯电感电路	纯电容电路
电压电流矢量图				
阻抗特性	阻抗	电阻 R	感抗 $X_L = \omega L$	容抗 $X_C = 1/(\omega C)$
	直流特性	呈现一定的阻碍作用	通直流（相当于短路）	隔直流（相当于开路）
	交流特性	呈现一定的阻碍作用	通低频、阻高频	通高频、阻低频
电压电流关系	大小关系	$U_R = RI_R$	$U_L = X_L I_L$	$U_C = X_C I_C$
	相位关系（电压与电流相位差）	u、i 同相	u 超前于 i 90°	u 滞后于 i 90°
功率情况		耗能组件，存在有功功率 $P_R = U_R I_R = I^2 R$ W	储能组件（$P_L = 0$），存在无功功率 $Q_L = U_L I_L = I^2 X_L$ Var	储能组件（$P_C = 0$），存在无功功率 $Q_C = U_C I_C = I^2 X_C$ Var
满足欧姆定律参数		最大值、有效值、瞬时值	最大值、有效值	最大值、有效值

五、串联交流电路

串联交流电路包括电阻电感串联电路、电阻电容串联电路和电阻电感电容串联电路，这三种电路特性的比较见表 4–2。

在复习时，可这样记忆：若将 RLC 串联电路中的电容 C 短路去掉，即令 $X_C = 0$，$U_C = 0$，则其公式完全适用于 RL 串联情况。若将 RLC 串联电路中的电感 L 短路去掉，即令 $X_L = 0$，$U_L = 0$，则其公式完全适用于 RC 串联情况。

单相交流电路的功率为

视在功率：$S = \sqrt{P^2 + Q^2}$

有功功率：$P = S \times \cos\Phi$

无功功率：$Q = S \times \sin\Phi$

表4-2　三种简单串联交流电路特性的比较

特性名称		RL 串联电路	RC 串联电路	RLC 串联电路
电压电流矢量图				(a) $\dot{U}_L > \dot{U}_C$　(b) $\dot{U}_L < \dot{U}_C$　(c) $\dot{U}_L = \dot{U}_C$
阻抗 Z		$Z = \sqrt{R^2 + X_L^2}$	$Z = \sqrt{R^2 + X_C^2}$	$Z = \sqrt{R^2 + (X_L - X_C)^2}$
总电压与分电压的关系		$U = \sqrt{U_R{}^2 + U_L^2}$	$U = \sqrt{U_R^2 + U_C^2}$	$U = \sqrt{U_R^2 + (U_L - U_C)^2}$
电压与电流的关系	数值关系	$I = \dfrac{U}{Z}$	$I = \dfrac{U}{Z}$	$I = \dfrac{U}{Z}$
	相位关系	$\Phi_{ui} = \arctan\dfrac{U_L}{U_R}$ $= \arctan\dfrac{X_L}{R}$ $= \arctan\dfrac{Q_L}{P}$	$\Phi_{ui} = -\arctan\dfrac{U_C}{U_R}$ $= -\arctan\dfrac{X_C}{R}$ $= -\arctan\dfrac{Q_C}{P}$	$\Phi_{ui} = \arctan\dfrac{U_L - U_C}{U_R}$ $= \arctan\dfrac{X_L - X_C}{R}$ $= \arctan\dfrac{Q_L - Q_C}{P}$
功率		$P = U_R I\,\mathrm{W}$ $Q_L = U_L I\,\mathrm{Var}$ $S = UI\,\mathrm{VA}$ $S = \sqrt{P^2 + Q_L^2}$	$P = U_R I\,\mathrm{W}$ $Q_C = U_C I\,\mathrm{Var}$ $S = UI\,\mathrm{VA}$ $S = \sqrt{P^2 + Q_C^2}$	$P = U_R I\,\mathrm{W}$ $Q = (U_L - U_C)I\,\mathrm{Var}$ $S = UI\,\mathrm{VA}$ $S = \sqrt{P^2 + (Q_L - Q_C)^2}$
功率因数		三列合并：$\cos\Phi = \dfrac{P}{S} = \dfrac{R}{Z} = \dfrac{U_R}{U}$　提高功率因数的方法：（1）在感性负载两端并联适当容量的电容器；（2）合理选用用电设备		
电路性质		呈感性	呈容性	呈感性电路　$X_L > X_C, U_L > U_C, \Phi > 0$ 呈容性电路　$X_L < X_C, U_L < U_C, \Phi < 0$ 呈谐振电路　$X_L = X_C, U_L = U_C, \Phi = 0$

六、串联谐振

1. 串联谐振现象

外加信号源频率等于 RLC 串联电路的固有频率，电路中的电流与电压同相，电路呈现电阻性的现象，叫做串联谐振现象。

2. 串联谐振电路的特点

在 RLC 串联电路中，当 $X_L = X_C$ 时，电路中的电压与电流同相，电路发生串联谐振。即

$$\omega L = \frac{1}{\omega C}, \omega^2 = \frac{1}{LC}$$

其谐振频率为

$$f = f_0 = \frac{1}{2\pi\sqrt{LC}}$$

由此可见，谐振频率 f_0 只由电路中的电感 L 与电容 C 决定，是电路中的固有参数，所以通常将谐振频率 f_0 叫做电路的固有频率。

串联谐振的特点如下。

（1）阻抗最小且为纯电阻。其值为 $Z = R$。

特性阻抗：电路发生谐振时的感抗和容抗叫做特性阻抗，用符号 ρ 表示，单位为欧姆（Ω）。即 $\rho = \omega_0 L = \frac{1}{\omega_0 C} = \sqrt{\frac{L}{C}}$。

（2）电路中的电流最大，并与电源电压的相位相同。其值为 $I = I_0 = \frac{U}{R}$。

（3）串联谐振时，电感 L 与电容 C 上的电压大小相等，即 $U_L = U_C = X_L I_0 = X_C I_0 = QU$，所以串联谐振电路又叫做电压谐振。一般情况下串联谐振电路都符合 $Q \gg 1$ 的条件。

Q 称为品质因数，$Q = \frac{\rho}{R} = \frac{\omega_0 L}{R} = \frac{1}{\omega_0 CR}$。

电阻两端的电压等于总电压。即 $U_R = U$。

（4）电感和电容的无功功率互相补偿，电路的无功功率为零，电能仅供给电路中电阻的消耗。

3. 谐振电路的选择性和通频带

谐振电路选择信号的能力称为选择性。Q 越高，电路的选择性越好。

串联谐振电路的通频带为 $BW = \Delta f = f_2 - f_1 = \frac{f_0}{Q}$，谐振电路具有选频特性。$Q$ 值越大说明电路的选择性越好，但通频带越窄；反之，若通频带越宽，则要求 Q 值越小，而选择性越差。即选择性与通频带宽度是相互矛盾的两个物理量，在实际中要求 Q 值选得恰当合理。

4. 谐振电路的应用

串联谐振电路适用于内阻小的信号源，常用来对交流信号的选择。例如，收音机中选择电台信号，即调谐。

七、电能测量与节能

1. 电能的测量

（1）电能表（俗称火表）又称电度表、千瓦时计，是用来测量和记录电能累积值的专用仪表。

（2）电能表根据相数不同，可分为单相电能表和三相电能表；根据测量原理不同，可分为感应式电能表和电子式电能表。

（3）单相电能表的接线如图 4-8 所示。

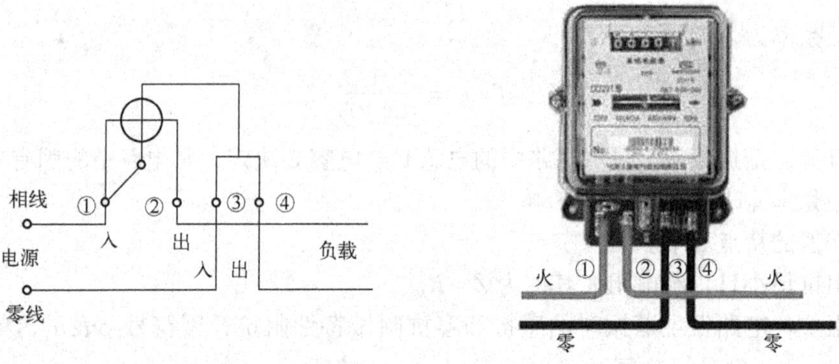

（a）接线图　　　　　　　　　　　　（b）实物接线图

图 4-8　单相电能表的接线

2. 节约用电

（1）照明工程节约用电主要包括：选用节能灯具；推广节电器材；充分利用自然采光；增强光照效果。

（2）电动机节能主要包括：推广节能电动机；使电动机输出功率与被拖动负载的功率配套，力求避免"大马拉小车"的现象；使用电容器对电感性负载进行补偿，提高功率因数。

解题方法指导

1. 当命题涉及正弦交流电的变化规律时，应将交流电的瞬时值表达式、波形图、矢量图等联系起来考虑、分析。根据命题条件，在分析、计算的过程中，适时画出各正弦量的矢量图，对解题很有帮助。

正弦量的解析式、波形图、矢量图三者可以相互转换。一般情况下解析式和波形图可互换，解析式和波形图可换成矢量图，但矢量图不能换成解析式和波形图。但是，若干个同频率的正弦量能画在同一矢量图上和波形图上，在矢量图上可直观地表示出各个正弦量的大小和相位关系。

2. 巧妙地、熟练地应用串联交流电路具有的电压三角形、阻抗三角形、功率三角形，是分析与计算交流电路的关键。

3. 交流电路中，电压与电流之间不仅有数量关系，而且还存在着相位关系，这是交流电路与直流电路的最大不同之处。

4. 交流电的瞬时值、最大值、有效值都是表征正弦交流电大小及强弱的物理量。但瞬时值是随时间而变化的量，只能表示某一具体时刻交流电的大小，而最大值和有效值是不随时间变化的，且有效值是交流电与直流电热效应相同的直流数值，测量交流电的电表读数也都是有效值。交流电的平均值有两种：其在半个周期内的平均值是其最大值的 0.637 倍；它在整个周期的平均值为零。如果没有特别交代，则所说的交流电的平均值为零。

5. 相位、初相位、相位差等概念要注意区别。

6. 做矢量图时，对于串联电路，由于电流相同，一般以电流为参考量较为方便；并联电路中，由于电压相同，一般以电压为参考量较为方便。

7. 对于电流或电压的最大值和瞬时值，不论是待求量或是已知量，题目中都特别予以说明，如果给出量或待求量只笼统地说电压或电流，这时指的都是有效值。电压表、电流表的读数指的也是有效值。

8. 对于交流串联电路，其计算公式可以根据几个三角形之间的相互转换来帮助记忆，如图 4-9 所示。

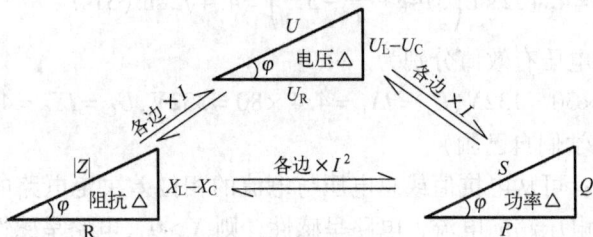

图 4-9　公式助记图

典例剖析

例 4-1　一个线圈和一个电容器串接到交流电源上，外加电压 $u = 311\sin\left(314t + \dfrac{\pi}{4}\right)$V。已知线圈的电阻 $R = 30\Omega$、$L = 255\text{mH}$、$C = 80\text{uF}$。试求：（1）电路的阻抗；（2）电流的有效值及其瞬时值的表达式；（3）各组件两端的电压，并做出矢量图；（4）电路的性质是什么；（5）电路的有功功率、无功功率和视在功率；（6）功率因数。

【分析】 本题涉及感抗、容抗、阻抗、阻抗角、有效值、最大值、有功功率、无功率、视在功率、功率因数等基本概念；涉及欧姆定律；涉及旋转矢量作图法和解析式等有关知识。

解题思路：①根据题意要求，先计算感抗、容抗、阻抗、总电压有效值；②按欧姆定律，先求出总电流、各组件两端的电压；③通过阻抗角的计算，讨论电路性质，写出电流的瞬时表达式，并做出电压、电流的矢量图；④计算各功率。

解：由 $u = 311\sin\left(314t + \dfrac{\pi}{4}\right)$ 可得

$$U_m = 311\text{V}, \omega = 314\text{rad/s}, \varPhi_0 = \frac{\pi}{4}$$

（1）电路的感抗、容抗、阻抗分别为

$$X_L = \omega L = 314 \times 255 \times 10^{-3} \approx 80\Omega$$

$$X_C = \frac{1}{\omega C} = \frac{1}{314 \times 80 \times 10^{-6}} \approx 40\Omega$$

$$Z = \sqrt{R^2 + (X_L - X_C)^2} = \sqrt{30^2 + (80 - 40)^2} = 50\Omega$$

（2）电压有效值为

$$U = \frac{U_m}{\sqrt{2}} = 220\text{V}$$

电流有效值为

$$I = \frac{U}{Z} = \frac{220}{50} = 4.4\text{A}$$

$\varPhi = \arctan(X/R) = \arctan\dfrac{80-40}{30} \approx 53° > 0$，则电流滞后总电压 $53°$。

电流瞬时表达式为

$$i = 4.4\sqrt{2}\sin\left(314t + \frac{\pi}{4} - 53°\right) = 4.4\sqrt{2}\sin(314t - 8°)\text{A}$$

（3）各组件两端电压有效值分别为

$U_R = IR = 4.4 \times 30 = 132\text{V},\ U_L = IX_L = 4.4 \times 80 = 352\text{V},\ U_C = IX_C = 4.4 \times 40 = 176\text{V}$

做出矢量图（同学们自己画）

（4）电路的性质：可从电抗值或总电压与电流的相位差决定电路的性质。电抗值为正，则电路属于感性。总电压超前电流，电路呈感性。则 $X > 0$，电路呈感性。

（5）电路的有功功率、无功功率、视在功率、功率因数分别为

$$P = I^2 R = 4.4^2 \times 30 = 580.8\text{W}$$

$$Q = I^2(X_L - X_C) = 4.4^2 \times (80 - 40) = 774.4\text{Var}$$

$$S = IU = 4.4 \times 220 = 968\text{VA}$$

$$\cos\varPhi = \frac{P}{S} = 0.6$$

【说明】此题可用另外一种解法：首先求 $\cos\varPhi$，再求有功功率和无功功率。

$$\cos\varPhi = \frac{P}{S} = \frac{30}{50} = 0.6,\ \sin\varPhi = \frac{X}{Z} = \frac{40}{50} = 0.8$$

$$P = IU\sin\varPhi = 4.4 \times 220 \times 0.6 = 580.8\text{W}$$

$$Q = IU\cos\varPhi = 4.4 \times 220 \times 0.8 = 774.4\text{Var}$$

$$S = IU = 4.4 \times 220 = 968\text{VA}$$

例 4-2　正弦电动势 e_1 和 e_2 的波形如图 4-10 所示，试求 e_1、e_2 的频率、角频率、相位差，并写出其瞬时值的表达式。

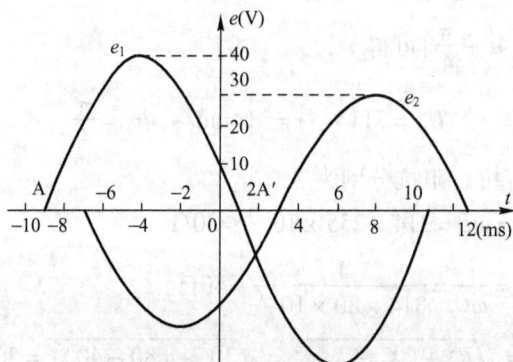

图 4-10　例题 4-2 图

【分析】（1）看波形最大幅度与纵轴的交点，即为最大值 40V，即 $E_m = 40\text{V}$。

（2）在波形图上，一个完整波形在横坐标的时间，即为周期 T，从波形图上可知，e_1 的

周期 $T_1 = 11\text{ms} - (-9\text{ms}) = 20\text{ms}$，$e_2$ 的周期 $T_2 = 13\text{ms} - (-7\text{ms}) = 20\text{ms}$，知道周期 T 后，再用公式 $f = \dfrac{1}{T}$ 和 $\omega = 2\pi f$ 求出 f 和 ω。

（3）从图形过零点与横轴的交点时刻，可求出波形的初相位。

e_1 过零点 A 在纵轴的左侧，时间为 $t_1 = 9\text{ms}$，所以 $\Phi_{01} = \dfrac{9}{20} \times 360° = 162°$，因在纵轴的左侧，所以符号取正。$e_2$ 过零增加点 A' 在纵轴的右侧，时间为 $t_2 = 3\text{ms}$，所以 $\Phi_{02} = \dfrac{3}{20} \times 360° = 54°$，因在纵轴的右侧，所以符号取负。即 $\Phi_{01} = 162°$、$\Phi_{02} = -54°$。

解：（1）从波形图可知，e_1 和 e_2 的周期为 20ms，即 $T = T_1 = T_2 = 0.02\text{s}$，于是频率为 $f = \dfrac{1}{T} = \dfrac{1}{0.02} = 50\text{Hz}$，

角频率为

$$\omega = 2\pi f = 6.28 \times 50 = 314\text{rad/s}$$

（2）e_1 和 e_2 的初相位可从波形图上求得。

e_1 曲线上的零点（A 点）处在纵坐标的左侧，它与坐标原点之间的时间间隔 $t_1 = 9\text{ms}$。e_2 曲线的零点（A′点）在纵坐标的右侧，它与坐标原点之间的时间间隔 $t_2 = -3\text{ms}$。

所以，e_1 的初相为

$$\Phi_{01} = \frac{t_1}{T} \times 360° = \frac{9 \times 10^{-3}}{0.02} \times 360° = 162°$$

e_2 的初相为

$$\Phi_{02} = \frac{t_2}{T} \times 360° = \frac{-3 \times 10^{-3}}{0.02} \times 360° = -54°$$

e_1 和 e_2 的相位差为

$$\Delta\Phi = \Phi_{01} - \Phi_{02} = 162° - (-54°) = 216°$$

即 e_1 超前 e_2 216°。

（3）e_1 的瞬时值表达式为：

$$e_1 = 40\sin(314t + 162°)\text{V}$$

e_2 的瞬时值表达式为

$$e_2 = 30\sin(314t - 54°)\text{V}$$

【说明】看波形图的方法是解本题的突破口。

例 4-3 在电阻、电感和电容串联的电路中，电路中的电流为 6A，$U_R = 80\text{V}$，$U_L = 240\text{V}$，$U_C = 180\text{V}$，电源的频率为 50Hz，求：（1）电源电压的有效值 U；（2）电路参数 R、L 和 C；（3）电流和电压的相位差；（4）电路的视在功率 S、有功功率 P 和无功功率 Q。

【分析】首先根据 RLC 串联电路的电压三角形可求得电源电压，再求电路参数。然后由 RLC 串联电路的性质，判定电流和电压的相位关系。计算电路的视在功率 S、有功功率 P 和无功功率 Q 等主要是要熟悉公式。

解：（1）由电压三角形可求得电源电压。

$$U = \sqrt{U_R^2 + (U_L - U_C)^2} = \sqrt{80^2 + (240 - 180)^2} = 100\text{V}$$

（2）电路的电阻为

$$R = \frac{U_R}{I} = \frac{80}{6} = 13.3\Omega$$

电路的感抗为

$$X_L = \frac{U_L}{I} = \frac{240}{6} = 40\Omega$$

线圈的电感为

$$L = \frac{X_L}{2\pi f} = \frac{40}{2 \times 3.14 \times 50} = 0.13H = 130mH$$

电路中的容抗为

$$X_c = \frac{U_c}{I} = \frac{180}{6} = 30\Omega$$

电容为

$$C = \frac{1}{2\pi f X_C} = \frac{1}{2 \times 3.14 \times 50 \times 30} = 0.000106F = 106uF$$

（3）电流与电压的相位差为

$$\Phi = \arctan \frac{X_L - X_C}{R} = \arctan \frac{40 - 30}{13.3} = 36.9°$$

电路的感抗大于容抗，电路呈感性，电压超前电流36.9°。

（4）电路的视在功率为 $S = IU = 6 \times 100 = 600VA$

电路的有功功率为 　　　　$P = I^2 R = 6^2 \times 13.3 = 478W$

电路的无功功率为 　$Q = I(U_L - U_C) = 6 \times (240 - 180) = 360Var$

【说明】此题具有一定的代表性，需要同学们求解的问题较多，若能熟悉 RLC 串联电路的一些公式，本题也容易完成。

自我检测

一、填空题

1. 正弦交流电的三要素是_____。

2. 在纯电阻交流电路中，电压与电流的相位关系是_____；在纯电感交流电路中，电压与电流的相位关系是电压_____电流 90°；在纯电容电路中电压与电流的相位关系是电压_____电流_____。

3. 正弦交流电压 $u = 110\sqrt{2}\sin(314t + \pi/3)V$，则该电压的有效值是_____V，振幅是_____，角频率是_____，周期是_____，频率是_____，初相是_____。

4. 在交流电路中，P 称为_____，单位是_____，它是电路中_____组件消耗的功率；Q 称为_____，单位是_____，它是电路中_____或_____组件与电源进行能量交换时瞬时功率的最大值；S 称为_____，单位是_____，它是_____提供的总功率。

5. 电感线圈具有通_____流阻_____的特性，电容器具有通_____流阻_____流的特性。

6. 功率因数是_____和_____的比值。纯电阻电路的功率因数为_____，纯电感电路的功率因数为_____，纯电容电路的功率因数为_____。

7. RLC 串联电路中的谐振频率 f_0 仅由电路参数_____和_____决定，与电阻 R 的大小_____，它反映电路的_____，f_0 叫做电路的_____。

8. 串联谐振时，电阻上的电压等于_____，电感和电容上的电压等于_____，因此，串联谐振又叫_____。

9. 在 RLC 串联电路中，电感线圈放出的能量被_____以_____能的形式储存在电容器中，电容器放出的能量被_____以_____能的形式储存在线圈中。因此感性无功功率 Q_L 与容性无功功率 Q_c 是可以_____。

10. 如图4-11所示，电工学三角形的名称分别是：A 图_____；B 图_____；C 图_____。

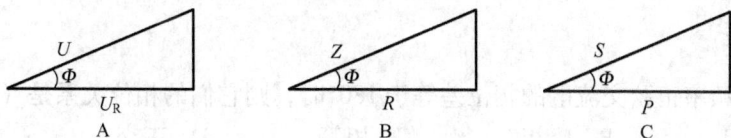

图 4-11

11. 已知某交流电路，电源电压 $u = 200\sqrt{2}\sin(\omega t - 30°)$ V，电路中通过的电流 $i = 2\sqrt{2}\sin(\omega t - 60°)$ A，则电压和电流之间的相位差是_____，电路的功率因素 $\cos\Phi = $ _____，电路消耗的有功功率 $P = $ _____，阻抗_____，电路呈_____性。

12. 用旋转矢量分析计算交流电的条件，必须是_____的正弦交流电。

13. 我国居民照明电压是220V，这是它的_____值；最大值是_____V，它的频率是_____Hz，周期是_____s，角频率是_____rad/s。

14. 两个同频率的正弦量同相时，其相位差为_____；反相时，其相位差为_____。

15. 在电源频率为50Hz的纯电感电路中，已知电压的初相位为 $\frac{\pi}{6}$，电流 $I = 8$A，则电流的瞬时表达式为_____。

16. 如图4-12所示中的 $I = 0.707I_m$ 表示的是交流电的_____值。

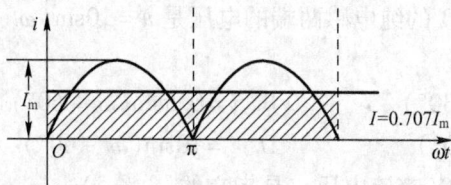

图 4-12

17. 在 RLC 串联电路中，已知电流为5A，电阻为30Ω，感抗为40Ω，容抗为80Ω，那么电路的阻抗为_____，该电路为_____性电路。电路中吸收的有功功率为_____，吸收的无功功率又为_____。

18. 已知 $u = -4\sin(100t + 270°)$ V，$U_m = $ _____V，$\omega = $ _____rad/s，$\Phi = $ _____rad，$T = $ _____s，$f = $ _____Hz，$t = \frac{T}{12}$时，$u = $ _____。

19. 已知两个正弦交流电流 $i_1 = 10\sin(314t - 30°)$A 和 $i_2 = 310\sin(314t + 90°)$A，则 i_1 和 i_2 的相位差为_____，_____超前_____。

20. 有一正弦交流电流,有效值为 20A,其最大值为_____,平均值为_____。

21. 在纯电感交流电路中,电压与电流的相位关系是电压_____电流 90°,感抗 $X_L = $ _____,单位是_____。

22. 在纯电容交流电路中,电压与电流的相位关系是电压_____电流 90°。容抗 $X_c = $ _____,单位是_____。

23. 在纯电容正弦交流电路中,增大电源频率时,其他条件不变,电容中电流 I 将_____。

二、选择题

1. 两个同频率正弦交流电的相位差等于 180°时,则它们的相位关系是 (　　)。
　　A. 同相　　　　B. 反相　　　　C. 相等　　　　D. 正交

2. 正弦交流电的最大值等于有效值的 (　　) 倍。
　　A. $\sqrt{2}$　　　　B. 2　　　　C. 1/2　　　　D. 1

3. 白炽灯的额定工作电压为 220V,它允许承受的最大电压为 (　　)。
　　A. 220V　　B. 311V　　C. 380V　　D. $u(t) = 220\sqrt{2}\sin314V$

4. 已知通过 2Ω 电阻的电流 $i = 6\sin(314t + 45°)$ A,当 u、i 为关联方向时,$u = $ (　　)V。
　　A. $12\sin(314t + 30°)$　　　　　　B. $12\sqrt{2}\sin(314t + 45°)$
　　C. $12\sin(314t + 45°)$　　　　　　D. 14.5V

5. 在纯电感电路中,电流应为 (　　)。
　　A. $i = U/X_L$　　B. $I = U/L$　　C. $I = U/(\omega L)$　　D. $I = U/R$

6. 若电路中某元件的端电压 $u = 5\sin(314t + 35°)$V、电流 $i = 2\sin(314t + 125°)$A,u、i 为关联方向,则该元件是 (　　)。
　　A. 电阻　　　　B. 电感　　　　C. 电容　　　　D. 任何元件均可

7. 加在一个感抗是 20Ω 的纯电感两端的电压是 $u = 10\sin(\omega t + 30°)$V,则通过它的电流瞬时值为 (　　) A。
　　A. $i = 0.5\sin(2\omega t - 30°)$　　　　　　B. $i = 0.5\sin(\omega t - 60°)$
　　C. $i = 0.5\sin(\omega t + 60°)$　　　　　　D. $i = 10\sin(\omega t - 60°)$

8. 我们平时所说的 220V 交流电压,是指它的 (　　)。
　　A. 最大值　　B. 瞬时值　　C. 平均值　　D. 有效值

9. RLC 串联电路中,总电压 $U = 10$V,$U_R = 6$V,$U_L = 4$V,则该电路呈 (　　)。
　　A. 阻性　　　　B. 感性　　　　C. 容性　　　　D. 无法确定

10. 纯电阻上消耗的功率与 (　　) 成正比。
　　A. 电阻两端的电压　　　　　　B. 电阻两端电压的平方
　　C. 通过电阻的电流　　　　　　D. 通电的时间

11. 视在功率 (即总功率) 的单位是 (　　)。
　　A. Var　　　　B. W　　　　C. V·A　　　　D. A

12. 两个同频率正弦交流电的相位差等于 π 时,它们的相位关系是 (　　)。

　　A. 同相　　　　　B. 反相　　　　　C. 相等　　　　　D. 无法确定

13. 已知交流电路中某元件的阻抗与频率成反比，则该元件是（　　）。

　　A. 电阻　　　　　B. 电感　　　　　C. 电容　　　　　D. 电源

14. 电压 u 的初相角 $\Phi_u = 30°$，电流 i 的初相角 $\Phi_i = -30°$，电压 u 与电流 i 的相位关系应为（　　）。

　　A. 同相　　　　　　　　　　　　B. 反相

　　C. 电压超前电流 60°　　　　　　D. 电压滞后电流 60°

15. 两个正弦交流电的解析式是 $i_1 = 10\sin\left(314t + \dfrac{\pi}{6}\right)$A，$i_2 = 10\sqrt{2}\sin\left(314t + \dfrac{\pi}{4}\right)$A，这两个式中两个交流电流相同的量是（　　）。

　　A. 有效值　　　　B. 最大值　　　　C. 周期　　　　　D. 初相位

16. 提高供电电路的功率因数，下列说法正确的是（　　）。

　　A. 减少了用电设备中无用的无功功率

　　B. 减少了用电设备的有功功率，提高了电源设备的容量

　　C. 可以节省电能

　　D. 可提高电源设备的利用率并减小输电线路中的功率损耗

17. 在电容元件的正弦交流电路中，电压的有效值保持不变，当频率增大时，电路中的电流将（　　）。

　　A. 增大　　　　　B. 减小　　　　　C. 不变　　　　　D. 无法判断

18. 某正弦电压的有效值为 380V，频率为 50Hz，计时时数值等于 380V，其瞬时值的表达式为（　　）。

　　A. $u = 380\sin 314t$V　　　　　　B. $u = 537\sin(314t + 45°)$V

　　C. $u = 380\sin(314t + 90°)$V　　　D. $u = 380\sin(314t + 45°)$V

19. 在 RL 串联电路中，$U_R = 16$V，$U_L = 12$V，则总电压为（　　）。

　　A. 28V　　　　　B. 20V　　　　　C. 2V　　　　　D. 8V

20. 矢量图如图 4-13 所示，电路呈（　　）。

　　A. 阻性　　　　　B. 感性　　　　　C. 容性　　　　　D. 无法判断

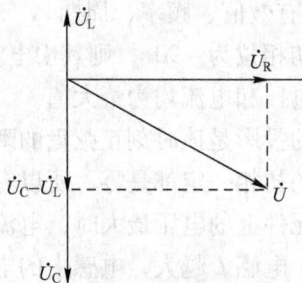

图 4-13

21. 如图 4-14 所示的电路中，若正弦交流电压的有效值保持不变，而频率由高变低时，各灯亮度的变化规律是（　　）。

　　A. 各灯亮度都不变

　　B. D_1 不变，D_2 变暗，D_3 变亮

　　C. D_1 不变，D_2 变亮，D_3 变暗

　　D. D_1 变暗，D_2 不变，D_3 变亮

22. 已知一台单相电动机铭牌标注的功率为 30kW，功率因数为 0.6。则这台电动机的视在功率为（　　）。

　　A. 30kW　　　　　B. 4kW　　　　　C. 50kW　　　　　D. 60kW

23. 在图 4-15 中，u_1 与 u_2 的关系是（　　）。

　　A. u_1 比 u_2 超前 30°　　　　　　B. u_1 比 u_2 超前 75°

　　C. u_1 比 u_2 滞后 45°　　　　　　D. u_1 比 u_2 滞后 75°

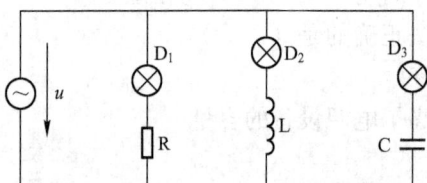 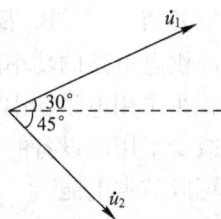

　　　　　　图 4-14　　　　　　　　　　　　　　　　图 4-15

三、判断题

1. 某交流电路的功率因数 $\cos\varPhi = 1$，说明该电路中只有电阻组件。　　　　　　（　　）

2. 电阻与电容器相串联，流过电容器的电流超前于流过电阻上的电流 90°。　　　（　　）

3. 用交流电表测得交流电的数值是指最大值。　　　　　　　　　　　　　　　　（　　）

4. 在纯电容电路中，电流超前电压 $\pi/2$，意味着先有电流后有电压。　　　　　（　　）

5. 在 RLC 串联谐振电路中，总电压是电容和电感两端电压的 Q 倍。　　　　　（　　）

6. 在 RLC 串联电路中，发生谐振时，电抗为零，感抗和容抗也为零。　　　　（　　）

7. 在纯电阻电路中，端电压与电流的相位差为零。　　　　　　　　　　　　　　（　　）

8. 耐压为 220V 的电容器可以接到 220V 的交流电路中。　　　　　　　　　　　（　　）

9. 正弦交流电的三要素是指有效值、频率、周期。　　　　　　　　　　　　　　（　　）

10. 纯电容电路两端电压的初相位为 -90°，则其中电流的初相位为 0°。　　　（　　）

11. 用电器铭牌上所标出的电压和电流均为最大值。　　　　　　　　　　　　　（　　）

12. 有效值的矢量在横轴上的投影是该时刻正弦量的瞬时值。　　　　　　　　　（　　）

13. 电阻元件上电压和电流的初相一定都是零，所以它们同相。　　　　　　　　（　　）

14. 正弦交流电路中，电容元件上的电压最大时，电流也最大。　　　　　　　　（　　）

15. 在同一交流电流作用下，电感 L 越大，电感中的电流就越小。　　　　　　（　　）

16. 在纯电容电路中，电流超前于电压。　　　　　　　　　　　　　　　　　　（　　）

17. 正弦交流电路中，无功功率就是无用功率。　　　　　　　　　　　　　　　（　　）

18. 在 RLC 串联电路中，若 $X_L = 10\Omega$，$X_c = 5\Omega$，则该电路为容性电路。　（　　）

19. 感抗为 X_L 的线圈与容抗为 X_C 的电容器相串联，其总电抗是 $X = X_L + X_C$。（　　）

20. 电路功率因数的大小由负载的性质决定。　　　　　　　　　　　　　　　　（　　）

21. 正弦交流电在正半周期内的平均值等于其最大值的 $3\pi/2$ 倍。　　　（　　）

22. 频率不同的正弦量可以在同一矢量图中画出。　　　（　　）

23. 在直流电路中，电容器视为短路，电感器视为开路。　　　（　　）

24. 用矢量图或波形图及解析式求交流电的和与差时，必须是同频率的交流电。（　　）

四、识图与作图题

1. 已知 $u_1 = 220\sqrt{2}\sin(\omega t + 60°)\,\text{V}$，$u_2 = 220\sqrt{2}\cos(\omega t + 30°)\,\text{V}$，试做 u_1 和 u_2 的矢量图，

2. 在 RLC 串联电路中，已知 $X_L > X_C$，现以电流为参考矢量，定性画出该电路的阻抗、电压和功率三角形。

3. 如图 4-16 所示，请写出交流电流 i_1、i_2 的瞬时值表达式。

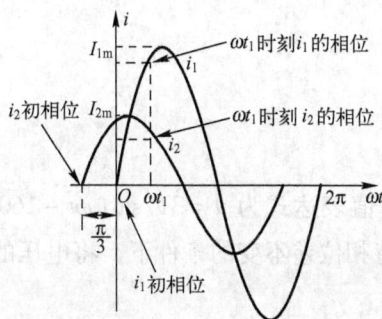

图 4-16

五、问答题

1. 解释最大值、有效值和平均值，并指出它们之间存在什么关系。

2. 为什么电容器加上交流电压时，电路中会有电流？

3. 简述电能表的接线规律和用电度数的读取方法。

4. 试比较，在纯电阻、纯电感和纯电容电路中，通过各元件电流的哪些数值满足欧姆定律？哪些又不满足欧姆定律？

5. 什么是功率因数？提高功率因数有何意义？提高功率因数的一般方法有哪些？

六、综合题

1. 已知电流和电压的瞬时值表达式为 $u = 317\sin(\omega t - 160°)\,\text{V}$，$i_1 = 10\sin(\omega t - 45°)\,\text{A}$，$i_2 = 4\sin(\omega t + 70°)\,\text{A}$。试在保持相位差不变的条件下，将电压的初相角改为 0°，重新写出它们的瞬时值表达式。

2. 把一个电阻为 10Ω、电感为 10mH 的线圈接到 $u = 110\sqrt{2}\sin(314t + 30°)\,\text{V}$ 的交流电源上，求：（1）线圈中电流的大小；（2）写出电流的瞬时值表达式；（3）画出电压、电流的矢量图。

3. 已知有两个同频率的正弦交流电的波形图，如图 4-17 所示，试回答以下问题。
（1）当频率 $f = 50\text{Hz}$ 时，它们的周期、角频率各为多少？

（2）在波形图中，哪个超前，哪个滞后？它们之间的相位差为多少？

（3）写出两个正弦交流电的瞬时值表达式。

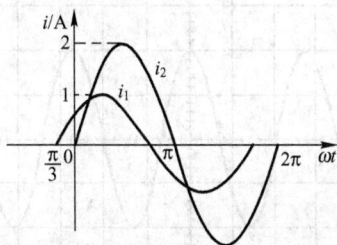

图 4-17

4. 一个电感线圈的电阻 $R = 15\Omega$、电感量 $L = 100\text{mH}$ 的电感与一个容量 $C = 20\mu\text{F}$ 的电容器组成 RLC 串联电路，接于 $u = 220\sqrt{2}\sin\left(100\pi t - \dfrac{\pi}{3}\right)\text{V}$ 的交流电源上。试回答以下问题。

（1）感抗 X_L、容抗 X_C 和阻抗 Z。

（2）电流的有效值及电流瞬时值的表达式。

（3）有功功率 P、无功功率 Q、视在功率 S 和功率因数。

5. 在用示波器测量某交流信号的相关参数时，屏幕上显示的波形如图 4-18 所示，已知屏幕上每一格的电压值为 2V，试计算该交流信号的峰峰值 U_{P-P} 和有效值 U。

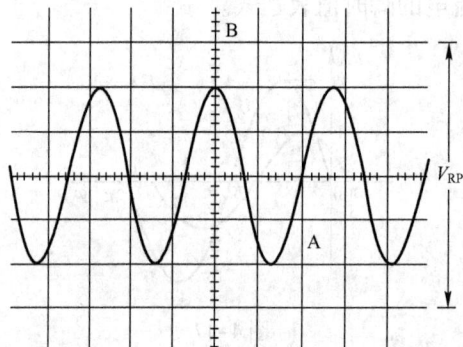

图 4-18

6. 工作在 220V/50Hz 交流电源上的纯电感线圈，已知通过线圈的交流电流有效值为 2A，试求该线圈的自感系数。

7. 在图 4-19 所示的 RL 串联电路中，已知 $R=300\Omega$，$L=1.656H$，将它们接于电源电压 $U=220V$、角频率为 314rad/s 的交流电源上，试求电压与电流的相位差。

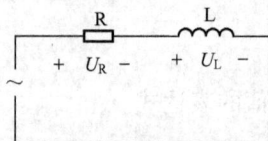

图 4-19

第5章
三相正弦交流电路

📖 **考试要求**

○ 了解对称三相正弦量及相序的概念。
○ 理解三相四线制对称电源的特点和中线的作用。
○ 掌握对称三相负载星形、三角形连接时电压、电流和电功率的计算。

💡 **知识要点**

一、三相交流电源

1. 三相交流发电机的结构

三相交流电是由三相交流发电机产生的。

三相交流发电机主要由定子和转子两大部分组成。定子包括定子铁芯和 3 个完全相同的对称绕组，它们的空间位置互差 $120°\left(\dfrac{2\pi}{3}\right)$。转子是一个绕中心轴旋转的磁极，转子绕组绕在铁芯上。

这里所说的"相同绕组"，是指 3 个在尺寸、匝数和绕法上完全相同的线圈绕组。三相绕组的始端分别用 U_1、V_1、W_1 表示，末端用 U_2、V_2、W_2 表示。

2. 三相对称正弦量

当转子磁极在原动机的拖动下以角速度 ω 沿顺时针方向匀速旋转时，每相绕组都切割磁感线而产生按正弦规律变化的感应电动势 e_1、e_2、e_3，3 个电动势的特点如下。

（1）频率相同。
（2）最大值相等。
（3）相位上互差 120°。
（4）瞬时值之和恒等于零。

对称三相电动势的波形图与矢量图如图 5–1 所示。三相电动势的瞬时值表达式为

$$e_1 = E_m \sin\omega t$$

$$e_2 = E_m \sin\left(\omega t - \frac{2\pi}{3}\right)$$

$$e_3 = E_m \sin\left(\omega t + \frac{2\pi}{3}\right)$$

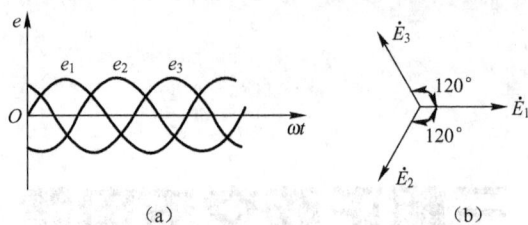

图 5-1　对称三相电动势的波形图与矢量图

将图 5-1（b）所示的矢量图中的任意两个电动势的矢量按平行四边形法则合成，其矢量和必与第三个电动势的矢量大小相等，方向相反，矢量和为零。

三相对称电动势瞬时值的代数和等于零，有效值的矢量和等于零。这个结论，同样适合于三相对称电压，三相对称电流，即三相对称正弦量之和恒等于零。

提示：在没有特别说明的情况下，所谓三相交流电就是指对称的三相交流电。而且规定每相电动势的正方向是从线圈的末端指向始端，即电流从始端流出时为正，反之为负。

3. 相序

三相电动势达到最大值（振幅）的先后次序称为相序。e_1 比 e_2 超前 $120°$，e_2 比 e_3 超前 $120°$，而 e_3 又比 e_1 超前 $120°$，把这种相序称为正相序或顺相序，即 U→V→W→U→V 序；反之，如果 e_1 比 e_3 超前 $120°$，e_3 比 e_2 超前 $120°$，e_2 比 e_1 超前 $120°$，称这种相序为负相序或逆相序，即 U→W→V→U→W 序。

相序是一个十分重要的概念，为使电力系统能够安全可靠地运行，通常统一规定技术标准，一般在配电盘上，$U_相$、$V_相$、$W_相$的颜色一般分别用黄色、绿色、红色表示。

相序可用相序器来测量。

记忆口诀

电压电流电动势，三相交流有定义。

振幅相位均相同，波形变化按正弦。

相位互差 $120°$，随着时间周期变。

三相相序不能混，黄绿红色守规定。

4. 三相电源的连接

（1）三角形接法（△）。

将发电机三相绕组的每一相作为三角形的一个边的接法叫三角形接法，用"△"表示。从三角形的三个顶点各引出一根输电线，这就形成了"三相三线供电制"。

当发电机三相电枢绕组接成△时，此时只有一种电压输出，线电压就是相电压。

（2）星形接法（Y）。

将发电机三相绕组的三个尾端汇接在一起的公共连接点 N 称为中点，从中点引出的导线称为中性线（俗称零线）；三个首端分别与外电路相连（俗称火线）的接法叫星形接法，用"Y"表示，如图 5-2 所示。从这 4 点各引出一根输电线，这就形成了"三相四线供电制"。

当发电机三相电枢绕组接成Y时，其输出的电压共有两种：相电压 220V 和线电压 380V。由于星形接法的有这一优点，故发电机基本上都采用此接法。

① 相电压：各相线与中性线之间的电压称为相电压，分别用 U_1、U_2、U_3 表示其有效值。对称三相电源的相电压大小（有效值）相等，规定为 220V，即 $U_{12} = U_{23} = U_{13} = 220V$。

② 线电压：相线与相线之间的电压称为线电压，分别用 U_{12}、U_{23}、U_{31} 表示有效值。对称三相电源的线电压为 380V，即 $U_{12} = U_{23} = U_{31} = 380V$。

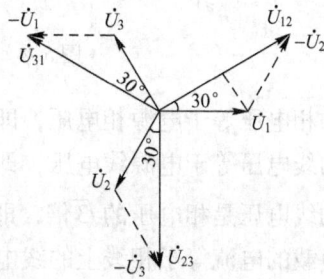

③ 相电压与线电压之间的关系，如图 5-3 所示。

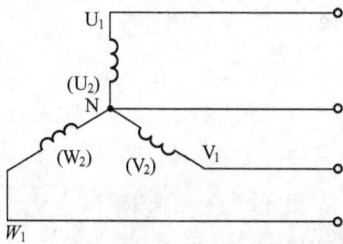

图 5-2　三相绕组的星形接法　　　　图 5-3　相电压与线电压之间的关系

第一，相电压的矢量和等于零，线电压的矢量和也等于零。

第二，线电压的矢量等于相关两相电压的矢量差，即

$$\dot{U}_{12} = \dot{U}_1 - \dot{U}_2, \dot{U}_{23} = \dot{U}_2 - \dot{U}_3, \dot{U}_{31} = \dot{U}_3 - \dot{U}_1$$

第三，三相四线制电源的相电压和线电压都是对称的。线电压 U_L 是相电压 U_Φ 的 $\sqrt{3}$ 倍，线电压的相位超前相应的相电压 $\frac{\pi}{6}$。

记忆口诀

Y接三尾连一点，连点称为中性点。

三首引出三相线，中点引出中性线。

相线俗称为火线，中线俗称叫零线。

线电压与相电压，线相压比根号三。

中线作用很重要，不装保险或开关。

二、三相负载的连接方式

三相负载有三角形（△）和星形（Y）两种连接方式。

1. 三相负载的星形接法

（1）对称三相负载星形接法。

对称三相负载多采用三相四线制电源供电，如图 5-4 所示。将对称三相电源加到星形连接的对称三相负载上时，负载的电流和电压的关系为如下所示。

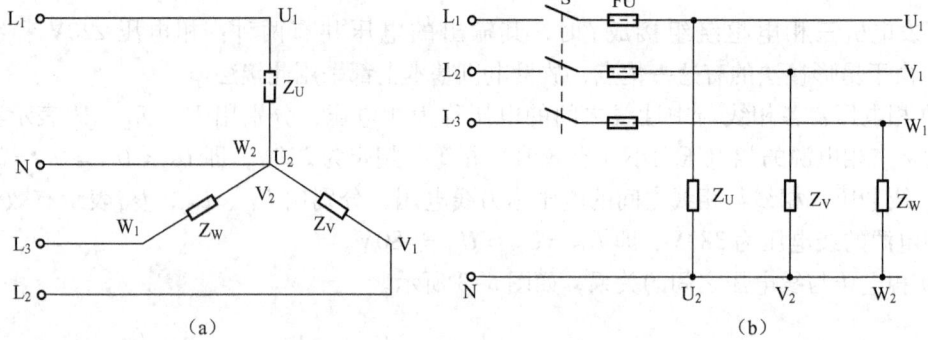

图 5-4　三相负载的丫连接

① 负载的相电压等于电源相电压，即 $U_{Y\Phi} = U_{\Phi}$。

② 负载的线电压等于电源线电压，即 $U_{Yl} = U_L$。

③ 负载的线电压是相电压的 $\sqrt{3}$ 倍，即 $U_{Yl} = \sqrt{3}\,U_{Y\Phi}$。

④ 流过负载的电流等于相线上的线电流，即 $I_{\Phi} = I_L$。

⑤ 三相对称负载电流的旋转矢量和为零，$\dot{I}_N = \dot{I}_U + \dot{I}_V + \dot{I}_W = 0$，即 $\dot{I}_N = 0$。

　　三相对称负载做星形连接时的中线电流 I_N 为零。在这种情况下，去掉中线不会影响三相电路的正常工作，为此也可采用"三相三线制"电路供电，如常用的三相对称负载三相电动机、三相电阻炉和三相变压器等，它们就是采用的"三相三线制"供电。

　　（2）非对称三相负载星形接法。

　　对于不对称三相负载只能采用"三相四线制"供电。

　　中线的作用在于能使三相负载成为 3 个互不影响的独立回路，因此无论负载有无变动，每相负载均承受对称的相电压，从而保持了负载的正常工作。由于中性线电流 $\dot{I}_N$ 不等于零，即 $\dot{I}_N = \dot{I}_U + \dot{I}_V + \dot{I}_W \neq 0$，因此不对称三相负载的中线是绝对不能省去的，中线保证三相负载的电压对称。并规定中线上不得安装开关和熔断器，通常还要把中线接地，以保证线路能正常工作。

　　如果中线断开，将造成各相负载两端的电压严重不对称。可能某一相的电压过低，负载不能正常工作；某一相的电压过高，烧毁该相负载。

记忆口诀

两种电压同时送，相电压和线电压。

火零为相 220，火火为线 380。

两种电压的关系，根号三倍来换算。

负载接法分两种，星接法和三角法。

丫接三尾连一点，连点称为中性点。

三首引出三相线，中点引出中性线。

相线俗称为火线，中线俗称叫零线。

中线作用很重要，不装保险或开关。

提示：三相电源星形连接时的电压关系为线电压是相电压的 1.732 倍；三相电源三角形连接时的电压关系为线电压的大小与相电压的大小相等。

2. 三相负载的三角形连接

把三相负载分别接到三相交流电源的每根相线之间，这种连接方法称为三角形接法，如图 5-5 所示。

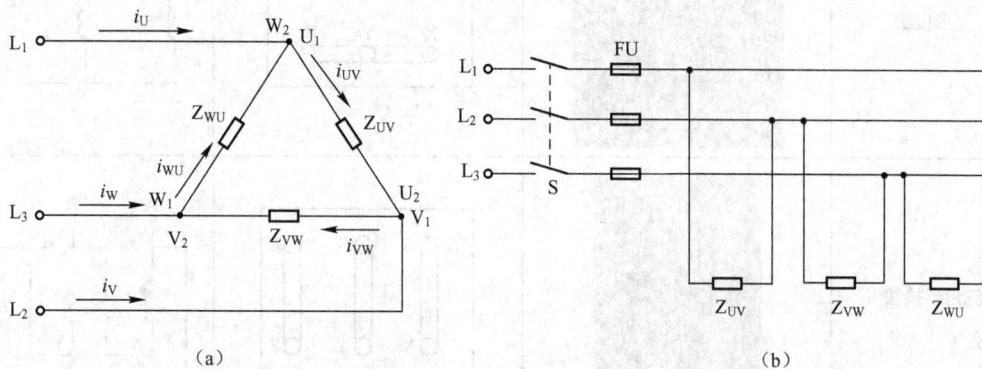

图 5-5 三相负载的 △ 连接

负载做 △ 形连接时只能形成"三相三线制"电路。当三相负载为三角形连接时，无论负载是否对称，负载两端的电压（相电压）等于电源线电压，即 $U_{\triangle V} = U_l$。

当三相负载对称时，负载的电流和相位，以及各相负载的阻抗角如下所示。

① 线电流是相电流的 $\sqrt{3}$ 倍，即 $I_{\triangle l} = \sqrt{3} I_{\triangle \Phi}$。

② 线电流的相位比相应的相电流滞后 $\dfrac{\pi}{6}$。

③ 各相负载的阻抗角相等。

提示：在非对称三相负载三角形接法时，$U_{\triangle \Phi} = U_L$ 仍然成立，但是各线电流的大小应在对应节点用 $\sum i = 0$ 来分别计算。

总之，三相负载既可以星形连接，也可以三角形连接。具体如何连接，应根据负载的额定电压和电源电压的数值而定，务必使每相负载所承受的电压等于额定电压。

三、三相笼型异步电动机

1. 三相笼型异步电动机定子绕组的接法

中小型笼型异步电机的定子绕组大多采用漆包线绕制。3 个绕组的 6 个端头（即首尾端）引到电动机机座出线盒的接线柱上，并分别用 $U_1 - U_2$、$V_1 - V_2$、$W_1 - W_2$ 标示，可以根据需要将三相绕组连接成星形或三角形，见表 5-1。

（1）星形连接。

将三相绕组的尾端 X、Y、Z 短接在一起，首端 A、B、C 分别接三相电源。

（2）三角形连接。

将第一相的尾端 X 与第二相的首端 B 短接，第二相的尾端 Y 与第三相的首端 C 短接，第三相的尾端 Z 与第一相的首端 A 短接；然后将 3 个接点分别接到三相电源上。

表 5-1　三相异步电动机的三相绕组接法

三相绕组接法	接线实物图	接　线　图	原　理　图
星形接法	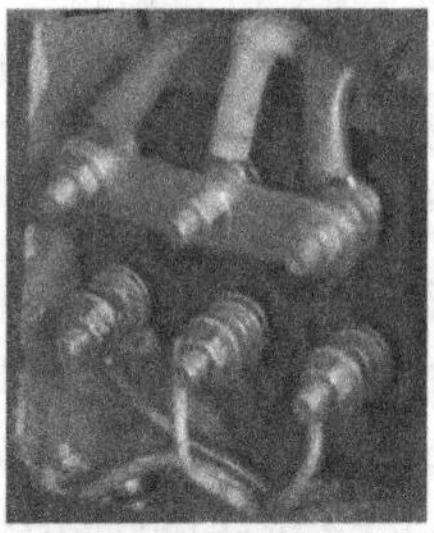	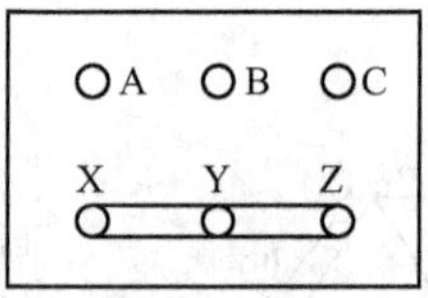	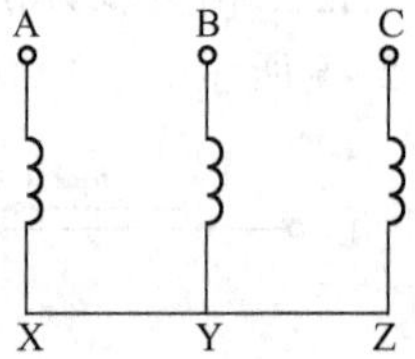
三角形接法	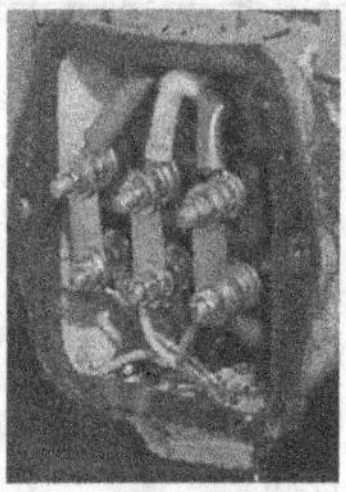	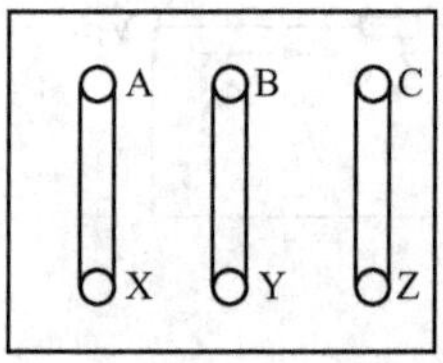	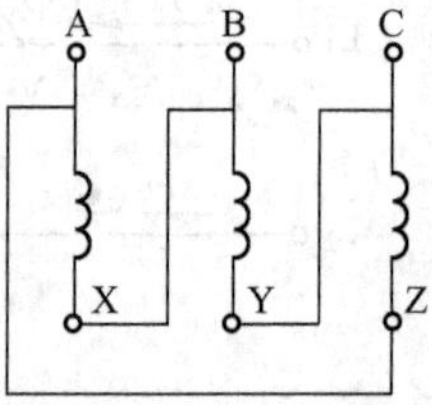

三相异步电动机不管是星形接法还是三角形接法，调换三相电源的任意两相，即可得到方向相反的转向。

2. 三相异步电动机的工作原理

（1）旋转磁场的产生。

当三相绕组接入三相正弦交流电 i_U、i_V、i_W 时，在定子铁芯周围就产生一个随时间变化的旋转磁场。磁场有 1 对磁极（N 极、S 极），因此，又叫两极旋转磁场。电流的相位变化多少相位角，两极旋转磁场就同样旋转多少空间角。若电流不断地变化相位，则磁场就不停地转动与相位对应的空间角，从而形成旋转磁场。

（2）旋转磁场的转速。

当三相交流电的频率为 f，磁场极对数为 P 时，则旋转磁场的转速 n_1 为

$$n_1 = \frac{60f}{P}$$

式中，f 为三相交流电的频率，单位名称是赫兹，符号 Hz；P 为旋转磁场的磁场极对数；n_1 为旋转磁场的转速，单位名称是转每分，符号 r/min，又称同步转速。

（3）三相异步电动机的工作原理。

当三相异步电动机的定子绕组接入三相对称交流电时，在定、转子之间的气隙内产生一个旋转磁场，该磁场与转子之间产生相对运动，转子绕组切割旋转磁场磁感线，产生感应电动势和感应电流。该电流在旋转磁场中又要受到磁场力的作用而产生电磁力矩，使电动机的转子跟着旋转磁场转动起来。所以，三相异步电动机的转动方向与旋转磁场的方向是一致的。如果旋转磁场的方向改变，则转子的转动方向也跟着改变。

（4）转差率。

电动机转子的转速 n_2 必须小于旋转磁场的转速 n_1，即称为转差。如果 $n_2 = n_1$，转子与旋转磁场之间不存在相对运动，转子就不切割磁力线而产生感应电流，从而就不存在电磁力矩，转子就不能转动。因此，转子的转速 n_2 总与同步转速 n_1 存在一定的转差，即保持异步关系，这就是这类电动机为什么叫异步电动机的原因。

转速差 $n_1 - n_2$ 与同步转速 n_1 之比，叫异步电动机的转差率，用 S 表示，即

$$S = \frac{n_1 - n_2}{n_1} \times 100\%$$

转差率是异步电动机的一个重要参数，其变化范围为 $0 < S \leqslant 1$。

异步电动机的转速与转差率的公式为

$$n_2 = (1 - S)n_1 = (1 - S)\frac{60f}{P}$$

3. 调速与反转

（1）调速。

改变电动机的转速有 3 种方法。

① 改变电源的频率 f：变频调速是一种很有效的方法，我国的电网频率固定，要变频，必须另外配备变频器才行。

② 改变转差率 S：一般 S 固定不易改变，故一般不用改变转差率来调速。

③ 改变磁极对数 P：制造电动机时设计不同的磁极对数，改变定子绕组的接线方式，可改变磁极对数，一般多用此方法来改变电动机的转速。

（2）反转。

电动机的转动方向与旋转磁场的方向一致，因此只需改变旋转磁场的方向就可改变电动机的转向。而旋转磁场的方向由三相电源的相序决定。因此，要使电动机反转，只需将三相电源的三相线中的任意两根对调即可。

4. 用兆欧表测量电动机线圈绝缘电阻

（1）使用兆欧表前的准备工作。

① 检查兆欧表是否能正常工作。将兆欧表水平放置，空摇兆欧表的手柄，指针应该指到 ∞ 处，再慢慢摇动手柄，使"L"和"E"两接线桩输出线瞬时短接，指针应迅速指零。注意在摇动手柄时不得让"L"和"E"短接时间过长。

② 检查被测电气设备和电路，看是否已全部切断电源。

③ 测量前，应对设备和线路先行放电，以免设备或线路的电容放电危及人身安全和损坏兆欧表。

（2）正确的使用方法。

① 兆欧表必须水平放置于平稳牢固的地方，以免在摇动时因抖动和倾斜而产生测量误差。

② 接线必须正确无误，兆欧表有 3 个接线桩，"E"（接地）、"L"（线路）和"G"（保护环或叫屏蔽端子）。在测量电动机对地绝缘电阻时，"L"接线用单根导线接电动机的

待测部位，"E"用单根导线接电动机的外壳。测电动机内部绕组之间的绝缘电阻时，将"L"和"E"分别接两绕组的接线端。

③ 摇动手柄的转速要均匀，一般规定为120r/min，允许有±20%的变化，最多不应超过25%。通常都要摇动一分钟后，待指针稳定下来再读数，如被测量电路中有电容时，先持续摇动一段时间，让兆欧表对电容充电，指针稳定后再读数。测完后先拆去接线，再停止摇动。

提示：若测量中发现指针指零，应立即停止摇动手柄，以免损坏兆欧表。

④ 兆欧表未停止转动以前，不能用手去触测量部分或兆欧表的接线桩，拆线时也不可直接去触及引线的裸露部分。

（3）电动机线圈绝缘电阻的测定。

对电动机线圈绝缘电阻的测定，主要是分别测量电动机定子绕组的相与相之间、相对机壳（地）之间的绝缘电阻。

额定电压在500V以下的电动机，绝缘电阻一般不得小于0.1MΩ，最少不得低于0.5MΩ。对于绕线式电动机还应测量转子绕组间和绕组对地的绝缘电阻，其值不得小于0.5MΩ。

四、三相交流电路的功率及测量

1. 三相负载的有功功率（平均功率）等于各相功率之和，即

$$P = P_U + P_V + P_W$$

在对称三相电路中，无论负载是星形连接还是三角形连接，由于各相负载相同、各相电压大小相等、各相电流也相等，所以三相功率为

$$P = 3U_\Phi I_\Phi \cos\Phi = \sqrt{3}\, U_l I_l \cos\Phi$$

其中，Φ 为对称负载的阻抗角，也就是负载相电压与相电流之间的相位差。

2. 三相负载的无功功率。

$$Q = 3U_\Phi I_\Phi \sin\Phi = \sqrt{3}\, U_l I_l \sin\Phi$$

3. 三相负载的视在功率。

$$S = \sqrt{3}\, U_l I_l = \sqrt{P^2 + Q^2}$$

4. 三相负载电路的功率因数。

$$\cos\Phi = \frac{P}{S}, P = S\cos\Phi, Q = S\sin\Phi$$

式中，Φ 角为相电压与相电流之间的相位差。在不对称三相电路中，每一相的功率要分别计算，总功率为各相功率之和。

提示：在同一三相电源作用下，同一对称负载做三角形连接时的线电流、有功功率、无功功率、视在功率均是星形连接时的3倍。

5. 三相负载的功率测量

采用功率表可直接测量三相负载上的有功功率，根据线路、负载等不同的情况，通常采用一表法、两表法和三表法三种方法。

解题方法指导

1. 对三相交流电路进行分析和计算的过程中应注意：三相负载采用星形连接还是采用三角形连接要根据线电压与负载的额定电压来确定。无论三相负载是Y形连接还是△形连接，只要三相负载对称，三相电路的总有功功率 $P = 3U_\Phi I_\Phi \cos\Phi = \sqrt{3} U_l I_l \cos\Phi$ 公式成立；如果三相电路不对称，该公式将不成立，在三相负载不对称情况下，通常三相电路要分别进行分析计算，即单独计算出各相的有功功率后再进行叠加。

常见的不对称电路有以下 3 种：①不对称星形连接负载供电的三相四线制电路；②不对称三角形连接负载供电的三相三线制电路；③不对称星形连接负载供电的三相三线制电路。第一种电路的负载相电压仍是对称的，可按 3 个单相电路分别进行计算；对于第二种电路，负载相电压也仍是对称的，可先计算负载电流，再计算线电流；对于第三种电路，负载中性点要位移，可根据求得的中性点电压计算三相负载的电压和电流。

2. 对称负载做星形连接时，可用欧姆定律计算各相负载中的相电流。如果三相负载是对称的，只计算某一相的相电流，其余两个相电流的大小与前面计算出的相电流大小相等，只是相位上与之相差 120°；如果三相负载不对称，则三个相电流应该分别计算。

3. 做△连接的三相负载不论对称与否，其各项负载两端的相电压都等于电源的线电压。如果三相负载是对称的，则只计算其中一相的相电流，另外两个相电流的大小与之相等，相位上互差 120°；如果三相负载不对称，则三个相电流应分别计算。

典例剖析

例 5-1　三相交流发电机采用星形接法，负载也是采用星形接法，发电机的相电压 $U = 1000\text{V}$，每相负载的电阻均为 $R = 50\text{k}\Omega$，$X_L = 25\text{k}\Omega$。试求：（1）相电流；（2）线电流；（3）线电压。

【分析】首先要弄明白三相负载星形连接的含义。对称负载星形连接时，欲求相电流，必须先算出每相负载的阻抗，然后根据相电流等于线电流、线电压是相电压的 $\sqrt{3}$ 倍的特性，很容易完成本题的计算。

解： $Z = \sqrt{50^2 + 25^2} = 55.9\text{k}\Omega$

（1）相电流：$I_\Phi = \dfrac{U}{Z} = \dfrac{1000}{55.9} = 17.9\text{mA}$

（2）线电流：$I_L = I_\Phi = 17.9\text{mA}$

（3）线电压：$U_L = \sqrt{3}\,U = 1732\text{V}$

【说明】三相交流电路的负载一般都是采用星形连接，输出两种电压，以方便生产和生活。本题难度不大，主要是考查学生对基本概念和公式的掌握情况。

例 5-2　在图 5-6 所示的电路中，三相电源的线电压为 380V。

（1）如果各相负载的阻抗为 22Ω，那么负载是否对称？

（2）设 $R = X_L = X_C = 220\Omega$，求各相电流，并画出旋转矢量图，指出中线电流与电阻电流的相位关系。

【分析】本题所涉及的主要知识点：①星形连接时，线电压与相电压、相电流及中线电流之间的关系；②纯电阻、纯电容、纯电感电路中电流、电压间的矢量关系；③旋转矢量图的画法。

解：（1）负载是不对称的，因为各相负载的阻抗角不等。

（2）星形连接时，各相电压：$U_{Y\Phi} = \dfrac{U_{Yl}}{\sqrt{3}} = \dfrac{380}{\sqrt{3}} = 220\text{V}$

各相电流：$I_{Yl} = I_{Y\Phi} = \dfrac{U_{Y\Phi}}{Z} = \dfrac{220}{22} = 10\text{A}$

（3）在纯电阻电路中，电流与电压同相位；在纯电感电路中，电压超前电流 $\dfrac{\pi}{2}$；在纯电容电路中，电流超前电压 $\dfrac{\pi}{2}$。

（4）画出旋转矢量图，如图 5-7 所示。中线电流 $\dot{I}_N$ 方向与电阻电流同相。

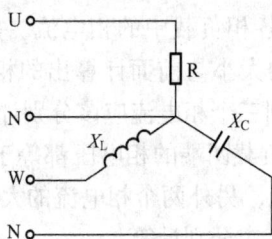

图 5-6　例题 5-2 电路图　　　　　图 5-7　旋转矢量图

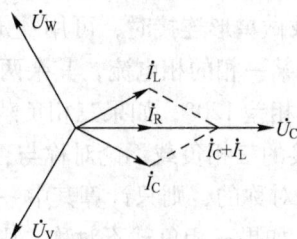

【说明】旋转矢量图的画法是解本题的一个难点，同学们一定要认真复习相关的知识，掌握其画图技巧。

例 5-3　图 5-8 所示的电路中，电源线电压为 380V。（1）如果各相负载的阻抗都是 10Ω，则负载是否对称？（2）设 $R = X_L = X_C = 10\Omega$，求各相电流，并用旋转矢量图求中线电流。

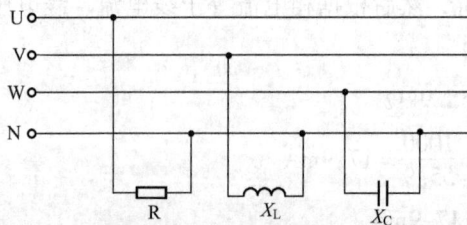

图 5-8　例题 5-3 图

解：（1）从图 5-8 中可以看到，虽然各相阻抗都是 10Ω，但由于 U 相为纯电阻，V 相为纯电感，W 相为纯电容，它们的电抗性质不同，所以不是对称负载。

（2）由于负载是星形连接的三相四线制，所以 $U = \dfrac{U_L}{\sqrt{3}} = \dfrac{380}{\sqrt{3}} = 220\text{V}$

对 U 相：$I_U = \dfrac{U_U}{Z_U} = \dfrac{220}{10} = 22\text{A}$，与 $\dot{U}$ 同相。

V 相：$I_V = \dfrac{U_V}{Z_V} = \dfrac{220}{10} = 22\text{A}$，滞后 V 相 $\dfrac{\pi}{2}$。

W 相：$I_W = \dfrac{U_W}{Z_W} = \dfrac{220}{10} = 22\text{A}$，超前 W 相 $\dfrac{\pi}{2}$。

画出 $\dot{U}$、$\dot{V}$、$\dot{W}$、$\dot{I}_U$、$\dot{I}_V$、$\dot{I}_W$ 的矢量图，如图 5-9 所示。

从图中可以看到，$\dot{I}' = \dot{I}_V + \dot{I}_W$

$$I' = 2I_V\cos 30° = 2 \times 22 \times \dfrac{\sqrt{3}}{2} = 38\text{A}$$

因 $\dot{I}'$ 与 $\dot{I}_P$ 在一直线上，所以中线电流 $I_N = I' -$

$I_R = 38 - 22 = 16\text{A}$，与 $\dot{U}$ 相电压反相。

【说明】当三相负载不对称时，中线电流是不为
零的，中线电流的大小和方向，可用旋转矢量图
求出。

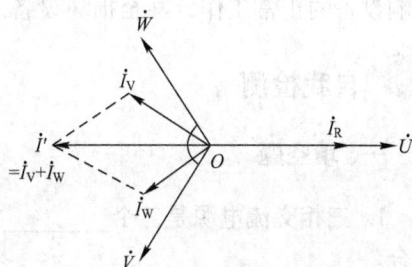

图 5-9　矢量图

例 5-4　已知某三相对称负载在线电压为 380V 的三相电源中，其中 $R_{相} = 6\Omega$，$X_{相} = 8\Omega$，请分别计算该负载三角形连接和星形连接时的相电流、线电流及有功功率，并做比较。

【分析】抓住题目中"三相对称负载"是解答本题的关键。当三相负载对称时，即各相负载完全相同，相电流和线电流也一定对称。线电流等于相电流的 $\sqrt{3}$ 倍。

解：（1）负载做三角形连接时。

$$Z_{相} = \sqrt{R_{相}^2 + X_{相}^2} = \sqrt{6^2 + 8^2} = 10\Omega$$

$$U_{Y相} = \dfrac{U_{线}}{\sqrt{3}} = \dfrac{380}{\sqrt{3}} = 220\text{V}$$

$$I_{Y相} = \dfrac{U_{Y相}}{Z_{相}} = \dfrac{220}{10} = 22\text{A} = I_Y$$

则

$$\cos\Phi = \dfrac{R_{相}}{Z_{相}} = \dfrac{6}{8} = 0.6$$

所以 $P_Y = 3U_{相}I_{相}\cos\Phi = 3 \times 220 \times 22 \times 0.6 = 8.7\text{kW}$

（2）负载做三角形连接时。

因为 $U_{\triangle相} = U_{线} = 380\text{V}$，则

$$I_{\triangle相} = \dfrac{U_{\triangle相}}{Z_{相}} = \dfrac{380}{10} = 38\text{A}$$

$$I_{\triangle线} = \sqrt{3}I_{\triangle相} = \sqrt{3} \times 38 = 66\text{A}$$

$$P_{\triangle} = 3U_{\triangle相}I_{\triangle相}\cos\Phi = 3 \times 380 \times 38 \times 0.6 = 26\text{kW}$$

（3）两种连接方式比较。

$$\frac{I_{\triangle相}}{I_{Y相}} = \frac{38}{22} = \sqrt{3}$$

$$\frac{I_{\triangle线}}{I_{Y线}} = \frac{66}{22} = 3$$

$$\frac{P_{\triangle}}{P_{Y}} = \frac{26}{8.7} \approx 3$$

【说明】三相负载在三角形连接和星形连接时，应根据△、Y连接时不同的相电流、线电流及有功功率之间来求解。在实际应用时，应按照设备规定的连接方式进行接线，否则会影响设备的正常工作，甚至损坏设备。

自我检测

一、填空题

1. 三相交流电源是三个_____、_____、_____的单相交流电源按一定方式的组合。

2. 三相四线制低压配电线路，接到三相对称动力设备的是_____线，它们之间的电压为_____V，可为三相电动机等负载供电。接到照明开关上的是_____线和_____线。它们之间的电压为_____V。

3. 对称三相负载做星形连接时，其线电压 U_{Yl} 与相电压 $U_{Y\Phi}$ 的关系为_____。

4. 对称三相电动势是指三个电动势的_____相等，_____相同，相位互差_____。

5. 如果对称三相交流电路的 U 相电压 $u_{U} = 220\sqrt{2}\sin(314t + 30°)$ V，那么其余两相电压分别为：$u_{V} =$ _____V，$u_{W} =$ _____V。

6. 三相电路中的三相负载，可分为_____三相负载和_____三相负载。

7. 在对称三相电源作用下，流过三相对称负载的各相电流大小_____，各相电流的相位差为_____。对称三相负载做星形连接时的中线电流为_____。

8. 不对称星形负载的三相电路，中性线电流不为零，且中线不许安装_____和_____。通常还要把中性线_____，以保障安全。

9. 在三相四线制中，线电压是相电压的_____倍，线电流是相电流的_____倍，线电压与相电压的相位关系是_____。

10. 三相交流电动势达到最大值的先后顺序称为_____，通常三相交流电源的相序为_____。

11. 三相对称负载的定义是：_____相等_____相等、_____相同。

12. 某三相异步电动机，定子每相绕组的等效电阻为8Ω，等效阻抗为6Ω，现将此电动机连成三角形于线电压为380V的三相电源上。则每相绕组的相电压为_____V，相电流为_____A，线电流为_____A。

13. 三相对称负载连成三角形接于线电压为380V的三相电源上，若 U 相负载因故发生断路，则 V 相负载的电压为_____V，W 相负载的电压为_____V。

14. 三相对称负载连成星形接于线电压为 380V 的三相电源上，若 U 相电源线因故发生断路，则 U 相负载的电压为＿＿＿＿V，V 相负载的电压为＿＿＿＿V，W 相负载的电压为＿＿＿＿V。

15. 三相对称负载连成三角形，接到线电压为 380V 的电源上。有功功率为 5.28kW，功率因数为 0.8，则负载的相电流为＿＿＿＿A，线电流为＿＿＿＿A。

16. 在如图 5-10 所示的三相电源的矢量图中，直接可以看出，在同一相电路中，线电压超前于相电压＿＿＿＿倍；各相电压之间的相位差＿＿＿＿；线电压是相电压的＿＿＿＿。

17. 三相感应电动势的方向是由三相绕组的＿＿＿＿端指向＿＿＿＿端。

18. 在对称负载的三相电路中，负载做星形连接，其三相电路的有功功率 $P =$ ＿＿＿＿ 或 $P =$ ＿＿＿＿，无功功率 $Q =$ ＿＿＿＿ 或 $Q =$ ＿＿＿＿，视在功率 $S =$ ＿＿＿＿ 或 $S =$ ＿＿＿＿。

图 5-10

19. 有一个三相对称负载接入线电压 380V 的三相对称电源上，已知三相负载消耗的功率为 5700W，每相负载的功率因数为 0.866，属于感性负载，请填表 5-2。

表 5-2

负载连接方式	线 电 流	相 电 流	相 电 压	负 载 参 数		
				Z/Ω	R/Ω	X/Ω
星形连接						
三角形连接						

20. 如图 5-11 所示，U、V、W 是三相交流发电机中三个线圈的始端，N 是三个线圈的末端，E、F、G 是三个相同的负载，照明电路中的三个白炽灯也相同。那么，E、F、G 中某个负载两端的电压与某个白炽灯两端的电压之比是＿＿＿＿，若电流表 A_1 的读数是 I_1，A_2 的读数是 I_2，通过负载 E、F、G 的电流是＿＿＿＿，A_3 的读数是＿＿＿＿。

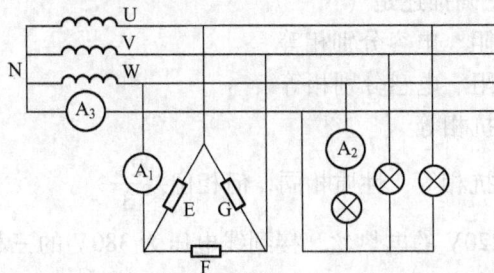

图 5-11

二、选择题

1. 一台三相电动机，每相绕组的额定电压为 220V，对称三相电源的线电压为 380V，则三相绕组应采用（　　　）。

A. 星形连接，不接中线　　　　　　B. 星形连接，必接中线

C. 三角形连接　　　　　　　　　　D. 以上都可以

2. 三相负载对称，各相阻抗均为 100Ω，三角形连接，三相四线制电源的相电压为 220V，下列叙述正确的是（　　）。

A. 通过各相负载的相电流为 2.2A

B. 负载两端的电压为 380V，线电流为 3.8A

C. 负载两端的电压为 220V，线电流为 $2.2\sqrt{3}$ A

D. 负载两端的电压为 380V，线电流为 $3.8\sqrt{3}$ A

3. 若要求三相负载中各相互不影响，负载应接成（　　）。

A. 三角形　　　B. 星形有中线　　　C. 星形无中线　　　D. 三角形或星形有中线

4. 动力供电线路中，采用星形连接三相四线制供电，交流电频率为 50Hz，相电压为 380V，则（　　）。

A. 线电压的最大值为 380V　　　　B. 线电压为相电压的 $\sqrt{3}$ 倍

C. 相电压的瞬时值为 220V　　　　D. 交流电的周期为 0.2s

5. 两个正弦交流电电流的表达式是 $i_1 = 10\sin\left(314t + \dfrac{\pi}{6}\right)$A，$i_2 = 10\sqrt{2}\sin\left(100\pi t + \dfrac{\pi}{4}\right)$A，在这两个表达式中，两个交流电流相同的量是（　　）。

A. 最大值　　　B. 有效值　　　C. 周期　　　D. 初相位

6. 在三相电路中，必须要有中线的电路是（　　）。

A. 三相电动机供电电路　　　　　　B. 三相变压器供电电路

C. 三相照明电路　　　　　　　　　D. 三相电阻炉

7. 在一次暴风雨后，在同一变压器供电系统中，某栋楼房的电灯首先突然变得比平时亮了很多然后损坏，其他楼房的电灯比平时暗淡了许多。发生这种事情的原因是（　　）。

A. 供电变压器被雷击坏　　　　　　B. 中性线被大风吹断

C. 发电厂输出电压不对称　　　　　D. 无法确定

8. 对称三相负载的正确描述是（　　）。

A. 各相负载的电阻、电容分别相等

B. 各相负载的电阻、电感分别相等

C. 各相负载的阻抗相等

D. 各相负载的阻抗相等，性质相同，但相位差 $\dfrac{2\pi}{3}$

9. 三相额定电压为 220V 的电热丝，接到线电压为 380V 的三相电源上，最佳的连接方法是（　　）。

A. 三角形连接　　　　　　　　　　B. 星形连接并在中性线上装熔断器

C. 三角形连接、星形连接都可以　　D. 星形连接无中性线

10. 三盏规格相同的白炽灯按图 5-12 所示的接在三相交流电路中都能正常发光，现将 S_3 断开，则 EL_1、EL_2 将（　　）。

A. 烧毁其中一个或都烧毁　　　　　B. 不受影响，仍正常发光

C. 都略微增亮些　　　　　　　　D. 都略微变暗些

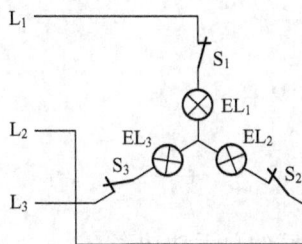

图 5-12

三、判断题

1. 三相电动机的电源线可以用三相三线制，而三相照明电路必须采用三相四线制。

（　　）

2. 在三相三线制星形连接电路中，其中一相负载改变，对其他两相无影响。　（　　）

3. 同一对称三相负载在同一电源作用下，Y 形连接的相电流是 △ 形连接相电流的 3 倍。

（　　）

4. 在星形连接中，当三相负载越接近对称，中线电流就越大。　　　　　（　　）

5. 只要负载做星形连接，中线电流一定等于零。　　　　　　　　　　　（　　）

6. 三相负载的相电流就是指电源相线上的电流。　　　　　　　　　　　（　　）

7. 三相电源的线电压与三相负载的连接方式无关，所以线电流的大小也与三相负载的连接方式无关。　　　　　　　　　　　　　　　　　　　　　　　　　　　（　　）

8. 一台电动机，每个绕组的额定电压是 220V，现三相电源的线电压是 380V，则这台电动机的绕组应连接成星形。　　　　　　　　　　　　　　　　　　　　　（　　）

9. 只要在线路中安装熔断器，不论其规格如何，电路都能正常工作。　　（　　）

10. 三相交流电源是由频率、振幅、相位都相同的三个单相交流电源按一定方式组合起来的。　　　　　　　　　　　　　　　　　　　　　　　　　　　　　　　（　　）

11. 在相同的线电压的作用下，同一台三相异步电动机做三角形连接所取用的功率是做星形连接所取用功率的 $\sqrt{3}$ 倍。　　　　　　　　　　　　　　　　　（　　）

12. 在三相四线制供电系统中，中性线上不能安装熔断器和开关。　　　（　　）

13. 额定电压为 220V 的三相电动机线圈绕组在 380V 三相交流电路中只能接成星形。

（　　）

14. 在三相四线制供电网络中，中性线上可以安装熔断器和开关。　　　（　　）

15. 在三相四线制电路中，当其中一相负载改变时，对其他两相负载均有很大的影响。

（　　）

四、计算题

1. 如图 5-13 所示的三相交流电源，已知电源 $U_L = 380V$，每相负载 $R = 80\Omega$，$X_L = 60\Omega$，求：（1）负载的相电流 I_Φ 和线电流 I_L。

（2）功率因数 $\cos\varphi$ 及三相负载的总无功功率 Q。

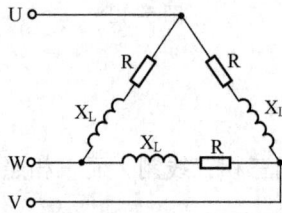

图 5-13

2. 三相对称负载做三角形连接，每相 $R=6\Omega$，电感 $L=25.5\text{mH}$，把它们接到 $f=50\text{Hz}$、线电压为 $U_L=380\text{V}$ 的三相电源上，求流过每相负载的电流及总的平均功率。

3. 有一三相对称负载，每相负载的电阻是 80Ω，电抗是 60Ω，在下列两种情况下。求负载上通过的电流、相线上的电流和电路消耗的功率。

（1）负载连成星形，接于线电压是 380V 的相电源上。

（2）负载连成三角形，接于线电压是 380V 的三相电源上。

4. 在对称三相电路中，电源的线电压为 380V，三相负载为 $R = 3\Omega$，$X_L = 4\Omega$，将它们分别接成星形和三角形。试求：线电压、相电压、相电流、线电流的大小各是多少？

5. 有一对称负载，每相电阻 $R = 6\Omega$，感抗 $X_L = 8\Omega$，电源线电压为 380V，试求星形连接和三角形连接时的总功率（有功功率）。

五、综合题

1. 已知对称三相四线制电源中，L_2 相的电动势瞬时值表达式为 $e_{12} = 380\sqrt{2}\sin\left(100\pi s^{-1} + \dfrac{\pi}{3}\right)$V。完成下列问题。

（1）按照习惯相序写出 e_{L1}、e_{13} 的瞬时值表达式。

（2）做出 e_{L1}、e_{L2}、e_{L3} 的旋转矢量图。

2. 对线电压为 380V 的对称三相电源，现有一额定电压为 220V 的三相电动机，若把这个电动机接成三角形，会出现什么后果？若电动机的额定电压为 380V，把它接成星形，又会出现什么情况？请简单说明原因。

3. 如图 5-14 所示，请将（a）组的三个电阻负载连接成三相三线制供电方式的星形连接；（b）组的三个电感性负载连接成三相三线制供电方式的星形连接；（c）组的 3 只灯泡连接成三相四线制供电方式的星形连接。

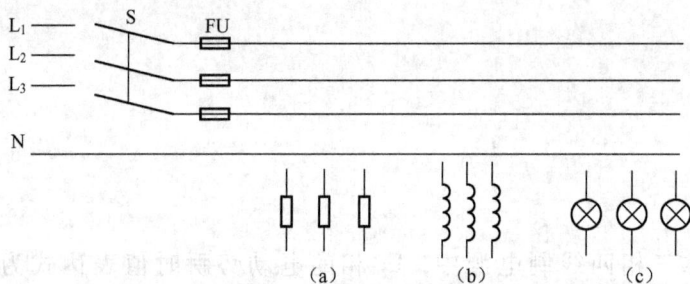

图 5-14

4. 为什么中线上不能安装开关和熔断器？

第 二 篇

电子技术基础与技能

第6章

晶体二极管及其应用

考试要求

○ 掌握半导体二极管的单向导电性和主要参数。

○ 理解二极管的伏安特性。

○ 理解单向半波整流和桥式整流电路的工作原理，会估算各自的输出电压和输出电流。

○ 理解电容滤波和电感滤波的工作原理，会估算各自的输出电压的平均值。

○ 会用万用表判别二极管的正负极和质量好坏。

○ 能根据二极管的外形特点初步判别二极管的极性。

○ 会用万用表检测光敏二极管的正负极和光敏特性的好坏。

○ 能识别整流桥堆的引脚。

知识要点

一、半导体的导电特征

1. P型半导体和N型半导体

杂质半导体是在本征半导体中掺入杂质元素形成的，有N型半导体和P型半导体两种类型。

P型半导体又称空穴型半导体，其特点是空穴数量多、自由电子数量少。它由纯净半导体掺入适量三价元素形成。"P"表示正电的意思。

N型半导体又称为电子型半导体，其特点是自由电子数量多、空穴数量少。它由纯净半导体掺入适量的五价元素形成。"N"表示负电的意思。

2. PN结的单向导电性

在一块完整的晶片两边分别加工形成P型半导体和N型半导体，在交界面处就形成了PN结。其方向是从N区指向P区。

PN结具有单向导电性。PN结加正向电压时（P区接电源正极，N区接电源负极，此时称PN结为正向偏置，简称正偏），正向电阻很小，可形成较大的正向导通电流；PN结加反向电压时（N区接电源正极，P区接电源负极，称为PN结反向偏置，简称反偏），反向电阻很大，PN结截止，反向电流几乎为零。

二、半导体二极管的结构及特性

1. 二极管的结构

在 PN 结的两端各引出一个电极就构成了半导体二极管。由 P 区引出的电极称为阳极或正极，由 N 区引出的电极称为阴极或负极。

二极管的引脚极性标记有直标法（即在外壳上标出"━▷┝━"符号）、色环标记法（银白色色环端表示负极）和色点标记法（色点端表示正极）。

晶体二极管识别记忆口诀

单向导电二极管，内部结构 PN 结。

引出电极有两个，一个阳极一阴极。

分辨极性较简单，首先查看图标记。

三角一端极为阴，短杠一端为阳极。

2. 单向导电特性

二极管加正向电压导通，加反向电压截止。单向导电性就是二极管的最重要特性。

3. 伏安特性

二极管的特性可由伏安特性曲线准确描述。

加在二极管上的电压与流过二极管的电流的关系叫二极管的伏安特性。二极管加正向电压时的导电特性由正向伏安特性曲线来描述，加反向电压时的导电特性由反向伏安特性曲线来反映。

复习时，同学们要仔细观察二极管的伏安特性曲线，注意区分正向特性和反向特性的特点，如图 6-1 所示。

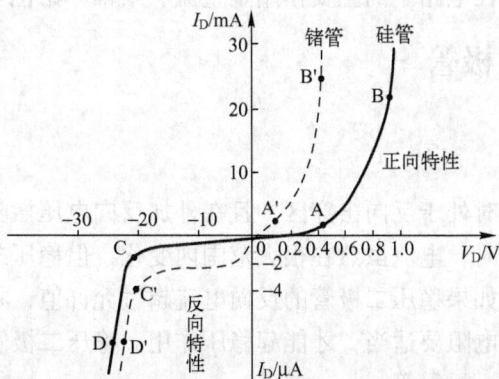

图 6-1　二极管的伏安特性曲线

（1）正向特性。正向电压小于死区电压（硅管约为 0.5V，锗管约为 0.1V）时二极管截止，电流几乎为零；正向电压大于死区电压时二极管导通，电流较大。导通后的二极管端电压变化很小，基本上是一个常量，硅管约为 0.7V，锗管约为 0.3V。

（2）反向特性。反向电压在一定范围内时二极管截止，电流几乎为零，这个区域称为反向截止区；反向电压增大到反向击穿电压时，反向电流突然增大，二极管击穿，失去单向导电性，这个区域称为反向击穿区。不同型号的二极管反向击穿电压是不同的。

提示：二极管被击穿有电击穿和热击穿两种情形。发生电击穿后，若及时去掉这个反向电压，二极管仍能恢复正常；发生热击穿后，即使去掉反向电压，二极管也不能恢复正常，属于永久损坏。因此，必须采取措施限制二极管的反向击穿电流，以免二极管会因发热而烧坏（称为热击穿）。

（3）温度特性。温度升高时，二极管的正向特性曲线向左移动，正向压降减小；反向特性曲线向下移动，反向电流增大。

提示：从二极管的伏安特性曲线可以看出，二极管的电压与电流之间的关系是非线性关系。二极管的内阻不是一个常数，属于非线性器件。

三、二极管的最主要参数

1. 最大整流电流 I_{OM}

指二极管长时间工作时允许通过的最大正向平均直流电流值。

2. 最高反向工作电压 U_{RM}

指二极管正常使用时所允许加的最高反向工作电压。

3. 反向电流 I_{RM}

指二极管加上最高反向工作电压时的反向电流值。

提示：半导体二极管在电路中的主要作用是整流、限幅、钳位等。

四、几种特殊二极管

1. 稳压二极管

稳压二极管正常工作时处于反向击穿区，且在外加反向电压撤除后又能恢复正常。稳压二极管工作在反向击穿区时，电流虽然在很大范围内变化，但稳压二极管两端的电压变化很小，所以能起稳压作用。如果稳压二极管的反向电流超过允许值，将会因过热而损坏，所以与稳压二极管串联的限流电阻要适当，才能起稳压作用。稳压二极管除用于稳压外，还可用于限幅、欠压或过压保护、报警等。

2. 光电二极管

光电二极管用于将光信号转变为电信号输出，正常工作时处于反向工作状态，没有光照射时反向电流很小，有光照射时就形成较大的光电流。

3. 发光二极管（LED）

发光二极管用于将电信号转变为光信号输出，正常工作时处于正向导通状态，当有正向电流通过时，电子与空穴直接复合而发出光。

五、二极管工作状态的判定

在电路中，二极管有导通和截止两种工作状态。

判定方法：先假设二极管断开，分析二极管正极（阳极）的电位 U_A 和负极（阴极）的电位 U_K。把二极管视为理想元件（忽略二极管正向压降和反向漏电流），若 $U_A > U_K$，则接上二极管必然导通，其两端电压为零。若 $U_A < U_K$，接上二极管必然截止，其反向电流为零，即把二极管简单地用一个由其端电压 U 控制的自动开关来代替。当端电压 $U > 0$ 时，二极管导通，相当于开关闭合；当 $U < 0$ 时，二极管截止，反向电流为零，相当于开关断开。

当要考虑二极管的正向压降 U_D 时，若 $U_A - U_K > U_D$，则接上二极管必然导通，其两端电压通常硅管取 0.7V、锗二极管取 0.3V，否则接上二极管必然截止，其反向电流为零。

六、二极管单相整流电路

将交变电流变换成单方向脉动电流的过程，称为整流。完成这种功能的电路叫整流电路，又叫整流器。

基本原理：利用二极管的单向导电性，把大小和方向随时间变化的交流电变换成只有大小变化的单向脉动直流电。

半波整流的结果：只有一个方向的电流通过负载，即负载上只能得到半个周期的电压和电流，所以叫半波整流。

全波整流的结果：有两个同一方向的电流都通过负载，使负载上能得到一个完整周期的电压和电流，所以叫全波整流。变压器中心抽头式全波整流电路和桥式整流电路都属于全波整流电路的范畴。

二极管整流电路的记忆口诀

整流电路有两类，半波整流和全波。
半波整流较简单，输出电压点四五。
全波整流较复杂，输出电压零点九。

单相整流电路性能比较，见表 6-1 所示。

单相桥式整流电路连接口诀

单相桥式四个管，两两串联再并联。
并联两端出直流：正正接点负极出，
负负接点正极出，两管接点进电源。

表 6-1　单相整流电路性能比较

比较项目 ＼ 电路名称	单相半波整流电路	单相桥式整流电路
电路结构		
整流电压波形		
负载电压平均值 U_0	$U_0 = 0.45U_2$	$U_0 = 0.9U_2$
负载电流平均值 I_0	$I_0 = 0.45U_2/R_L$	$I_0 = 0.9U_2/R_L$
通过每支整流二极管的平均电流 I_V	$I_V = 0.45U_2/R_L$	$I_V = 0.9U_2/R_L$
整流管承受的最高反向电压 U_{RM}	$U_{RM} = \sqrt{2}U_2$	$U_{RM} = \sqrt{2}U_2$
整流二极管参数选用	$I_{0m} \geqslant I_0$ $U_{RM} \geqslant \sqrt{2}U_2$	$I_{0m} \geqslant \dfrac{1}{2}I_0$ $U_{RM} \geqslant \sqrt{2}U_2$
优缺点	电路简单，输出整流电压波动大，整流效率低	电路较复杂，输出电压波动小，整流效率高，输出电压高
适用范围	输出电流不大，对直流稳定度要求不高的场合	输出电流较大，对直流稳定度要求较高的场合

七、整流桥

整流桥是由 2 个或 4 个二极管组成的整流器件。整流桥有半桥和全桥两种，半桥又有正半桥和负半桥两种。

全桥由 4 只二极管组成，有 4 个引出脚。"～"引脚为交流输入端。两只二极管负极的连接点是全桥直流输出端的正极，符号为"＋"，两只二极管正极的连接点是全桥直流输出端的负极，符号为"－"。

半桥由 2 只二极管组成，有 3 个引出脚。一个正半桥和一个负半桥就可以组成一个全桥。

八、滤波电路

（1）滤波电路的作用：将脉动的直流电压或电流，变成较平滑的直流电压或电流。

（2）滤波原理：利用电抗元件（L 和 C）的储能作用，滤除整流后单向脉动电压或电流中的交流成分，使直流电压或电流中的脉动成分减少。

（3）常用滤波电路性能比较见表 6-2。

表 6-2 常用滤波电路性能比较

比较项目＼滤波电路		电容滤波	电感滤波	RCπ 型滤波	LCπ 型滤波
电路结构		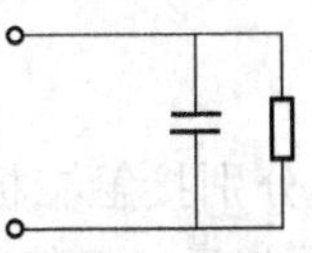	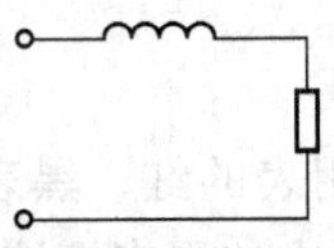	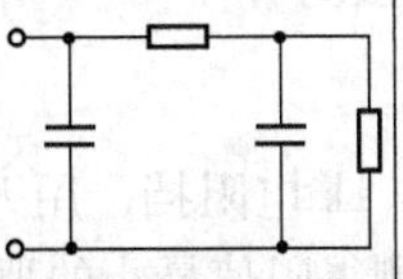	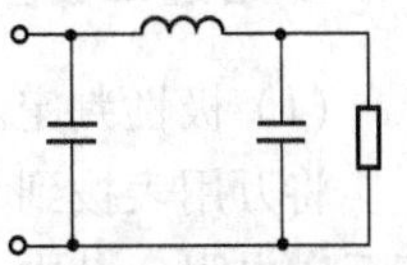
负载电压	半波	较高（$U_0 = U_2$）	低（$U_0 = 0.45U_2$）	较高（$U_0 = U_2$）	较高（$U_0 = U_2$）
	全波	高（$U_0 = 1.2U_2$）	较高（$U_0 = 0.9U_2$）	高（$U_0 = 1.2U_2$）	高（$U_0 = 1.2U_2$）
输出电流		较小	大	小	较小
负载能力		差	好	差	较好
滤波效果		较好	较差	较好	好
对整流管的冲击电流		大	小	大	较大
主要特点		（1）输出电压波形连续且比较平滑；（2）输出电压的平均值提高；（3）对整流管的冲击电流大，负载能力差	（1）输出电压波形连续且比较平滑；（2）输出直流电流大，负载能力好，通电瞬间对整流管无冲击电流	（1）负载电流小时，滤波效果好，有降压限流作用；（2）有直流电压损耗，负载能力差	（1）负载电流较大，滤波效果好，直流电压损耗小；（2）负载能力较强，但电感体积大、笨重、成本高
适用范围		负载较轻，对直流稳定度要求不高的场合	负载较重，对直流稳定度要求不高的场合	负载较轻，对直流稳定度要求较高的场合	负载电流较大，对直流稳定度要求较高的场合

九、二极管简单稳压电路

二极管简单稳压电路如图 6-2 所示。电阻 R 的作用：一是限制整流滤波电路的输出电流，保护稳压管；二是通过它的电流 I_R 发生变化时，其两端的电压也发生变化，从而使输出电压 U_o 趋于稳定。

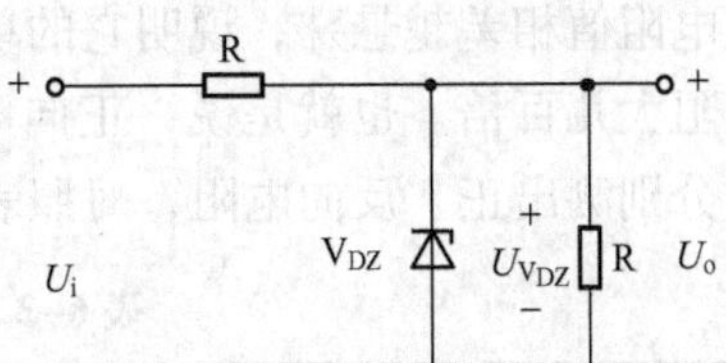

稳压过程如下。

（1）若电源电压 U_i 升高时。

$$U_i \uparrow \rightarrow U_o \uparrow \rightarrow I \uparrow \rightarrow I_Z \uparrow \rightarrow I_R \uparrow \rightarrow U_R \uparrow \rightarrow U_o \downarrow$$

（2）若电源电压 U_i 下降，其稳压过程与上述相反。

（3）若负载 R_L 减小，负载电流 I_o 上升时。

图 6-2 二极管简单稳压电路

$$R_L \downarrow \rightarrow I_o \uparrow \rightarrow I \uparrow \rightarrow I_R \uparrow \rightarrow U_o \downarrow \rightarrow I \downarrow \rightarrow I_Z \downarrow \rightarrow I_R \downarrow \rightarrow U_R \downarrow \rightarrow U_o \uparrow$$

（4）当负载 R_L 增大，负载电流 I_o 下降时，稳压过程与上述相反。

十、二极管的识别与检测

1. 二极管的识别

小功率二极管通常标有极性色点（白色或红色）。一般标有色点的一端即为正极。有的二极管上标有色环，带色环的一端则为负极。有的采用二极管符号表示，带有三角形箭头的一端为正极，另一端是负极。发光二极管的正负极可从引脚长短来识别，长脚为正，短脚为负。

2. 普通二极管的检测

（1）极性判定。

将万用表拨到 R×1k 电阻挡，用万用表的红、黑表笔分别接触二极管的两个脚，测其正反向电阻。其中，测得阻值最小的那一次的黑表笔接触的就是二极管的正极，红表笔接触的就是二极管的负极，只需两次完成，如图6-3所示。

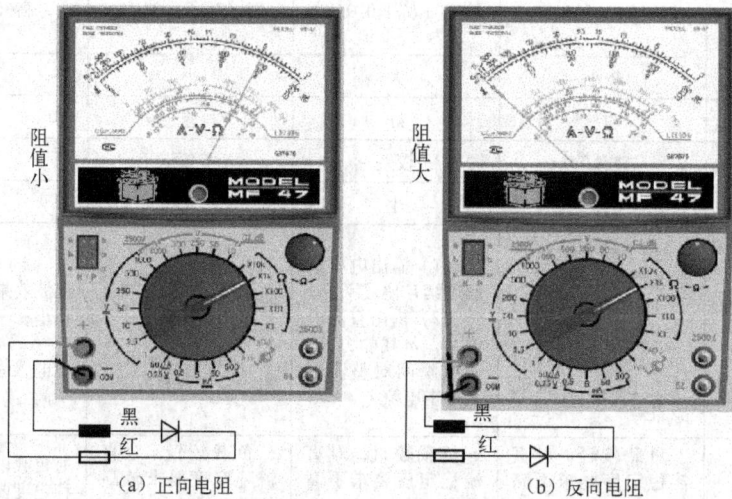

图6-3　二极管极性判定

（2）单向导电性的检测。

通过测量正、反向电阻，可以检查二极管的单向导电性。一般情况下，二极管的正、反向电阻值相差越悬殊，说明它的单向导电性越好。在正常情况下，二极管的反向电阻比正向电阻大几百倍。也就是说，正向电阻越小越好，反向电阻越大越好。选择万用表的 R×1k 挡分别测出正、反向电阻，对照表6-3即可判断二极管单向导电性的好坏。

表6-3　用 R×1k 挡检查二极管电阻值分析

正向电阻（Ω）	反向电阻（Ω）	二极管 PN 结质量好坏
一百欧姆至几百欧姆	几十千欧姆至几百千欧姆	好
0	0	短路损坏
∞	∞	开路损坏
正、反向电阻比较接近		管子失效

注：表中规定的只是大致范围。实际上正、反向电阻不仅与被测管有关，还与万用表的型号有关。硅二极管正向电阻为几百至几千欧姆，锗二极管约为 $100\Omega \sim 1k\Omega$。

指针式万用表测量普通二极管的口诀

单向导电二极管，一个正极一负极。

正反测量比阻值，一大一小记清楚。

阻值小者看表笔，黑正红负定电极。

反向测量针不动，在路测量有特殊。

正反电阻都很小，说明管芯已击穿。

正向电阻无穷大，说明管芯已开路。

提示：用数字万用表的二极管挡（"➡️⊢"挡或者"➡️⊢ Л"挡），通过测量二极管的正、反电压降来判断出正、负极性。正常的二极管，在测量其正向电压降时，如果是硅二极管，其正向导通压降约为 0.5～0.8V，而锗二极管正向导通压降约为 0.15～0.3V；测量反向电压降时，表的读数显示为溢出符号"1"。在测量正向电压降时，红表笔接的是二极管的正极，黑表笔接的是二极管的负极。

3. 光敏二极管的检测

（1）好坏检测。用黑纸或黑布遮住光敏二极管的光信号接收窗口，然后用万用表 R×1k 挡测量光敏二极管的正、反向电阻值。正常时，正向电阻值在 10～20kΩ 之间，反向电阻值为∞（无穷大）。若测得正、反向电阻值均很小或均为无穷大，则是该光敏二极管漏电或开路损坏。

（2）光敏特性检测。再去掉黑纸或黑布，使光敏二极管的光信号接收窗口对准光源，然后观察其正、反向电阻值的变化。正常时，正、反向电阻值均应变小，阻值变化越大，说明该光敏二极管的灵敏度越高。

解题方法指导

1. 对填空题，要熟练掌握半导体、PN 结、二极管伏安特性、二极管整流电路及稳压电路中的基本概念和基本参数。

2. 对判断题和选择题，要在充分理解和熟练掌握基本概念、基础知识的基础上，触类旁通，对比分析，分清各种材料、元器件、相关电路的结构、参数、电路特点及适用场合。

3. 理解和熟记各类整流、滤波、稳压电路的工作原理和相关计算公式，不能搞错。

4. 二极管两端并不是只要加上正向电压就可以导通，而是只有正向电压大于死区电压时才能导通；二极管整流是利用二极管的单向导电性；二极管稳压是利用二极管的反向击穿特性（注意：是工作在电击穿状态）。

5. 整流元件选择包括滤波电容的选择（容量及电容的耐压值）和整流二极管的选择（整流电流值及反向工作电压）。

典例剖析

例 6-1　如图 6-4 所示的电路中，（1）当变压器次级电压为正半周（a+、b-）时，哪两个二极管导通？负半周（a-、b+）时又是哪两个二极管导通？（2）请在图中标出 R_{L1}、R_{L2} 的电压极性；（3）空载（R_{L1} 和 R_{L2} 开路）时电容 C_1 和 C_2 上的直流电压各为多少？（4）R_{L1} 和 R_{L2} 接入电路后输出的电压各为多少伏？（5）二极管承受的最大反向电压为多少伏？

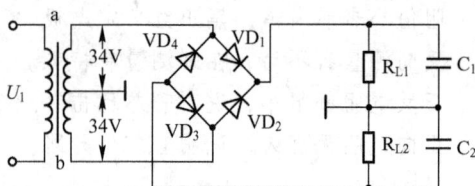

图 6-4　例题 6-1 图

【分析】本电路实际上是专业功放的整流滤波电路，能输出正负两种极性的电压，其解题方法是注意整流滤波电路的计算。

解：（1）正半周 VD$_1$ 和 VD$_3$ 导通，负半周 VD$_2$ 和 VD$_4$ 导通。

（2）对地而言，R$_{L1}$ 上端正，R$_{L2}$ 上端正。

（3）空载时电容 C$_1$ 和 C$_2$ 上的直流电压均为 $\sqrt{2} \times 34 = 48$V。

（4）有负载后输出电压小于 $\sqrt{2} \times 34$V，通常估算值为 $1.4 \times 34 = 47.6$V；

（5）二极管承受的反向电压最大值为 $2 \times \sqrt{2} \times 34 \approx 96$V。

【说明】通过本例解答，说明二极管导通状态的判断方法和掌握整流滤波原理分析非常重要。

例 6-2　在桥式整流电容滤波电路中，负载电阻为 180Ω，输出直流电压为 18V，试确定电源变压器二次电压，并根据计算出的参数选择整流二极管和滤波电容。

【分析】本题的意图是考查学生对桥式整流电容滤波电路的理解，熟记公式是解答本题的关键。

解：桥式整流电容滤波电路的输出直流电压约为 $1.2U_2$，所以电源变压器二次侧电压为

$$U_2 = \frac{U_0}{1.2} = \frac{18}{1.2} = 15\text{V}$$

二极管承受的最大反向电压为

$$U_{RM} = \sqrt{2}\,U_2 = 1.414 \times 15 = 21.2\text{V}$$

流过二极管的电流为

$$I_V = \frac{I_L}{2} = \frac{1}{2} \times \frac{18}{180} = 50\text{mA}$$

根据以上计算，查阅晶体管手册，可选用额定电流为 250mA、最高反向电压为 50V 的二极管 2CP31A。

滤波电容容量为

$$C \geqslant (3 \sim 5)\frac{T}{R_L} = (3 \sim 5)\frac{0.01s}{180\Omega} = (166.5 \sim 277.5)\,\mu\text{F}$$

滤波电容耐压为

$$U_C \geqslant \sqrt{2}\,U_2 = 1.414 \times 15 = 21.2\text{V}$$

根据电解电容标称值系列，选用容量为 220μF、耐压为 50V 的电解电容。

【说明】整流二极管和滤波电容的选择不但要经过计算，而且应结合元器件手册，适当考虑一定的富余量。

例 6-3　二极管电路如图 6-5 所示，试判断各图中的二极管是导通还是截止，并求出

AB 两端的电压 U_{AB}，设二极管是理想的。

图 6-5　例题 6-3 图

【分析】判断二极管在电路中的状态，通常采用的方法是：先假设二极管断开，然后分析二极管正极与负极之间将承受的电压。如果该电压为正向电压且大于导通电压，则可判断该二极管处于正向偏置且导通，两端的实际电压为二极管的导通压降 0.7V；如果二极管两端所加的是反向电压或正向电压低于 0.5V，则可判断该二极管处于截止状态，在电路中等效为开路的元件。如果电路中出现两个以上二极管承受大小不相等的正向电压，则判定承受较大正向电压的二极管优先导通，其两端电压为导通电压降，然后再用同样的方法判定其余二极管。

解：图 6-5（a）中，将 VD 断开，以 B 点为电位参考点，VD 的阳极电位为 -6V，阴极电位为 -12V，故 VD 处于正向偏置而导通，$U_{AB} = -6V$。

图 6-5（b）中，对 VD₁ 有阳极电位为 0V，阴极电位为 -12 V，故 VD₁ 导通，此后使 VD₂ 的阴极电位为 0V，而其阳极为 -15V，故 VD₂ 反偏截止，$U_{AB} = 0V$。

图 6-5（c）中，对 VD₁ 有阳极电位为 12V，阴极电位为 0V，对 VD₂ 有阳极电位为 12V，阴极电位为 -6V，故 VD₂ 更易导通，此后使 $U_A = -6V$；VD₁ 反偏而截止，故 $U_{AB} = -6V$。

【说明】解本题时，二极管两端电压正负的确定是非常关键的一步。

例 6-4　电路如图 6-6 所示，当电路出现以下故障时，用万用表测量输出直流电压 U_L 应分别为多少？

（1）U_1 被烧断，C 开路。

（2）C 开路。

（3）R_L 开路。

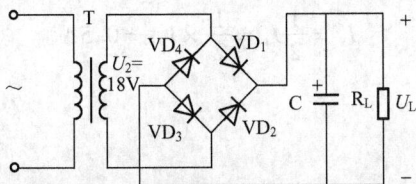

图 6-6　例题 6-4 图

【分析】本题主要考查同学们对整流电路和滤波电路的综合分析能力。桥式整流电路中的一只二极管开路就相当于半波整流电路；滤波电容 C 开路，相当于单纯的整流电路；负载 R_L 开路，电容只充电不放电，电压将达到峰值。

解：（1）VD_1烧断，C 开路，电路变为半波整流电路，$U_L = 0.45 \times 18V = 8.1V$。

（2）C 开路，电路变为桥式整流电路，$U_L = 0.9 \times 18V = 16.2V$。

（3）R_L开路，电路为电容充电，电容无放电回路，电容电压将达到峰值

$$U_L = U_C = \sqrt{2}\,U_2 = \sqrt{2} \times 18V = 25.45V$$

例6-5　指出图6-7（a）所示电路的名称，并进行如下计算。若输出电压 $U_L = 18V$，负载电流 $I_L = 1A$，试求：

（1）电源变压器次级绕组的电压 U_2。

（2）整流二极管承受的最大反向电压 U_{RM}。

（3）流过二极管的平均电流 U_V。

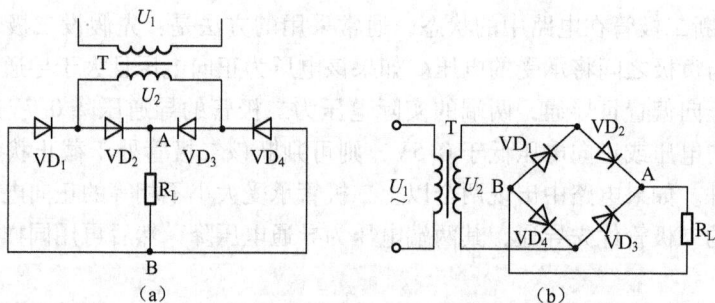

图6-7　例题6-5图

【分析】本题的意图是要求学生掌握二极管整流电路的结构及相关计算。解题时，先画出该电路的等效电路图，将原来比较特殊的电路结构转换为我们熟悉的电路。再根据电路结构，确定采用相关计算电压和电流的公式。

解：（1）画出等效电路图，如图6-7（b）所示，可看出该电路为单相桥式整流电路。

（2）由单相桥式电路负载电压公式 $U_L = 0.9U_2$ 得

$$U_2 = U_L/0.9 = 18V/0.9 = 20V$$

（3）整流二极管承受的最大反向电压为

$$U_{RM} = \sqrt{2}\,U_2 = \sqrt{2} \times 20V = 28.28V$$

（4）流过二极管的平均电流为

$$I_V = \frac{1}{2}I_L = \frac{1}{2} \times 1A = 0.5A$$

自我检测

一、填空题

1. PN 结具有＿＿＿＿导电性，其导电的方向是从＿＿＿＿到＿＿＿＿。

2. 单相桥式整流电路，输出的直流电压是变压器副边交流电压有效值的＿＿＿＿倍。

3. 滤波电路的主要作用是＿＿＿＿＿＿＿＿＿＿＿＿＿＿＿＿，使输出的直流电压波形＿＿＿＿。

4. 在单相半波整流电路中，若交流电压为 10V，输出的直流电压约为＿＿＿＿V，二极

管承受的最高反向电压约为_____V。

5. 使用二极管时，应考虑的主要参数有_____和_____。

6. 如图 6-8 所示的电路中，二极管为理想器件。当输入电压 $U_i = 0V$ 时，输出电压 $U_o =$ _____V；当输入电压 $U_i = 12V$ 时，输出电压 $U_o =$ _____V。

7. 在如图 6-9 所示的电路中，稳压管的稳定电压 $U_z = 12V$，最大稳定电流 $I_{zmax} = 20mA$。图中的电压表中流过的电流忽略不计。当开关 S 闭合时，电压表 V 和电流表 A_1、A_2 的读数分别为_____、_____、_____，当开关 S 断开时，其读数分别为_____、_____、_____。

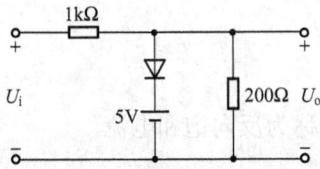

图 6-8

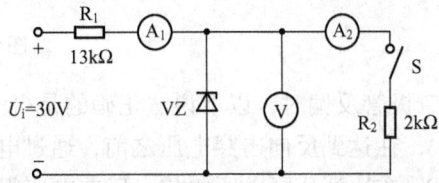

图 6-9

8. 某二极管的负极电压为 3.7V，正极为 3V，表明该二极管工作于_____状态。

9. 在如图 6-10 所示的电路中，变压器二次侧电压 $U_2 =$ _____ V；载电流 $I_L =$ _____mA；流过限流电阻的电流 $I_R =$ _____mA；流过稳压二极管的电流为_____mA。

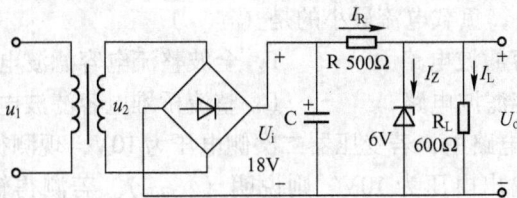

图 6-10

二、选择题

1. 硅二极管导通后，它的正向压降约为（   ）V。
   A. 0.2   B. 0.5   C. 0.6～0.7   D. 1

2. 交流电源电压 $U = 10V$ 的单相桥式整流电路，直流负载电阻 $R_L = 5\Omega$，则每个二极管通过的电流为（   ）A。
   A. 1   B. 2   C. 5   D. 10

3. 用万用表欧姆挡测某二极管时，调换二次表笔，测得两次的电阻值都为无穷大，则该二极管为（   ）。
   A. 断路   B. 击穿短路   C. 正常   D. 无法判断

4. 二极管电路和输入电压 u_i 如图 6-11 所示，则输出电压 u_o 的波形为（   ）。

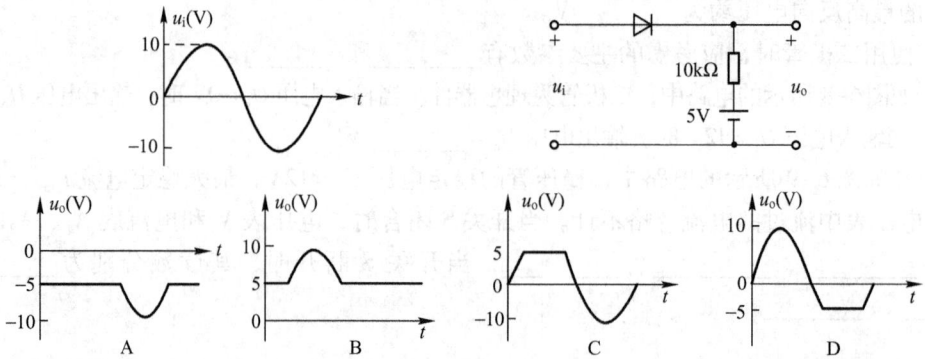

图 6-11

5. 二极管反偏时，以下说法正确的是（　　）。

　　A. 在达到反向击穿电压之前，通过电流的很小，称为反向饱和电流

　　B. 在达到死区电压之前，反向电流很小

　　C. 二极管反偏一定截止，电流很小，与外加反偏电压的大小无关

　　D. 在达到死区电压之前，反向电流很大

6. 用万用表 R×1k 挡测某一个二极管时，发现其正、反电阻均等于 1000kΩ，这说明该二极管（　　）。

　　A. 短路　　　　　　B. 完好　　　　　　C. 开路　　　　　　D. 无法判断

7. 下列电路中变压器二次侧电压均相同、负载电阻及滤波电容均相等，二极管承受反向电压最低的是（　　），负载电流最小的是（　　）。

　　A. 半波整流电容滤波电路　　　　　　B. 全波整流电容滤波电路

　　C. 桥式整流电容滤波电路　　　　　　D. 整流桥堆电容滤波电路

8. 某桥式整流滤波电路中，若变压器二次侧电压为 10V，现测得输出电压为 14.1V，则说明（　　）。若测得输出电压为 10V，则说明（　　）。若测得输出电压为 9V，则说明（　　）。

　　A. 滤波电容开路　　　　　　　　　　B. 负载开路

　　C. 滤波电容击穿短路　　　　　　　　D. 其中一个二极管损坏

9. 稳压二极管电路如图 6-12 所示，稳压二极管的稳压值 $U_Z = 6.3V$，正向导通压降为 0.7V，则 U_o 为（　　）。

　　A. 6.3V　　　　　B. 0.7V　　　　　C. 7V　　　　　D. 14V

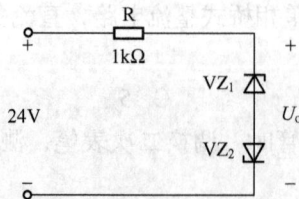

图 6-12

10. 下列器件中，（　　）不属于特殊二极管。

　　A. 稳压二极管　　　　　　　　　B. 发光二极管

　　C. 整流二极管　　　　　　　　　D. 光电二极管

11. 如图 6-13 所示，正确的桥式整流电路是（　　）。

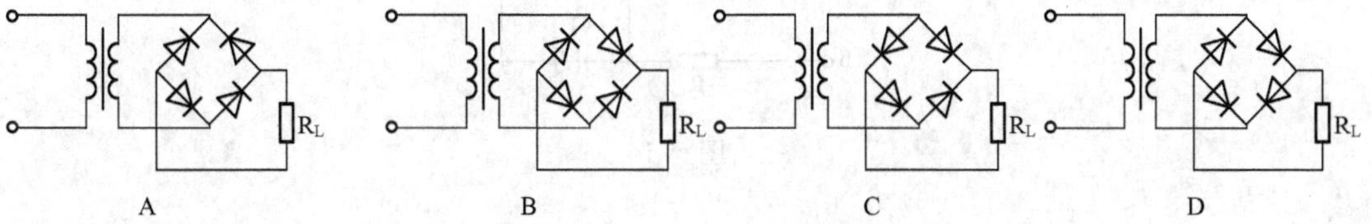

图 6-13

12. 电容滤波电路是利用电容的（　　）进行滤波的。

　　A. 充电原理　　B. 放电原理　　C. 充放电原理　　　　D. 端电压不变

13. 单相桥式整流电路中有一只整流二极管断路，则（　　）。

　　A. U_o 会升高　　B. U_o 降低　　C. 不能工作　　　D. 将烧毁电路

14. 二极管两端的反向偏置电压增高时，在达到（　　）电压以前，可以通过的电流很小。

　　A. 最大反向工作电压　　　　　　B. 门槛电压

　　C. 短路电压　　　　　　　　　　D. 死区电压

15. 稳压二极管正常工作时应工作在（　　）区。

　　A. 死区　　　B. 正向导通　　　C. 反向截止　　　　D. 反向击穿

三、判断题

1. 一般情况下，硅二极管导通后的正向压降比锗二极管的要小。　　　　　　（　　）

2. 对于二极管的半波整流电路，二极管通过的电流与直流负载中通过的电流相等。

（　　）

3. 在二极管的半波整流电路中，加电容 C 滤波后，二极管承受的最高反向电压值与不加电容滤波时一样。　　　　　　　　　　　　　　　　　　　　　　　　　（　　）

4. 二极管不仅可以整流，还可组成限幅、钳位等电路。　　　　　　　　　（　　）

5. 二极管的反向击穿电压大小与温度有关，温度升高反向击穿电压增大。　（　　）

6. 当二极管两端的正向偏置电压大于死区电压时，二极管才能导通。　　　（　　）

7. 半导体二极管反向击穿后立即烧毁。　　　　　　　　　　　　　　　　（　　）

8. 稳压二极管正常工作时必须反偏，且反偏电流必须大于稳定电流 I_z。　（　　）

9. 单相半波整流电路中，若变压器副边绕组的电压有效值为 $10\sqrt{2}\,V$，则二极管截止所承受的最高反向电压为 10V。　　　　　　　　　　　　　　　　　　　　　（　　）

10. 二极管导通后，其电流大小与二极管的型号无关。　　　　　　　　　　（　　）

11. 稳压二极管处于工作状态时，其伏安特性是电压微变、电流巨变。　　　（　　）

四、问答题

1. 在图 6-14 的电路中，试分析输入端 a、b 之间输入交流电压 U 时，通过 R_1、R_2 两电阻上的是交流电还是直流电？

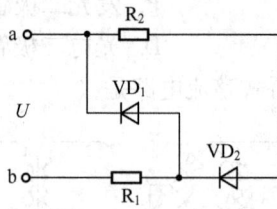

图 6-14

2. 如何用万用表简便而又快捷地判别二极管的好坏，以及引脚的极性？

3. 稳压二极管与普通二极管比较，特性上的主要差异是什么？

4. 为什么说在使用二极管时，不要超过最大整流电流和最高反向工作电压？

五、计算题

1. 电路如图 6-15 所示，求（1）流过每只二极管的电流；（2）变压器二次侧电压值；（3）二极管承受的最高反向电压。

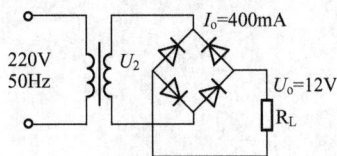

图 6-15

2. 电路如图 6-16 所示，计算输出电压 U_o、输出电流 I_o、整流管上的最高反向电压 U_{VD} 和工作电流 I_{VD}。

图 6-16

六、综合题

1. 设二极管的导通电压为 0.7V，判断如图 6-17 所示的各个二极管的工作状态。

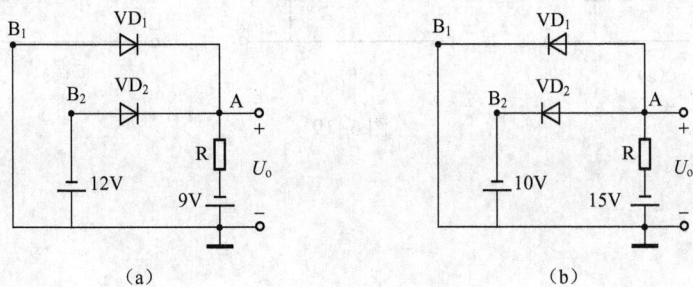

（a）　　　　　　　　　　　　（b）

图 6-17

2. 写出如图 6-18 所示各电路的输出电压值，设二极管的导通电压 $U_D = 0.7\text{V}$。

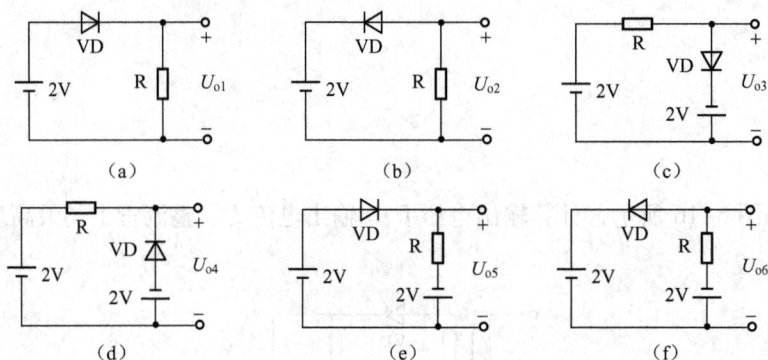

图 6-18

3. 两个稳压值为 6V 的同型号稳压二极管，将它们组成如图 6-19 所示的电路，设输入端电压 U_I 为 20V，问各电路输出电压 U_Z 的值是多少？

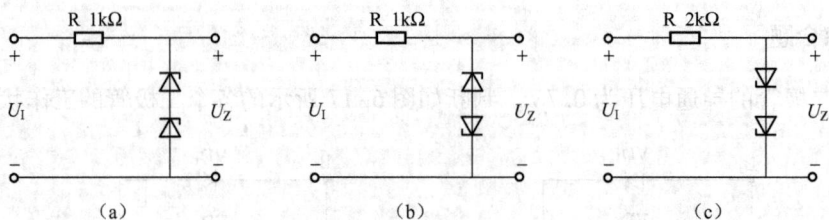

图 6-19

4. 现有两只稳压管，它们的稳定电压分别为 6V 和 8V，正向导通电压为 0.7V。试问：

（1）若将它们串联相接，则可得到几种稳压值？各为多少？

（2）若将它们并联相接，则又可得到几种稳压值？各为多少？

第7章
晶体三极管及放大电路

考试要求

○ 理解三极管的基本结构、电流分配和电流放大原理，以其输出特性曲线。
○ 掌握三极管的主要参数。
○ 掌握固定偏置放大电路和分压式偏置放大电路的电路结构、主要元件的作用，会估算静态工作点及 A_u、A_i。
○ 了解放大器的三种组态及射极跟随器的特点。
○ 会根据掌握各类三极管的外形特点，初步识别其引脚。
○ 会用万用表判别三极管的引脚及性能、β 值的估测。
○ 能根据实际电路的需要及三极管的参数正确选用三极管。
○ 能正确测试基本放大电路的参数。

知识要点

一、晶体三极管基础

1. 晶体三极管的基本结构及特点

晶体三极管简称晶体管，俗称三极管，其结构为：有 2 个 PN 结（发射结、集电结）；3 个区 [发射区（发射载流子）、基区（传输载流子）、集电区（收集载流子）]；3 个电极引脚（发射极、基极、集电极）组成，这 3 个电极分别用字母 e（E）、b（B）、c（C）表示。

三极管有 PNP 和 NPN 两种类型，如图 7-1 所示。

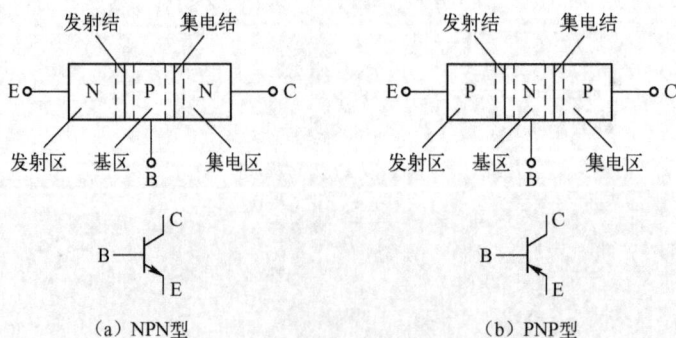

(a) NPN型　　　　　　　　　　　(b) PNP型

图 7-1　三极管的内部结构及符号

三极管的结构特点如下。

（1）发射区的掺杂浓度大，以保证有足够的载流子可供发射。

（2）集电区的面积大，以便收集从发射区发射来的载流子。

（3）基区很薄且掺杂浓度低，以减小基极电流，增强基极电流的控制作用。

提示：PNP 型和 NPN 型三极管图形符号的区别是发射极的箭头方向不同，其箭头方向表示发射结加正向偏置时的电流方向。使用中，要注意电源的极性，确保发射结永远加正向偏置电压，从而三极管才能正常工作。

2. 电流分配与放大作用

（1）放大条件。

发射结正向偏置，集电结反向偏置。具体来说，对于 NPN 型三极管，3 个电极的电位关系应满足 $U_C > U_B > U_E$；对于 PNP 型三极管，则应满足 $U_C < U_B < U_E$。

（2）三极管电流分配关系。

$$I_E = I_B + I_C$$

提示：三极管的电流流向是确定的。不同类型三极管各个电极的电流流向不同，如图 7-2 所示。

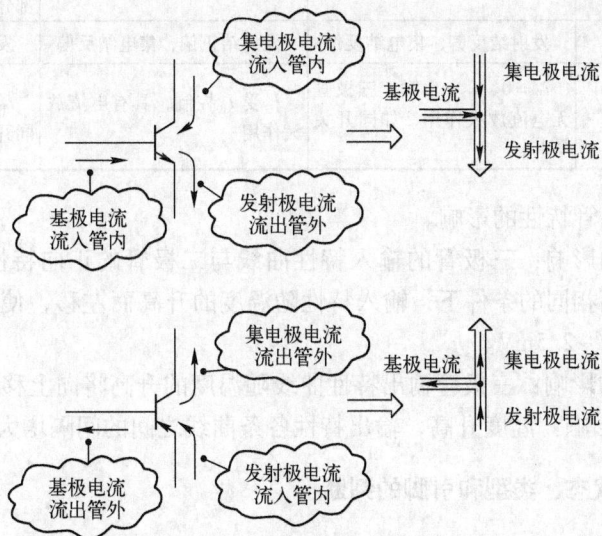

图 7-2　三极管电流流向

（3）三极管的放大作用。

工作于放大状态的晶体三极管，基极电流 I_B 远小于集电极电流 I_C 和发射极电流 I_E，只要发射结电压 U_{BE} 有微小变化，造成基极电流 I_B 有微小变化，就能引起集电极电流 I_C 和发射极电流 I_E 大的变化，这就是晶体管的电流放大作用。简单地说，当基极电流 I_B 有一微小变化，便可引起集电极电流 I_C 的很大变化，即

$$I_C = \beta I_B$$

3. 三极管特性曲线

（1）输入特性曲线。

输入特性曲线是描述三极管集电极与发射极之间所加电压 U_{CE} 一定时，加在基极与发射极之间的电压 U_{BE} 与它所产生的基极电流 I_B 之间的关系。

提示：三极管的输入特性曲线与二极管的正向特性曲线相似，也有同样的死区电压和管压降范围。硅三极管死区电压约为 0.5V，导通电压约为 0.7V；锗三极管死区电压约为 0.2V，导通电压约为 0.3V。

（2）输出特性曲线。

输出特性曲线是描述基极电流 I_B 为一确定值时，在输出回路中集电极与发射极之间的电压 U_{CE} 与集电极电流 I_C 之间的关系。

根据三极管工作状态的不同，输出特性曲线分为放大区、截止区和饱和区三个工作区域。三极管在不同工作状态下的特点见表7-1。

表7-1　三极管在不同工作状态下的特点

工作状态	截　　止	放　　大	饱　　和
处于输出特性曲线的范围	$I_B = 0$ 曲线以下的区域	特性曲线簇平坦等距部分	U_{CE} 较小，I_C 接近直线上升部分
电路条件	发射结反偏，集电结反偏	发射结正偏，集电结反偏	发射结正偏，集电结正偏
特点	$I_B = 0$、$I_C = 0$ 时，三极管无电流放大作用，如同开关断开	I_C 受 I_B 控制，具有电流放大作用	I_B 失去对 I_C 的控制作用，如同开关闭合

（3）温度对三极管特性的影响。

① 温度对 U_{BE} 的影响：三极管的输入特性曲线与二极管的正向特性曲线相似，温度升高，曲线左移。在 I_B 相同的条件下，输入特性随温度的升高而左移，使 U_{BE} 减小。温度每升高 1℃，U_{BE} 就减小 2～2.5mV。

② 温度对 I_{CBO} 的影响：三极管输出特性曲线随温度的升高将向上移动。

③ 温度对 β 的影响：温度升高，输出特性各条曲线之间的间隔增大。

4. 三极管工作状态、类型和引脚的判断

（1）三极管的工作状态可根据发射结和集电结的偏置情况来判断。

对于 NPN 型三极管，若 $U_{BE} \leqslant 0$，则发射结反偏，三极管工作在截止状态。若 $U_{BE} > 0$，则发射结正偏，这时可再根据集电结的偏置情况判断三极管是工作在放大状态还是在饱和状态。集电结反偏为放大状态，集电结正偏为饱和状态。

三极管的工作状态也可根据 I_B 与 I_{BS} 的关系判断。$I_B < I_{BS} = \dfrac{I_{CS}}{\beta}$ 为放大状态，$I_B \geqslant I_{BS} = \dfrac{I_{CS}}{\beta}$ 为饱和状态。

（2）三极管的类型（NPN 型还是 PNP 型，硅管还是锗管）和引脚可根据三极管工作在放大区的各电极的电位来判定。

对于 NPN 型三极管，其集电极电位最高、发射极电位最低，即 $U_C > U_B > U_E$，$U_{BE} > 0$；

对于 PNP 型三极管，其集电极电位最低、发射极电位最高，即 $U_C < U_B < U_E$，$U_{BE} < 0$。

硅三极管的基极电位与其发射极电位大约相差 0.6V 或 0.7V；锗三极管的基极电位与其发射极电位大约相差 0.2V 或 0.3V。

提示：还可根据各电极的电流大小来判断三极管的引脚，以及类型。根据三极管各电极的电流关系 $I_E = I_B + I_C$ 和 $I_C = \beta I_B$ 可知，发射极电流最大，基极电流最小，并且发射极电流从三极管流出的为 NPN 型三极管，流入的则为 PNP 型三极管。

5. 三极管主要参数及选用

（1）直流参数。

直流电流放大系数 $\bar{\beta}$、集–基反向饱和电流 I_{CBO}、集–射反向饱和电流（穿透电流）I_{CEO}。

（2）交流参数。

交流电流放大系数 β、共发射极特征频率 f_T。

（3）极限参数。

集电极最大允许电流 I_{CM}、集电极最大允许耗散功率 P_{CM}、基极开路时集–射反向击穿电压 U_{CEO}。

提示：三极管主要参数的含义详见教材。这些参数从不同侧面反映了三极管的各种性能，是选用三极管的重要依据。在使用三极管时，绝对不允许超过极限参数。

6. 三极管的引脚识别

常见的三极管根据封装方式的不同可分为塑料封装三极管、金属封装三极管和贴片三极管。各种封装方式的三极管的 3 个引脚排列有一定的规律可循，一般可通过外形来识别和判断。具体方法详见教材中的介绍。

提示：对于个别特殊三极管的引脚判断，不能完全依赖于外形识别，需要与万用表测试相结合。

7. 万用表检测三极管

（1）判断基极和管型。

由于三极管的基极对集电极和发射极的正向电阻都较小，据此，可先找出基极，其方法是用万用表的黑笔接基极、红笔接另外两个极，阻值都很小，则为 NPN 型三极管的基极；如果红笔接基极、黑笔接另外两个极，阻值都很小，则为 PNP 型三极管的基极。如图 7–3 所示。

（2）判断集电极和发射极。

在三极管的类型和基极确定后，将红、黑表笔分别接待测的集电极和发射极，基极通过 $20 \sim 100\Omega$ 的电阻与集电极相接。根据三极管共发射极电流放大原理可知，PNP 型三极管的集电极接红笔（电池负极），表针偏转角将变大；对于 NPN 型三极管，则集电极接黑笔时，表针偏转角变大。这样就可判断出集电极和发射极。

也可以用手捏住基极与另一个电极，利用人体电阻代替基极与集电极相接的那个 $20 \sim 100\Omega$ 的电阻，则同样可以判别出集电极和发射极，如图 7–4 所示。

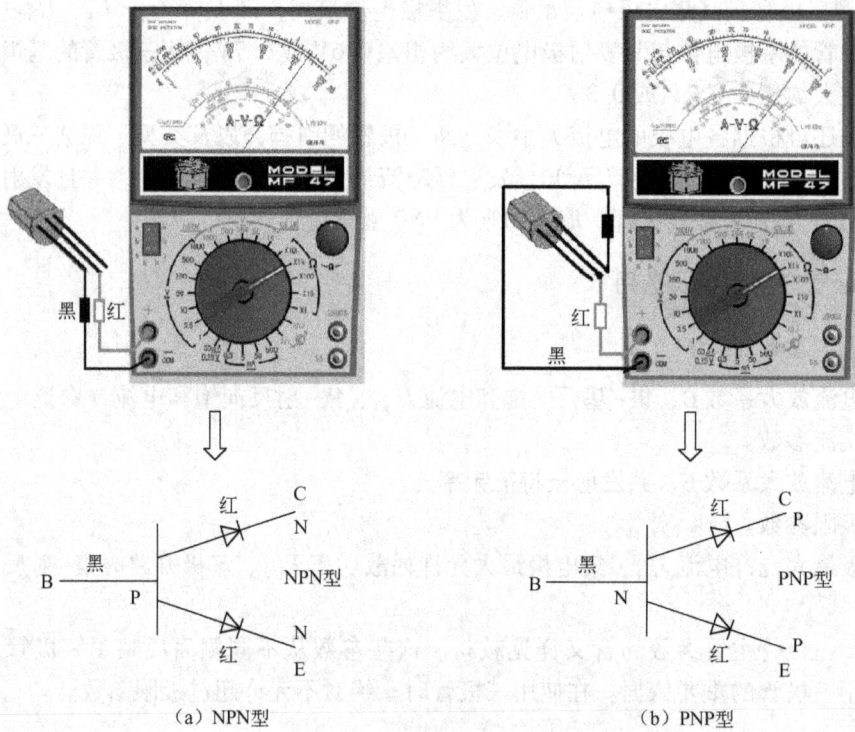

（a）NPN型　　　　　　　　　　　　　　　（b）PNP型

图 7-3　判断基极和管型

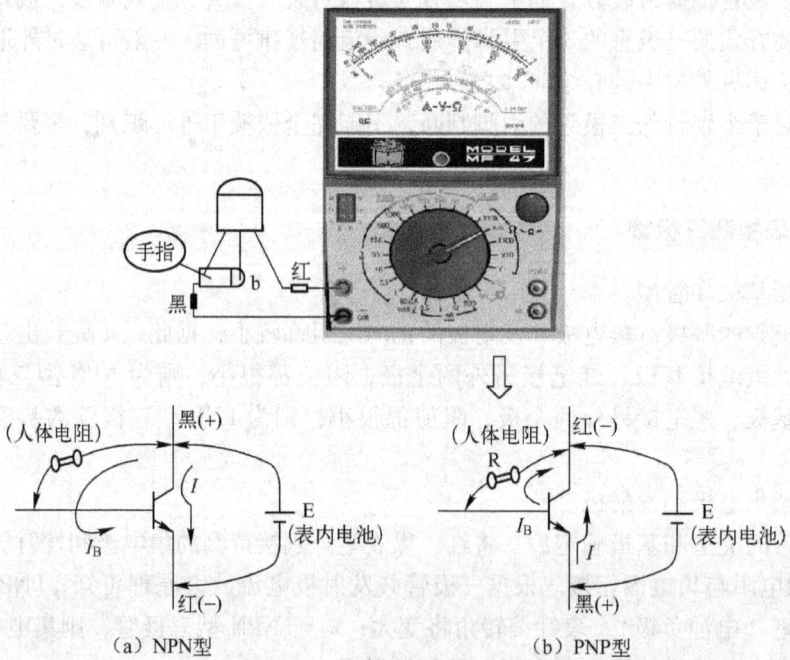

（a）NPN型　　　　　　　　　　　　　　　（b）PNP型

图 7-4　判断集电极和发射极

万用表测量三极管口诀

三极管，两类型，三个极，E、B、C。

万用表，电阻挡，找基极（B），固黑笔，NPN，固红笔，PNP。

NPN，捏基极（B），阻值小，黑接集（C）。

PNP，捏基极（B），阻值小，红接集（C）。

剩余极，是发射（E）。

提示：万用表检测三极管，主要包括管型、引脚判断、性能判别和 β 值大小估测等。

二、三极管放大电路

放大电路的功能是把微弱的电信号放大成较强的电信号。放大电路必须由直流电源供电才能工作，其实质是一种能量转换器，它将直流电能转换为交流电能输出给负载。

三极管放大电路可以放大电流、电压、功率等。

1. 构成放大电路的条件

一个完整的放大电路必须具有放大元件，同时还需满足直流条件和交流条件。

（1）放大元件是放大电路的核心器件，它可以是三极管，也可以是场效应管或集成电路。如果放大元件是三极管，则要求其工作在放大区，并且能够对信号进行不失真的放大。

（2）直流条件是指必须达到放大元件的供电要求，包括电压的大小、极性等。对于由三极管构成的放大电路而言，直流条件就是必须满足三极管的放大条件：发射结正偏、集电结反偏。

（3）交流条件是指放大器的输入信号源到负载之间，交流通路必须要畅通。一般常用电容器的"隔直通交"作用来耦合传递交流信号，或者用变压器的电磁耦合来传递交流信号等。

2. 放大电路的符号规定

放大电路没有输入交流信号时，三极管的各极电压和电流都为直流。当有交流信号输入时，电路的电压和电流是由直流成分和交流成分叠加而成的。

（1）直流分量用大写字母和大写下标表示。例如，I_B、I_C。

（2）交流分量用小写字母和小写下标表示。例如，i_b、i_c。

（3）交直流叠加瞬时值用小写字母和大写下标表示。例如，i_B、i_C。

3. 三极管基本放大电路

三极管基本放大电路如图 7-5 所示，其信号从基极和射极之间输入，放大后由集电极和发射极之间输出。发射极是输入输出信号的公共端，所以该电路为共发射极放大电路，属于固定偏置放大电路。

NPN 管共发射极放大电路元件名称及作用见表 7-2。

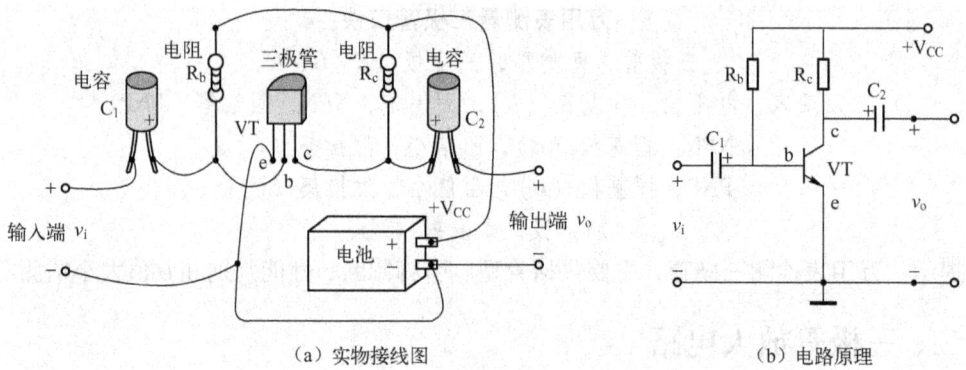

（a）实物接线图　　　　　　　　　　　　　（b）电路原理

图 7-5　三极管基本放大电路

表 7-2　NPN 管共发射极放大电路元件名称及作用

元　件	名　　称	作　　用	说　　明
VT	NPN 型三极管	电流放大元件，实现 $I_C = \beta I_B$	—
R_b	偏置电阻	为放大管提供偏置电流 I_B	—
V_{CC}	直流电源	为放大电路提供工作电压和电流	在放大电路作图时，电源元件一般不画出，仅用符号表示即可
R_C	集电极电阻	（1）充当集电极负载（将集电极电流 I_C 变化转换成集-射之间的电压 U_{CE} 的变化，这个变化的电压就是放大器的输出电压）。 （2）电源 V_{CC} 通过 R_C 为集电极供电	—
C_1	输入耦合电容	耦合输入交流信号，隔直流	耦合电容一般为电解电容，正极接高电位端，负极接低电位端
C_2	输出耦合电容	耦合输出交流信号，隔直流	

　　三极管基本放大电路有 3 种连接方式，除了共发射极连接方式外，还有共集电极连接和共基极连接方式。不同的连接方式各有特点，可根据需要选择，见表 7-3 所示。

表 7-3　放大器的 3 种连接方式比较

比较项目 组合状态		共发射极电路	共集电极电路	共基极电路
电路形式				
大小相位	大小	$\dfrac{\beta R'_L}{r_{be}}$	$\dfrac{(1+\beta)R'_L}{r_{be}+(1+\beta)R'_L}$	$\dfrac{\beta R'_L}{r_{be}}$
	相位	v_o 与 v_i 反相	v_o 与 v_i 同相	v_o 与 v_i 同相
A_i		β	$1+\beta$	$\dfrac{\beta}{1+\beta}$
r_i		r_{be}（中）	$r_{be}+(1+\beta)R'_L$（大）	$\dfrac{r_{be}}{1+\beta}$（小）

续表

比较项目 ＼ 组合状态	共发射极电路	共集电极电路	共基极电路
r_o	R_C（大）	$\dfrac{r_{be}+(R_L/\!/R_b)}{1+\beta}/\!/R_e$（小）	R_C（小）
高频特性	差	好	好
用途	输入级、中间级	输入级、中间级、输出级	高频或者宽带放大器

4. 分压式偏置放大电路

图 7-6 为分压式偏置放大电路，该电路与三极管基本放大电路比较，增加了 3 个元件。

（a）实物接线图　　　　　　　　　（b）电路原理

图 7-6　分压式偏置放大电路

R_{b1} 和 R_{b2} 分别为上、下偏置电阻，电源电压经过 R_{b1}、R_{b2} 串联分压后为三极管提供基极电位 V_{BQ}。

R_e 为发射极电阻，起到稳定静态工作点 I_{EQ} 的作用。

发射极旁路电容 C_e 的作用是为交流信号提供通路（因它的容量较大，对交流信号相当于短路），避免交流信号在 R_e 上的损耗。

分压式偏置放大电路自动稳定工作点的过程如图 7-7 所示。

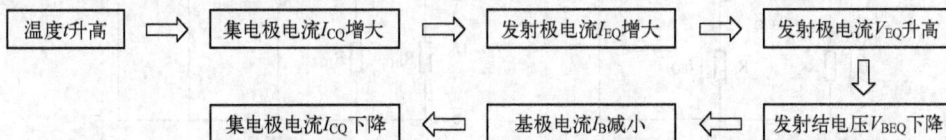

图 7-7　分压式偏置放大电路稳定工作点的过程

因为，$I_2 \gg I_{BQ}$，所以 $I_1 \approx I_2$，则

$$V_b \approx \frac{R_{b2}}{R_{b1}+R_{b2}}V_{CC}$$

从上式可知，V_b 的大小与三极管的参数无关，只由偏置电阻的分压来决定。要调整静态工作点，只调整 R_{b1} 或 R_{b2} 均可。

提示：影响放大电路静态工作点稳定的因素有温度变化、电源电压波动、三极管老化、更换三极管等。稳定静态工作点的常用措施是采用分压式偏置放大电路。

5. 直流通路与交流通路的画法

（1）直流通路的画法。

直流通路是指静态时放大器的直流等效电路，是放大器输入回路和输出回路直流电流的流经途径。它主要用于分析放大器的静态工作点。

画图原则是：将电容视为开路处理，其他元件不变。

（2）交流通路的画法。

交流通路是输入交流信号时，是放大器交流信号的流经途径。它主要用于分析放大器的动态工作指标。

画图原则是：将电容和支流电源视为短路处理（因为容抗小的电容器，以及内阻小的直流电源可看成交流短路），其余元件保留。

依据上述方法，图 7-5（b）共发射极基本放大电路的直流通路和交流通路如图 7-8 所示；图 7-6 分压式偏置放大电路的直流通路和交流通路如图 7-9 所示。

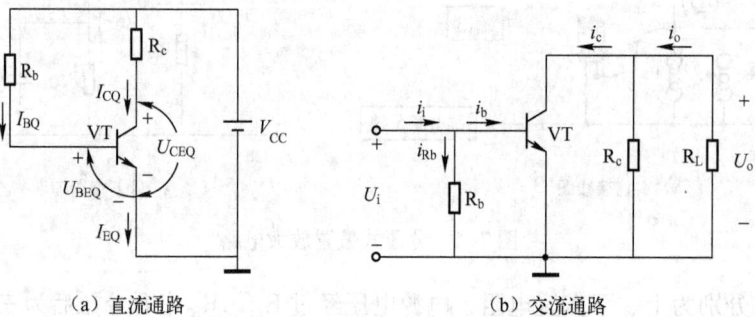

（a）直流通路　　　　　　　　　　　　（b）交流通路

图 7-8　共发射极基本放大电路的直流通路和交流通路

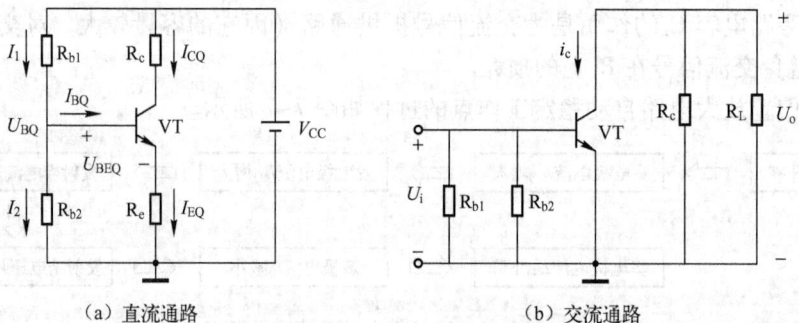

（a）直流通路　　　　　　　　　　　　（b）交流通路

图 7-9　分压式偏置放大电路的直流通路和交流通路

6. 放大电路的估算分析

（1）固定偏置放大电路的估算分析。

① 估算直流参数——根据直流通路分析静态工作点。

$$I_{BQ} = \frac{I_{CQ}}{\beta} = \frac{V_{CC} - U_{BEQ}}{R_b} \approx \frac{V_{CC}}{R_c}$$

$$I_{CQ} \approx \beta I_{BQ}$$

$$U_{CEQ} = V_{CC} - I_{CQ}R_c$$

② 估算交流参数——根据交流通路分析放大倍数及输入、输出电阻。

$$r_{be} \approx 300\Omega + (1 + \beta)\frac{26mV}{I_{EQ}}$$

$$r_i = R_b // r_{be} = \frac{R_b r_{be}}{R_b + r_{be}}$$

$$r_o = R_c // R_L = \frac{R_c R_L}{R_c + R_L}$$

$$A_u = \frac{U_o}{U_i} = -\beta\frac{r_o}{r_{be}}$$

$$G_u = 20\lg A_u \, dB$$

（2）分压式偏置放大电路的估算分析。

① 静态工作点的估算。

$$U_{BQ} = V_{CC}\frac{R_{b2}}{R_{b1} + R_{b2}}$$

$$I_{CQ} \approx I_{EQ} = \frac{U_{BQ} - U_{BEQ}}{R_e} \approx \frac{R_{b2}}{R_{b1} + R_{b2}} \cdot \frac{V_{CC}}{R_e}$$

$$I_{BQ} = \frac{I_{CQ}}{\beta}$$

$$U_{CEQ} \approx V_{CC} - I_{CQ}(R_c + R_e)$$

② 交流参数的估算。

$$A_u = \frac{U_o}{U_i} = -\beta\frac{R'_L}{r_{be}}$$

$$R'_L = R_c // R_L$$

$$r_i = r_{be} // R_{b1} // R_{b2} \approx r_{be}$$

$$r_o = R_c$$

提示：分压式偏置放大电路估算电压的放大倍数，输入、输出电阻的方法与固定式偏置放大电路相同。

三、放大器频率特性

放大器对信号的放大倍数与频率的关系叫放大器的频率特性。将此关系用曲线表示称为放大器的幅频特性曲线。

放大器对不同频率信号放大倍数的幅值不同，相位也不同。如图 7-10 为分压式偏置放大器的幅频特性曲线，它可分为低频区、中频区和高频区

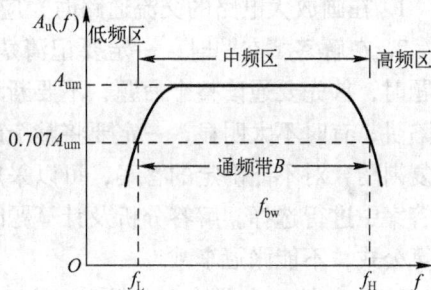

图 7-10 分压式放大器幅频特性曲线

三个区。

在低频区，由于耦合电容 C_1、C_2 和发射极电容 C_e 的容抗随频率的下降而增加，衰减了三极管的输入电压 U_i，使低频区的放大倍数随频率的下降而急剧降低。

在高频区，由于三极管的极间电容与杂散电容的容抗随频率的升高而减小，放大器的输入电流 I_i 被分流，使 I_B 减小，从而使 I_C 减小，导致输出电压幅值下降、电压放大倍数下降；频率越高，A_V 下降的越厉害。

在中频区，放大倍数不随频率变化，即放大倍数稳定。

放大器对不同频率信号的放大倍数不同而造成的失真叫放大器的幅频失真。

四、多级放大电路

多级放大电路由两个或两个以上的单级放大电路组成。在多级放大器中，各级放大器之间信号能量的传递称为级间耦合，简称耦合。

1. 耦合方式

常用的耦合方式有阻容耦合、变压器耦合和直接耦合。

2. 级间耦合的要求

为确保多级放大电路能正常工作，级间耦合必须满足以下 3 个基本要求。

（1）必须保证前级输出信号能顺利地传输到后级，并尽可能地减小功率损耗和波形失真。

（2）保证前、后级放大电路的静态工作点能正常设置。

（3）信号在传送过程中失真要小，级间传输效率要高。

3. 多级放大器的参数

（1）多级放大器的输入电阻等于第一级放大器的输入电阻。

（2）多级放大器的输出电阻等于最后一级放大器的输出电阻。

（3）多级放大器的总电压放大倍数为各级的电压放大倍数之积。当电压放大倍数用增益表示时，多级放大器的总增益等于各级增益之和。

解题方法指导

1. 在画放大电路的交流通路时，应注意直流电源也要视为短路线。

2. 在解答填空题时，一定要记清楚基本概念、基本公式，不能搞错或搞反。在解答判断题时，首先要通读整个命题，不要断章取义，有些判断题虽然部分命题正确，但可能设计有陷阱，有时不太明显，一定要将整个题目分析清楚。在解答选择题时，一定要对几个答案反复斟酌，对不能确定的答案，可以采用"排除法"，先将明显错误的答案排除，再在剩下的答案中进行选择。解答分析及计算题时，一定要先分析清楚电路的结构，有针对性地确定计算公式，不能张冠李戴。

3. 在估算放大器输入电阻 r_i 时，只有当 $R_b \gg r_{be}$ 时，才近似认为 $r_i \approx r_{be}$。阻容耦合多级放大器的各级静态工作点是相互独立的，而估算 A_V、r_i、r_o 时应在交流通路中进行。

4. 放大器的3种组合状态只是对信号而言的，因此，在估算放大器的静态工作点时，与放大器的组合状态无关。

5. 对于三极管组成的放大电路，不论它是什么形式，其静态分析方法都是一样的。但要注意固定偏置电路和分压式偏置电路的计算步骤有所不同。

典例剖析

例 7-1 如图 7-11 所示的电路，$\beta = 40$，$r_{be} = 0.8\text{k}\Omega$，$V_{BE} = 0.7$，$E_c = 12\text{V}$，试求：

（1）静态工作点。

（2）画出交流等效电路。

（3）求该放大器的交流电压放大倍数。

【分析】要计算静态工作点，就应知道以下公式的应用，

因为，$I_2 \gg I_{BQ}$，所以 $I_1 \approx I_2$，则 $U_b \approx \dfrac{R_{b2}}{R_{b1} + R_{b2}} \cdot E_c$

图 7-11 例题 7-1 图

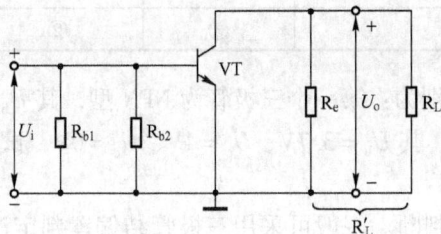

$$I_{CQ} \approx I_{EQ} = \frac{U_b}{R_E} = \frac{R_{b2} G_C}{(R_{b1} + R_{b2}) R_E}(R_E \text{为} R_{e1} \text{与} R_{e2} \text{的等效电阻})$$

$$I_b \approx \frac{I_{CQ}}{\beta}$$

$$U_{CEQ} = E_c - I_{CQ} \cdot R_C - I_{EQ} \cdot R_E \approx E_c - I_{CQ}(R_C + R_E)$$

交流通路即放大器的交流等效电路，是放大器交流信号的流经途径。画法是将电容和直流电源视为短路，其余元件照画。

交流放大倍数：

$$A_u = \frac{U_o}{U_i} = -\beta \frac{R_L}{r_{be}}$$

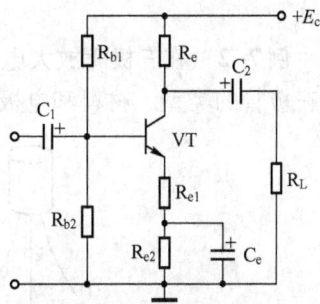

其中

$$r_{be} \approx 300 + (1 + \beta)\frac{26}{I_{EQ}}$$

解：（1）静态工作点。

$$U_b \approx \frac{R_{b2}}{R_{b1} + R_{b2}} E_c = \frac{20\text{k}}{17\text{k} + 20\text{k}} \times 12 = 6.5\text{V}$$

$$I_{CQ} \approx I_{EQ} = \frac{V_b}{R_E} = \frac{6.5}{1.4} = 4\text{mA}(R_E \text{为} R_{e1} \text{与} R_{e2} \text{的等效电阻})$$

$$I_b \approx \frac{I_{CQ}}{\beta} = \frac{4}{40} = 0.1\text{mA}$$

$$U_{CEQ} = E_c - I_{CQ} \cdot R_C - I_{EQ} \cdot R_E \approx E_c - I_{CQ}(R_C + R_E) = 12 - 4 \times 2 = 4\text{V}$$

（2）交流等效电路如图 7-12 所示。

（3）$r_{be} \approx 300 + (1 + \beta)\dfrac{26}{I_{EQ}} =$

$300 + 41 \times 26/4 = 566\Omega$

交流放大倍数为

$$A_u = \frac{U_o}{U_i} = -\beta \frac{R_L'}{r_{be}}$$

图 7-12

$$= -40 \times 2/0.556 = -143$$

【说明】对分压式偏置电路静态工作点的求解应先画出直流等效电路，然后按照 $U_B \rightarrow U_E \rightarrow I_{EQ} \rightarrow I_{BQ} \rightarrow U_{CEQ}$ 思路进行求解；对分压式偏置电路动态指标的求解应先画出交流等效电路，然后按照基本放大器动态指标的求解方法进行，即 $r_i \rightarrow R'_L \rightarrow A_u$，但应注意发射极上有无电阻 R_E，如果无 R_E，则为 $A_u = \dfrac{U_o}{U_i} = -\beta \dfrac{R'_L}{r_{be}}$；若有 R_E，则以上公式中的分母应该为 $r_{be} + (1 + \beta)R_E$。

例 7-2　在三极管放大电路中，测得 3 只三极管各个电极的电位如图 7-13 所示。试判断三极管的类型、材料和电极。

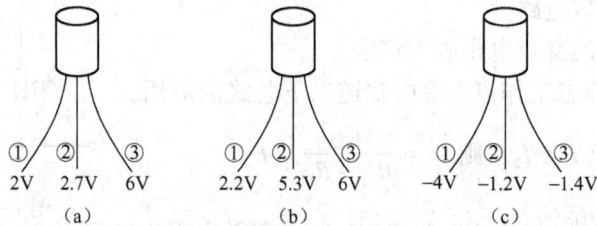

图 7-13　例题 7-2 图

【分析】晶体管的类型（NPN 型还是 PNP 型，硅管还是锗管）和引脚可根据各电极的电位来判断。NPN 型的集电极电位最高，发射极电位最低；PNP 型的集电极电位最低，发射极电位最高。硅管基极电位与发射极电位大约相差 0.6V 或 0.7V；锗管基极电位与发射极电位大约相差 0.2V 或 0.3V。

在图 7-13（a）中，最低电位点是 2V，最高电位点是 6V，中间电位点是 2.7V，说明该三极管的电流是从 6V 电位点流向 2.7V 电位点，再流向 2V 点，所以 2.7V 点的引脚内部是 P 型半导体，另外两个就是 N 型半导体，又因为 U_{BE} 为 0.7V，说明该三极管是 NPN 硅管；在电路中，NPN 管发射极的电位最低，所以①点是发射极 e，③点是集电极 c，②点是基极 b。用同样的方法可判定另外两个三极管的极性。

解：根据三极管正常放大工作的条件做出判断，见表 7-4 所示。

表 7-4　三极管判定结果

编号	$|U_{BE}|$	材料	管型	引脚		
				c	b	e
（a）	0.7	硅	NPN	③	②	①
（b）	0.7	硅	PNP	①	②	③
（c）	0.2	锗	PNP	①	③	②

例 7-3　测得某两个三极管的 3 个电极的电位分别为：第一个三极管为 NPN 型，其 $U_b = 3.3V$、$U_e = 2.6V$、$U_c = 3V$；第二个三极管为 PNP 型，其 $U_b = 3.7V$、$U_e = 4V$、$U_c = 0V$，试判断各三极管的工作状态。

【分析】本题考查的知识点是三极管工作状态的判断。一般可采用三极管结偏置判定法，否则采用三极管电流关系判定法。

（1）结偏置判定法：通过分析发射结与集电结的偏置情况来判定三极管的工作状态。即发射结正偏、集电结反偏为放大状态；发射结与集电结均反偏为截止状态；发射结与集电结均正偏为饱和状态。

（2）电流关系判定法：按照表7-5通过分析3个电极的电流关系来判定三极管的工作状态。表中I_{BS}为三极管临界饱和时基极注入的电流，其大小为

$$I_{BS} = \frac{U_{CC} - U_{CES}}{\beta R_C}$$

通常对硅管而言，临界饱和时三极管集电极、发射极间的饱和压降$U_{CES} = 0.7V$，深饱和时的U_{CES}为$0.1 \sim 0.3V$。当基极偏置电流$I_B \geqslant I_{BS}$时，三极管饱和；而当$0 < I_B < I_{BS}$时，三极管处在放大状态。

表7-5　三极管各电极电流和工作状态的关系

	I_B	I_C	I_E
截止状态	0	0	0
放大状态	>0	βI_B	$I_B + I_C = (1+\beta)I_B$
饱和状态	$I_B \geqslant I_{BS}$	小于βI_B	小于$(1+\beta)I_B$

本题可应用三极管结偏置判定法来帮助分析和解答。

解： 第一个三极管为NPN型，因为发射结$U_{be} = U_b - U_e = 3.3 - 2.6V = 0.7V > 0$，正偏，而集电结$U_{cb} = U_c - U_b = 3 - 2.6V = 0.4V > 0$，正偏，由此可见，该三极管发射结与集电结均正偏，处于饱和状态。

第二个三极管为PNP型，因为发射结$U_{be} = U_b - U_e = 3.7 - 4 = -0.3V < 0$，正偏，而集电结$U_{cb} = U_c - U_b = 0 - 4 = -4V < 0$，反偏，由此可见，该三极管发射结正偏、集电结反偏，处于放大状态。

【说明】 三极管处于放大状态的电路通常是放大电路，三极管处于截止和饱和状态的电路称为开关电路。

下面举一个用电流关系判定法判定电路中三极管处于何种状态的例子，如图7-14所示，设三极管的$U_{BE} = 0.7V$。

首先计算出基极偏置电流为

$$I_B = \frac{U_{CC} - U_{BE}}{R_b} = \frac{5 - 0.7}{100} = 43\mu A$$

临界饱和时的基极偏置电流为

$$I_{BS} = \frac{U_{CC} - U_{CES}}{\beta R_C} = \frac{5 - 0.7}{40 \times 2} = 54\mu A$$

图7-14　例题7-3图

由于$I_B < I_{BS}$，所以该三极管处于放大状态。

判断图7-13所示电路中三极管的工作状态，还可以通过直接比较电阻值R_b和βR_c的大小来确定，即当$R_b > \beta R_c$时，三极管为放大状态；当$R_b < \beta R_c$时，三极管为饱和状态。

总之，同学们在做题时应拓宽思路，尽量用最简便的方法求解，以节约时间。可用另外的方法验算，以确保答题的正确性。

例7-4 分析如图7-15所示的电路能否正常地放大信号。

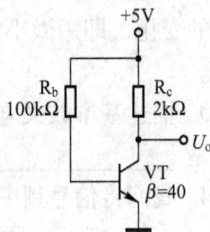

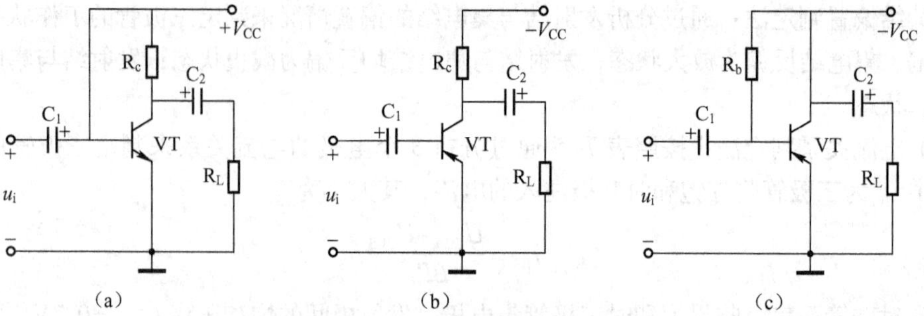

图7-15 例题7-4图

【分析】本题考查的知识点是基本放大电路的组成。基本放大电路有3个组成原则：一是三极管的发射结正偏，集电结反偏，以保证三极管的电流放大作用；二是元件的安排要保证信号能传输，有 U_i 时应有 U_o 输出；三是元件参数选择要保证信号能不失真地放大。

解：图7-15（a）电路中，由于 $R_b = 0$，偏置电阻短路，则管子基极电流 I_B 很大，这会造成三极管过热损坏，管子损坏后电路就失去了放大作用。

图7-15（b）电路中，电路无偏置电阻 R_b，相当于 R_b 为无穷大，管子的发射结缺少正向偏压。若输入的是微弱信号，信号幅度低于死区电压，则 i_B 始终为零，信号不能被放大。若输入的信号幅度较大，由于管子的单向导通和存在死区，被放大的波形将产生严重的截止失真。

图7-15（c）电路中，没有集电极电阻 R_C，R_C 在电路中的作用是将集电极电流的变化转变为电压的变化，实现电压放大。当 $R_C = 0$ 时，无法实现电压放大作用。

自我检测

一、填空题

1. 三极管各电极电流的关系式为_____。

2. 三极管的放大原理，由于_____的变化，使_____发生更大的变化，即用微小的_____变化去控制了_____较大的变化。

3. 描述基本放大电路静态工作点的三个参数分别是_____，它们的估算公式分别是_____，_____，_____。

4. 我们将信号频率下降而使放大倍数下降到中频时的_____倍所对应的频率叫_____，用 F_L 表示，同理，将信号频率上升而使放大倍数下降到中频时的_____倍时所对应的频率叫_____，用 F_H 表示，则 F_L 与 F_H 之间的频率范围称为_____，记做 F_{BW}，则 $F_{BW} =$ _____。

5. 放大器有三种组态，其中_____放大电路，最显著的特点是：输入电阻_____，输出电阻_____，输入输出电压基本相同（放大系数略小于1）。

6. 共射基本放大电路输入、输出端的耦合电容有两个作用：第一个作用是_____，第二个作用是_____，连接时要注意其_____。

7. 在共发射极交流放大电路中，若静态工作点 Q 位置选得过高，则将引起_____失真。反之，Q 点位置选得偏低，易引起_____失真。

8. _____ 是放大电路静态工作点不稳定的主要原因，最常用的稳定静态工作点的放大电路是_____ 。

9. 对于共射、共集、共基三种基本组态放大电路，若希望电压放大倍数大，可选用_____组态；若希望带负载能力强，应选用_____ 组态。

10. 某放大电路的功率放大倍数为 1000，转换为功率增益 G_P = _____ 。

11. 固定偏置放大电路中，集电极负载电阻 R_c 的作用是：① _____；② _____。

12. 当 NPN 型硅管处在放大状态时，在三个电极中，_____极电位最高，_____极电位最低，基极和发射极之间的电位之差一般为___V。

13. 三极管的输出特性曲线是反映_____与_____关系的曲线，可分为_____、_____、_____三个区域。

14. 有一个三级放大电路，已知各级的电压放大倍数分别是 −54、0.98、−20，则总电压的放大倍数为_____，输出电压与输入电压相位_____。

15. 几个三极管的实物如图 7 – 16 所示，请在图中写出各三极管的引脚电极名。

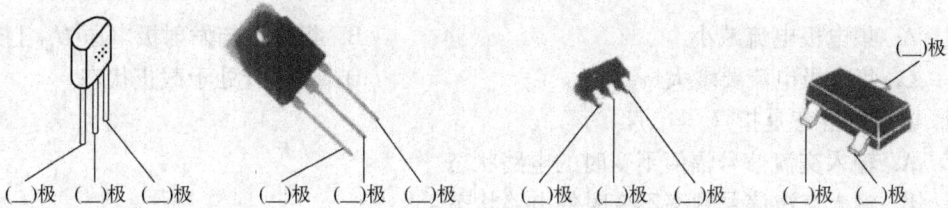

图 7–16

二、判断题

1. 要使三极管具有放大作用，其条件是发射结反向偏置、集电结正向偏置。　（　　）

2. 三极管的放大原理就是三极管能对交流信号起放大作用，即要基极输入一个小信号，在集电极就能得到一个较大的信号。　（　　）

3. 静态工作点的设置，就是调整三极管的基极电压。　（　　）

4. 放大器的频率特性是指放大器对信号的放大倍数与频率的关系。　（　　）

5. 若三极管基极直接或通过电容与信号源连接、集电极通过电容或直接与负载连接，则这种电路必然是共集电极电路。　（　　）

6. 交流放大电路工作时，电路中同时存在着直流分量与交流分量。直流分量表示静态工作点，交流分量则表示信号的变化情况。　（　　）

7. 在共射极基本放大电路中，若电源电压不变，则只要改变集电极电阻的值就可以改变集电极静态 I_c 的值。　（　　）

8. 分压式偏置电路在基极电位 U_B 基本不变的条件下，利用发射极电阻上电压降的变化回送到放大器的输入端抑制集电极电流的变化，从而达到稳定静态工作点的目的。　（　　）

9. 计算放大电路输出电阻 R_o 时，应把负载电阻 R_L 考虑进去。　（　　）

10. 放大电路出现饱和失真的原因是静态集电极电流 I_{CO} 选得偏低。 （　　）

11. 交流放大电路工作时，电路中同时存在着直流分量与交流分量。直流分量表示静态工作点，交流分量则表示信号的变化情况。 （　　）

三、选择题

1. 三极管放大器设置合适的静态工作点，以保证放大信号时，三极管（　　）。
　　A. 发射结为反向偏置　　　　　　　　B. 集电结为正向偏置
　　C. 始终工作在放大区　　　　　　　　D. 集电极正偏，发射极反偏

2. 在共发射极单管低频电压放大电路中，输出电压应视为（　　）。
　　A. $U_o = i_c R_c$　　　　　　　　　　　B. $U_o = -R_c i_c$
　　C. $U_o = -I_c R_c$　　　　　　　　　　D. $U_o = \beta U_i$

3. NPN 三极管放大器中，若三极管的基极与发射极短路，则（　　）。
　　A. 三极管集电结将正偏　　　　　　　B. 三极管处于截止状态
　　C. 三极管将深度饱和　　　　　　　　D. 无影响

4. 若晶体三极管的集电结反偏、发射结正偏，则当基极电流减小时，使该三极管（　　）。
　　A. 集电极电流减小　　　　　　　　　B. 集电极与发射极电压 U_{CE} 上升
　　C. 集电极电流要增大　　　　　　　　D. 三极管处于截止状态

5. 电路的静态是指（　　）。
　　A. 输入交流信号幅值不变时的电路状态
　　B. 输入交流信号频率不变时的电路状态
　　C. 输入交流信号幅值为零时的电路状态
　　D. 输入端开路时的状态

6. 分析放大电路时常常采用交直流分开分析的方法，这是因为（　　）。
　　A. 晶体管是非线性器件　　　　　　　B. 电路中存在电容
　　C. 电路中有直流电容　　　　　　　　D. 电路中既有交流量又有直流量

7. 放大器电压放大倍数 $A_u = -40$，其中负号代表（　　）。
　　A. 放大倍数小于 0　　　　　　　　　B. 衰减
　　C. 同相放大　　　　　　　　　　　　D. 反相放大

8. 对于如图 7-17 所示的放大电路，仅当 R_{bv} 增加时，U_{CEQ} 将（　　）；仅当 R_C 减小时，U_{CEQ} 将（　　）；仅当 R_L 增加时，U_{CEQ} 将（　　）；仅当 β 减小（换管子）时，U_{CEQ} 将（　　）。
　　A. 增大　　　　B. 减小　　　　C. 不变　　　　D. 不定

9. 对于如图 7-18 所示的放大电路，仅当 R_{b1} 增加时，U_{CEQ} 将（　　）；仅当 R_C 减小时，U_{CEQ} 将（　　）；仅当 R_L 增加时，U_{CEQ} 将（　　）；仅当 β 减小（换管子）时，U_{CEQ} 将（　　）。
　　A. 增大　　　　B. 减小　　　　C. 不变　　　　D. 不定

10. 在共射、共集和共基三种基本放大电路的组态中，既能放大电压，也能放大电流的是（　　）组态放大电路；可以放大电压，但不能放大电流的是（　　）组态放大电路；只能放大电流，但不能放大电压的是（　　）组态放大电路；电压放大倍数小于 1 的是（　　）组态；输入电阻值最大的是（　　）组态，最小的是（　　）组态；输出电阻值最

小的（　　）组态。

　　A. 共射极　　　　B. 共集电极　　　　C. 共基极　　　　D. 不定

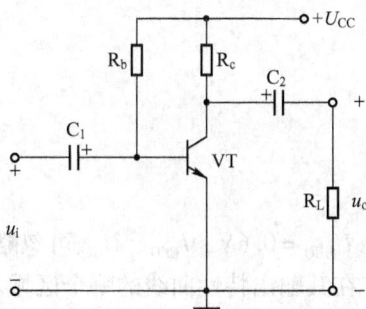

图 7-17

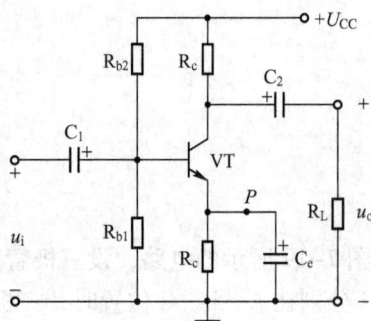

图 7-18

11. 在如图 7-17 所示的放大电路中，集电极电阻 R_c 的作用是（　　）。

　　A. 放大电流

　　B. 调节 I_{BQ}

　　C. 防止输出信号交流对地短路，把放大了的电流转换成电压

　　D. 调节 I_{CQ}

12. 一只三极管内部包含有（　　）个 PN 结。

　　A. 1　　　　　　B. 2　　　　　　C. 3　　　　　　D. 4

13. 放大电路在未输入交流信号时，电路所处的工作状态是（　　）。

　　A. 静态　　　　B. 动态　　　　　C. 放大状态　　　D. 截止状态

14. 放大电路设置偏置电路的目的是（　　）。

　　A. 使放大器工作在截止区，避免信号在放大过程中失真

　　B. 使放大器工作在饱和区，避免信号在放大过程中失真

　　C. 使放大器工作在线性放大区，避免放大波形失真

　　D. 使放大器工作在集电极最大允许电流 I_{CM} 状态下

15. 在固定偏置放大电路中，若测得 $U_{CE} = V_{CC}$，则可以判断三极管处于（　　）状态。

　　A. 放大　　　　B. 饱和　　　　　C. 截止　　　　　D. 短路

16. 描述放大电路对信号电压的放大能力时，通常使用的性能指标是（　　）。

　　A. 电流放大倍数　　　　　　　　B. 功率放大倍数

　　C. 电流增益　　　　　　　　　　D. 电压放大倍数

17. 放大电路外接一负载电阻 R_L 后，输出电阻 r_o 的阻值将（　　）。

　　A. 增大　　　B. 减小　　　　C. 不变　　　　　D. 等于 R_L

18. 在共发射极放大电路中，偏置电阻 R_b 增大，三极管的（　　）。

　　A. U_{CE} 减小　　　B. I_C 减小　　　C. I_C 增大　　　D. I_B 增大

四、问答题

1. 维修时，有人不慎将三极管的基极和集电极短路了一下，这样将会造成什么后果，为什么？

2. 如图 7-19 所示的电路,设三极管的 $\beta = 80$,$U_{BEQ} = 0.6V$,I_{CEO}、U_{CES} 可忽略不计,试分析开关 S 分别在 A、B、C 位置时,三极管各工作在其输出特性曲线的哪个区域。

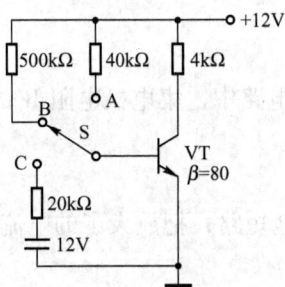

图 7-19

3. 图 7-20 所示的电路能否正常放大交流信号?若不能,应如何改动才能实现正常放大交流信号?

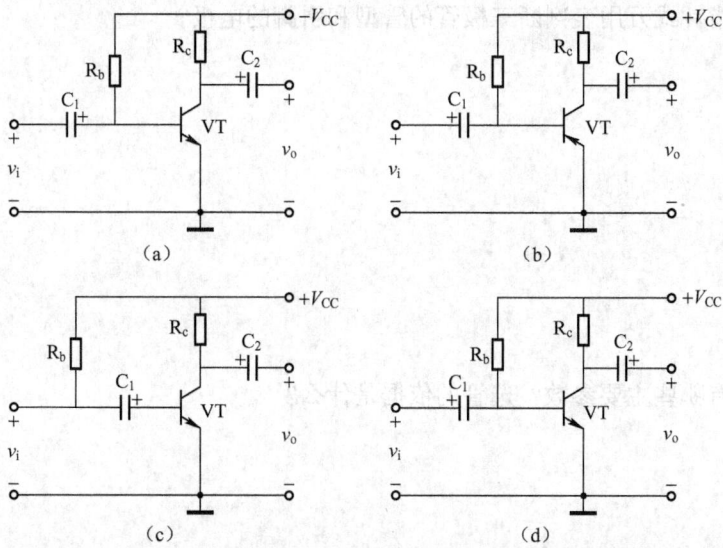

图 7-20

4. 在电路板上测得 NPN 型三极管 A 的三个电极 c、b、e 的电位分别是 3V、3.3V、2.6V，PNP 型三极管 B 的三个电极 c、b、e 的电位分别是 0V、3.7V、4V，请判断各三极管的工作状态。

5. 用万用表测得三极管的三个引脚电压如图 7-21 所示，请判断各三极管的管型、引脚极性和半导体材料。

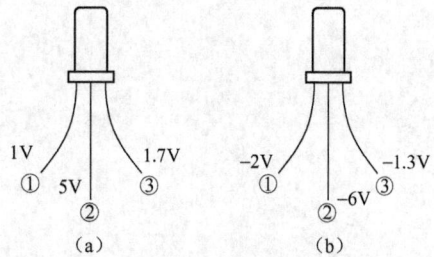

图 7-21

6. 如何用指针式万用表判断三极管的管型和引脚的电极？

7. 三极管有哪些主要参数？选管的依据是什么？

五、计算题

1. 如图 7-22 所示，已知三极管的 $\beta = 60$，$U_{BEQ} = 0.7V$。

(1) 画出直流通路。

(2) 计算静态工作点。

(3) 若要将 U_{CEQ} 调整为 6V，求 R_b 的阻值应多大才合适？

(4) 求电压放大倍数 A_u、输入电阻 r_i 和输出电阻 r_0 是多少？

2. 某三极管的输出特性曲线如图 7-23 所示，求 $I_B = 60\mu A$、$U_{CE} = 10V$ 时的 i_C 及 β。

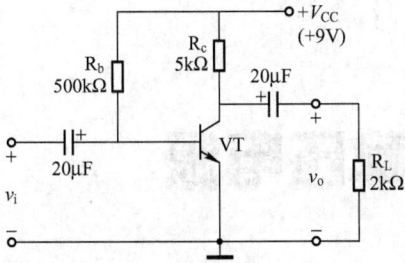

图 7-22

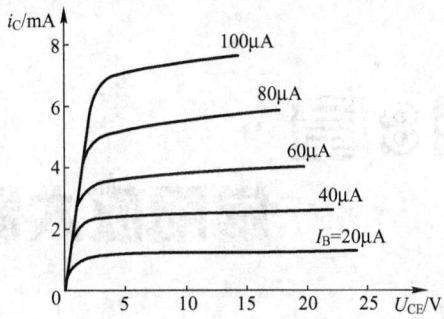

图 7-23

六、综合题

某同学组装分压式偏置放大电路后进行静态工作点的测试时，将信号源接入信号输入端，并将示波器接在放大器的输出端，调节输入信号的大小，分别出现了如图 7-24 所示的三种波形，请简要说明这些波形是否正常，如果波形有失真，其解决办法是什么？

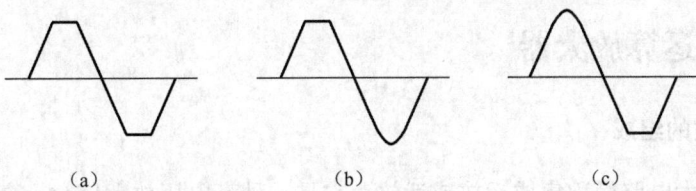

（a）　　　　　　　　　　　（b）　　　　　　　　　　　（c）

图 7-24

第8章
常用放大器和稳压电源

📖 **考试要求**

○ 理解反馈的概念、反馈的种类与集成运放的结构、符号和主要参数，以及虚短、虚断的概念。

○ 知道负反馈对放大器性能的影响，会用瞬时极性法判别反馈的四种类型。

○ 掌握用集成运放构成的常用放大器的电路结构，会计算各自的输出电路与输入电压的关系。

○ 了解功率放大器的要求及分类，掌握 OCL、OTL 功率放大器的工作原理，能估算各自的输出功率。

○ 理解 LC 振荡器，理解调谐放大器的电路结构、性能及应用。

○ 掌握 LC 振荡器和 RC 振荡器的相位平衡条件（判断能否起振），会计算各自的振荡频率。

○ 能识别集成运放 LM741 和 F004 的引脚，并知道各引脚的作用，会正确调零。

○ 能正确使用复合管（达林顿管）。

○ 能识别集成功放的引脚，会调试推挽功放的中点电压、静态电压及波形的上下对称。

💡 **知识要点**

一、集成运算放大器

1. 集成运放的组成

集成运算放大电路简称集成运放或运放，它是一种高电压放大倍数、高输入电阻、低输出电阻，能很好地抑制温度漂移的直接耦合放大电路。它由差分输入级、中间级、偏置电路和输出级四部分组成。

在集成运放的符号中，有三个引线端：两个输入端（N 为反相输入端，P 为同相输入端）和一个输出端。

2. 零点漂移

（1）零点漂移。

放大器在没有输入信号时，输出端的静态电压出现忽大忽小、忽快忽慢的无规则波动现象，称为零点漂移，简称零漂。

（2）产生零原因。

温度变化引起三极管的 I_{CBO}、U_{BE}、β 等变化；电源电压波动；电路元件老化等。其中，温度变化和电压波动是产生零点漂移的最主要原因。

（3）抑制措施。

① 选用稳定性较好的硅三极管作为放大元件。

② 采用负反馈来稳定静态工作点。

③ 采用高稳定性的直流稳压电源给放大器供电。

④ 采用热敏电阻进行温度补偿。

⑤ 采用高稳定性的稳压电源和差动放大电路是抑制零点漂移最有效的措施。

3. 输入信号的类型

输入信号主要有差模信号和共模信号两种方式。

（1）在差动放大电路中，当在这两个端子上分别输入大小相等、相位相反的信号时（这是有用的信号），放大器能产生很大的放大倍数，我们把这种信号叫做差模信号，这时的放大倍数叫做差模放大倍数。

（2）在差动放大电路中，如果在两个输入端分别输入大小相等，相位相同的信号时（这实际是上一级由于温度变化而产生的信号，是一种有害的干扰信号），我们把这种信号叫做共模信号，这时的放大倍数叫做共模放大倍数。

（3）放大器对差模信号的电压放大倍数 A_{ud} 与对共模信号的电压放大倍数 A_{uc} 之比，称为共模抑制比，用 K_{CMR} 表示。

4. 差动放大电路

（1）电路组成。

差动放大电路由两个完全对称的共发射极放大电路组成，即电路的结构、元件参数及特性完全相同。

（2）输入输出组合方式。

差动放大电路有 4 种不同的输入输出组合方式：双端输入 – 双端输出、单端输入 – 双端输出、双端输入 – 单端输出、单端输入 – 单端输出。

（3）理想差动放大电路的特点。

只对差模信号有较强的放大能力，具有无穷大的共模抑制比。

（4）抑制零漂的原理。

差动放大器采用了对称的电路形式，当温度变化引起零漂时，由于电路的对称性，两边的零漂是同相的，在输出端会相互抵消，使输出电压的变化量等于零，从而完全抑制了零漂。

提示：差动放大电路的差模电压放大倍数只与输出方式有关，而与输入方式无关，即输入方式无论是单端输入还是双端输入，只要是双端输出，差动放大电路的差模电压放大倍数就等于单管放大电路的电压放大倍数；凡是单端输出，差动放大电路的差模电压放大倍数就只等于单管放大电路电压放大倍数的一半。

5. 理想集成运放

（1）理想集成运放的主要特性（参数）。

开环差模放大倍数 $A_{VO} = \infty$；开环差模输入电阻 $r_i = \infty$；开环差模输出电阻 $r_o = 0$；共模抑制比 $CMRR = \infty$；开环带宽 $f_{BW} = \infty$。

（2）理想集成运放的特点。

① 两输入端的电位相等，即 $u_P = u_N$，称为"虚短"。虚短的必要条件是运放引入深度负反馈。

② 两个输入端的电流均等于零，即 $i_P = i_N = 0$，称为"虚断"。

提示："虚短"和"虚断"是分析集成运放电路的两个重要依据。在分析集成运放的各种应用电路时，利用这两个概念可以很简捷方便地推导出某些电路的输出－输入关系，给解决问题带来了很大的方便。

6. 常用集成运放

反相比例运算放大器和同相比例运算放大器从电路结构上看基本相同。所不同的是，反相比例运算放大器的输入信号从反相输入端输入；而同相比例运算放大器的输入信号从同相输入端输入。

反相比例运放与同相比例运放的比较见表8-1。

表8-1　反相比例运放与同相比例运放的比较

	反相比例运算放大器	同相比例运算放大器
电路结构		
主要特点	（1）反相端输入信号；电压并联负反馈 （2）$U_P = U_N = 0$；$i_P = i_N = 0$ （3）$R_2 = R_1 /\!/ R_f$，当 $R_1 = R_f$ 时，电路成为反相器 （4）输入信号与输出信号的相位相反	（1）同相端输入信号；电压串联负反馈 （2）$U_P = U_N = 0$；$i_P = i_N = 0$ （3）$R_2 = R_1 /\!/ R_f$，若去掉 R_1 和 R_f，电路成为电压跟随器 （4）输入信号与输出信号的相位相同
传输关系	（1）输出电压与输入电压的关系为 $u_o = -\dfrac{R_f}{R_1} u_i$ （2）闭环电压放大倍数为 $A_{uf} = \dfrac{u_o}{u_i} = -\dfrac{R_f}{R_1}$	（1）输出电压与输入电压的关系为 $u_o = \dfrac{R_f}{R_2} u_i$ （2）闭环电压放大倍数：$A_{uf} = \dfrac{u_o}{u_i} = \dfrac{R_f}{R_2} = 1 + \dfrac{R_f}{R_1}$
r_i	低	高（理想 $r_i = \infty$）
r_o	低（理想 $r_o = 0$）	低（理想 $r_o = 0$）

7. 信号运算电路

集成运放构成的基本运算电路包括加法器、减法器和电压比较器等。

（1）加法器和减法器的比较见表8-2。

表 8-2　加法器和减法器的比较

	加 法 器	减 法 器
电路结构		
电路特性	输出电压与各输入端电压的相位相反	输出电压与各输入端电压的相位相同
运算关系	$i_1 + i_2 + i_3 = i_f$ $$u_o = -R_f\left(\frac{u_{i1}}{R_1} + \frac{u_{i2}}{R_2} + \frac{u_{i3}}{R_3}\right)$$	$u_N = u_P = \dfrac{R_P}{R_2 + R_P}u_{i2}$ $$u_o = \frac{R_f}{R_1}\left(u_{i2} - u_{i1}\right)$$

（2）电压比较器通常用于 A/D 转换、波形变换等场合。常用的主要有过零电压比较器和任意电压比较器。

8. 集成运放的使用

（1）集成运算放大器的种类很多，它们的性能各不相同，所以在使用集成运放时，要根据电路的需要恰当地选择合适的集成运放。

（2）加强对集成运放输入、输出的保护（例如，加上合适的偏置、加上退耦电容、外接补偿电容、串联或并联二极管），防止因输入电压过高、电源极性接反而损坏集成运放。

（3）在使用中要对集成运放进行调零。对内部无自动稳零措施的集成运放，需外加调零电路（例如，外接调零电位器）。

二、放大器中的负反馈

1. 反馈及其电路

（1）反馈。

将信号的一部分或全部从输出端沿反方向送回到输入端的信号传输方式。这种用于反方向传输信号的电路称为反馈电路或反馈网络。

（2）结构。

由基本放大电路和反馈电路两部分组成。凡带有反馈环节的放大电路称为反馈放大器或反馈放大电路。

（3）信号传输方向。

净输入信号经基本放大器正向传输到输出端；反馈信号是输出信号经反馈电路反向传输到输入端。

2. 反馈的分类

（1）按反馈极性分类。

① 负反馈：反馈信号削弱净输入信号，使放大倍数降低的反馈，称为负反馈。负反馈

用于需要以改善放大电路特性为目的的场合。

② 正反馈：反馈信号增强净输入信号，使放大倍数提高的反馈，称为正反馈。这种反馈常用于振荡电路中。

（2）按反馈信号从输出端的取样对象分类。

① 电压反馈：反馈信号取自于输出电压，称为电压反馈。电压反馈的反馈信号与输出电压成正比。

② 电流反馈：反馈信号取自输出电流，称为电流反馈。电流反馈的反馈信号与输出电流成正比。

（3）按与输入端连接方式分类。

① 串联反馈：若反馈信号与输入信号以电压的形式叠加，则称为串联反馈。

② 并联反馈：若反馈信号与输入信号以电流的形式叠加，则称为并联反馈。

（4）按反馈成分分类。

① 直流反馈：反馈信号中只含直流成分，则称为直流反馈。主要用于稳定放大电路的静态工作点。

② 交流反馈：反馈信号中只含交流成分，则称为交流反馈。主要用于改善放大电路的动态性能（即交流特性）。

提示：在很多电路中，交、直流两种反馈兼而有之。

3. 三极管放大器的反馈类型判别

（1）判别有无反馈。

看输入、输出回路之间是否存在反馈通路，即有无起联系作用的反馈元件、反馈网络，或看输入回路与输出回路有无共有的元件（一般是电阻器或电容器），若有，则可能存在反馈，否则没有反馈。

（2）判别交、直流反馈。

电路中存在反馈，如果反馈信号仅有直流成分，则为直流反馈；如果反馈信号仅有交流成分，则为交流反馈；如果反馈信号中交、直流成分都有，则为交直流反馈。若反馈环路中有隔直耦合电容，则该反馈环只能引入交流反馈；若反馈环路中无隔直耦合电容，则该反馈环可同时引入交直流反馈。

（3）判别正、负反馈。

可用瞬时极性法判别正反馈或负反馈，其步骤如下。

① 先设定输入信号的瞬时极性为正（也可以为负）。

② 在输入端假设输入一个正弦信号，该信号处于某一瞬时极性，用⊕、⊖号表示瞬时性的正、负，根据电路类型，依次推出电路中各有关点及输出端的瞬时极性。

③ 如果将输入和反馈两个信号接到输入回路的同一电极上，则两者极性相反时为负反馈，极性相同时为正反馈。如果将输入和反馈两个信号接到输入回路的两个不同的电极上，则两者极性相同时为负反馈，极性相反时为正反馈。

提示：采用瞬时极性法判别反馈极性的原则如下。

○ 共发射极电路，其输入、输出相位相反。具体来说，三极管的集电极与基极电压相位相反，发射极与基极电压相位相同，即"射同集反"。

○ 共集电极电路，其输入、输出相位相同，即基极与发射极相位相同。

○ 共基极电路，其输入、输出相位相反，即发射极和集电极相位相同。

（4）判别电压、电流反馈。

反馈信号取自于输出电压，且 X_f 正比于 V_o，是电压反馈；反馈信号取自于输出电流，且 X_f 正比于 I_o，是电流反馈。

具体说来，将输出电压短路，若反馈信号不复存在，则为电压反馈；若反馈信号仍然存在，则为电流反馈。可简单记忆为"电压、电流看输出"。

也可用直观法从输出端判别是电压反馈还是电流反馈。当反馈信号与输出信号由同一端引出时（如输出信号从集电极取出，反馈网络的输入端也接在集电极）是电压反馈；反之，若输出信号取自集电极，而反馈网络接到发射极，则为电流反馈，因为此时负载两端短接，反馈依然存在。

（5）判别串联、并联反馈。

把输入端短路，若反馈信号同样被短路，即净输入信号为零，便是并联反馈，若反馈信号并不为零，则是串联反馈。可简单记忆为"并联、串联看输入"。

从电路结构来看，输入信号与反馈信号加在放大电路的不同输入端为串联反馈；输入信号与反馈信号并接在同一输入端为并联反馈。

共射极放大电路判别反馈类型的简便方法见表 8-3。

表 8-3　共射极放大电路判别反馈类型的简便方法

输入端的接法	类　　型	输出端的接法	类　　型
反馈信号加在 e 极	串联反馈	共射电路从 c 极取反馈信号 （共集电路从 e 极取反馈信号）	电压反馈
反馈信号加在 b 极	并联反馈	共射电路从 e 极取反馈信号	电流反馈

4. 集成运放的反馈类型判别

其判别的基本方法与三极管放大器反馈类型的判别相同。

（1）反馈极性运用瞬时极性法判别。若 u_f 与 u_i 极性相同，为负反馈，否则为正反馈。

（2）并联、串联看输入。反馈元件直接接在信号输入线上是并联反馈，否则是串联反馈。

（3）电压、电流看输出。反馈信号直接接在输出线上是电压反馈，否则是电流反馈。

集成运放负反馈电路的类型如图 8-1 所示。

5. 负反馈对放大器性能的影响

（1）负反馈使放大倍数下降。

负反馈的引入使净输入信号削弱，导致输出信号减小，所以引入负反馈使放大器的放大倍数降低。

① 反馈系数：在反馈放大电路中，把反馈信号电压与输出信号电压之比称为反馈系数，即

$$F = \frac{u_f}{u_o}$$

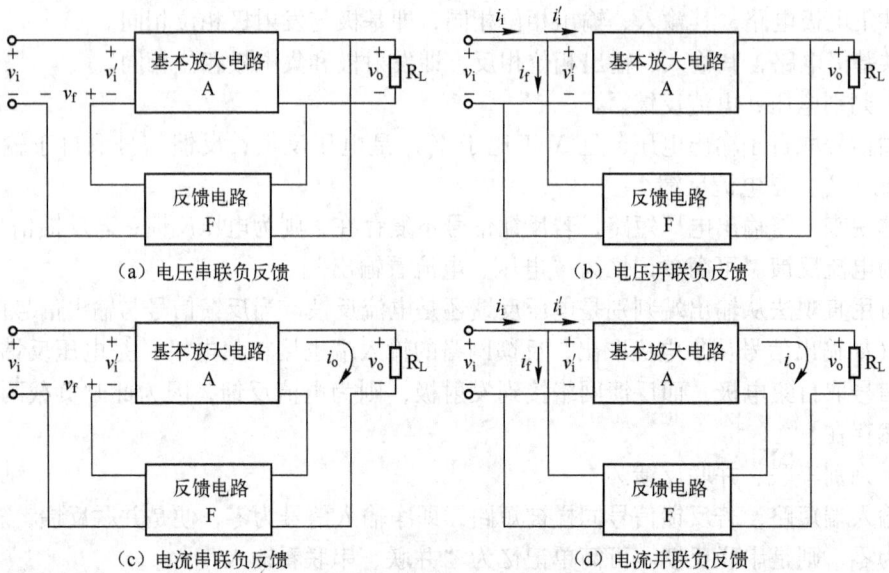

图 8-1　集成运放负反馈电路的类型

② 反馈深度：$1 + A_{uf}$

③ 负反馈放大倍数：

$$A_{uf} = \frac{A_u}{1 + A_u F}$$

（2）提高了放大器的稳定性。

（3）减小非线性失真。

（4）展宽频带。

（5）改变输入输出电阻，见表8-4。

表 8-4　负反馈对放大器输入输出电阻的影响

反馈类型	输入电阻	输出电阻
电流串联负反馈	增大	增大
电压串联负反馈	增大	减小
电流并联负反馈	减小	增大
电压并联负反馈	减小	减小

　　提示：○电压负反馈能稳定输出电压，能使输出电阻减小，提高带负载能力；电流负反馈能稳定输出电流，使输出电阻增大，因此接近于恒流源特性。

　　○串联负反馈能使输入电阻增大，减小向信号源索取的电流；并联负反馈使输入电阻减小。

　　○直流负反馈能稳定放大电路的静态工作点，提高放大器的稳定性；交流负反馈能改善放大电路的动态性能，如能稳定放大倍数、展宽频带、减小非线性失真、能抑制放大电路内部的干扰和噪声等。

　　○电压反馈、电流反馈只与放大器输出端的连接方式有关，因此只能影响放大器的输出电阻。串联反馈、并联反馈只与放大器输入端的连接方式有关，因此只能影响放大器的输入电阻。

三、低频功率放大器

1. 功率放大器的基本要求

功率放大器简称功放，位于多级放大器的最后一级，能将电源的直流功率转换为放大的交流功率。它不仅放大电压，也要放大电流，它工作在大信号状态下，其工作的动态范围大。

对功率放大器的要求：输出功率足够大，传输效率尽可能高，非线性失真尽量小，散热性能良好，具有过热、过流、过压保护措施。

提示：低频功率放大器和前面复习的电压放大器都是利用三极管的放大作用来工作的，但所要完成的任务是不同的。电压放大器的主要任务是把微弱的信号电压进行放大，属于小信号放大器，其主要指标是电压增益、输入输出电阻；低频功率放大器的主要任务是不失真地放大信号功率，通常在大信号状态下工作，其主要指标是最大输出功率、电源效率、放大管的极限参数及电路防止失真的措施。

2. 功率放大器的分类

（1）按功放管的静态工作点设置差异，可分为甲类、乙类、甲乙类三大类。

① 甲类功放的静态工作点设置很高，功放管在输入信号的整个周期内都导通，但效率低，只有30%。

② 乙类功放的静态工作点为零，功放管只在输入信号的正半周导通，会产生交越失真，但效率较高，可达78.5%。

③ 甲乙类功放的静态工作点设置较低（介于甲类和乙类之间），功放管在大半个周期内导通，可以克服交越失真。

（2）功率放大器按照输出方式的不同，可分为有输出变压器功放电路、无输出变压器功放电路（又称为OTL电路）、无输出电容功放电路（也称为OCL电路）和桥接无输出变压器功放电路（又称为BTL电路）几种类型。

3. 典型功放电路

（1）OTL功放电路。

OTL功放电路是单电源互补对称功放电路的简称。典型OTL功放电路如图8-2所示，VT_1为功放激励管，R_3、R_{P2}和VT_4为VT_1提供集电极电流通路。VT_2、VT_3为功放管，VT_4和R_{P2}为功放管提供偏置，使功放管微导通而工作在甲乙类状态，同时克服交越失真，调节电阻R_{P2}可调节偏置大小。C_1为输入耦合电容，C_3为输出耦合电容，在耦合输出交流信号的同时在输入信号的正半周兼作向电路提供电流的作用。

分析典型OTL功放应注意以下几点。

① 静态时，输出端中点电位等于$V_A = \frac{1}{2}V_{CC}$，可以通过调节电阻R_{P2}的阻值来实现。中

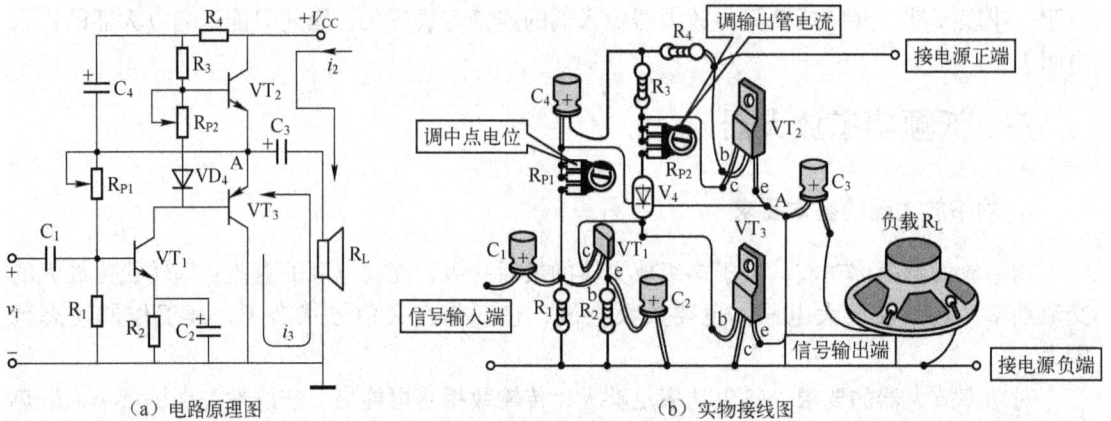

(a) 电路原理图　　　　　　　　　　　　(b) 实物接线图

图 8-2　典型 OTL 功放电路

点电压经 R_{P1} 和 R_1 分压后为 VT_1 提供偏置，同时兼有负反馈作用。

② 输入信号 v_i 的负半周时，信号经 VT_1 倒相放大为正，使 VT_3 反偏截止，VT_2 正偏导通，信号经 VT_2 放大后由发射极输出，其电流经 $+V_{CC} \rightarrow VT_2 \rightarrow A$ 点 $\rightarrow C_3 \rightarrow R_L \rightarrow$ 地，在 RL 上得到上"＋"下"－"的正半周输出信号，同时对电容 C_3 充电，左正右负，使 A 点的电位上升。

③ 输入信号 v_i 的正半周时，信号经 VT_1 倒相放大为负，使 VT_3 正偏导通，VT_2 反偏截止。信号经 VT_3 放大后由发射级输出，此时电容 C_3 放电充当电源向电路提供电流，其电流路径为 C_3 "＋"（左）$\rightarrow A$ 点 $\rightarrow VT_3 \rightarrow$ 地 $\rightarrow R_L \rightarrow C_3 \rightarrow$ "－"（右），使 R_L 上得到上"－"下"＋"的负半周输出信号。同时随着 C_3 的放电，中点的电位下降。

④ 为改善输出波形，OTL 电路增加了 R_4、C_4 组成的自举电路。当输出端电压向 V_{CC} 接近时。VT_2 管的基极电流较大，在偏置电阻 R_3 上产生压降，使 VT_2 管的基极电压低于电源电压 V_{CC}，因而限制了其发射极输出电压的幅度，使输出信号的顶部出现平顶失真。接入 C_4 后，C_4 上充有上正下负的电压，可看成是一个特殊的电源。当输出端 A 点的电位升高时，C_4 上端的电压随之升高，使 VT_2 管的基极电位升高，基极可获得高于 V_{CC} 的自举电压，即可克服输出电压顶部失真的问题。R_4 将电源 V_{CC} 与 C_4 隔开，使 VT_2 管的基极可获得高于电源电压 V_{CC} 的自举电压。

⑤ 交越失真产生原因是互补功放电路工作在乙类状态，当输入交流电压较小时，由于死区电压的影响，使放大输出信号在正负半周交接的零点附近出现失真。

交越失真的消除方法是为互补放大管提供较小的偏流，使静态工作点稍高于截止点（避开死区电压），即工作在甲乙类状态。

R_{P2} 和 VD_4 组成偏置电路，使功放管 VT_3 微导通而工作在甲乙类状态，调节电阻 R_{P2} 的阻值可改变偏置的大小，从而既克服了交越失真，又保证了放大器具有较高的效率。

提示：典型 OTL 功放对输入信号的正、负半周信号分别经 VT_2、VT_3 推挽放大输出，使负载 R_L 上得到整个周期的信号，又因功放管工作在甲乙类状态，从而克服了交越失真，同时也保证了电路具有较高的效率。

在 OTL 的实用电路中，为了增强电路的功率放大能力，提高信号的输出幅度，功放管一般采用复合管。在工作原理分析时要注意，输入信号的倒相是在激励级完成的，复合功放管对信号并不进行倒相。

（2）OCL 功放电路。

OCL 功放电路的结构与典型 OTL 功放基本上相同，不同之处在于 OCL 采用了大小相等的正、负双电源供电，同时取消了输出耦合电容，采用直接耦合输出，如图 8-3 所示。工作原理与 OTL 功放相似，在此也不再叙述。

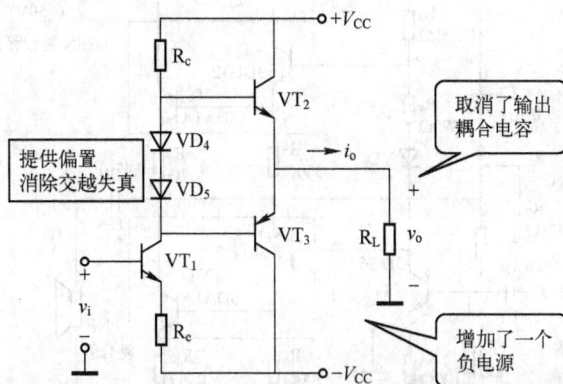

图 8-3 典型 OCL 功放电路

OTL、OCL 功放电路特性比较见表 8-5。

表 8-5 OTL、OCL 功放电路特性比较

比较项目 \ 电路类型	OTL	OCL
供电形式	正电源（单电源）	正负双电源
输入方式	单端输入	单端或双端输入
输出方式	单端输出	单端输出
输出耦合形式	电容耦合	直接耦合
自举电路	有	无
输出端电压	$\frac{1}{2}V_{CC}$	0
最大输出功率	$P_{om}=\dfrac{V_{CC}^2}{8R_L}$	$P_{om}=\dfrac{V_{CC}^2}{2R_L}$
最大功耗	$0.2P_{om}$	$0.2P_{om}$
理想效率	78.5%	78.5%
低频特性	差	好

（3）复合管 OTL 功放电路。

把两只或两只以上的三极管组合成起来，等效为一只三极管使用，称为复合管，也称为达林顿管。

① 复合管组成的原则是必须保证每只三极管的各极电流方向正确，且不能相互抵触。

前管的 c、e 极只能与后管的 c、b 极连接，而不能与后管的 b、e 极连接，否则前管的 U_{CE} 会受到后管的 U_{BE} 的钳制，无法使两管有合适的工作电压。

② 复合管等效的三极管的类型决定于前一只三极管的类型，前一只管子的基极作为复

合管的基极，依据前一只管子的发射极与集电极来确定复合管的发射极与集电极。

图 8-4 为复合管 OTL 功放的实际电路，VT_1 组成激励放大级，VT_2 和 VT_4 组成 NPN 复合管，VT_3 和 VT_5 组成 PNP 复合管，两只复合管作为电路的输出配对管。

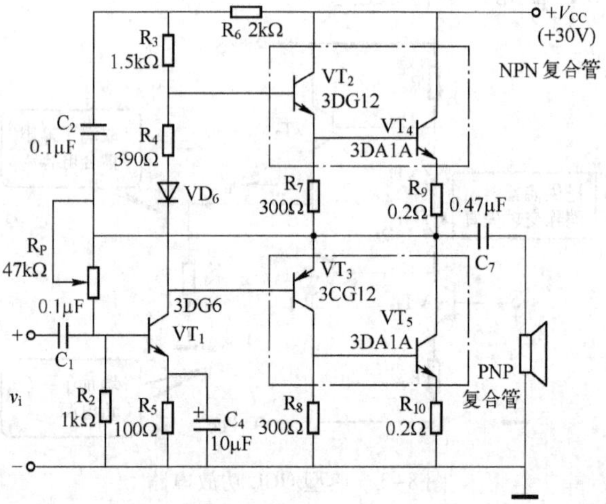

图 8-4　复合管 OTL 功放的实际电路

提示：复合管的优点是提高了三极管的电流放大系数，解决了单只大功率功放管电流放大系数小且不易配对的缺点。复合管的电流放大系数为

$$\beta = \beta_1 \times \beta_2$$

复合管的缺点是增大了三极管的穿透电流，解决的办法是在后一只三极管 VT_2 的基极接分流电阻 R。

4. 集成功放放大器

随着电子技术的发展，集成功放电路的应用非常广泛。使用中应注意它的参数、引脚功能及外围元件的作用。

四、调谐放大器

1. 调谐放大器与一般放大器的区别

在电路结构上，调谐放大器的集电极负载不是 R_C，而是 LC 并联谐振回路；调谐放大器只放大谐振频率为 f_0 及左右两旁很窄的频率范围内的信号，适用于选频放大。而一般放大器属于宽频带放大器。

2. 调谐放大器的性能指标

调谐放大器是利用 LC 回路的并联谐振特性来实现选频的，它的增益、通频带和选择性在很大程度上取决于 LC 回路的特性。

调谐放大器的性能指标主要有电压增益、通频带、选择性和品质因数，详见教材中的介绍。

3. 调谐放大器的应用

调谐放大器主要应用于无线电发射机的高频放大级和无线电接收机的高频、中频放大级。例如，在发射机中用来放大射频信号，在接收机中用来对小信号进行电压放大。

五、正弦波振荡器

1. 正弦波振荡器的特点

正弦波振荡器不需要外来的信号，可直接将直流电能转换成具有一定规律、一定振幅、一定波形的交流电能，产生交流信号，为电子设备提供正弦交流信号源。

从电路组成来看，正弦波振荡器一定要有正反馈。

2. 正弦波振荡器的组成

正弦波振荡器用于产生和提供正弦信号源，它主要由基本放大器、反馈网络和选频网络三部分组成。

（1）基本放大器。

维持正弦波振荡器连续工作的主要环节，具有对某一频率信号放大的作用。

（2）反馈网络。

形成正反馈，满足自激振荡起振的条件。

（3）选频网络。

只让某一频率满足振荡条件，以产生单一频率的正弦波。

3. 振荡器产生振荡的条件

振荡器要产生自激振荡，必须同时满足相位平衡条件和幅度平衡条件。

（1）要相位平衡条件。

放大器的反馈信号必须与输入信号同相位，即两者的相位差 Φ 是 2π 的整数倍，即 $\Phi = 2n\pi$（n 取 1，2，3，…）。相位平衡条件要求反馈网络引入的反馈为正反馈。

（2）幅度平衡条件。

反馈信号的幅度必须满足一定数值，才能补偿振荡中的能量损耗，保持等幅振荡。换言之，反馈信号的幅度至少应等于原来输入信号的幅度，即 $A_V \cdot F \geq 1$。

此外，为了要使振荡器起振，必须要外加一个初始冲激信号，此信号一般可以从接通电源的瞬间得到。

提示：振荡器起振的条件为 $A_V \cdot F > 1$，即反馈信号的幅度应比原来输入信号的幅度大。当电路满足起振条件后，输出电压的幅度越来越大，在输出电压幅度足够后，再增大输出电压幅度，将出现非线性失真。因此，需要限制输出幅度继续增大；另一方面，当负载变化时，总希望振荡器的输出幅度能稳定，所以正弦波振荡器中需要有稳幅环节，一般利用放大器自身的非线性特性或采用非线性电阻来构成。振荡器稳定振荡后，振幅平衡条件是 $A_V \cdot F = 1$。

判断振荡器能否起振的关键条件是相位平衡条件。判别方法是：假定断开反馈信号至放大器输入端的接线后，在输入端加一个信号 v_i，用瞬时极性法判断反馈信号 v_f 与 v_i 是否同相，若两者同极性（正反馈），则电路满足相位平衡。

对于电感三点式振荡器和电容三点式振荡器，画出它们的交流通路后，仍然用瞬时极性法判别电路能否产生振荡。通常普遍使用电路组成原则来判断电路是否满足相位平衡条件。电路的组成原则是：与三极管发射极相接的是两个同性质的电抗元件（均是电容元件或均是电感元件），与三极管基极相接的是两个不同性质的电抗元件（一个是电容元件，一个是电感元件）。

LC 回路的自由振荡过程是电场能量和磁场能量周期性转换的过程，在回路中产生了正弦规律变化的电流，其频率与 LC 有关：$f_{o} = \dfrac{1}{2\pi\sqrt{LC}}$。

4. 正弦波振荡器的种类及其特点

在正弦波振荡器中，按选频网络的元件不同，可分为 LC 振荡器、RC 振荡器和石英晶体振荡器等。

（1）LC 振荡器。

LC 振荡器是由电感 L 和电容 C 组成的选频振荡电路。在结构形式上，常用的有变压器反馈式、电感三点式反馈式、电容三点式反馈式三种。

① 对于变压器反馈式 LC 振荡器，学习时应着重分析线圈同名端同极性的概念，以及频率为 f_{o} 的信号是否满足相位平衡条件。其特点是电路较容易起振，频率范围较宽，可达几千赫兹到几兆赫兹，常用于超外差式收音机本机振荡电路。

② 电感三点式 LC 振荡器是因在交流通路中，振荡管的 3 个电极均与回路中 L 的 3 个端点连接而得名。反馈电压取自于反馈线圈。其特点是较容易起振，频率范围较宽，但高次谐波分量大，波形差。也常用于收音机的本机振荡电路。

③ 电容三点式 LC 振荡器是因在交流通路中，振荡管的 3 个电极均与电容支路的 3 个端点相接而得名，又称为考毕兹振荡器。反馈电压取自于反馈电容。其特点是容易起振，但也容易停振，振荡频率高，可达 100MHz 以上，输出波形好，可用来作为电视机的本机振荡电路。

另外还有改进型电容三点式 LC 振荡器，又称为克拉泼振荡器。其特点是在普通电容三点式 LC 振荡器电路的 LC 回路的电感支路串入小容量的电容 C，使起振困难，但频率稳定度提高，波形好。

常见 LC 振荡器的性能比较见表 8-6。

表 8-6　常见 LC 振荡器的性能比较

电路种类	变压器反馈式 LC 振荡器	电感三点式 LC 振荡器	电容三点式 LC 振荡器
电路形式			

续表

电路种类	变压器反馈式 LC 振荡器	电感三点式 LC 振荡器	电容三点式 LC 振荡器
振荡频率	$f_o = \dfrac{1}{2\pi\sqrt{LC}}$	$f_o = \dfrac{1}{2\pi\sqrt{LC}}$ $L = L_1 + L_2 + 2M$ 式中，M 为互感系数	$f_o = \dfrac{1}{2\pi\sqrt{LC}}$ $C = \dfrac{C_1 \cdot C_2}{C_1 + C_2}$
频率调节方法	改变电容调节频率范围较宽	改变电容调节频率范围较宽	改变电感调节频率范围较窄
优点	容易起振，调节频率方便，便于实现阻抗匹配	容易起振，容易调节	振荡频率高，波形较好
缺点	体积大，频率较低，波形不太好	输出取自于电感，波形较差	容易停振，谐振频率容易受极间电容的影响
用途	频率不太高的振荡器	用于波形要求不高的振荡器	普通型电容三点式 LC 振荡器用于固定频率的振荡器；改进型电容三点式 LC 振荡器在电视、广播发射中应用较多

（2）RC 振荡器。

RC 振荡器的选频网络由 RC 串、并联选频电路组成。当输入信号的频率 $f_o = \dfrac{1}{2\pi RC}$ 时，

输出电压的幅度最高，为输入信号幅度的 $\dfrac{1}{3}$ 倍，且输出电压与输入电压同相位。

将 RC 串、并联选频网络和放大器组合起来就可以构成 RC 振荡器。放大器可以采用集成运放，使整个电路更简洁，性能更稳定。

RC 振荡器输出信号的频率范围很宽，但只能产生低频信号。

（3）石英晶体振荡器。

石英晶体振荡器是利用石英晶体具有压电效应的特点而工作的，它相当于一个 Q 值很高（可达到 10^5 以上）、频率稳定度高的谐振回路，其核心元件是晶片。

石英晶体振荡器有串联谐振频率 f_s 和并联谐振频率 f_p 之分，其应用电路也就有串联型和并联型两类。

① 并联型石英晶体振荡器的工作频率在 f_s 和 f_p 之间，石英晶体等效于电感。

② 串联型石英晶体振荡器的工作频率等于 f_s，石英晶体作为串联谐振回路接于放大器的正反馈网络中，以调节反馈量来实现选频。

并联型石英晶体振荡器和串联型石英晶体振荡器的特点比较见表 8-7 所示。

表 8-7　并联型石英晶体振荡器和串联型石英晶体振荡器的特点比较

比较项目＼电路类型	并联型石英晶体振荡器	串联型石英晶体振荡器
电路图		

续表

比较项目　　　　电路类型	并联型石英晶体振荡器	串联型石英晶体振荡器
交流通路		
石英晶体的作用	等效为电感 L	等效为 LC 串联支路
反馈信号	C_2 两端的 v_f	R_{e2} 两端的 v_f
振荡频率	$f_s < f_o < f_p$	$f_o = f_s$
振荡波形	好	较差
频率稳定度	好	好
频率调整	取决于石英晶体，只能微调	不能调整

解题方法指导

1. 分析集成运放器时应从它的理想特性入手，特别要抓住以下两个要点。

（1）两输入端的输入电流为零。

（2）两输入端的电位相等。

2. 求解集成运放的试题，应熟练地运用其输入、输出电压之间的关系。

3. 功率放大器中的计算题，一般涉及最大输出功率的计算，熟记公式是解题的关键。

OTL 电路是单电源供电；OCL 电路使用双电源。OTL 电路输出端的中点静态电位为 $\frac{1}{2}V_{CC}$；OCL 电路的中点静态电位为零。

4. 自举电路可提高电路的功率增益，其工作原理要一定弄清楚。

5. 判别反馈类型时，应首先找出反馈元件，然后再从反馈元件与输入、输出回路的连接方式上确定反馈类型。最后从净输入量的增加或减少确定正或负反馈。牢记口诀：电压、电流看输出；串联、并联看输入。

采用瞬时极性法判断电路中反馈极性的原则为：对于共射电路，其输出、输入的相位相反，即射同集反（例如，若 b 极设为"+"，则 c 极为"−"，e 极为"+"）；对于共集电极电路，其输出、输入的相位相同（例如，若 b 极设为"+"，则 e 极也为"+"）；对于共基电路，其输出、输入的相位相同，（例如，若 e 极设为"+"，则 c 极也为"+"）。

同学们不仅要熟悉负反馈对放大器影响的共性，还要熟悉不同类型负反馈对放大器输入、输出电阻影响的差异，从而才能正确解答负反馈放大器的命题。

6. 振荡器起振必须同时满足幅度平衡条件和相位平衡条件，而在实际应用时，一般只判断是否满足相位平衡条件。判断振荡器是否起振，常用瞬时极性法，确定是否存在正反馈，有正反馈则满足相位平衡条件。当满足相位平衡条件后，还不要忘记检查整个电路正常工作的其他条件是否具备，如检查放大器有无能够稳定工作点的偏置电路，放大器能否正常工作等。

典例剖析

例 8-1　图 8-5 是由集成运算放大器和普通电压表构成的线性刻度欧姆表电路，被测电阻 R_X 做反馈电阻，电压表满量程为 2V。

（1）求电阻 R_X 的阻值大小与 u_o 的关系。

（2）计算当 R_X 的测量范围为 0 ~ 10kΩ 时电阻 R 的阻值。

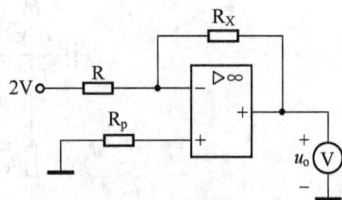

图 8-5　例题 8-1 图

【分析】本题的电路是一个反相输入比例运算电路，输入电压 $v_i = -2V$，反馈电阻 R_f 就是被测电阻 R_X，即 $R_f = R_X$。

解：（1）根据反相输入比例运算电路的电压传输关系，得

$$u_o = -\frac{R_f}{R_1}u_i = -\frac{R_X}{R}u_i$$

所以

$$R_X = -\frac{u_o}{u_i}R = -\frac{1}{-2}Ru_o = 0.5Ru_o$$

可见，被测电阻 R_X 的大小与输出电压 u_o 成正比。

（2）当 R_X 为 10kΩ 时，电压表满量程为 2V，此时得

$$R = \frac{R_X}{0.5u_o} = \frac{10}{0.5 \times 2} = 10\text{kΩ}$$

【说明】牢记反相输入比例运算电路输入电压和输出电压之间的关系是顺利完成本题的关键。

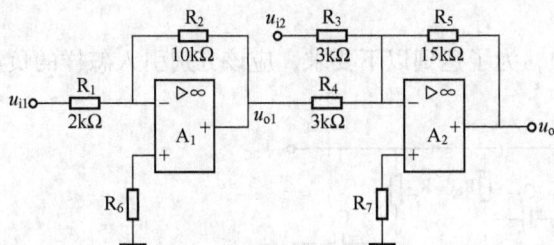

图 8-6　例题 8-2 图

例 8-2　如图 8-6 所示的电路，已知 $u_{i1} = 0.1V$，$u_{i2} = 0.2V$，求输出电压 u_o 是多大？

【分析】本题的电路由两级放大电路组成，解题时先求第一级的输出电压 u_{o1}，由于运算放大器在理想状况下可以看做输入电阻为无穷大，因此求第一级的输出电压 u_{o1} 时，可不考虑后一级运算集成电路的影响。在估算第二级电路的输出电压 u_o 时，是把第一级的输出电压 u_{o1} 看做输入信号。

解：（1）第一级为反相放大器。

$$u_{o1} = -\frac{R_2}{R_1}u_{i1} = -\frac{10}{2} \times 0.1\text{V} = -0.5\text{V}$$

（2）第二级为加法运算器。

$$u_o = -R_5\left(\frac{u_{o1}}{R_4} + \frac{u_{o2}}{R_3}\right) = -\frac{15}{3} \times (-0.5\text{V} + 0.2\text{V}) = 1.5\text{V}$$

例 8-3　试用瞬时极性法判别如图 8-7 所示电路中极间反馈的极性。

【分析】采用瞬时极性法的步骤为：①假设基极输入信号的瞬时极性为 " + "，然后逐

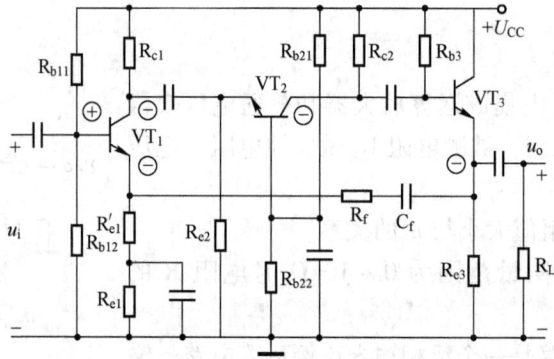

图 8-7　例题 8-3 图

级推导电路中各有关点电位的瞬时极性。②如果信号反馈到基极，则反馈信号的极性为"＋"时，为正反馈；极性为"－"时，为负反馈。如果信号反馈到发射极，则反馈信号的极性为"＋"时，为负反馈；极性为"－"时，为正反馈。

解：该电路为共射－共基－共集形式。设 VT$_1$ 管 u_{b1} 为"＋"，则图中各点相位的关系如下。

$$u_{b1}\text{"＋"}\rightarrow u_{c1}\text{"－"}\rightarrow u_{e2}\text{"－"}\rightarrow u_{c3}\text{"－"}$$

u_{c3} 为"－"，经电阻 R$_f$、电容 C$_f$ 和电阻 R$'_{e1}$ 反馈至 VT$_1$ 管发射极，则 u_{e1} 为"－"。由于 VT$_1$ 管的 u_{b1} 为"＋"，u_{e1} 为"－"，VT$_1$ 管 b、e 间的净输入量增强，故该电路的级间反馈应为正反馈。

【说明】用瞬时极性法分析电路时，首先应分析电路的接法，看电路是属于共射、共基和共集的哪种接法；然后再在图中标出关键点的极性，一步一步地进行分析，以避免忙中出错。

例 8-4　在如图 8-8 所示的放大电路中，为了达到以下要求，应该分别引入怎样的负反馈，并画出反馈元件的接法。

图 8-8　例题 8-4 图（一）

（1）第二级放大管的射极直流电流 I_{E2} 要较稳定。

（2）外接负载电阻 R$_L$ 的阻值变化时，对电压放大倍数的影响不大。

（3）为了与信号源阻抗匹配，要求放大器有较高的输入阻抗。

【分析】本题主要是考查学生对负反馈的应用能力。解题时：①要熟悉不同类型负反馈电路的特性，能根据题目的要求，确定引入反馈的类型；②要掌握在放大电路中加反馈元件的具体接法。

解：如图 8-9 所示，（1）要稳定输出的直流电流 I_{E2}，应引入直流电流负反馈，R_{e2} 与 C_{e2} 对第二级本身就起了直流电流负反馈的作用，为了进一步提高 I_{E2} 的稳定性，可以加一个反馈电阻 R_{f1}，实现第二级对第一级的直流电流并联负反馈。

（2）为了稳定放大器的电压放大倍数，应加一个电压串联负反馈电阻 R_{f2}。

（3）为了保证放大器有较高的输入电阻，应在 VT_1 管的发射极串联电阻 R_{f3}，起电流串联负反馈的作用。

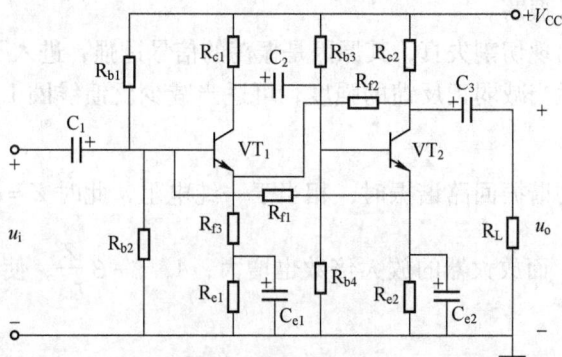

图 8-9　例题 8-4 图（二）

例 8-5　某电压串联负反馈电路，反馈系数为 0.1，输入信号电压 u_i 为 50mV，放大器净输入电压 u_i' 为 1mV，求：（1）反馈电压 u_f；（2）输出电压 u_o；（3）闭环电压放大倍数；（4）开环电压放大倍数。

【分析】本题的关键是考查同学们对题目中涉及的几个概念的理解和对公式的掌握情况。

解：（1）根据 $u_i' = u_i - u_f$ 得 $u_f = 50 - 1 = 49 \text{mV}$

（2）根据 $F = \dfrac{u_f}{u_o}$ 得 $u_o = \dfrac{u_f}{F} = \dfrac{49}{0.1} = 490 \text{mV}$

（3）$A_{uf} = \dfrac{u_o}{1 + FA_{uf}} = \dfrac{9.8}{1 - 0.1 \times 9.8} = 490$ 倍

（4）$A_{uf} = \dfrac{u_o}{u_i} = \dfrac{490}{50} = 9.8$ 倍

例 8-6　如图 8-10 所示的变压器反馈式 LC 振荡电路，在调试过程中若出现以下情形，试说明原因。

（1）需将 L_1 线圈的两个接头对调后，电路才能起振。

（2）适当增加 L_1 线圈的匝数才能振荡。

（3）改用 β 值较大的三极管后才能起振。

（4）振荡波形上下都出现切割失真。

（5）适当增大 L 值或减少 C 值就能够起振。

（6）调整电阻 R_{b1}、R_{b2} 或 R_e 的阻值后就能够起振。

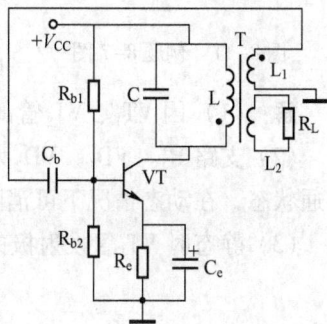

图 8-10　例题 8-6 图

【分析】本题主要是考察考生对变压器耦合振荡电路各个参数作用的了解情况。对于不振荡的故障，应从相位平衡条件和振幅平衡条件两个方面来考虑原因。对于波形上下都出现切割失真，应分析使放大器进入非线性放大状态的原因。

解：（1）将变压器同名端的极性接反，形成了负反馈，不能满足振荡的相位平衡条件。将线圈 L_1 的接头对调后，电路成为正反馈，满足振荡的相位平衡条件后，便可起振。

（2）适当增加反馈线圈 L_1 的匝数，即提高变压器二次侧绕组上的反馈电压 v_f，使反馈系数 F 增大，正反馈增强后，满足了振荡的振幅平衡条件，使电路能起振。

（3）β 值大的三极管，电压放大倍数 A_u 大，使 $A_uF > 1$，容易使电路满足振荡的振幅平衡条件，使之产生自激振荡。

（4）波形上下都出现切割失真，其原因是振荡的信号过强，进入了三极管的非线性工作区域，解决的办法是适当减弱正反馈的强度，可适当减少反馈线圈 L_1 的匝数或适当调整静态工作点。

（5）因为在电路的谐振回路谐振时，相当于一纯电阻，此时 $Z = \dfrac{L}{RC}$。当 L 增大或 C 减小时，意味着 Z 增大，而放大器的放大倍数也增大，$A_u = -\beta \dfrac{Z}{r_{be}}$，使 $A_uF > 1$，满足起振的振幅平衡条件。

（6）调整电阻 R_{b1}、R_{b2} 或 R_e 的阻值，可改变放大器的静态工作点，使之工作在一个合适的静态工作点上，保证了放大器的放大能力，使 A_u 不至于过小而不符合自激振荡的振幅平衡条件。

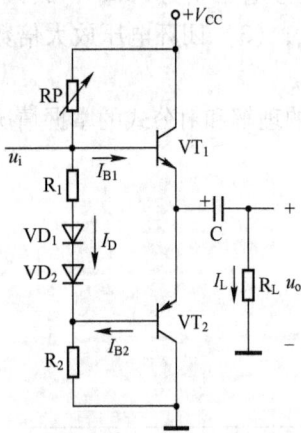

图 8-11　例题 8-7 图

例 8-7　OTL 互补对称式输出电路如图 8-11 所示，请回答下列问题。

（1）按功放管静态工作点设置的高低分类，该电路 VT_1、VT_2 管的工作方式为哪种类型？

（2）电阻 R_1 与二极管 VD_1、VD_2 的作用是什么？

（3）静态时，VT_1 管发射极的电位 V_E 和负载电流 I_L 各为多少？

（4）电位器 RP 的作用是什么？电容 C 的作用是什么？

（5）若 $V_{cc} = +15V$，三极管的饱和压降 U_{CES} 为 1V，$R_L = 8\Omega$，则负载 R_L 上得到的最大不失真输出功率为多大？

【分析】本题旨在考查同学们对甲乙类互补对称式 OTL 电路工作原理的掌握情况。

解：（1）因 VT_1、VT_2 管的导通角大于 π 而小于 2π，故为甲乙类方式。

（2）支路 R_1、VD_1、VD_2 为 VT_1、VT_2 管提供一个静态偏置电压，使 VT_1、VT_2 管处于微导通状态，在动态情况下可消除由于三极管的死区电压而引起的交越失真。

（3）静态时 VT_1 管发射极的电位 V_E 应为

$$V_E = \frac{1}{2}V_{CC}$$

此时，在输入信号 u_i 变化时，可在输出端得到较为对称的输出波形。

在静态情况下，由于 C 的隔直流作用，负载 R_L 上没有电流，即 $I_L = 0$。

（4）调节电位器 RP，使三极管 VT$_1$、VT$_2$基极 b$_1$、b$_2$ 间有一个合适的电流 I_D 和压降 U_{B1B2}，因为电流 I_D 通常远大于 I_{B1}、I_{B2}，而压降 U_{B1B2} 确保 VT$_1$、VT$_2$ 管在静态时处于微导通状态。另外，调整 RP 可使电容 C 的两端电压为 $\frac{1}{2}V_{CC}$。

电容 C 的作用有两个。一是耦合交流信号，将功放管的输出信号传输给负载；二是起到电源的作用，当输入信号为负半周时，VT$_1$ 管截止，由 C 充电得到的电荷充当 VT$_2$ 的电源。

（5）当输出电容 C 足够大，因而可忽略其交流压降时，负载 R$_L$ 上最大不失真的输出功率为

$$P_{OM} = \frac{V_{CC}^2}{8R_L} = \frac{(V_{CC} - U_{CES})^2}{8R_L} = \frac{(15-1)^2}{8 \times 8} = 3.06\,\text{W}$$

【说明】同学们在复习时应熟记典型功放电路元件的名称及作用，注意理解其工作原理，尤其是对 OTL 电路和 OCL 电路应重点掌握。

自我检测

一、填空题

1. 放大电路引入反馈后的放大倍数称为_____记做 A_{uf}，A_{uf} = _____。

2. 串联反馈时，反馈信号与原输入信号在输入回路以_____的方式相叠加。

3. 直流负反馈可稳定_____，交流负反馈能改善放大器的_____性能。

4. 电压负反馈能稳定放大器的_____，并使放大器的输出电阻_____；电流负反馈能稳定放大器的_____，使放大器的输出电阻_____。

5. 串联负反馈使输入电阻_____，并联负反馈使输入电阻_____。

6. 为了减轻信号源负担并保证输出电压稳定，放大器应采用的反馈类型是_____。

7. 具有输入电阻大、输出电阻小、输出电压稳定这些特点的是_____负反馈。

8. 对输出端的反馈取样信号而言，反馈信号与输出电压成正比的是_____反馈，反馈信号与输出电流成正比的是_____反馈。

9. 串联负反馈只有在信号源内阻_____时，其反馈效果才显著；并联负反馈只有在信号源内阻_____时，反馈效果才显著。

10. 已知交流负反馈有 4 种组态：A. 电压串联负反馈；B. 电压并联负反馈；C. 电流串联负反馈；D. 电流并联负反馈；选择合适的答案，将 A、B、C 或 D 填入下列空格内。

（1）欲得到电流 – 电压转换电路，应在放大电路中引入_____。

（2）欲将电压信号转换成与之成比例的电流信号，应在放大电路中引入_____。

（3）欲减小电路从信号源索取的电流，增大带负载能力，应在放大电路中引入_____。

（4）欲从信号源获得更大的电流，并稳定输出电流，应在放大电路中引入_____。

11. 调谐放大器是利用_____回路的_____谐振来实现选频的。

12. 振荡器主要由_____和_____两部分组成。

13. 正弦波振荡器不需要外来信号，可直接将直流电能转换成具有一定_____、一定_____和_____的交流电能，产生交流信号。

14. 自激振荡产生的条件有_____和_____两个。

15. 三点式振荡器分为_____和_____两类。它们的共同点是_____。

16. RC 移相振荡器由_____选频电路和_____两部分组成。

17. 石英晶体振荡器的突出优点是具有极高_____稳定度。

18. 石英晶体振荡器是利用石英晶体的_____而工作的，其频率稳定度_____。

19. LC 振荡电路按反馈方式不同，可分为_____、_____和_____，其共同特点都是利用_____作为选频网络。

20. 直流放大器一般采用_____耦合方式。

21. 零点漂移是指输入信号为零时，在输出端出现_____的变化。产生零点漂移的主要原因是_____和_____。为了抑制零点漂移，集成运放的输入级一般采用_____放大电路。

22. 对称式差动放大电路，当温度升高时，变化量 $\triangle u_{c1}$ = _____ $\triangle u_{c2}$，因两者的极性_____而互相抵消，所以输出电压 $\triangle u_o$ = _____，故此电路对零点漂移有较强的抑制能力。

23. 集成运算放大器主要由_____、_____、_____三部分组成。

24. 若集成运放的输出信号与输入信号的极性相同，则该输入端为_____输入端，在电路图中，该端标有_____号或字母_____。

25. 反相比例运放的输出电压 v_o = _____，同相比例运放的输出电压 v_o = _____。

26. 功率放大器按工作状态的不同，常分为_____类、_____类和_____类，其中第一类功放管在输入信号的_____个周期内导通，第二类功放在输入信号的_____周期内导通，第三类在输入信号的_____周期内导通。

27. 对功率放大器一般要求_____大，_____高，_____小，_____良好。

28. 乙类功率放大器的缺点是输出信号在越过_____时得不到正常放大，将产生_____失真。所以在实际电路中，给功放级电路加_____电路，使功放管在静态时处于_____状态，即使功放管工作在_____状态，从而克服这种失真。

29. 与 OCL 功放电路相比，OTL 功放电路的区别在于它用_____电源供电，且增加了_____电容，该电容的作用是_____和_____。

30. 两只三极管组成复合管时，其电流放大系数 β = _____。

31. 两只管子组成的复合管，第一只管子的 i_B 向内流者为_____型管，若向外流者为_____型管。

二、选择题

1. 互补对称式 OTL 电路完成对交流信号的倒相是在（　　）。
   A. 激励管　　　　B. NPN 功放管　　　　C. PNP 功放管　　　　D. 输出耦合电容

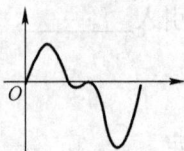

2. 如图 8-12 所示，放大器的输出波形失真为（　　）。
   A. 饱和失真　　　　B. 截止失真
   C. 交越失真　　　　D. 削顶失真

3. 乙类功放理想的最大效率为（　　）。
   A. 50%　　　　B. 67%

图 8-12

　　C. 35%　　　　　　　　　　　　　D. 78.5%

4. 功率放大器的作用（　　　）。

    A. 将小的输入功率放大为大的输出功率

    B. 通过功放管的电流控制作用，将电源提供给功放管集电极的电流直流功率转换为交流功率输出

    C. 通过功放管的电流控制作用，将电源提供给功放管集电极的电流交流功率转换为直流功率输出

    D. 以上说法均不正确

5. 使用复合管的 OTL 功放电路中，已知 VT_1、VT_2 复合成 PNP 型功放管，若 VT_3、VT_4 复合成另一个功管，则 VT_3、VT_4 的导电类型为（　　　）。

    A. 都是 PNP 型　　　　　　　　　B. 都是 NPN 型

    C. 第一只用 PNP，第二只用 NPN　　D. 以上都不对

6. 若要功率放大器效率提高，在电路输出功率一定时，则电源供给功率和损耗功率（　　　）。

    A. 都增大　　　B. 都减小　　　C. 分别减小和增大　　　D. 分别增大和减小。

7. 典型 OTL 功放的中点电位调节是通过调节（　　　）来实现。

    A. 激励管的基极偏置可变电阻　　　B. 功放管的基极偏置可变电阻

    C. 激励管的集电极电阻　　　　　　D. 负载电阻

8. OTL 功放电路要由 NPN 管和 PNP 管构成互补对称电路使用是因为（　　　）。

    A. 能输出更大的电流　　　　　　　B. 能输出更高的电压

    C. 能得到更大的输出功率　　　　　D. 能避免严重的输出波形失真

9. 直接耦合放大器的级数越多，在输出端产生的零点漂移就（　　　）。

    A. 严重　　　　　　　　　　　　　B. 轻微

    C. 不能确定　　　　　　　　　　　D. 零漂产生与级数无关

10. 直流放大器的两个特殊问题是（　　　）。

    A. 级间工作点的相互影响和零点漂移　B. 放大倍数下降

    C. 前级信号的耦合方式　　　　　　D. 传输方式

11. 在多级放大器中，产生零点漂移最严重的是（　　　）。

    A. 输出级　　　　　　　　　　　　B. 中间级

    C. 输入级　　　　　　　　　　　　D. 放大倍数最大的一级

12. 差动放大电路的共模抑制比用（　　　）表示。

    A. NMOS　　　B. CMRS　　　　C. CSRR　　　　D. CMRR

13. 集成电路的主要元件是（　　　）。

    A. 电容　　　B. 电感　　　　　　C. 三极管　　　　D. 二极管

14. 在比例运放中，输入信号电压极性与输出信号电压极性相反，叫做（　　　）。

    A. 同相输入　　　B. 反相输入　　　C. 正向输入　　　D. 负相输入

15. 差动放大电路的主要作用是（　　　）。

    A. 稳定放大倍数　　　　　　　　　B. 提高输出电阻

    C. 克服零点漂移　　　　　　　　　D. 提高放大倍数

16. 集成运放的输出级一般采用（　　）。
　　A. 差动放大电路　　　　　　　　　B. 阻容耦合放大电路
　　C. 具有选频特性的振荡电路　　　　D. 输出阻抗低的互补推挽放大电路

17. 正弦波振荡器中选频网络的作用是（　　）。
　　A. 产生单一频率的振荡　　　　　　B. 提高输出信号的振幅
　　C. 保证电路起振　　　　　　　　　D. 使振荡有丰富的频率成分

18. 正弦波振荡器中正反馈网络的作用是（　　）。
　　A. 保证电路满足振幅平衡条件
　　B. 提高放大器的放大倍数，使输出信号足够大
　　C. 产生单一频率的正弦波信号
　　D. 使电路引入正反馈，使放大电路的输入信号等于反馈信号

19. 要使振荡电路起振，必须满足（　　）。
　　A. 相位平衡和幅度平衡两个条件　　B. 相位平衡条件
　　C. 幅度平衡条件　　　　　　　　　D. 相位平衡比幅度平衡更重要

20. LC 并联谐振回路处于谐振状态时，电路应对外呈（　　）。
　　A. 感性　　　　B. 容性　　　　　　C. 纯电阻性　　　　D. 都不是

21. 选频振荡电路，能放大所选下的频率，对其余频率进行衰减是因为其余频率经放大器和反馈网络后（　　）。
　　A. 不满足相位平衡条件　　　　　　B. 不满足幅度平衡条件
　　C. 不满足幅度和相位平衡条件　　　D. 其余信号短路到地

22. 变压器耦合 LC 振荡器和电感耦合振荡器在通过信号耦合实现正反馈过程中（　　）。
　　A. 前者是电磁耦合，后者不是　　　B. 后者是电磁耦合，前者不是
　　C. 两者都不用电磁耦合　　　　　　D. 两者都是电磁耦合

23. 石英晶体振荡器组成并联型石英晶体振荡器时，所在的工作频率范围为（　　）。
　　A. $<f_s$　　　　B. $>f_p$　　　　C. $f_s<f<f_p$　　　　D. $f_o=\dfrac{1}{2\pi\sqrt{LC}}$

24. 产生自激振荡的幅度平衡条件是：电压放大倍数 A_u 与反馈系数 F 间满足（　　）。
　　A. $A_uF\geq1$　　　B. $A_uF\geq0$　　　C. $A_uF>0$　　　D. $A_uF>1$

25. 放大器引入负反馈后，放大器的频带（　　）。
　　A. 缩小　　　　B. 展宽　　　　　　C. 不变　　　　　　D. 不能确定

26. 在放大电路中，电流负反馈有稳定输出（　　）的作用。
　　A. 电流　　　　B. 电压　　　　　　C. 功率　　　　　　D. 静态工作点

27. 按反馈的极性分类，反馈可以分为（　　）。
　　A. 直流反馈和交流反馈　　　　　　B. 正反馈和负反馈
　　C. 电流反馈和电压反馈　　　　　　D. 串联反馈和并联反馈

28. 反馈放大电路的含义是（　　）。
　　A. 输出与输入之间有信号通路
　　B. 电路中存在反向传输的信号通路
　　C. 除了放大电路以外还有信号通路

　　　　D. 电路中存在使输入信号削弱的反向传输通路

29. 直流负反馈是指（　　　）。
　　　A. 只存在于阻容耦合电路中的负反馈　B. 放大直流信号时才有的负反馈
　　　C. 直流通路中的负反馈　　　　　　　D. 直接耦合电路中才存在的负反馈

30. 交流负反馈是指（　　　）。
　　　A. 只存在于阻容耦合电路的负反馈　　B. 交流通路中的负反馈
　　　C. 放大正弦波信号时才有的负反馈　　D. 变压器耦合电路中的负反馈

31. 负反馈所能抑制的干扰和噪声是（　　　）。
　　　A. 输入信号所包含的干扰和噪声　　　B. 反馈环内的干扰和噪声
　　　C. 反馈环外的干扰和噪声　　　　　　D. 输出信号中的干扰和噪声

32. 在输入量不变的情况下，若引入的反馈是负反馈，则引入反馈后（　　　）。
　　　A. 输入电阻增大　　　　　　　　　　B. 输出量增大
　　　C. 净输入量增大　　　　　　　　　　D. 净输入量减小

33. 下列说法正确的是（　　　）。
　　　A. 在放大器中引入负反馈后，能减少噪声
　　　B. 放大器引入反馈后，能减少内部噪声
　　　C. 在放大器中引入负反馈后，不仅能减少内部噪声而且能抑制外部的噪声和干扰
　　　D. 引入负反馈后，只能减小放大器内部的噪声

34. 根据反馈信号与输入信号的连接方式，反馈可以分为（　　　）。
　　　A. 直流反馈和交流反馈　　　　　　　B. 正反馈和负反馈
　　　C. 串联反馈和并联反馈　　　　　　　D. 电压反馈和电流反馈

35. 已知某一放大器的开环放大倍数 $A_u = 80$，可是引入 – 电压串联负反馈后，则它的闭环放大倍数 A_{uf} 为（　　　）。
　　　A. $|A_{uf}| = 80$　　　B. $|A_{uf}| > 80$　　　C. $|A_{uf}| < 80$　　　D. $|A_{uf}| < 160$

36. 一个放大器的输入、输出电阻都可以增大的负反馈是（　　　）。
　　　A. 电压串联　　　　　　　　　　　　B. 电流串联
　　　C. 电压并联　　　　　　　　　　　　D. 电流并联

37. 如图 8 – 13 所示的电路其级间交流反馈为（　　　）。
　　　A. 电流并联负反馈
　　　B. 电压并联负反馈
　　　C. 电流并联正反馈
　　　D. 电流串联负反馈

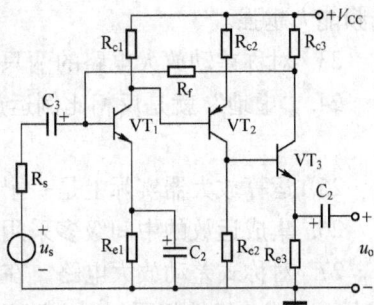

图 8–13

三、判断题

1. 负反馈使放大器的净输入信号减小，放大倍数也减小。　　　　　　　　　　　　　　　　　　　　　　（　　　）

2. 引入负反馈后，放大器的中高频特性曲线不变。　　　　　　　　　（　　　）

3. 负反馈改善放大器的各项性能，均是以牺牲放大倍数为代价的。　　（　　　）

4. 对于负反馈放大电路，由于负反馈的作用使输出量变小，则输入量变小，又使输出量更小，最后导致输出为零，无法放大信号。　　　　　　　　　　　　　（　　）

5. 既然在深度负反馈条件下，闭环放大倍数为 $A_f = \dfrac{1}{F}$，它只取决于反馈网络的参数，而与放大电路的参数无关，因此只要精心选择反馈网络元件，随便选择一个放大电路，就能获得稳定的闭环放大倍数。　　　　　　　　　　　　　　　　　　　　（　　）

6. 直流负反馈只存在于直接耦合电路中，阻容耦合电路中不存在直流负反馈。（　　）

7. 交流负反馈只存在于阻容耦合电路中，而直接耦合电路中不存在交流负反馈。（　　）

8. 为了提高反馈效果，对于串联负反馈电路，电路应使电压信号源的内阻尽可能小；而对并联负反馈电路，应使电流信号源的内阻尽可能大。　　　　　　　　　（　　）

9. 电压负反馈放大电路能使输出电压稳定，但输出电压量还是有变化的。（　　）

10. 对信号本身的固有失真，负反馈是无法改善的。　　　　　　　　　　（　　）

11. 当输出端短路时，反馈信号立即消失的是电流反馈。　　　　　　　　（　　）

12. 只要在放大器中引入负反馈，就可以提高放大器带负载的能力。　　　（　　）

13. 负反馈放大器对输出电阻的影响只取决于是电压负反馈还是电流负反馈，而与其输入端的连接方式无关。　　　　　　　　　　　　　　　　　　　　　　　　（　　）

14. 正反馈网络在 LC 振荡器中用于满足相位平衡条件。　　　　　　　　（　　）

15. 收音机的本机振荡电路多采用电感三点式振荡电路。　　　　　　　　（　　）

16. 要使振荡器起振必须先给予初始的冲激信号。　　　　　　　　　　　（　　）

17. 变压器反馈式 LC 振荡器产生的波形好，但起振困难。　　　　　　　（　　）

18. 在 RC 移相振荡器中，RC 移相电路必须要移相 360° 才能满足起振的相位平衡条件。　　　　　　　　　　　　　　　　　　　　　　　　　　　　　　　　　　　　　（　　）

19. 振荡器中如果没有选频网络，就不能引起自激振荡。　　　　　　　　（　　）

20. 任何"电扰动"，例如，通电时直流电压波动、电路参数变化等，都能作为振荡器自激振荡的初始信号。　　　　　　　　　　　　　　　　　　　　　　　　　（　　）

21. LC 并联回路谐振时，谐振回路的等效阻抗 Z 值最大，呈纯阻性。　（　　）

22. LC 振荡电路选频性能的优劣，常用品质因数 Q 来衡量，Q 值越大，说明 LC 回路的选频能力越强。　　　　　　　　　　　　　　　　　　　　　　　　　　　（　　）

23. 对称差动放大电路的两只三极管的性能参数要求完全一致。　　　　　（　　）

24. "虚地"就是反相比例运放的反相端非常接近零电位，但又不是真正的接近零电位。　　　　　　　　　　　　　　　　　　　　　　　　　　　　　　　　　　　（　　）

25. 运算放大器实际上是一个高放大倍数的多级直接耦合放大器。　　　　（　　）

26. 集成运放的中间级多采用阻容耦合电路。　　　　　　　　　　　　　（　　）

27. 对称式差动放大电路，在共模信号输入时，因为电路完全对称，所以双端输出的信号大小相等，极性相同，则电路总的电压输出为每只管子输出电压的两倍。　　（　　）

28. 反相比例运放电路的输入电流等于流过反馈电阻上的电流。　　　　　（　　）

29. 集成运放中，共模信号是一种无用信号，必须加以抑制。　　　　　　（　　）

30. 集成运放的共模抑制比要求要小，这样才能放大差模信号。　　　　　（　　）

31. 功率放大器除放大电压外，不能放大电流。　　　　　　　　　　　　（　　）

32. 功率放大器一般工作在大信号状态。　　　　　　　　　　　　　（　　）

33. 甲类功放在静态时，功放管的集电极电流为零。　　　　　　　　（　　）

34. 为避免产生交越失真，将 OTL 功放和 OCL 功放均设计为工作在甲乙类状态。
　　　　　　　　　　　　　　　　　　　　　　　　　　　　　　（　　）

35. OCL 功放电路采用双电源供电。　　　　　　　　　　　　　　　（　　）

36. 由两只三极管复合的复合管的类型由后一只管子的类型决定。　　（　　）

37. 若将功放级的电源电压提高一倍，则输出功率必定提高两倍。　　（　　）

38. OTL 功放电路的输出耦合电容可为放大器在输入信号负半周时提供电源。（　　）

39. 在复合管 OTL 功放电路的自举升压电路中，隔离电阻主要用于隔离功放管的集电极与自举电容，以免相互影响。　　　　　　　　　　　　　　　　（　　）

四、问答题

1. 如图 8-14 所示的电路，指出其属于什么功放电路，并简述其工作原理，写出最大输出功率表达式。

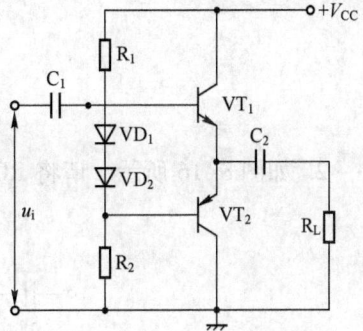

2. 理想集成运放有哪些主要参数？

3. 虚短是什么意思？虚断是什么意思？

图 8-14

4. 正弦波振荡器由哪几部分组成？为什么一定要有选频网络？

5. 射极输出器是什么类型的反馈电路，它的主要特点是什么？

6. 负反馈能使放大器的哪些性能得到改善？

五、作图与分析

1. 判断图 8-15 所示的电路中反馈的极性及类型。

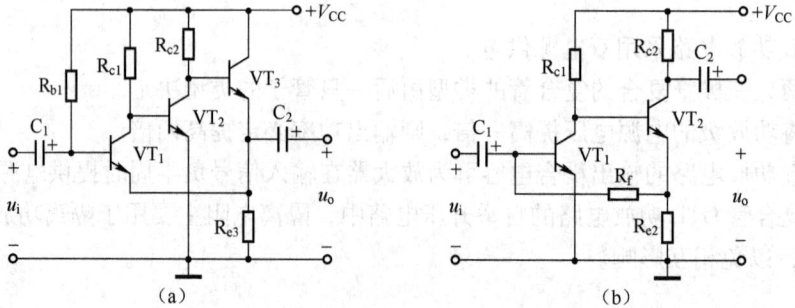

图 8-15

2. 如图 8-16 所示，请将 RC 支路接入电路，使放大器具有以下性能。

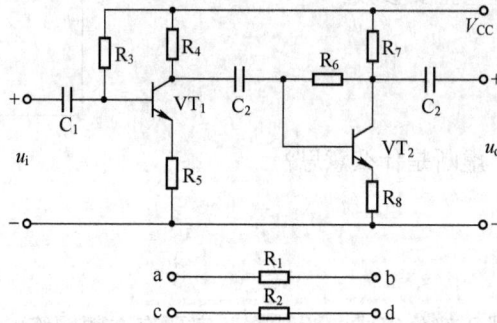

图 8-16

（1）要求引入一种反馈，使放大器具有较高的输入电阻和较低的输出电阻，且有较高的工作稳定性。

（2）要使放大器的输入电阻小，输出电阻大。

3. 分析如图 8-17 所示的各个电路中反馈的类型，并说出你判断的理由。

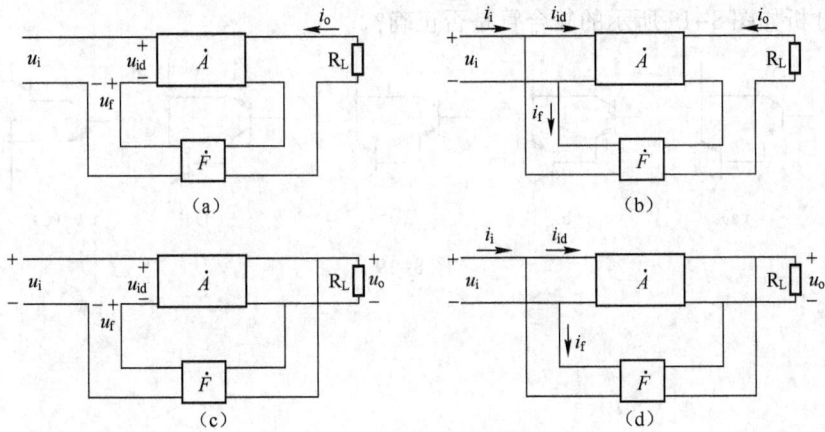

图 8-17

4. 要让图 8-18 所示的振荡器能够振荡，图中 j、k、m、n 点应该如何连接，试在图上画出连接线。

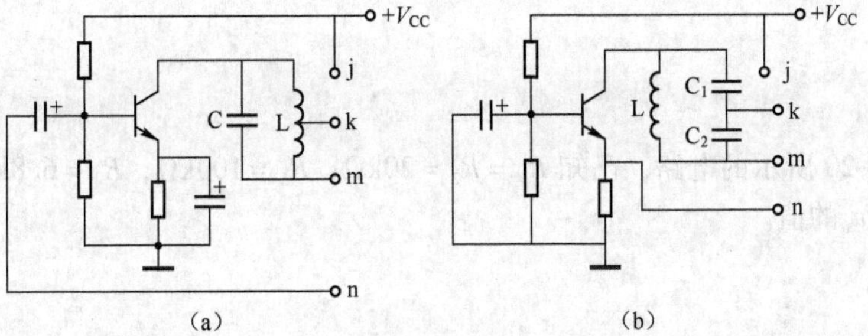

图 8-18

5. 用理想运放设计一个具有如下输出特性的放大电路（设 $R_f = 200\text{k}\Omega$）。

（1）$u_o = 2u_{i1} - 5u_{i2}$

（2）$u_o = -u_{i1} + 2u_{i2}$

6. 试画出 $u_o = -10(u_{i1} + u_{i2} + u_{i3})$ 的运放电路图，且已知 $R_f = 100\text{k}\Omega$。

7. 请分析如图 8-19 所示的复合管是否正确？

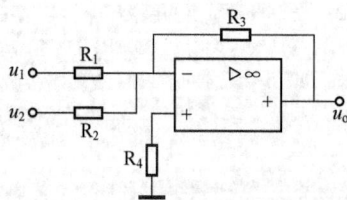

$$(a)\qquad\qquad(b)\qquad\qquad(c)\qquad\qquad(d)\qquad\qquad(e)$$

图 8-19

六、计算题

1. 一个理想的乙类功率放大器，输出的额定功率为 100W，计算静态时每个功放管的管耗是多少？

2. 如图 8-20 所示的电路，已知 $R_1 = R_2 = 20\text{k}\Omega$，$R_3 = 100\text{k}\Omega$，$R_4 = 6.8\text{k}\Omega$，$u_1 = 0.1\text{V}$，$u_2 = 0.2\text{V}$，求 u_o 的值。

3. 电容三点式 LC 振荡电路如图 8-21 所示。（1）用瞬时极性法在图中的有关位置标明极性，说明电路能否满足振荡的相位条件。（2）若 $L = 0.1\text{mH}$，$C_1 = C_2 = 3300\text{pF}$，求电路的振荡频率 f_o。

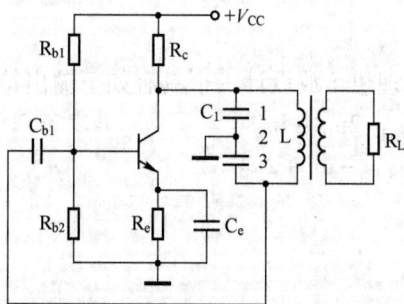

图 8-20　　　　　　　　　　　图 8-21

第9章
稳压电源和高频信号处理电路

考试要求

○ 能识别78××、79××系列三端集成稳压器的引脚，能用集成稳压器构建简单的稳压电路。

○ 了解调谐与检波、调频与鉴频等概念，掌握超外差式收音机的组成框图。

知识要点

一、串联型稳压电源

1. 电路组成

串联型稳压电源主要由调整电路、基准电压电路、输出电压取样电路和比较放大电路基本部分组成，如图9-1所示。

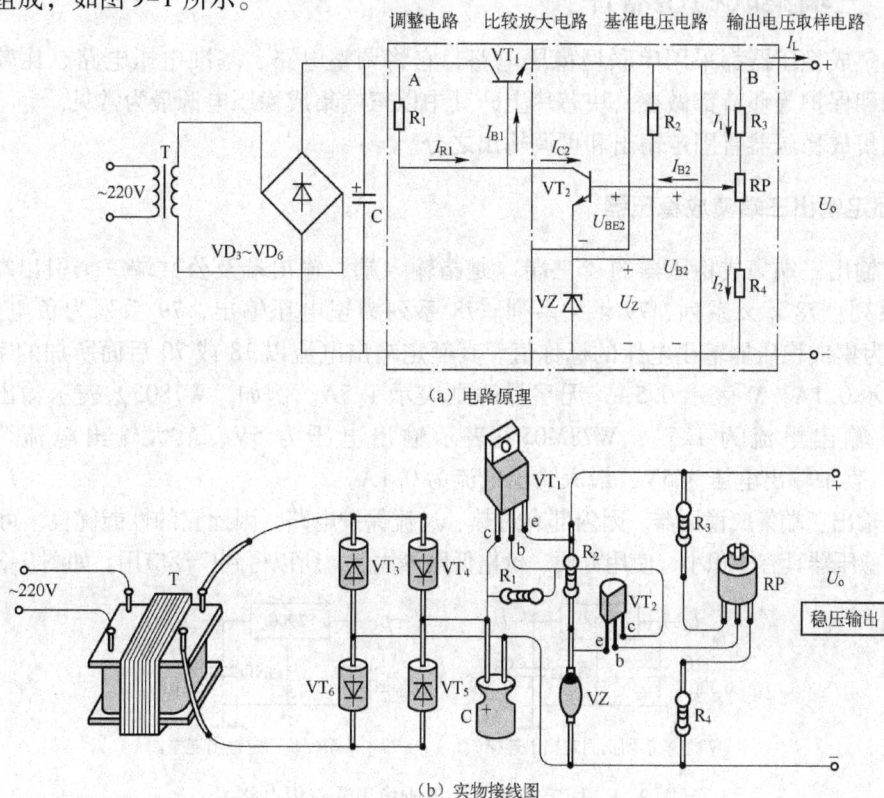

（a）电路原理

（b）实物接线图

图9-1　串联型稳压电源

（1）输出电压取样电路：将输出电压变化量的一部分或全部取出并传送给比较放大电路，通过调节 RP 可调整输出电压的大小。

（2）基准电压电路：以稳压二极管的稳定电压为基准电压，作为调整、比较的标准电压。

（3）比较放大电路：将取样得到的信号与基准电压比较，并将比较得到的偏差信号进行放大，然后送给调整电路。

（4）调整电路：调整管相对应一个可变电阻，根据比较放大所得到的结果对输出电压进行调整，从而保持输出电压基本稳定。

2. 稳压原理

其工作过程是：取样（采样）电路将输出电压的变化量取出一部分，加到比较放大电路的输入端，与基准电压比较后放大，然后控制调整管工作，使输出电压基本不变，从而稳定输出电压，如图 9-2 所示。基准电压的稳定性和比较放大电路的放大能力是影响输出电压稳定性的重要因素。

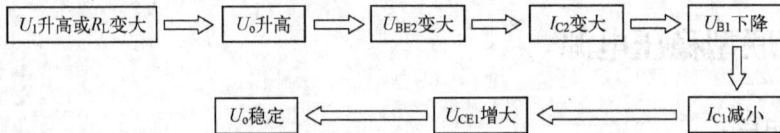

图 9-2　串联型稳压电源稳压原理

二、三端集成稳压器件

三端集成稳压器都采用串联型稳压电路，它将调整电路、基准电压电路、比较放大电路、启动和保护等环节都做在一块芯片上，其中以三端集成稳压电源最为常见。

三端集成稳压器有固定输出和可调输出之分。

1. 固定输出三端集成稳压器

固定输出三端集成稳压器的"三端"是指输入端、输出端及公共端三个引出端，主要有两个系列：78×× 系列、79×× 系列。78 系列为正电压输出，79 系列为负电压输出，"××"为集成稳压器输出电压的标称值。其额定输出电流以 78 或 79 后面所加的字母来区分，L 表示 0.1A，M 表示 0.5A，无字母时则表示 1.5A。例如，W7805，表示输出电压为5V、最大输出电流为 1.5A；W78M05，表示输出电压为 5V、最大输出电流为 0.5A；W78L05，表示输出电压为 5V、最大输出电流为 0.1A。

固定输出三端集成稳压器，因内部有过热、过流保护电路，因此它的性能优良，可靠性高。又因这种稳压器具有体积小、使用方便、价格低廉等优点，所以得到广泛应用。如图 9-3 所示。

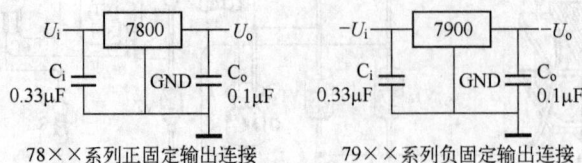

78×× 系列正固定输出连接　　　79×× 系列负固定输出连接

图 9-3　固定输出三端集成稳压器应用电路图

2. 可调输出三端集成稳压器

连续可调式三端集成稳压器主要有 LM317 系列和 CW337 系列，它们均有调整端、输入端、输出端三只引脚。其中 CW317 系列为正电压输出，LM337 系列为负电压输出。

提示：使用三端集成稳压器时，应注意不同封装形式的稳压器的引脚排列有差异。

三、高频信号处理

1. 调制

调制分为调幅和调频。调幅是用低频信号去控制高频信号的过程。调频就是使高频载波的频率被低频信号所控制。

调频波比调幅波具有频带宽得多、抗干扰性能好的优点。

2. 解调

从高频已调波中检出调制信号的过程叫解调。解调可分为幅度解调（检波）和频率解调（鉴频）两种。

幅度解调（检波）是利用二极管的非线性特性，从高频调幅波中检出低频调制信号的过程；频率解调（鉴频）是利用非线性元件（电感、电容、二极管等）先把等幅的调频波转换成幅度按调制信号规律变化的调幅调频波，然后再用振幅检波器把调幅调频波的幅度变化还原为原来的调制信号。

3. 调幅与检波

在通信和广播发送系统中，将待发送的语言、音乐或图像信号作用于等幅波，使其幅度随之变化。如果载波的幅度被低频信号控制，这种调制方式称为调幅（AM）。

（1）调幅波的特点。

频率与载波的频率一致，包络线波形与调制信号的波形一致。

（2）调幅的过程。

一般利用二极管或者三极管的非线性特点来实现。

（3）调幅波的类型。

调幅波可分为长波（LW）、中波（MW）和短波（SW）。

（4）检波。

在接收系统中，从调幅信号中还原出原始发送的信号，称为调幅检波，通常简称为检波。

4. 调频与鉴频

（1）在通信和广播发送系统中，如果载波的频率被低频信号控制，这种调制方式称为调频（FM）。

（2）调频波的特点。幅度与载波的幅度一致；频率随调制信号的波形变化而发生变化；信号幅度越小，频率越小。调频广播的频率范围为 87～108MHz。

（3）从调频波中解调出原来调制信号的过程称为鉴频。

四、超外差式收音机

1. 超外差式收音机的组成

超外差式收音机就是指采用把接收到的电台信号与本机振荡信号同时送入变频管进行混频，并始终保持着本机振荡频率比外来信号频率高 465kHz，通过选频电路，取出两个信号的"差频"进行中频放大的电路的收音机。

超外差式收音机由输入电路、变频电路、中频放大电路、检波电路、AGC 电路、低频放大电路、功率放大电路和扬声器组成，如图 9-4 所示。

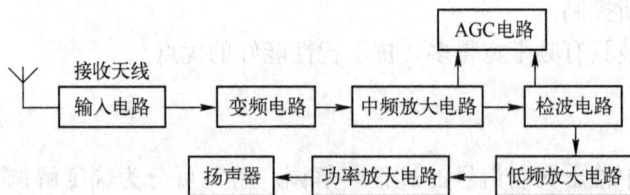

图 9-4　超外差式收音机组成方框图

2. 工作原理

超外差式收音机的输入电路从接收天线收到的许多广播电台发射的高频调幅信号中选出所需要接收的电台信号，将它送入变频管，利用晶体管的非线性作用，与从本机振荡电路送来的高频等幅振荡信号（始终保比外来信号高 465kHz）进行变频，产生 465kHz 的中频信号，由选频电路将其选出送到中频放大电路放大，将经放大后的中频信号再送到检波器，还原成音频信号，音频信号再经前置低频放大和功率放大后送到扬声器还原成声音。

3. 超外差式收音机的主要优点

（1）由于采用固定中频频率，可以针对固定设计电路，所以性能好，能保证高灵敏度和高增益。

（2）采用多级中频调谐式放大电路，在保证高增益的同时，也保证了良好的选择性。

解题方法指导

1. 串联型晶体管稳压电源的基准电压是利用稳压二极管反向击穿电压提供的。在电路中，稳压二极管一般是反向连接在电路中的。串联型稳压电源的输出电压 U_o，可用分压公式计算。

2. 在集成稳压器应用电路中，通常集成稳压器的输入电压选择比输出电压高 2～3V。

3. 收音机是对调制信号进行解调处理的典型应用。

典例剖析

例 9-1　在如图 9-5 所示的电路中，若 $R_1 = RP = R_2 = 1k\Omega$，稳压二极管的稳定电压为

$6V$, $U_{BE2} = 0.7V$。求输出电压 U_o 的可调范围。

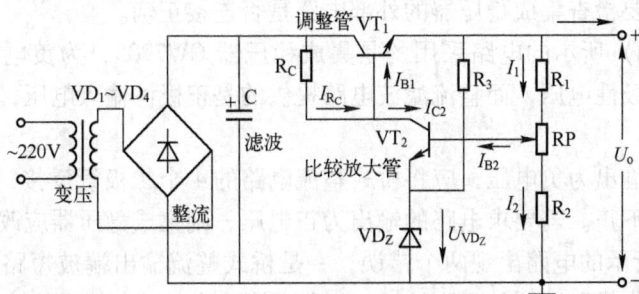

图 9-5 例题 9-1 图一

【分析】利用电阻的分压原理，写出比较放大管基极相对地电压与输出电压之间的分压公式，分别计算出当 RP 的中心滑到上端和滑到下端时两种情况下的输出电压值，即为输出电压的调整范围。

解：（1）当 RP 的中心滑到上端时的输出电压为

$$U_{o1} = \frac{R_1 + R_2 + RP}{R_2 + RP_{下}} \times (U_Z + U_{BE2}) = \frac{1 + 1 + 1}{1 + 1} \times (6 + 0.7) = 10.05V$$

（2）当 RP 的中心滑到下端时的输出电压为

$$U_{o2} = \frac{R_1 + R_2 + RP}{R_2} \times (U_Z + U_{BE2}) = \frac{1 + 1 + 1}{1} \times (6 + 0.7) = 20.1V$$

所以该电路的输出电压 U_o 的可调范围是 $10.05 \sim 20.1V$。

【说明】调节可变电阻即可改变输出电压的大小，正确运用电阻分压公式是解本题的关键。举一反三，同学们可按照本题的思路自己计算如图 9-6 所示的电路中输出电压 U_o 的可调范围（提示：答案为 $6.96 \sim 17.7V$）。

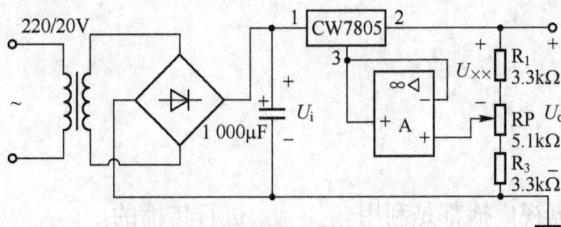

图 9-6 例题 9-1 图二

例 9-2 请指出如图 9-7 所示的稳压电路中的错误。

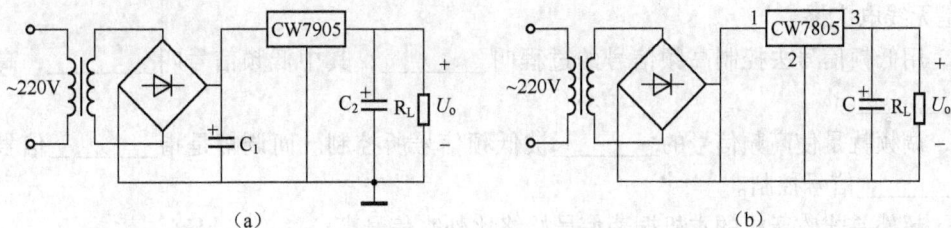

(a)   (b)

图 9-7 例题 9-3 图

【分析】 分析本题时，一要检查集成稳压器的引脚是否连接正确，二要观察电源电压的极性是否正确，三要检查集成稳压器的外部电路是否连接正确。

解： 图 9-7（a）所示的电路采用的是集成稳压器 CW7905，为负电源稳压器，要求输入端送入的应为负极性电压，而整流滤波电路提供的是正极性输入电压，因此电路不能正常工作。

若要求电路的输出为负电压，应将桥式整流电路的 4 个二极管反接，并将滤波电容 C_1、C_2 的极性改为上负下正。若要求电路的输出为正电压，则集成稳压器应改为 CW7805。

图 9-7（b）所示的电路出现两个错误，一是桥式整流输出端被短路，集成稳压器的输入电压为零；二是集成稳压器的引脚接错，2 脚应接输出端，3 脚应接公共地端。电路中的上述两个错误，应进行改正，才能正常工作。

例 9-3 图 9-8 所示的为超外差式收音机组成方框图，采用低中频 $f = 465\text{kHz}$，请说明方框 1 和方框 2 的电路名称，并简述其功能。

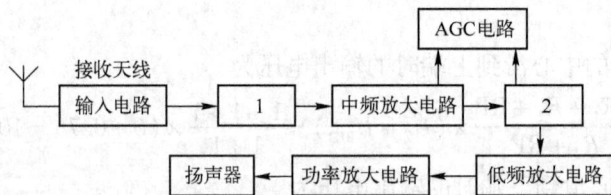

图 9-8 例题 9-3 图

【分析】 本题主要是考查同学们对超外差调幅收音机信号处理过程的掌握情况。

解： 方框 1 的名称是变频电路，它由混频和本振两部分组成。其功能是将天线经过输入电路送来的电台信号变成频率固定的中频信号 465kHz，经过中频放大电路送往后级的电路。

方框 2 的名称检波电路。其功能是从中频调幅波中取出低频调制信号，然后送入到低频放大电路进行放大。

自我检测

一、填空题

1. 无线电广播、电视广播都是利用_____进行传播的。

2. 无线电波本质上是一种_____。

3. 无线电波的传播途径有_____、_____和_____三种。

4. 采用电子技术的方法将声音信号变成_____信号，并将其加到_____信号中去，这就是无线电广播。

5. 用低频信号去控制高频信号的过程叫_____，其中低频信号叫_____，高频信号叫_____。

6. 调频就是使高频信号的_____被低频信号所控制。而调幅是指_____信号的幅度被_____信号控制。

7. 超外差式收音机的本机振荡信号始终比外来信号高_____ kHz。

8. 固定式三端集成稳压器的三个接线端是_____、_____、_____。

9. 调频广播的频率范围是_____。

10. 一般利用二极管或三极管的_____特点来实现调幅。

二、选择题

1. 电磁波利用绕射方式传播时，采用（　　）波比较适。

　　A. 短波　　　　　　B. 超长波　　　　　C. 长、短波　　　　D. 长、中波

2. 地下通信一般采用（　　）无线电波。

　　A. 高频　　　　　　B. 低频　　　　　　C. 超高频　　　　　D. 特低频

3. 根据无线电广播发射和接收的原理，要进行发射之前，必须将声音信号变成（　　）信号。

　　A. 超高频信号　　　B. 极低频信号　　　C. 低频信号　　　　D. 至高频信号

4. 调幅中已调波的（　　）按调制信号的变化而变化。

　　A. 振幅　　　　　　B. 频率　　　　　　C. 波长　　　　　　D. 以上均有可能

5. 无论是调幅还是检波都必须要用（　　）元件才能实现。

　　A. 存贮　　　　　　B. 线性　　　　　　C. 非线性　　　　　D. 以上都不对

6. 鉴频的作用是将调频信号变换成原来的（　　）信号。

　　A. 高频　　　　　　B. 调制　　　　　　C. 载波　　　　　　D. 辅助

7. 有两个 2CW15 稳压二极管，一个的稳压值为 8V，另一个的稳压值为 7.5V，若把两只管子的正极并接，再将负极并接，组合成一只稳压二极管接接入电路，这时组合管的稳压值为（　　）。

　　A. 8V　　　　　　　B. 7.5V　　　　　　C. 15.5V　　　　　D. 1.5V

8. 将上题中的两只稳压二极管正极与负极串接在一起组合成一只稳压二极管接入电路，这时组合管的稳压值为（　　）。

　　A. 8V　　　　　　　B. 7.5V　　　　　　C. 15.5V　　　　　D. 1.5V

9. 集成稳压器 CW78L05 和 CW7809 的输出电流分别是（　　）A。

　　A. 0.1 、1.5　　　　B. 0.1 、0.5　　　　C. 0.5、1.5　　　　D. 0.5、1.0

10. 集成稳压器 CW7809 的输出电压是（　　）V。

　　A. ＋9　　　　　　　B. －9　　　　　　　C. ＋78　　　　　　D. －78

三、判断题

1. 现在已经进入数字通信时代，因此现代通信已经不需要无线电波传播方式了。

　　　　　　　　　　　　　　　　　　　　　　　　　　　　　　　　（　　）

2. 天波就是电磁波发射天线发射信号在空中传播到接收天线。　　　　（　　）

3. 质量好的天线收到的高频信号很强，可以直接通入喇叭还原成声音。　（　　）

4. 检波器能将高频信号变成低频信号。　　　　　　　　　　　　　　（　　）

5. 对称比例鉴频器就是取出的输出信号电压大小与输入信号电压大小成比例的鉴频器。

　　　　　　　　　　　　　　　　　　　　　　　　　　　　　　　　（　　）

6. 超外差式收音机具有在保证高放大倍数的同时，也保证了良好的选择性的特点。

　　　　　　　　　　　　　　　　　　　　　　　　　　　　　　　　（　　）

7. 在影音电子产品中，为保证足够的声音信号能量，一般在扬声器的前级要接入功率放大器进行信号的功率放大。　　　　　　　　　　　　　　　　　　　（　）

8. 可调式三端集成稳压器有输入端、输出端和公共端三个接线端。　　　　　　　（　）

四、综合题

1. 超外差式收音机的工作原理过程是什么？

2. 将如图 9-9 所示的元器件连接成输出 +12V 的直流稳压电源，请画出电路原理图。

图 9-9

3. 如图 9-10 所示，其为由 W7805 组成的恒流源电路，已知 W7805 的 2、3 两端之间的电压为 5V，3 端的电流 $I_3 = 4.5\text{mA}$，电阻 $R = 100\Omega$，$R_L = 200\Omega$，试求 R_L 上的输出电流 I_o 和输出电压 U_o 是多少？

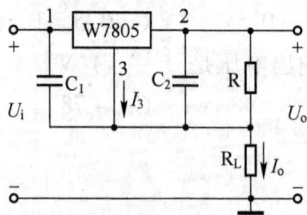

图 9-10

4. 如图 9-11 所示的串联稳压电源，已知三极管的 $\beta = 100$，$R_1 = 600\Omega$，$R_2 = 400\Omega$，$I_{Z\min} = 10\text{mA}$。

（1）分析运放 A 的作用。

（2）若 $U_Z = 5V$，求 U_o。

（3）若运放 A 的 $I_{Zmax} = 1.5mA$，试计算 I_{Lmax}。

（4）若 $U_i = 18V$，则三极管的最大功耗 P_{CM} 为多少？

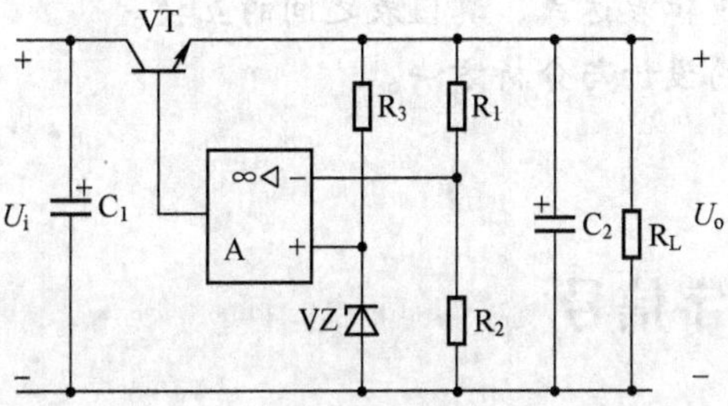

图 9—11

第 10 章

数字电路基础

📖 **考试要求**

○ 了解模拟信号与数字信号的区别，了解脉冲波形的主要参数。
○ 掌握常用逻辑门电路的逻辑功能，掌握逻辑函数的化简。
○ 掌握逻辑电路图、逻辑表达式、真值表之间的互换。
○ 掌握组合逻辑电路的设计与分析方法。

💡 **知识要点**

一、脉冲波与数字信号

1. 脉冲波

（1）脉冲波是指一种间断的、持续时间极短的、突然发生的电信号。凡是断续出现的电压或电流均称为脉冲电压或脉冲电流。

（2）常见的脉冲波有矩形波、锯齿波、三角波、尖峰波、阶梯波。

（3）正如正弦波可以用振幅、频率、初相三个参数来表征那样，理想的矩形脉冲一般只要三个参数便可以将其描述清楚。这三个参数分别是脉冲幅度 U_m、脉冲重复周期 T、脉冲宽度 t_w。但由于实际电路中储能元件的影响，脉冲波形并不十分规整，因此需要更多的参数描述其特征，如脉冲前沿和上升时间 t_r、脉冲后沿和下降时间 t_f、脉冲宽度 t_w、脉冲间隔 t_g、脉冲频率 f（或者周期 T）。

2. 模拟信号和数字信号

模拟信号与数字信号的定义、特点、表示方法及应用详见教材。
ADC 和 DAC 是模拟信号与数字信号转换的一个接口，起着桥梁的作用。

二、数制

一种数制所具有的数码个数称为该数制的基数，在该数制的数中，每位数码"1"所代表的实际数值称为"权"。权的大小是以基数为底、以数位的序号为指数的整数次幂。

（1）十进制数（D）：基数是 10，一共 10 个数码（0、1、2、3、4、5、6、7、8、9），计数原则是"逢十进一"。从个位起，各位的权分别为 10^0、10^1、10^2、10^3、…、10^{n-1}。

（2）二进制数（B）：基数是 2，一共 2 个数码（0 和 1），计数原则是"逢二进一"。从个位起，各位的权分别为 2^0、2^1、2^2、…、2^{n-1}。

二进制是数字电路最常用的数制，其运算规则为

$$0+0=0 \qquad\qquad 0\times0=0$$
$$0+1=1 \qquad\qquad 0\times1=0$$
$$1+1=1 \qquad\qquad 1\times1=1$$

（3）十六进制：基数是 16，一共 16 个数码（0、1、2、3、4、5、6、7、8、9、A、B、C、D、E、F），计数原则是"逢十六进一"。从个位起，各位的权分别为 16^0、16^1、16^2、…、16^{n-1}。

三、数制间的转换

1. 十进制化为二进制方法

（1）整数部分：采用"除 2 取余"法，即逐次除以 2，直至商为 0，将得到的余数从下往上排列起来，即为二进制数整数部分的数码。例如，$(53)_{10}=(\quad?\quad)_2$

$$
\begin{array}{r|l@{\quad}l}
2 & 53 & \\ \hline
2 & 26 & \cdots\cdots 1 \\ \hline
2 & 13 & \cdots\cdots 0 \\ \hline
2 & 6 & \cdots\cdots 1 \\ \hline
2 & 3 & \cdots\cdots 0 \\ \hline
2 & 1 & \cdots\cdots 1 \\ \hline
 & 0 & \cdots\cdots 1
\end{array}
$$

取余数时，要从下往上取

所以，$(53)_{10}=(110101)_2$

（2）小数部分：仍然采用"乘 2 取整"法，即逐次乘以 2，直至小数为 0，从每次乘积的整数部分依此顺序排列，即可得到二进制数小数各位的数码。例如，$(0.875)_{10}=(0.111)_2$

2. 二进制化为十进制方法

采用"乘权相加法"，关系式为

$$(N)_D=a_{n-1}\times2^{n-1}+a_{n-2}\times2^{n-2}+\cdots+a_1\times2^1+a_0\times2^0$$

例如，$(10010110)_2=(\quad?\quad)_{10}$

$(10010110)_2=1\times2^7+0\times2^6+0\times2^5+1\times2^4+0\times2^3+1\times2^2+1\times2^1+0\times2^0=(150)_{10}$

四、8421BCD 码

数字电路进行处理的是二进制数据，而人们习惯于使用十进制数，所以就产生了用 4 位二进制数表示十进制数的计数方法，即二 – 十进制代码，也称 BCD 码。常用的 BCD 码有8421 码、余 3 码、格雷码、2421 码、5421 码等。

8421 码就是将十进制的数以 8421 的形式展开成二进制，即把通常的十进制数的每一位用 4 位二进制码来表示。由于代码中从左到右每一位的 1 分别表示 8、4、2、1，所以把这种代码叫做 8421 代码。即用二进制数的 0000 ~ 1001 来分别表示十进制数的 0 ~ 9，它是一种有权码，各位的权从左到右分别为 8、4、2、1。若 8421 码各位分别为 A_3、A_2、A_1、A_0，则它所代表的十进制数的值为

$$N=8A_3+4A_2+2A_1+1A_0$$

例如，251 的 8421BCD 数据表示为 0010 0101 0001。

提示：8421BCD 码不仅具有二进制数的形式，而且具有十进制数的特点。

其他 BCD 码中，2421 码和 5421 码是有权码；余 3 码由 8421 码加 3 得来，是无权码；格雷码的特点是从一个代码变为相邻的另一个代码时只有一位发生变化。

五、逻辑门电路基础

通常把反映"条件"和"结果"之间的关系称为逻辑关系。如果以电路的输入信号反映"条件"，以输出信号反映"结果"，此时电路输入、输出之间也就存在确定的逻辑关系。数字电路就是实现特定逻辑关系的电路，因此，又称为逻辑电路。逻辑电路的基本单元是逻辑门，它们反映了基本的逻辑关系。

门电路是一种开关电路，它主要由工作于开关状态的二极管、三极管及其他元件构成。门电路可以实现因果关系。

常用的逻辑关系及逻辑功能如表 10-1 所示。

表 10-1　常用的逻辑关系及逻辑功能

逻辑关系	逻辑符号	表达式	逻辑功能	波　形
与门		$Y = A \cdot B = AB$	有 0 出 0 全 1 出 1	
或门		$Y = A + B$	有 1 出 1 全 0 出 0	
非门		$Y = \overline{A}$	1 出 0 0 出 1	
与非门		$Y = \overline{ABC}$	有 0 出 1 全 1 出 0	
或非门		$Y = \overline{A + B + C}$	有 1 出 0 全 0 出 1	
与或非门		$Y = \overline{AB + CD}$	全 1 或其中 1 组 全为 1 出 0， 全 0 出 1	

目前广泛采用数字集成逻辑门。其中主要有 TTL 集成逻辑门电路和 CMOS 集成逻辑门电路两大类。它的内部主要由晶体管、电阻、电容等构成，其输入端和输出端都是由晶体管构成的。

六、逻辑函数的化简

1. 逻辑函数的基本运算关系

在逻辑运算中，基本的逻辑关系有与、或、非三种。在逻辑函数中，相应地也有三种基本运算，即与运算、或运算和非（求反）运算。

（1）与运算（逻辑乘）。

与门电路的逻辑关系为 $Y = AB$，由此可得与运算的规则为

$$0 \cdot 0 = 0; \qquad 0 \cdot 1 = 0; \qquad 1 \cdot 0 = 0; \qquad 1 \cdot 1 = 1;$$
$$A \cdot 0 = 0; \qquad A \cdot 1 = A; \qquad A \cdot A = A$$

（2）或运算（逻辑和）。

或门电路的逻辑关系为 $Y = A + B$，由此可得或运算的规则为

$$0 + 0 = 0; \qquad 0 + 1 = 1; \qquad 1 + 0 = 1; \qquad 1 + 1 = 1;$$
$$A + 0 = A; \qquad A + 1 = 1; \qquad A + A = A$$

（3）非运算（求反运算）。

非门电路的逻辑关系为 $Y = \overline{A}$，由此可得非运算的规则为

$$\overline{0} = 1; \qquad \overline{1} = 0;$$
$$A + \overline{A} = 1; \qquad A \cdot \overline{A} = 0; \qquad \overline{\overline{A}} = A$$

2. 逻辑函数的基本定律

逻辑函数不但有与普通代数相似的交换律、结合律和分配律，其本身还有一些特殊定律。常用的定律如下。

（1）交换律：$A \cdot B = B \cdot A$；　$A + B = B + A$

（2）结合律：$(A \cdot B) \cdot C = A \cdot (B \cdot C)$；　$(A + B) + C = A + (B + C)$

（3）分配律：$A \cdot (B + C) = A \cdot B + A \cdot C$；　$A + BC = (A + B)(A + C)$

（4）等幂律：$A \cdot A = A$；　$A + A = A$

（5）$0-1$ 律：$0 \cdot A = 0$；　$0 + A = A$；

　　　　　　$1 \cdot A = A$；　$1 + A = 1$

（6）互补律：$A \cdot \overline{A} = 0$；　$A + \overline{A} = 1$

（7）摩根定律：$\overline{A \cdot B} = \overline{A} + \overline{B}$；　$\overline{A + B} = \overline{A} \cdot \overline{B}$

（8）吸收律：$A \cdot (A + B) = A$；　$A + AB = A$

（9）多余项定理：$AB + \overline{A}C + BC = AB + \overline{A}C$

3. 逻辑函数化简的意义

根据逻辑问题归纳出来的逻辑函数式往往不是最简逻辑函数式。对逻辑函数进行化简和

变换，可以得到最简的逻辑函数式和所需要的形式，从而设计出最简洁的逻辑电路。这对于节省元器件、优化生产工艺、降低成本和提高系统的可靠性、提高产品在市场的竞争力是非常重要的。

4. 逻辑函数式的几种常见形式和变换

常见的逻辑式主要有 5 种形式，如逻辑式 $Y = AB + \overline{B}C$ 可表示为

$$Y_1 = AB + \overline{B}C \qquad \text{与－或表达式}$$

$$Y_2 = (A + \overline{B})(B + C) \qquad \text{或－与表达式}$$

$$Y_3 = \overline{\overline{AB} \cdot \overline{\overline{B}C}} \qquad \text{与非－与非表达式}$$

$$Y_4 = \overline{\overline{A + \overline{B}} + \overline{B + C}} \qquad \text{或非－或非表达式}$$

$$Y_5 = \overline{\overline{A} \cdot B + \overline{B}\,\overline{C}} \qquad \text{与或非表达式}$$

利用逻辑代数的基本定律，可以实现上述 5 种逻辑函数式之间的变换。现将 Y_1 的与－或表达式变换为 Y_2 的或－与表达式，说明如下。

利用摩根定律将 Y_1 式变换为 Y_2 式：

$$Y_1 = AB + \overline{B}C$$

$$\overline{Y_1} = (\overline{A} + \overline{B})(B + \overline{C}) \qquad \text{利用摩根定律}$$

$$= \overline{A}B + \overline{A}\,\overline{C} + \overline{B}\,\overline{C}$$

$$= \overline{A}B + \overline{B}\,\overline{C} \qquad \text{利用吸收律}$$

$$Y_1 = \overline{\overline{A} \cdot B + \overline{B}\,\overline{C}}$$

$$= (A + \overline{B})(B + C) \qquad \text{利用摩根定律}$$

所以 $Y_1 = Y_2$

5. 逻辑函数化简方法

逻辑函数化简常用的方法有并项法、吸收法、消去法和配项法。

（1）并项法：利用公式 $AB + A\overline{B} = A$，将两项合成一项，并消去一个变量。

（2）吸收法：利用公式 $A + AB = A$，吸收掉多余的项。

（3）消去法：利用公式 $A + \overline{A}B = A + B$，消去多余的因子。

（4）配项法：利用公式 $A + \overline{A} = 1$ 为表达式中某一与项配项，拆为两项，再与其他项合并化简。

化简后的逻辑函数最简式有两个标准：一是项数最少；二是在项数最少的前提下，每项内的变量最少。

提示：逻辑函数中的等号 " $=$ " 不表示两边数值相等，仅表示一种等价、等效的逻辑关系。因为逻辑变量和逻辑函数的取值 0 和 1 是不能比较大小的，仅表示一种状态。

七、逻辑函数表示法

逻辑函数常用的表示法有真值表表示法、逻辑表达式表示法、逻辑图表示法。这 3 种表示法所描述的逻辑函数是相同的，它们可用于不同的场合。

（1）真值表表示法：真值表是完整表达输入逻辑变量的所有可能和对应的逻辑函数值排列在一起组成的表格。任何一个逻辑函数的真值表都是唯一的。

（2）逻辑表达式表示法：按照对应的逻辑关系，把输出逻辑变量表示为输入逻辑变量的与、或、非运算组合的表达式。它有多种形式。

（3）逻辑图表示法：逻辑图是用逻辑符号组合而成的变量流程图，可表示变量间的一定逻辑关系。同一逻辑函数的表达式不同，逻辑图也不一样。

八、逻辑电路图、表达式和真值表之间的互换

（1）逻辑电路图转化为逻辑表达式：逻辑电路图转化为逻辑表达式的方法是从电路图的输入端开始，逐级写出各门电路的逻辑表达式，一直到输出端。

（2）逻辑表达式转化为真值表：逻辑表达式转化为真值表的方法是若输入端数为 n，则输入端所有状态组全为 $2n$，列表时，输入状态按 n 列 $2n$ 行画好表格，然后填入输入变量。

（3）真值表转化为表达式：真值表转化为表达式的方法是从真值表中找出输出为 1 的各行，把每行的输入变量写成乘积的形式，变量为 0 取非，然后相加各乘积项即得表达式。

解题方法指导

1. 要搞清楚数字电路的主要特点，不同数制间的转换要细心计算，同时，要熟悉各种门电路逻辑的符号及含义。

2. 注意逻辑函数的运算次序。逻辑函数运算时没有减法、除法运算；等号两边不能随便移项或消项。

3. 逻辑设计时，可不必列出真值表全部，只要列出使输出端 $Y = 1$ 的那几行，就可写出相应逻辑式。

典例剖析

例 10-1　证明下列各等式。

【分析】本题主要是考查同学们对逻辑函数的基本定律和常用公式的掌握情况。相当于逻辑函数化简的题，本题难度较低。对于长非号的表达式，可用摩根定律去掉长非号，再逐步化简。

1. $AB + \overline{A}C + (\overline{B} + \overline{C})D = AB + \overline{A}C + D$

原式左边 $= AB + \overline{A}C + \overline{B}D + \overline{C}D$

$= AB + \overline{A}C + BC + \overline{BC}D$

$= AB + \overline{A}C + D = 右边$

2. $\overline{A} \cdot \overline{C} + \overline{A} \cdot \overline{B} + \overline{A} \cdot \overline{C} \cdot \overline{D} + BC = \overline{A} + BC$

原式左边 $= \overline{A} \cdot \overline{C}(1 + \overline{D}) + \overline{A} \cdot \overline{B} + BC$

$\qquad = \overline{A} \cdot \overline{C} + \overline{A} \cdot \overline{B} + BC = \overline{A}(\overline{C} + \overline{B}) + BC$

$\qquad = \overline{A} \cdot \overline{BC} + BC = \overline{A} + BC = 右边$

3. $\overline{BCD} + B\,\overline{CD} + ACD + \overline{ABC} \cdot \overline{D} + \overline{A} \cdot BCD + B\,\overline{C} \cdot \overline{D} + BCD = \overline{BC} + B\,\overline{C} + BD$

原式左边 $= \overline{BC}\,\overline{D} + \overline{A} \cdot BCD + B\,\overline{C}D + BCD + \overline{AB}\,\overline{C} \cdot \overline{D} + B\,\overline{C} \cdot \overline{D} + ACD$

$\qquad = \overline{BC}\,\overline{D} + \overline{A} \cdot BCD + BD + B\,\overline{C} \cdot \overline{D} + ACD$

$\qquad = \overline{BC}\,\overline{D} + ACD + BCD + BD + B\,\overline{C} \cdot \overline{D}$

$\qquad = \overline{BC}\,\overline{D} + ACD + BD + DC + B\,\overline{C} \cdot \overline{D}$

$\qquad = \overline{BC}\,\overline{D} + BD + DC + B\,\overline{C} \cdot \overline{D}$

$\qquad = C(D + \overline{B}) + B(D + \overline{C})$

$\qquad = \overline{B}C + BD + B\,\overline{C} = 右边$

4. $\overline{\overline{AB} \cdot \overline{B} + \overline{D} \cdot \overline{\overline{CD}}} \cdot \overline{\overline{BC}} + \overline{A} \cdot B\,\overline{D} \cdot \overline{A} + \overline{\overline{C} + \overline{\overline{CD}}} = 1$

原式左边 $= \overline{\overline{AB} \cdot \overline{B} + \overline{D} \cdot \overline{\overline{CD}}} \cdot \overline{\overline{BC}} + \overline{A} \cdot B\,\overline{D} \cdot \overline{A} + C + \overline{D}$

$\qquad = (AB + \overline{B} + D + \overline{CD})(\overline{B} + \overline{C}) + C + \overline{D}$

$\qquad = (B + D)(\overline{B} + \overline{C}) + C + \overline{D}$

$\qquad = B\,\overline{C} + \overline{B}D + \overline{C}D + C + \overline{D} = 1 = 右边$

例 10-2　化简下列各式。

【分析】本题主要是考查同学们对逻辑函数的基本定律和常用公式的掌握情况，灵活应用化简方法是解答本题的关键。

1. $F = A\,\overline{BC} + \overline{A} \cdot CD + A\,\overline{C}$

$\qquad = A(\overline{BC} + \overline{C}) + \overline{A} \cdot CD = A\,\overline{C} + A\,\overline{B} + \overline{A} \cdot CD$

$\qquad = \overline{C}(A + \overline{A}D) + A\,\overline{B} = A\,\overline{C} + \overline{C}D + A\,\overline{B}$

2. $F = A\,\overline{C} \cdot \overline{D} + BC + \overline{B}D + A\,\overline{B} + \overline{A}C + \overline{B} \cdot \overline{C}$

$\qquad = A\,\overline{C} \cdot \overline{D} + BC + \overline{B}D + A\,\overline{B} + \overline{A}C + \overline{B}C + \overline{B} \cdot \overline{C}$

$\qquad = A\,\overline{C} \cdot \overline{D} + BC + \overline{A}C + \overline{B}$

$\qquad = A\,\overline{D} + C + \overline{B}$

例 10-3　根据表 10-2 所示的真值表写出逻辑函数 Y 的逻辑表达式，并画出逻辑电路图。

【分析】真值表转化为表达式的方法是从真值表中找出输出为 1 的各行，把每行的输入变量写成乘积的形式，变量为 0 取非，然后相加各乘积项。

解：根据分析写出的逻辑函数式为

$$Y = \overline{A}\,\overline{B}\,\overline{C} + AB\,\overline{C}$$

这个逻辑函数式不是最简式，需要化简。

$$Y = \bar{A}\,\bar{B}\,\bar{C} + AB\bar{C}$$
$$= \bar{C}(\bar{A} + AB)$$
$$= \bar{C}B$$

表 10-2　真值表

输　入			输　出
A	B	C	Y
0	0	0	1
0	0	1	0
0	1	0	0
0	1	1	0
1	0	0	0
1	0	1	0
1	1	0	1
1	1	1	0

再根据 $Y = \bar{C}B$ 画出如图 10-1 所示的逻辑电路图。

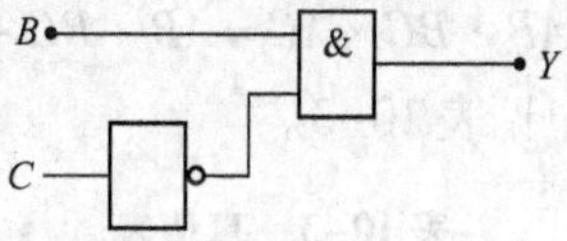

图 10-1　例题 10-3 图

【说明】本题的目的是要求学生熟练掌握根据真值表写出函数式和由函数式画出逻辑电路图的方法。

例 10-4　化简 $Y_1 = \bar{A}B + \bar{A}C + \overline{BC} + AD + BDEF$ 和 $Y_2 = \overline{AC + \bar{A}BC + \bar{B}C} + \overline{A\,\bar{B}C + \bar{A}C + BC}$。

【分析】利用公式法化简的主要方法有并项法、吸收法、消去法和配项法，本题的意图是要求考生能正确而灵活地应用逻辑函数的基本公式和基本定理。

解：（1）$Y_1 = \bar{A}B + \bar{A}C + \overline{BC} + AD + BDEF$

$$= \bar{A}B + \bar{A}C + \bar{B} + \bar{C} + AD + BDEF$$
$$= (\bar{A}B + \bar{B}) + (\bar{A}C + \bar{C}) + AD + BDEF$$
$$= \bar{A} + \bar{B} + \bar{A} + \bar{C} + AD + BDEF$$
$$= \bar{A} + \bar{B} + \bar{C} + AD + BDEF$$
$$= \bar{A} + \bar{B} + \bar{C} + D + BDEF$$
$$= \bar{A} + \bar{B} + \bar{C} + D$$

（2）$Y_2 = \overline{AC + \bar{A}BC + \bar{B}C} + \overline{A\,\bar{B}C + \bar{A}C + BC}$

$$= \overline{C(A + \bar{A}B + \bar{B})} + \overline{C(A\,\bar{B} + \bar{A} + B)}$$

$$= \overline{\overline{C(A + B + \overline{B})}} + \overline{\overline{C(\overline{B} + \overline{A} + B)}}$$

$$= \overline{C(A + 1)} + \overline{C(\overline{A} + 1)}$$

$$= \overline{C} + \overline{C} = \overline{C}$$

【说明】化简方法不是唯一的，只要能熟练掌握并灵活运用公式，均能得到正确的最简表达式。

例 10-5　分析如图 10-2 所示的逻辑电路的逻辑功能。

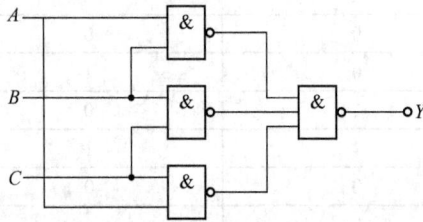

图 10-2　例题 10-5 图

【分析】本题的目的是能够综合运用本章所学知识，对电路逻辑功能进行判断。

解：（1）根据逻辑图，列出逻辑函数式并化简（若需要）。

$$Y = \overline{\overline{AB} \cdot \overline{BC} \cdot \overline{AC}} = AB + BC + AC$$

（2）根据表达式列出真值表，见表 10-3。

表 10-3　真值表

A	B	C	Y
0	0	0	0
0	0	1	0
0	1	0	0
0	1	1	1
1	0	0	0
1	0	1	1
1	1	0	1
1	1	1	1

（3）根据真值表可判断出 3 个输入变量中有两个或两个以上输入为 1 时，则输出为 1，否则为 0。即输出状态与输入的大多数状态一致。所以该电路可以称为半数表决权电路。

例 10-6　某逻辑函数的逻辑电路如图 10-3（a）所示，请用其他两种方式表示该逻辑函数，并画出波形图。

【分析】逻辑函数常用的表示法有真值表表示法、逻辑表达式表示法、逻辑图表示法。本题要求根据逻辑电路图写出函数表达式和列出真值表。

解：（1）根据逻辑电路图写出逻辑表达式。

$$Y = AB + A\overline{B} + \overline{B}\,\overline{C}$$

（2）根据逻辑表达式列出真值表（见表 10-4）。

（3）根据真值表画出波形图，如图 10-3（b）所示。

表 10-4　真值表

输　入			输　出
A	B	C	Y
0	0	0	1
0	0	1	0
0	1	0	0
0	1	1	0
1	0	0	1
1	0	1	1
1	1	0	1
1	1	1	1

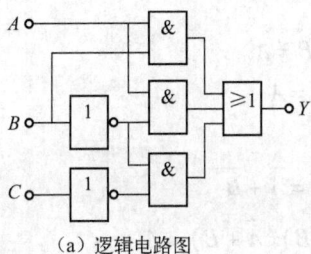

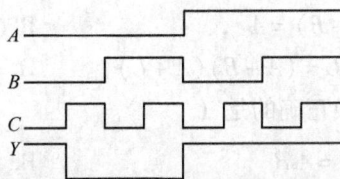

（a）逻辑电路图　　　　　　　　　　（b）波形图

图 10-3　例题 10-6 图

自我检测

一、填空题

1. 二进制有＿＿＿＿＿＿＿＿和＿＿＿＿＿＿＿＿＿＿两个数码，计数的原则是＿＿＿＿＿＿＿。

2. 十进制有＿＿＿＿＿＿＿＿＿＿十个数码，计数原则是＿＿＿＿＿＿＿＿。

3. 集成逻辑门电路主要有＿＿＿＿＿＿＿＿集成门电路和＿＿＿＿＿＿＿＿集成门电路。

4. 二进制数化为十进制数常用＿＿＿＿＿＿＿＿法，十进制数化为二进制数常用＿＿＿＿＿＿＿＿法。

5. $(65)_D = ($ ＿＿＿＿＿＿＿＿＿$)_B$。

6. $(111001)_B = ($ ＿＿＿＿＿＿＿＿＿$)_D$。

7. 128 的 8421BCD 码为＿＿＿＿＿＿＿＿＿。

8. 只有当决定某种结果的全部条件发生时，结果才会发生。这种关系为＿＿＿＿＿＿＿＿＿＿逻辑关系。

9. 只要决定某种结果的各种条件当中任何一个条件具备时，结果就会发生。这种关系为＿＿＿＿＿＿＿＿逻辑关系。

10. 在任何事物中，如果结果是对条件在逻辑中给予否定，则这种特定的关系称为＿＿＿＿＿＿＿＿＿逻辑关系。

11. 与门的逻辑功能是_____。

12. $Y = \overline{A} + \overline{B} + AB = $ _____。

13. $Y = AB + \overline{A}C$ 的与非表达式 $Y = $ _____。

14. 当 $A = 0$，$B = 1$，$C = 1$ 时，逻辑式 $Y = (\overline{A}BC + \overline{BC} + A) \cdot \overline{(A + B) \cdot AC}$ 的值 $Y = $ _____。

二、选择题

1. 下列各式中，正确的是（　　）。

    A. $A + AC = C$ B. $AB + \overline{A}\,\overline{B} = \overline{A\,\overline{B}} + \overline{\overline{A}B}$

    C. $\overline{AB} = \overline{A}\,\overline{B}$ D. $\overline{A + B} = \overline{A} + \overline{B}$

2. 下列定律中属于分配律的是（　　）。

    A. $A(A + B) = A$ B. $A + AB = A$

    C. $A + BC = (A + B)(A + C)$ D. $A + A = A$

3. 下式变换正确的是（　　）。

    A. $A + B = \overline{A}\,\overline{B}$ B. $A \cdot B = \overline{A} + \overline{B}$

    C. $\overline{A} + \overline{B} + AB = 1$ D. $(A + B)(\overline{A} + B) = A$

4. 化简 $A(\overline{A} + B) + B(B + C) + B$ 得（　　）。

    A. 1   B. 0

    C. A D. B

5. 与非门的逻辑功能是（　　）。

    A. 有低为高，全高为低   B. 有高为低，全低为高

    C. 有低为高，全高为低   D. 有低为低，全高为高

6. 图 10-4 所示的电路属于与门电路的是（　　）。

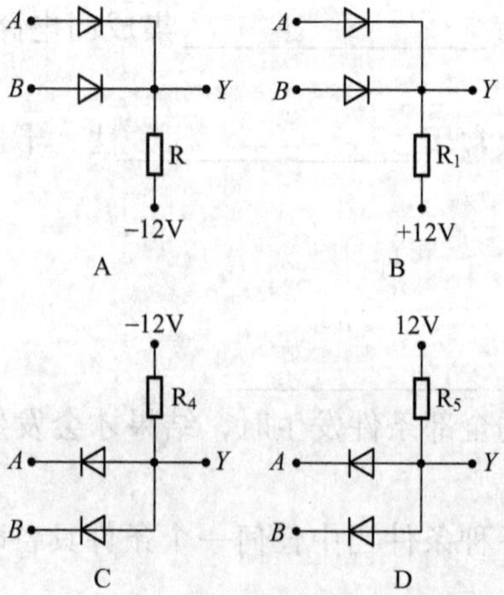

图 10-4

7. 逻辑表达式 $Y = AB + \overline{B}$ 的逻辑电路图是图 10-5 中的（　　　）。

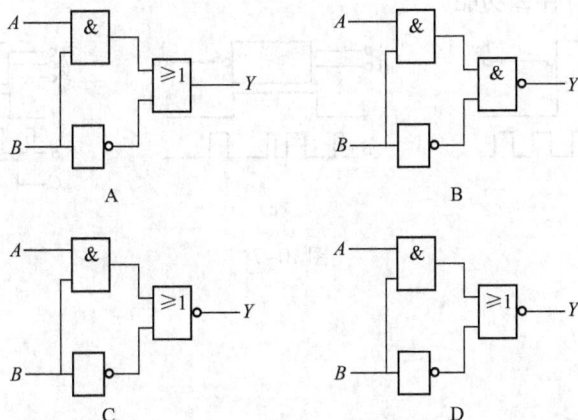

图 10-5

8. 如图 10-6 所示的各电路中，能够实现 $Y = 1$ 的电路是（　　　）。

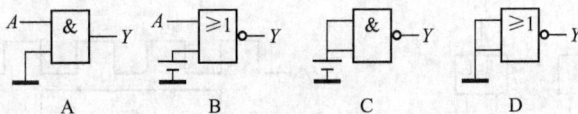

图 10-6

三、判断题

1. $(11101)_B = (31)_D$　　　　　　　　　　　　　　　　　　　　　　　　　（　　）

2. $A + 1 = A$　　　　　　　　　　　　　　　　　　　　　　　　　　　　（　　）

3. $A \cdot A = A$　　　　　　　　　　　　　　　　　　　　　　　　　　　（　　）

4. $\overline{AB + A} = \overline{A}$　　　　　　　　　　　　　　　　　　　　　　　（　　）

5. 利用逻辑函数可以根据逻辑功能设计相应的逻辑电路。　　　　　　　　（　　）

6. 真值表是一种表明逻辑门电路输入状态和输出状态对应关系的表格。　　（　　）

7. 逻辑变量的取值中 "0" 比 "1" 小。　　　　　　　　　　　　　　　　（　　）

8. 在逻辑运算时，等式的两边也可以移项或约去公共项。　　　　　　　　（　　）

四、综合题

1. 画出逻辑函数 $Y = ABD + \overline{B}CD + C\overline{D} + \overline{D}$ 的逻辑电路图，列出真值表，并说明输入与输出之间的逻辑关系。

2. 绘出如图 10-7 所示门电路的输出信号 Y 的波形，写出它们的逻辑函数式，并说明这是一个什么电路，具有什么功能。

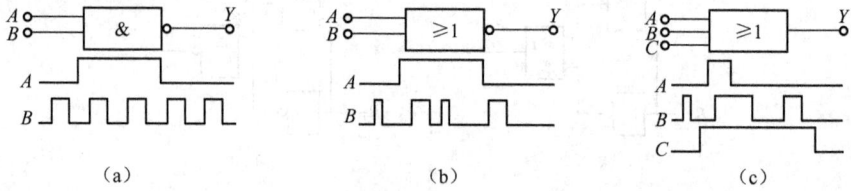

图 10-7

3. 常用的 TTL 集成电路如图 10-8（a）所示，已知输入 A、B 的波形如图 10-8（b）所示，请写出 Y_1、Y_2 的逻辑表达式，并画出输出波形。

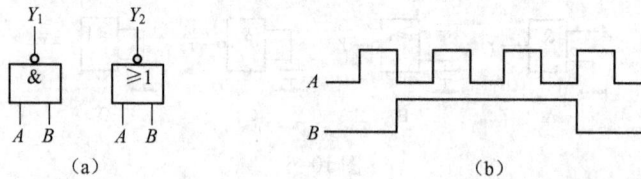

图 10-8

4. 根据如图 10-9 所示的逻辑电路图，写出逻辑表达式，并列出真值表。

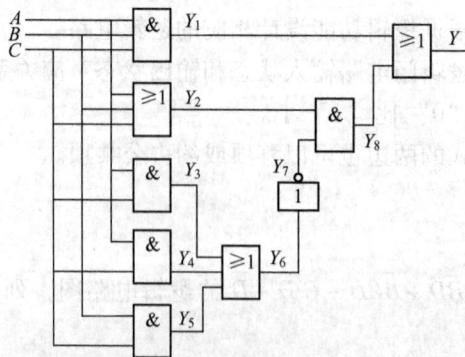

图 10-9

5. 根据真值表（见表 10-5），写出逻辑表达式，化简后画出逻辑电路图。

表 10-5 真值表

输 入			输 出
A	B	C	Y
0	0	0	0
0	0	1	1
0	1	0	0
0	1	1	0
1	0	0	1
1	0	1	0
1	1	0	1
1	1	1	0

五、问答题

1. 基本逻辑门电路有哪三种？其逻辑功能各是什么？并画出它们的逻辑电路图。

2. 请写出逻辑代数与普通代数不同的计算公式。

第11章

逻辑电路及其应用

考试要求

○ 掌握组合逻辑电路的设计与分析方法。
○ 掌握 RS 触发器、同步 RS 触发器、JK 触发器、D 触发器的组成及逻辑功能。
○ 了解脉冲波形的产生与变换。
○ 理解寄存器和计数器的工作过程。
○ 能识别数字集成电路的引脚。
○ 能正确使用半导体数码管。

知识要点

一、组合逻辑电路

所谓组合逻辑电路，是指在数字电路中任何时刻电路输出信号的状态仅取决于该时刻输入信号的状态的组合，而与输入信号作用前电路本身的状态无关的逻辑电路。

1. 组合逻辑电路的结构特点

（1）电路中不存在输出端到输入端的反馈通路。信号直接从输入端开始单向传输到输出端。
（2）电路中不包含储能元件，它由门电路组成，一般包括若干个输入、输出端。

2. 组合逻辑电路的功能特点

任何时刻的输出状态直接由当时的输入状态所决定，即组合逻辑电路不具备记忆功能，输出与输入信号作用前的电路状态无关。

3. 组合逻辑电路的分析方法和步骤

（1）由逻辑电路图逐级写出逻辑表达式。
（2）化简逻辑表达式。
（3）列出真值表。
（4）根据真值表，分析得出电路的逻辑功能。
通常采用的分析步骤如图 11-1 所示。

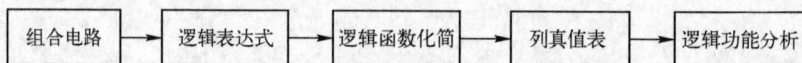

```
组合电路 → 逻辑表达式 → 逻辑函数化简 → 列真值表 → 逻辑功能分析
```

图 11-1　组合逻辑电路分析步骤

提示：（1）写逻辑表达式时，应根据逻辑电路图逐级写。

（2）列真值表时，n 个输入变量应有 2^n 个变量取值组合。

4. 组合逻辑电路的设计方法和步骤

（1）给定实际问题需要完成的逻辑功能，列出真值表。

（2）根据真值表写出逻辑表达式。

（3）化简逻辑表达式。

（4）根据化简后的表达式画出相应的逻辑电路图。

设计组合逻辑电路的步骤如图 11-2 所示。

| 逻辑功能要求 | → | 真值表 | → | 逻辑表达式 | → | 化简变换 | → | 逻辑图 |

图 11-2　设计组合逻辑电路的步骤

提示：组合逻辑电路的设计，通常以电路简单、所用器件最少为目标，以便能用最少的门电路来组成逻辑电路，达到工作可靠而且经济的目的。

根据题意仔细分析设计要求，设输入、输出变量是逻辑电路设计的第一关键，只有变量设得恰当，才能根据题意顺利地列出正确的真值表。按照化简规则，将表达式化简成题目中所需要的形式，然后根据逻辑表达式画出相应的逻辑电路图即可。

二、常见组合逻辑电路

1. 编码器

（1）概念。用若干二进制代码按一定的规律排列起来，组成不同的码制，并给予每个码制以固定的含义，这个过程称为编码。完成编码工作的数字电路称为编码器。

（2）编码器的特点。

① 编码器在任何时刻，只能对一个输入信号进行编码，即一个输入信号为 1 时，其他输入信号均为 0，也即编码器的编码对象的对应关系是唯一的，不能两个信息共用一个码。

② 无论何种编码器，一般都具有 M 个输入端、N 个输出端，其关系应满足 $2^N \geq M$。

（3）编码器的分类。按照代码制式的不同，编码器可分为二进制编码器、二–十进制编码器和优先编码器等。

（4）编码器的设计。

① 确定进制代码的位数。如对于二进制 8 个输入信号进行编码，就只需 3 位二进制代码（因 $2^3 = 8$）。

② 列真值表。

③ 根据真值表写出逻辑函数表达式。

④ 化简函数表达式，若得出的表达式已经是最简式，不必再化简。

⑤ 根据函数表达式画出逻辑图。

（5）优先编码器。一般编码器在工作时仅允许有一个输入信号，如果有两个或两个以上的信号同时输入，则编码器的输出就会出错。为了避免出现这种错误应选用优先编码器。

优先编码器在同时输入两个或两个以上的信号时，将优先级别高的输入信号编码，优先级别低的信号则不起作用。74LSl47 就是常用的 8421 码集成优先编码器。

2. 译码器

（1）概念。译码是编码的反过程。所谓译码，就是把编码信号转换成数据线上的状态的过程。完成译码功能的电路称为译码器。

（2）译码器的特点。译码器有多个输入端和多个输出端，而对应输入信号的任一状态，一般仅有一个输出状态有效，而其他输出状态均无效。

输入有 n 个且 n 个信号共同表示输入某一种编码；输出有 m 个。当输入出现某种编码时，译码后相应的一个输出端出现高电平，而其他均为低电平，或者相反。

（3）8421BCD 译码器。8421BCD 译码器是一种 4 线输入、10 线输出的译码器。输入的是 4 位二进制代码，它表示一个十进制数，输出的 10 条线分别代表 0~9 十个数字。

3. 半导体数码显示器

半导体数码管是由 7 个发光二极管排列成"日"字形状而制成的，发光二极管分别用 a、b、c、d、e、f、g 共 7 个字母表示，一定的发光线段组合就可以显示相应的十进制数字。7 段半导体数码管的连接方法可分为共阳极和共阴极两大类，如图 11-3 所示。

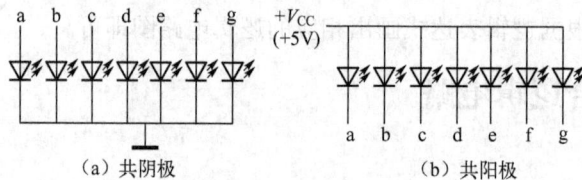

图 11-3　7 段半导体数码管内部电路

共阳极数码管一般采用低电平驱动（公共端引脚接 +5V）。共阴极数码管一般采用高电平驱动（公共端引脚接地）。

分段显示译码电路常采用集成电路，常见型号七段的有 T337、T338 等；八段的有 5G63、C320 等。

三、时序逻辑电路

1. 时序逻辑电路与组合逻辑电路的区别

（1）概念上的区别。时序逻辑电路是指任一时刻的输出信号不仅取决于当时的输入信号，而且还取决于电路原来的状态，即电路经历的时间顺序。而组合逻辑电路任何时刻的输出信号仅取决于该时刻的输入信号状态的组合，而与输入信号作用前的电路本身状态无关。

（2）电路特点上的区别。时序逻辑电路通常含有组合电路和储存电路，有反馈电路；而组合逻辑电路中没有储存电路，也没有反馈电路。

（3）有无记忆功能的区别。时序逻辑电路具有记忆功能；组合逻辑电路没有记忆功能。

2. 时序逻辑电路的种类

时序逻辑电路可分为同步时序电路和异步时序电路。

四、触发器

触发器是能存储二进制数码的一种数字电路，其电路状态的转换需要触发（激励）信号来实现，它是寄存器、计数器等数字电路的基本单元，是构成记忆功能部件的基本器件。

1. 触发器的特点

触发器有两个互为非的输出端 Q 和 $\overline{Q}$，还有 $1 \sim 2$ 个输入端。实际使用的触发器都应具有以下特点。

（1）触发器有 0 态和 1 态两个稳定的状态。当触发器的输出 $Q = 0$，$\overline{Q} = 1$ 时，称触发器处于 0 态；当 $Q = 1$，$\overline{Q} = 0$ 时，称触发器处于 1 态。

（2）触发器具有保持或记忆功能。在没有外加输入信号作用时，触发器可以保持原来的状态不变，这是触发器特有的保持功能或记忆功能。n 级触发器可以记忆 n 位二进制信息；n 位二进制信息有 2^n 种不同的状态。

（3）触发器具有置 0 和置 1 的功能。在外加输入信号的触发下，触发器可以改变原来的状态，具有置 0 和置 1 的功能。需要触发器记忆 0 信息时，就将触发器置 0；需要记忆 1 信息时，就将触发器置 1。

为了方便叙述，一般把触发器原来的状态称为原态，用 Q^n 表示，改变后的状态称为次态，用 Q^{n+1} 表示。

提示：触发器是时序逻辑电路的基础，只有掌握了触发器的相关知识，才能对时序逻辑电路进行正确的分析。

2. 触发器的种类

按照电路结构的不同，触发器可分为基本 RS 触发器、同步 RS 触发器、D 触发器、JK 触发器、T 触发器等多种形式。

（1）基本 RS 触发器。基本 RS 触发器由两个与非门首尾交叉组成，电路左右对称。基本 RS 触发器是构成其他各种触发器的最基本的组成部分。

在基本 RS 触发器的逻辑符号中，$\overline{S}_D$ 和 $\overline{R}_D$ 为两个输入端，其中 $\overline{S}_D$ 称为置 1 端（或称置位端），$\overline{R}_D$ 称为置 0 端（或称复位端），字母上面的"非号"表示低电平有效。当没有输入信号时，$\overline{S}_D$ 和 $\overline{R}_D$ 均保持高电平"1"。

基本 RS 触发器的优点是电路简单，可以存储一位二进制代码，是构成其他性能更好的触发器的基础。其缺点是输入信号直接控制输出状态，无同步控制端；$\overline{S}_D$ 和 $\overline{R}_D$ 不能同时为 0，即 $\overline{S}_D$ 和 $\overline{R}_D$ 间相互约束。

（2）同步 RS 触发器。所谓同步，就是指触发器状态的改变与时钟脉冲 CP 的波形同步，也就是只有在控制端出现脉冲信号时，触发器才动作，至于触发器输出什么状态，仍由 R 和 S 端的高、低电平来决定。这种带有控制端的基本 RS 触发器称为同步 RS 触发器。

当时钟脉冲 CP = 0 时，同步触发器保持原状态不变；只有 CP = 1 时，触发器才能根据 R、S 的状态而变化，即在该触发器的状态变化是在 CP = 1 的整个时间内，而不是在某一个时刻。同步 RS 触发器是用高电平置 1 或置 0 的，没有信号输入时，R、S 端应为低电平 "0"。注意，它的输入端不能同时为高电平 "1"。

同步 RS 触发器存在空翻现象。为此，可将控制脉冲 CP = 1 期间的电平触发改为边沿触发（一般为 CP 下降沿触发），从而得到功能更加完善的主从 RS 触发器。

（3）边沿触发器。为了提高触发器的可靠性，增强抗干扰能力，常常用到边沿触发器。常用到的边沿触发器有边沿 D 触发器和边沿 JK 触发器。

D 触发器仅有一个输入控制端、一个时钟脉冲输入端，它的输出状态仅取决于 CP 上升沿或下降沿时 D 的状态。

JK 触发器是一种功能最强的触发器，它具有置 0、置 1、翻转和保持不变的功能。

常用触发器的逻辑符号、逻辑功能表及触发方式如表 11-1 所示。

表 11-1　常用触发器的逻辑符号、逻辑功能表及触发方式

名　称	逻辑符号	逻辑功能表			功能说明	触发方式	特性方程
基本 RS 触发器		$\overline{R}_D$ $\overline{S}_D$ Q^{n+1} 0　0　不定 0　1　1 1　0　0 1　1　Q^n			置0、置1和保持	—	$Q^{n+1} = S_D + \overline{R}_D \cdot Q^n$ $\overline{R}_D + \overline{S}_D = 1$（约束条件）
同步 RS 触发器		R　S　Q^{n+1} 0　0　Q^n 0　1　1 1　0　0 1　1　不定			置0、置1和保持	CP = 1 期间触发	$Q^{n+1} = S_D + \overline{R}_D \cdot Q^n$ $R_D \cdot S_D = 0$（约束条件）
D 触发器		D　Q^{n+1} 0　1 1　1			置0、置1	CP 上升沿时刻触发	$Q^{n+1} = D$
JK 触发器		J　K　Q^{n+1} 0　0　Q^n 0　1　0 1　0　1 1　1　$\overline{Q}^n$			置0、置1、保持和计数	CP 下降沿时刻触发	$Q^{n+1} = \overline{J}Q^n + \overline{K}Q^n$ 主从 JK 触发器没有约束条件

五、寄存器和计数器

1. 寄存器

寄存器是能够暂存数码或信息的逻辑电路，它由触发器和门电路组成，具有接收、存放和输出数码的功能。

移位寄存器除了具有寄存数码的功能外，还具有将数码在寄存器中移位等多种功能。例如，使数码双向（左移或右移）移位，实现数码串行输入 – 串行输出、串行输入 – 并行输出、并行输入 – 串行输出、并行输入 – 并行输出的转换等功能。

寄存器存放数码的方式可分为并行和串行两种。寄存器读出数码的方式也可分为并行和串行两种。

2. 计数器

计数器是一种含有若干个触发器，并按预定顺序改变各触发器的状态，累计输入脉冲个数的数字电路。

计数器是用来统计（记录）输入脉冲个数的电路，常用于数字测量、运算和控制系统。计数器是数字系统中的重要部件。

计数器按照状态更新情况的不同，可分为同步计数器和异步计数器两大类。按照计数进制的不同，可分为二进制计数器、任意进制计数器。按照计数器中数值增减情况的不同，可分为加法计数器、减法计数器和双向计数器。

我们可以用触发器的组合来实现计数器的功能。实际应用的计数器，通常选用集成计数器。

集成计数器 74LS161 属于 4 位二进制同步计数器，能同步并行预置数、异步清零，具有清零、置数、计数和保持 4 种功能。

集成计数器 74LS192 属于十进制可逆计数器，具有双时钟输入、清除和置数等功能。一个 74LS192 只能表示 0 ~ 9 十个数字，若需要扩大计数范围，可采用多个 74LS192 级联使用。

六、脉冲波形的产生和变换

1. 脉冲波形的产生

获得脉冲波形的方法有两种：一是利用脉冲振荡电路产生；二是通过整形电路对已有的波形进行整形、变换，使之符合系统的要求。

常用的脉冲波形产生和变换的电路有多谐振荡器、单稳态触发器和施密特触发器。

（1）多谐振荡器。

组成：多谐振荡器由一个与非门与一个反相器及电阻、电容构成。

功能：用于产生矩形方波。

输出状态：基本多谐振荡器不需外加输入信号，也没有稳定状态，只有两个暂稳状态，暂稳态维持时间的长短取决于电路本身的定时元件时间常数 τ。

（2）单稳态触发器。

组成：单稳态触发器由两级集 – 基交叉耦合反相器构成。

功能：用于脉冲整形、延时和定时。

输出状态：单稳态电路也是一种脉冲整形电路，它有一个稳定状态和一个暂稳状态。在外来脉冲的作用下，它由稳态变成暂稳态，暂稳态维持一段时间之后将自动返回到稳定状态。维持暂态时间取决于电路本身的定时元件时间常数 τ。

（3）施密特触发器。

组成：由两级直流放大器组成，且射极接有电阻。

功能：可以将锯齿波变换成矩形脉冲。

输出状态：施密特电路是一种脉冲整形电路，有两个稳定的状态，在外加电平触发信号下可以从第一稳态翻转到第二稳态，状态的维持也需外加信号，存在回差特性（滞后的电压传输特性）。

2. RC 微分电路

（1）电路结构。输出电压取自电阻，如图 11-4 所示。

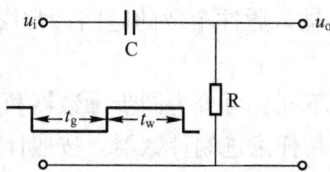

图 11-4　RC 微分电路

（2）电路条件。$RC \ll t_w$，$RC \ll t_g$。其中，t_w 为脉宽，t_g 为休止期。

（3）作用。把方波变换成正负尖脉冲。

（4）特点。能够对脉冲信号起到"突出变化量，压低恒定量"的作用。

提示：（1）RC 充放电规律都是按指数形式变化的。

（2）RC 充放电时间常数 $\tau = RC$。

RC 充放电时间常数 τ 一般是不相等的。规定电容充电或放电完成的时间是时间常数 τ 的 3 倍。

3. RC 积分电路

（1）电路结构。输出电压取自电容，如图 11-5 所示。

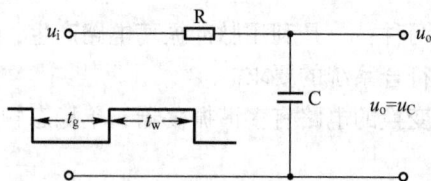

图 11-5　RC 积分电路

（2）电路条件。$RC \gg t_w$，$RC \gg t_g$。

（3）作用。把方波变换成锯齿波。

（4）特点。能够对脉冲信号起到"突出恒定量，压低变化量"的作用。

七、数字集成电路的引脚识别

识别数字 IC 引脚的方法是将 IC 正面的字母、代号对着自己，使定位标记朝左下方，则处于最左下方的引脚是第 1 脚，再按逆时针方向依次数引脚，便是第 2 脚、第 3 脚等，如图 11-6 所示。

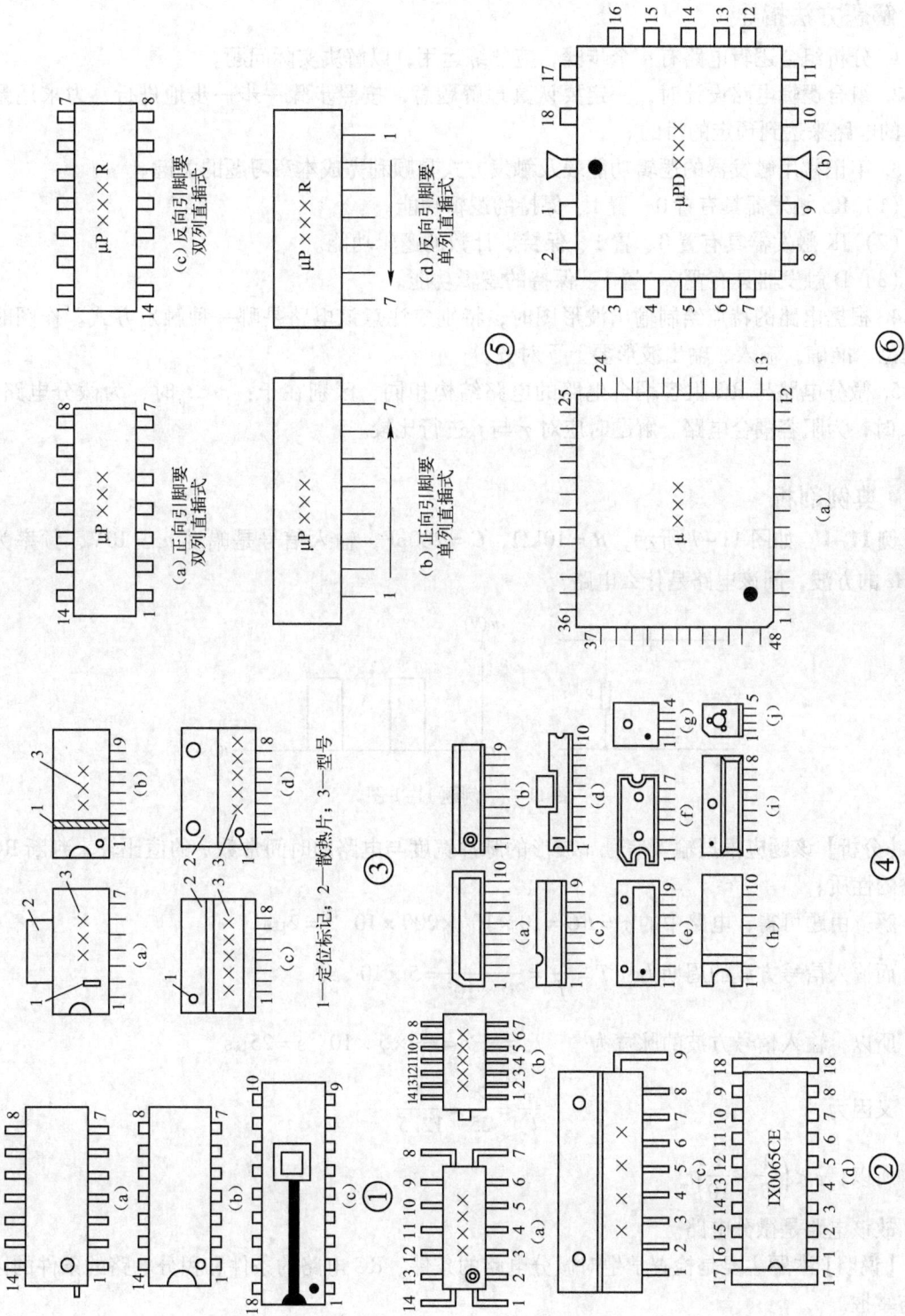

图 11-6 常用数字 IC 引脚识别方法

解题方法指导

1. 分析组合逻辑电路有 4 个步骤，应熟练运用，以解决实际问题。

2. 组合逻辑电路设计时，一定要认真理解题意，按照步骤一步一步地进行，力求用最简单的电路来达到预定的目的。

3. 牢记常用触发器的逻辑功能表及触发方式是顺利完成本章习题的关键。

（1）RS 触发器具有置 0、置 1、保持的逻辑功能。

（2）JK 触发器具有置 0、置 1、保持、计数的逻辑功能。

（3）D 触发器具有置 0、置 1、保持的逻辑功能。

4. 根据电路的特点绘制输出波形图时，特别应注意该电路是哪一种触发方式。作图时应规范、准确，输入、输出波形要上下对齐。

5. 微分电路与 RC 阻容耦合电路的电路结构相同，区别在于：$\tau \ll t_p$ 时，为微分电路；$\tau \gg t_p$ 时，为阻容耦合电路。解题时应对 τ 与 t_p 进行比较。

典例剖析

例 11-1　如图 11-7 所示，$R = 10k\Omega$，$C = 200pF$，输入信号是幅度 $u_i = 10V$，频率为 20kHz 的方波，问该电路是什么电路？

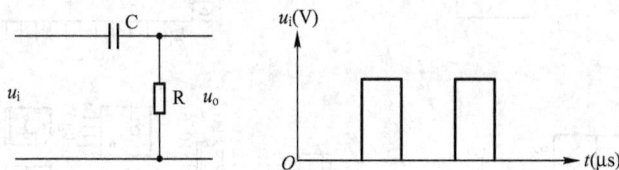

图 11-7　例题 11-1 图

【分析】该题应根据输入信号 u_i 波形的脉冲宽度与电路的时间常数 τ 的值比较来判断 RC 电路的性质。

解：由题可得，电路中的 $\tau = RC = 10 \times 10^3 \times 200 \times 10^{-12} = 2\mu s$

而输入信号方波的周期为　$T = \dfrac{1}{f} = \dfrac{1}{20 \times 10^3} = 5 \times 10^{-5} s$

所以，输入信号方波的脉宽为　$t_w = \dfrac{1}{2}T = \dfrac{1}{2} \times 5 \times 10^{-5} s = 25\mu s$

又因为　　　　　　　　　　　$\dfrac{\tau}{t_w} = \dfrac{2}{25} = \dfrac{1}{12.5}$

所以，$\tau < \left(\dfrac{1}{5} \sim \dfrac{1}{10}\right)t_w$

故该电路是微分电路。

【说明】本题主要是检查学生对微分电路的条件、RC 电路的条件和积分电路的条件的区别与掌握。

例 11-2　请按如图 11-8（a）中所示触发器的逻辑符号作出图 11-8（b）中 Q 端相应的输出波形（设 Q 原始状态为 1）。

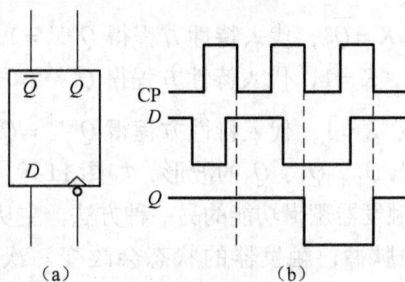

图 11-8 例题 11-2 图

【分析】从图 11-8（a）中可以看出，这是一个 D 型触发器，其触发方式为下降沿触发，根据这一特点可作出输出波形图，要求必须记住 D 型触发器的逻辑功能只有置 0 和置 1 两种状态。

解：根据 D 型触发器置 1 和置 0 的逻辑功能，CP = 0 时，触发器保持原态；CP = 1 时，触发器随 D 的输入信号变化而变化，可画出如图 11-8（b）所示 Q 的波形。

【说明】本题要求学生掌握触发器的波形画法，因为波形图是描述触发器功能的一种形式。

例 11-3 由 JK 触发器构成的各电路如图 11-9（a）～（c）所示。

（1）写出各电路的特性状态方程。

（2）图 11-9（d）中已画出了 CP 的波形，试分别画出 Q_1、Q_2、Q_3 的波形。

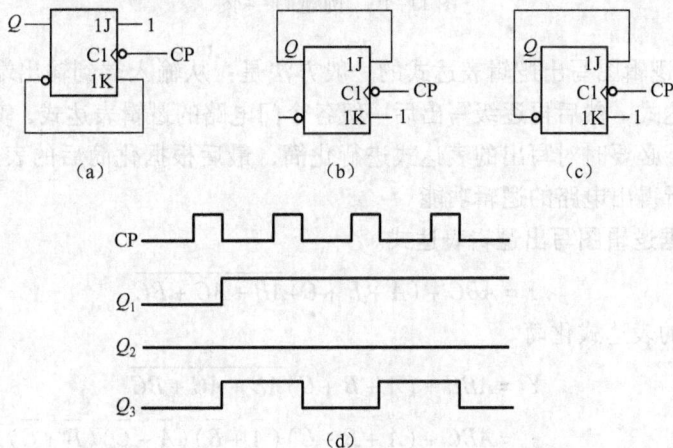

图 11-9 例题 11-3 图

【分析】触发器具有记忆功能，它的输入信号可以取自 Q、$\overline{Q}$ 端。只要将触发器进行适当的连接，就可使其具有某种特定的功能。本题的意图是要求读者熟悉各种类型触发器的特性方程并能理解这些触发器的逻辑功能。

D 触发器的特性方程为 $Q^{n+1} = D$；JK 触发器的特性方程为 $Q^{n+1} = \overline{J}Q^n + \overline{K}Q^n$，只要把 D 或 J、K 用相应的输入代换出来，就可得到图示各电路的特性方程。

解：（1）JK 触发器的特性方程为

$$Q^{n+1} = \overline{J}Q^n + \overline{K}Q^n$$

图 11-9（a）中，$J=1$，$K=\overline{Q^n}$，代入特性方程得 $Q^{n+1}=1$。

图 11-9（b）中，$J=Q^n$，$K=1$，代入特性方程得 $Q^{n+1}=0$。

图 11-9（c）中，$J=\overline{Q^n}$，$K=1$，代入特性方程得 $Q^{n+1}=\overline{Q^n}$。

（2）根据特性方程可画出 Q_1、Q_2、Q_3 的波形，如图 11-9（d）所示。

【说明】特性方程是描述触发器逻辑功能的另一种方法。主从 JK 触发器没有约束条件，在 $J=K=1$ 时，每输入一个时钟脉冲，触发器的状态会改变一次，即触发器处于所谓的计数状态。

例 11-4　分析如图 11-10 所示电路的逻辑功能。

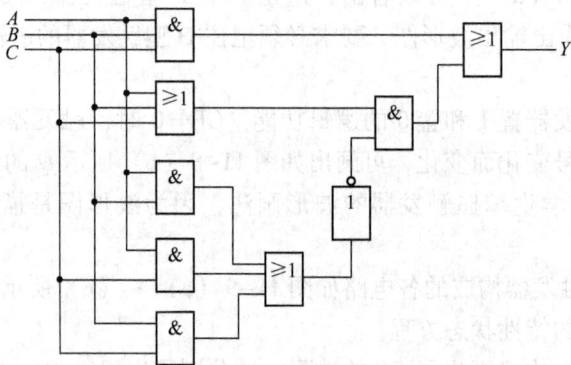

图 11-10　例题 11-4 图

【分析】根据逻辑图写出逻辑表达式的一般方法是：从输入端到输出端，先写出第一级逻辑门的输出表达式，然后再逐级写出后一级各个门电路的逻辑表达式，其次是写出总输出端的逻辑表达式，必要时对写出的表达式进行化简，最后根据化简后的表达式列出真值表，再根据真值表分析得出电路的逻辑功能。

解：（1）根据逻辑图写出逻辑表达式。

$$Y=ABC+(A+B+C)\overline{AB+AC+BC}$$

（2）将写出的表达式化简。

$$Y=ABC+(A+B+C)\overline{AB+AC+BC}$$
$$=ABC+(A+B+C)(\overline{A}+\overline{B})(\overline{A}+\overline{C})(\overline{B}+\overline{C})$$
$$=ABC+A\,\overline{B}\,\overline{C}+\overline{A}B\,\overline{C}+\overline{A}\,\overline{B}C$$

（3）列真值表，见表 11-2。

表 11-2　真值表

A	B	C	Y
0	0	0	0
0	0	1	1
0	1	0	1
0	1	1	0

续表

A	B	C	Y
1	0	0	1
1	0	1	0
1	1	0	0
1	1	1	1

（4）简述其逻辑功能。

从真值表可归纳出该电路的逻辑功能为电路的 3 个变量中有奇数个变量取 1 时，输出 $Y=1$，其余输出 $Y=0$。

例 11-5 某教学楼的自动电梯系统设有 4 部电梯，通常只使用主电梯 A、B、C 三部，而备用电梯 D 只在主电梯全部被用（运行时）时才允许使用。请设计一个逻辑电路，要求当任何两个以上主电梯处于运行状态时，就通知备用电梯，做好运行准备。

【分析】设计逻辑电路应分 4 个步骤进行：①设变量，赋值；②列真值表；③写出逻辑函数式并化简；④画出逻辑电路图。

解：（1）设主电梯 A、B、C 为输入逻辑变量。通知备用电梯信号为输出函数 Y，主电梯运行状态为逻辑 1，不运行为逻辑 0，通知备用电梯准备运行为逻辑 1，不通知时为逻辑 0，根据题意可列出真值表，见表 11-3。

表 11-3 真值表

A	B	C	Y
0	0	0	0
0	0	1	0
0	1	0	0
0	1	1	1
1	0	0	0
1	0	1	1
1	1	0	1
1	1	1	1

（2）由真值表写出逻辑表达式。

$$Y = \overline{A}BC + A\overline{B}C + AB\overline{C} + ABC$$

（3）化简逻辑表达式。

$$Y = \overline{A}BC + A\overline{B}C + AB\overline{C} + ABC$$
$$= \overline{A}BC + A\overline{B}C + AB\overline{C} + ABC + ABC + ABC$$
$$= AB(\overline{C} + C) + BC(\overline{A} + A) + AC(\overline{B} + B)$$
$$= AB + BC + AC$$

（4）根据逻辑表达式画出逻辑电路，如图 11-11 所示。

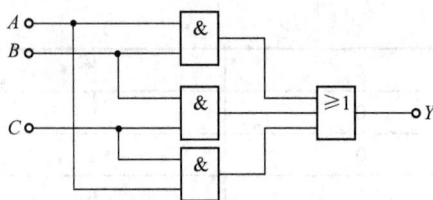

图 11-11　例题 11-5 图

【说明】本题不易懂且容易忽视的是备用电梯应该作为什么状态处理，由题可得，应该将备用电梯作为输出变量处理，这样问题就非常简单了。

例 11-6　分析如图 11-12 所示组合逻辑电路的功能，要求写出与 - 或逻辑表达式，列出其真值表，并说明电路的逻辑功能。

图 11-12　例题 11-6 图

解：$CO = AB + BC + AC$

$$S = ABC + (A + B + C)\overline{CO} = ABC + (A + B + C)\overline{AB + BC + AC}$$

$$= ABC + (A + B + C)\overline{AB}\ \overline{BC}\ \overline{AC}$$

$$= ABC + A\ \overline{AB}\ \overline{BC}\ \overline{AC} + B\ \overline{AB}\ \overline{BC}\ \overline{AC} + C\ \overline{AB}\ \overline{BC}\ \overline{AC}$$

$$= ABC + A\ \overline{B}\ \overline{BC}\ \overline{C} + B\ \overline{A}\ \overline{C}\ \overline{AC} + C\ \overline{AB}\ \overline{B}\ \overline{A}$$

$$= ABC + A\ \overline{B}\ \overline{C} + \overline{A}B\ \overline{C} + \overline{A}\ BC$$

根据逻辑表达式列真值表，见表 11-4。

表 11-4　真值表

A	B	C	S	CO	A	B	C	S	CO
0	0	0	0	0	1	0	0	1	0
0	0	1	1	0	1	0	1	0	1
0	1	0	1	0	1	1	0	0	1
0	1	1	0	1	1	1	1	1	1

电路功能：一位全加器，A、B 为两个加数，C 为来自低位的进位，S 是相加的和，CO 是进位。

自我检测

一、填空题

1. 脉冲是指瞬间突然变化、作用时间极短的_____。

2. RC 充放电的变化规律是按_____变化的，充放电时间为_____
____。

3. RC 微分电路可以将方波变换为_____波。

4. RC 积分电路可以将方波变换为_____波。

5. 施密特触发器的翻转与维持都取决于_____。

6. 单稳态触发器的输出有一个_____状态和一个_____状态。

7. 单稳态触发器电路的暂态持续时间由定时元件_____和_____
决定，与触发电平_____。

8. 多谐振荡器是一种能自动反复输出_____脉冲的电路。

9. 时序逻辑电路由_____和_____组成。

10. 基本 RS 触发器由两个_____组成，每一个门的输出端又接至另一个门
的输入，电路左右对称。

11. 受外加_____控制的基本 RS 触发器，称为同步 RS 触发器。

12. JK 触发器根据输入信号和 J 端、K 端的不同情况，具有_____、_____
_____、_____和_____ 4 种功能。

13. D 型触发器在 JK 触发器的 J 端信号经_____门后接到 K 端就构成 D 型
触发器。

14. D 型触发器具有_____和_____两种功能。

15. 一个触发器可以存放_____位二进制代码。

16. 寄存器具有_____、_____和_____的功能。

17. 计数器是数字系统中的重要部件，它能对_____进行计数。

18. 组合逻辑电路的输出仅取决于当时输入信号的_____，而与输入信号作
用前电路本身的状态无关，因此电路没有_____能力。

19. n 位二进制数可表示_____个特定含义。

20. 编码器在任何时刻只能对_____个输入信号进行编码。

21. 二–十进制 8421BCD 码编码输出端的输出信号为_____位二进制码。

22. 译码器某输出端输出此时输入端的代码信号时，若该输出端的输出为高电平 1，则
其余输出端均输出_____。

二、选择题

1. 4 位二进制编码器有输出端（　　）个。
　　A. 1　　　　　　　　B. 2　　　　　　　　C. 3　　　　　　　　D. 4

2. 二–十进制 8421BCD 编码器的输入端个数为（　　）。
　　A. 4　　　　　　　　B. 8　　　　　　　　C. 10　　　　　　　　D. 16

3. 8421BCD 码 0010 1001 表示的十进制数为 （　　　）。

　　A. 8　　　　　　B. 89　　　　　　C. 16　　　　　　D. 29

4. 8421BCD 译码器有 （　　　） 个输入端。

　　A. 4　　　　　　B. 8　　　　　　C. 10　　　　　　D. 16

5. 触发器与组合逻辑门电路相比较，（　　　）。

　　A. 两者都有记忆能力　　　　　　　B. 只有组合逻辑门电路有记忆能力
　　C. 只有触发器有记忆能力　　　　　D. 都没有记忆功能

6. 基本 RS 触发器具有 （　　　） 的逻辑功能。

　　A. 置 0、置 1　　　　　　　　　　B. 置 0、置 1、计数
　　C. 置 0、置 1、保持　　　　　　　D. 置 0、计数、保持

7. 同步 RS 触发器不具备的功能是 （　　　）。

　　A. 置 0　　　　　B. 置 1　　　　　C. 保持　　　　　D. 计数

8. JK 触发器当 $J = K = 1$ 时，当脉冲下降沿到来时，其状态为 （　　　）。

　　A. 保持　　　　　B. 置 1　　　　　C. 置 0　　　　　D. 计数

9. D 型触发器不具备的逻辑功能是 （　　　）。

　　A. 置 1　　　　　B. 置 0　　　　　C. 计数　　　　　D. 克服空翻

10. 判断 RC 微分电路的条件是 （　　　）。

　　A. $RC \gg t_w$，$RC \ll t_g$　　　　　B. $RC \ll t_w$，$RC \ll t_g$
　　C. $RC \gg t_w$，$RC \gg t_g$　　　　　D. $RC \ll t_w$，$RC \gg t_g$

11. 判断 RC 积分电路的条件是 （　　　）。

　　A. $RC \gg t_w$，$RC \ll t_g$　　　　　B. $RC \ll t_w$，$RC \ll t_g$
　　C. $RC \gg t_w$，$RC \gg t_g$　　　　　D. $RC \ll t_w$，$RC \gg t_g$

12. 利用电压触发的是 （　　　） 电路。

　　A. 多谐振荡器　　　　　　　　　　B. 单稳态触发器
　　C. 施密特触发器　　　　　　　　　D. 环形振荡器

三、判断题

1. 微分电路的阻容元件对调就可以变成积分电路。　　　　　　　　　　　　（　　　）

2. RC 积分电路对输入脉冲具有 "突出变化量，压低恒定量" 的特点。　　（　　　）

3. 改变施密特触发器的回差电压，将会影响到输出脉冲的宽度。　　　　　（　　　）

4. 单稳态电路如果被触发，将会输出矩形波。　　　　　　　　　　　　　（　　　）

5. 施密特触发器不需外加触发脉冲信号即可自动翻转。　　　　　　　　　（　　　）

6. 单稳态触发器电路平常总是处于稳定状态，在外加触发脉冲下，电路将发生翻转，但由于电路结构原因，翻转后的状态是暂时的。　　　　　　　　　　　　　　（　　　）

7. 触发器是时序逻辑电路，是构成寄存器、计数器的基本单元。　　　　　（　　　）

8. 触发器的输出端 Q 和 $\overline{Q}$ 在任何时刻都是互补的。　　　　　　　　（　　　）

9. 时钟脉冲主要用来控制触发器的工作状态。　　　　　　　　　　　　　（　　　）

10. 从主 JK 触发器没有空翻的现象。　　　　　　　　　　　　　　　　　（　　　）

11. D 型触发器具有计数功能。　　　　　　　　　　　　　　　　　　　　（　　　）

12. 移位寄存器的二进制数码左移一位，其值就增加一倍。　　　　　　　（　　）

13. 同步计数器比异步计数器速度快。　　　　　　　　　　　　　　　　（　　）

14. JK 触发器的 J、K 端悬空，表示 $J = K = 0$。　　　　　　　　　　　（　　）

15. 组合逻辑电路的输出信号与输入信号作用前的电路状态有关。　　　　（　　）

16. 3 位二进制数有 8 个状态，表示 8 种特定含义。　　　　　　　　　　（　　）

17. 编码器可以用与非门来实现，也可以用或非门来实现。　　　　　　　（　　）

18. 8421BCD 译码器有 6 个无效输出。　　　　　　　　　　　　　　　　（　　）

19. 编码器对某个信号编码时，该输入的状态一定与其余各输入端的状态相反。（　　）

20. 8421BCD 译码器是一个多输入和多输出的组合逻辑电路。　　　　　　（　　）

21. 译码器输出的一定是高电平。　　　　　　　　　　　　　　　　　　（　　）

22. 译码器输出的输出信号是高电平或低电平，而不是数字。　　　　　　（　　）

23. 译码是编码的反过程，只要把编码器的输入端当输出端使用、输出端当输入端使用，编码器就成了译码器。　　　　　　　　　　　　　　　　　　　　　　（　　）

24. 数码显示器的作用就是将数字系统的结果用十进制数码直观地显示出来。（　　）

四、综合题

1. 某单位有三台水泵，最少要有两台正常运转，即最多只允许有一台停机做备用，符合此情况时，则发出"正常"信号。（1）试用与非门电路组成发出"正常"信号的逻辑电路；（2）试用与门和或门电路组成发出"正常"信号的逻辑电路。

2. 有三台电动机 A、B、C，今要求：① A 机开，则 B 机必须开；② B 机开，则 C 机必须开。若不满足则均应发出警报。请设计符合上述条件的组合逻辑电路。

3. 电路如图 11-13 所示，写出逻辑表达式，列出真值表，并说明逻辑功能。

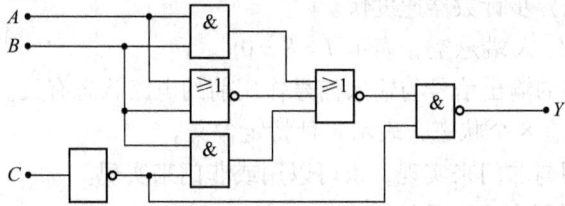

图 11-13

4. 试画出如图 11-14 所示触发器的输出波形。

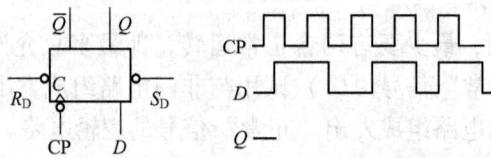

图 11-14

第 三 篇

电子测量仪器

第 12 章

电子测量基础

考试要求

○ 了解电子测量的内容与方法。
○ 了解误差的概念、分类及产生的原因。
○ 掌握测量误差的表示方法。
○ 会对测量结果进行简单的数据处理。
○ 了解电子测量仪器的分类。

知识要点

一、电子测量简介

1. 电子测量的定义

电子测量是指以电子技术理论为依据，以电子测量仪器和设备为手段，对各种电量和非电量所进行的测量。

2. 电子测量的内容

（1）元器件参数的测量。例如，电阻器的阻值、电容器的容量等。
（2）基本量的测量。例如，电压、电流、功率和电场强度等。
（3）电信号特性的测量。例如，电信号的波形、幅度、相位等。
（4）电路性能指标的测量。例如，灵敏度、增益、带宽、信噪比等。
（5）特性曲线的显示。例如，频率特性、器件特性等。

3. 电子测量的特点

电子测量具有以下特点。
（1）测量频率范围宽。
（2）测量量程宽。
（3）测量准确度高。
（4）测量速度快。
（5）可以进行遥测。
（6）可以实现测试智能化和测试自动化。

4. 电子测量的方法

选用什么电子测量方法是测量工程中至关重要的一步，常用的电子测量方法见表 12-1。

表 12-1 常用的电子测量方法

序 号	方 法	定 义	优 点	缺 点
1	直接测量法	直接从仪器仪表的刻度线上读出或从显示器上显示出测量结果的方法	操作简便，读数迅速	准确度比较低
2	间接测量法	用直接测量的量与被测量之间的函数关系（公式、曲线、表格）得到被测量的值的测量方式	便于估算	误差比较大
3	组合测量法	当被测量与多个未知量有关时，可通过改变测量条件进行多次测量，根据被测量与未知量之间的函数关系组成方程组，求出有关未知量的数值	准确度和灵敏度都比较高	操作麻烦，设备复杂

二、测量误差及分类

1. 测量误差的定义

测量误差是指测量结果与被测量的真值之间的偏差，即误差 = 测量值 − 真值。

2. 产生测量误差的原因

测量误差是各种因素的偏差的综合。产生测量误差的原因主要有仪器误差（仪器、仪表本身及附件引起的误差）、操作误差（测量过程中使用方法的不恰当而造成的误差）、人身误差（由于人的感觉器官和运动器官不完善所产生的误差）、环境误差（由外界环境的变化而产生的误差）。

3. 测量误差的表示方法

测量误差有绝对误差和相对误差两种表示方法。

相对误差有 3 种表示方法：实际相对误差（r_A）、示值相对误差（r_X）、满度相对误差（r_m）。

提示：电工仪表的准确度等级分为 0.1、0.2、0.5、1.0、1.5、2.5 和 5.0，共 7 个级别，由满度相对误差（r_m）决定，见表 12-2。

表 12-2 仪表的基本误差

准确度等级	0.1	0.2	0.5	1.0	1.5	2.5	5.0
基本误差/%	±0.1	±0.2	±0.5	±1.0	±1.5	±2.5	±5.0

4. 测量误差的分类

从测量误差产生的原因及特征看，测量误差可分为系统误差、随机误差和过失误差（又称为粗大误差）。

三、测量结果的数据处理

测量结果的数据处理就是从测量值的原始数据中求出被测量的最佳估计值，并计算其准确度。

（1）有效数字是指它的绝对误差不超过末位数字的单位的一半时，在它的左边数字列中从第一个不为零的数字算起，直到末位为止的全部数字。

有效位数的正确判定法：纯小数中小数点前及小数点后有关数字前的"0"只起定位作用而非为有效数字。如"0.0025"的有效位数为2位，非为5位或6位；又如"0.00100"的有效位数则为3，其中小数点后数字1之前的三个"0"均起定位作用，而1后面的两个"0"仍为有效数字。

（2）数据舍入规则为"四舍六入五凑偶"。具体地说：四舍六入五考虑，五后非零可进一，五后皆零视奇偶，五前为偶（包括0）应舍去，五前为奇方进一。

例如，12.4650与10.5551，若保留两位小数时，12.4650应修约为12.46，而10.5551则应修约为10.56。两个数的拟舍弃数字虽然都是5，但前者的5后为0，应当舍弃；后者的5后非0，且5前的相邻数字为奇数，所以应进一，则修约为10.56。

提示：运用数据舍入规则时应注意以下几点。

① 必须首先按照有关规则或运算要求确定"保留位数"，然后按要求保留的位数一次修约，绝不可以连续修约。如将3.4546修约为整数时，应一次修约为"3"，不能连续修约为：3.4546→3.455→3.46→3.5→4。

② 负数修约时可按上述规则及要求保留位数的绝对值数字修约，修约后再加上负号即可。

③ 对单位换算后的数值或范围数值进行修约时，应遵循"极大值只舍不入，极小值只入不舍"及准确值乘以换算系数后的数值仍为准确值等基本原则。

四、电子测量仪器的分类

电工测量的对象主要是指电流、电压、电功率、电能、相位、频率、功率因数、电阻等。测量各种电量（包括磁量）的仪器仪表，统称为电工测量仪器。电工测量仪器的种类很多，其中最常用的是测量基本电量的仪表。常用电子仪器仪表的种类见表12-3。

表12-3　常用电子仪器仪表的种类

序　号	种　类	仪器仪表举例
1	电压测量仪器	各种模拟式电压表、毫伏表、数字式电压表等
2	频率、时间、相位测量仪器	电子计数式频率计、石英钟、数字式相位计等
3	电路参数测量仪器	电桥，Q表，R、L、C测试仪，晶体管或集成电路参数测试仪、图示仪等
4	测试用信号源	各类低频和高频信号发生器、脉冲信号发生器、函数发生器等
5	信号分析仪器	失真度仪、频谱分析仪等
6	波形测量仪器	通用示波器、多踪示波器、多扫描示波器、取样示波器等

自我检测

一、填空题

1. 电子测量结果的量值由＿＿＿＿＿＿＿＿＿＿两部分组成。

2. 用伏安法测量电阻的方法属于＿＿＿＿＿＿＿＿＿＿测量法。

3. 被测量的真实值与测量值的偏差叫＿＿＿＿＿＿＿＿＿＿。

4. 某同学将规定卧式放置的仪器错误地变为立式放置来测量，因此而产生的误差叫
＿＿＿＿＿＿＿＿＿＿。

5. 如果测得 20kΩ 电阻的测量值为 19.5kΩ，则测量的绝对误差为＿＿＿＿＿＿＿＿＿＿，
测量的相对误差为＿＿＿＿＿＿＿＿＿＿。

6. 测量时选择量程的原则是，使指针的偏转位置尽可能处于满度值的＿＿＿＿＿＿＿＿＿＿
以上区域。

7. 数据舍入的方法可简单概括为＿＿＿＿＿＿＿＿＿＿。

8. 电子测量的准确度比其他测量方法高得多，特别是对频率和时间的测量，误差可减
小到＿＿＿＿＿＿＿＿＿＿量级。

9. 用绝对误差与仪器的满刻度值的百分比来表示的误差称为＿＿＿＿＿＿＿＿＿＿。

10. 工程上常采用＿＿＿＿＿＿＿＿＿＿误差来比较测量结果的准确程度。

11. 相对误差定义为＿＿＿＿＿＿＿＿＿＿与＿＿＿＿＿＿＿＿＿＿的比值，通常用百分数
表示。

12. 随机误差的大小可以用测量值的＿＿＿＿＿＿＿＿＿＿来衡量，其值越小，测量值越集
中，测量的＿＿＿＿＿＿＿＿＿＿越高。

13. 对 2.71725 取 5 位有效数字为＿＿＿＿＿＿＿＿＿＿，取 4 位有效数字为＿＿＿＿＿＿
＿＿＿。

14. 用一只 0.5 级 50V 的电压表测量直流电压，产生的绝对误差≤＿＿＿＿＿＿＿＿＿＿V。

二、判断题

1. 用数字表对某电阻的阻值进行测量不是电子测量。（　　）

2. 由于环境温度变化而引起的测量误差叫仪器误差。（　　）

3. 在写带有单位的量值时，准确的写法是 780kΩ ±1kΩ。（　　）

4. 60×10^2 是 4 位有效数字。（　　）

5. 当被测量的电压是 8V 时，量程应选择 10V 挡测量误差才最小。（　　）

6. 电子测量仪器的外表有灰尘，不可以用湿布擦去。（　　）

7. 为了人身和财产的安全，测量仪器的金属外壳应接地。（　　）

8. 由于测量者的粗心导致读数不正确所造成的误差称为随机误差。（　　）

9. 对某一特定参数的测量，采用直接测量法比间接测量的测量准确度高。（　　）

10. 基本参量的测量是派生参量测量的基础。（　　）

11. 常用电工仪表分为 ±0.1、±0.2、±0.5、±1.0、±1.5、±2.5、±4.0 七级。
（　　）

12. 无论测量条件如何变化，系统误差都可获得一个客观上的恒定值，多次测量取平均值并不能改变系统误差的影响。 （   ）

13. 表示有效数字时，后面的"0"不能算有效数字，前面的"0"是有效数字。
（   ）

14. 有效数字的位数与测量误差的关系在写有绝对误差的数字时，有效数字的末位应与绝对误差取齐。 （   ）

15. 数据 3.21450 保留 4 位有效数字，按照修约规则的结果是 3.214。 （   ）

三、选择题

1. 不属于电子测量内容的是 （   ）。
   A. 电信号特性的测量　　　　　　　B. 特性曲线的显示
   C. 器件序号的鉴别　　　　　　　　D. 元器件参数的测量

2. 不属于直接测量法的是 （   ）。
   A. 电流表串入电路中测量电流　　　B. 用频率计测量频率
   C. 万用表在电路中测量电阻　　　　D. 伏安法测量电阻

3. 测量的正确度是表示测量结果中 （   ） 大小的程度。
   A. 系统误差　　　　　　　　　　　B. 随机误差
   C. 粗大误差　　　　　　　　　　　D. 标准偏差

4. 根据测量误差的性质和特点，可以将其分为 （   ） 三大类。
   A. 绝对误差、相对误差、引用误差　B. 固有误差、工作误差、影响误差
   C. 系统误差、随机误差、粗大误差　D. 稳定误差、基本误差、附加误差

5. 下列属于电子测量仪器最基本的功能是 （   ）。
   A. 电压的测量　　　　　　　　　　B. 电阻的测量
   C. 频率的测量　　　　　　　　　　D. 测量结果的显示

6. 下列描述不属于测量误差来源的是 （   ）。
   A. 仪器误差和（环境）影响误差　　B. 满度误差和分贝误差
   C. 人身误差和测量对象变化误差　　D. 理论误差和方法误差

7. 从测量手段上看，伏安法测电阻是 （   ）。
   A. 直接测量　　　　　　　　　　　B. 间接测量
   C. 组合测量　　　　　　　　　　　D. 比较测量

8. 以下不属于电子测量仪器的主要性能指标的是 （   ）。
   A. 精度　　　　　　　　　　　　　B. 稳定度
   C. 灵敏度　　　　　　　　　　　　D. 速度

9. 用指针式万用表测电压时因未调零而产生的测量误差属于 （   ）。
   A. 随机误差　　　　　　　　　　　B. 系统误差
   C. 粗大误差　　　　　　　　　　　D. 人身误差

10. 现要测一个实际值约为 9V 的电压，以下电压表选 （   ） 较合适。
    A. 1.0 级 10V 量程　　　　　　　B. 1.0 级 100V 量程
    C. 0.5 级 100V 量程　　　　　　　D. 0.5 级 5V 量程

11. 系统误差越小，测量结果（　　　）。
　　A. 越准确　　　　　　　　　　　　B. 越不准确
　　C. 越不一定准确　　　　　　　　　D. 与系统误差无关

12. 为做好电子测量仪器的日常维护，错误的是（　　　）。
　　A. 禁止使用湿布抹擦仪器
　　B. 使用电吹风经常给仪器吹气通风
　　C. 远离酸、碱性物质
　　D. 经常将仪器搬到太阳底下晒，使其干燥

13. 电工仪表的准确度等级常分为（　　　）个级别。
　　A. 6　　　　　　　　　　　　　　B. 7
　　C. 8　　　　　　　　　　　　　　D. 9

14. 下列测量中属于电子测量的是（　　　）。
　　A. 用天平测量物体的质量　　　　　B. 用水银温度计测量温度
　　C. 用数字温度计测量温度　　　　　D. 用游标卡尺测量圆柱体的直径

15. 下列测量中属于间接测量的是（　　　）。
　　A. 用万用表欧姆挡测量电阻
　　B. 用电压表测量已知电阻上消耗的功率
　　C. 用逻辑笔测量信号的逻辑状态
　　D. 用电子计数器测量信号的周期

四、简答题

1. 什么是电子测量？下列两种情况是否属于电子测量？为什么？
（1）用水银温度计测量温度。
（2）利用传感器将温度变为电量，通过测量该电量来测量温度。

2. 电子测量的主要内容有哪些？电子测量有什么特点？

3. 根据误差的性质，误差可分为几类？各有何特点？分别可以采取什么措施减小这些误差对测量结果的影响？

4. 常用的电子测量仪器大致可分为哪几种？

5. 若测量 8V 左右的电压，有两只电压表，其中一只的量程为 100V、0.5 级；另一只的量程为 10V、2.5 级。问选用哪一只电压表测量比较合适？

五、综合题

1. 用量程为 10A 的电流表测量一实际值为 8A 的电流。若读数为 8.1A，求测量的绝对误差和相对误差。若求得的绝对误差被视为最大绝对误差，问该电流表的准确度等级为哪一级？

2. 将下列测量结果的数据进行舍入处理，要求保留 4 位有效数字。
26. 3624；7. 1361；0. 000348；58350. 0；54. 7901；210000；19. 991；41. 23145

3. 在测量电流时，若测量值为 100mA，实际值为 98.7mA，则绝对误差和修正值各为多少？若测量值为 99mA，修正值为 2mA，则实际值和绝对误差又各为多少？

4. 欲测量 250V 的电压，要求测量的相对误差不大于 ±0.5%，如果选用量程为 250V 的电压表，则其准确度为哪一级？若选用量程为 300V 和 500V 的电压表，则其准确度又各为哪一级？

5. 若要测一个 10V 左右的电压，手头有两台电压表，其中一只的量程为 100V、±1.0 级，另一只的量程为 15V、±2.5 级，问选用哪一只电压表测量更合适？

第 13 章

万用表及使用

考试要求

○ 了解指针式万用表的组成。
○ 理解指针式万用表的工作原理。
○ 会使用指针式万用表测量电压、电流及电阻。
○ 掌握数字式万用表的使用方法。
○ 会使用数字式万用表测量电压、电流、电阻、电容和半导体元器件。

知识要点

一、指针式万用表简介

1. 功能

万用表是一种多功能、多量程的便携式电工电子测量仪表。一般的万用表可以测量直流电流、直流电压、交流电压、直流电阻、音频电平。有些万用表还可测量电容、电感、功率、晶体管直流放大倍数。

2. 分类

按显示方式，可分为指针式万用表和数字式万用表；按精度分类，可分为精密、较精密、普通三种；按表头线圈形式分类，可分为内磁式和外磁式两类；按规格型号，指针式万用表有 MF500 型、MF47 型、MF50 型等，数字式万用表有 DT9972 型、DT9101 型、DT890 型等。

3. 结构

指针式万用表主要由测量机构、测量电路、转换装置等组成。

（1）外部结构：由外壳、表头、表盘、机械调零旋钮、电阻挡调零旋钮、转换开关、专用插座、表笔及插孔等组成。

（2）内部结构：由电路板（主要安装电阻、电容、电感、二极管等元器件）、电池盒、表头、蜂鸣器、连接铜片等组成。

4. 工作原理

万用表的基本工作原理是利用一只灵敏的磁电式直流电流表（微安表）做表头，当微小电流通过表头时，就会有电流指示。但表头不能通过大电流，所以，必须在表头上并联与串联一些电阻进行分流或降压，从而测出电路中的电流、电压和电阻，如图 13-1 所示。

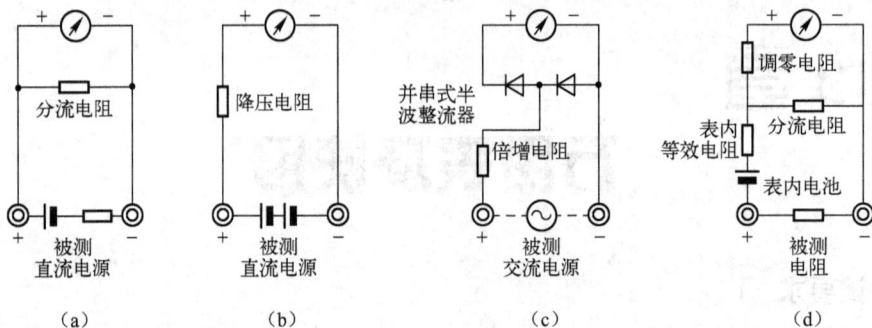

图 13-1　万用表的工作原理

指针式万用表从电路结构来说，主要是由直流电压测量电路、直流电流测量电路、交流电压测量电路和电阻测量电路组成。指针式万用表的工作原理就是这些电路的工作原理。

（1）测直流电流原理。如图 13-1（a）所示，在表头上并联一个适当的电阻（叫分流电阻）进行分流，就可以扩展电流量程。改变分流电阻的阻值，就能改变电流的测量范围。

（2）测直流电压原理。如图 13-1（b）所示，在表头上串联一个适当的电阻（称为倍增电阻）进行降压，就可以扩展电压量程。改变降压电阻的阻值，就能改变电压的测量范围。

（3）测交流电压原理。如图 13-1（c）所示，测量交流时，需加装一个并、串式半波整流电路，将交流进行整流变成直流后再通过表头，这样就可以根据直流电的大小来测量交流电压。扩展交流电压量程的方法与直流电压的相似。

（4）测电阻原理。如图 13-1（d）所示，在表头上并联和串联适当的电阻，同时串接一节电池，使电流通过被测电阻，根据电流的大小，就可测量出电阻值。改变分流电阻的阻值，就能改变电阻的量程。

二、指针式万用表的使用

1. 测量电阻

（1）万用表表笔插接法。万用表测量电阻时，表笔插接的方法可以总结为如下口诀。

操作口诀

红笔插正黑插负，任何情况黑不动。
若遇高压大电流，红笔移到专用孔。

（2）操作方法。指针式万用表测量电阻的方法可以总结为如下口诀。

操作口诀

测量电阻选量程，两笔短路先调零。
旋钮到底仍有数，更换电池再调零。
断开电源再测量，接触一定要良好。
两手悬空测电阻，防止并联变精度。

要求数值很准确，表针最好在格中。

读数勿忘乘倍率，完毕挡位电压中。

测量电阻选量程——测量电阻时，首先要选择适当的量程。量程选择时，应力求使测量数值尽量在欧姆刻度线的0.1～10之间的位置，这样读数才准确。

一般测量100Ω以下的电阻可选"R×1"挡，测量100Ω～1kΩ的电阻可选"R×10"挡，测量1～10kΩ可选"R×100"挡，测量10～100kΩ可选"R×1k"挡，测量10kΩ以上的电阻可选"R×10k"挡。

两笔短路先调零——选择好适当的量程后，要对表针进行欧姆调零。注意，每次变换量程之后都要进行一次欧姆调零操作，如图13-2所示。欧姆调零时，操作时间应尽可能短。如果两支表笔长时间碰在一起，万用表内部的电池就会过快消耗。

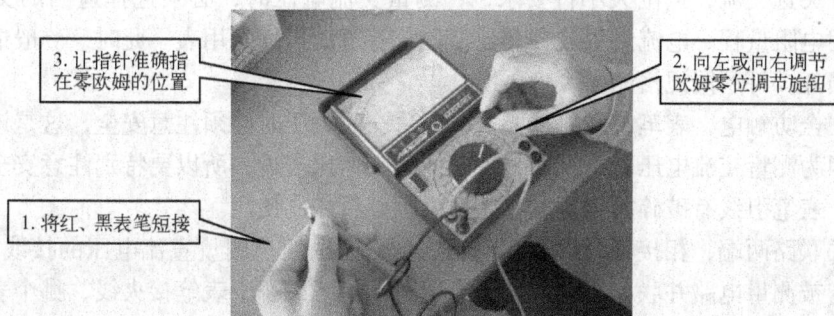

3. 让指针准确指在零欧姆的位置

2. 向左或向右调节欧姆零位调节旋钮

1. 将红、黑表笔短接

图13-2　欧姆调零的操作方法

旋钮到底仍有数，更换电池再调零——如果欧姆调零旋钮已经旋到底了，表针始终在0Ω线的左侧，不能指在"0"的位置上，说明万用表内的电池电压较低，不能满足要求，需要更换新电池后再进行上述调整。

断开电源再测量，接触一定要良好——如果是在路测量电阻器的电阻值，必须先断开电源再进行测量，否则有可能损坏万用表。换言之，不能带电测量电阻。在测量时，一定要保证表笔接触良好（用万用表测量电路其他参数时，同样要求表笔接触良好）。

两手悬空测电阻，防止并联变精度——测量时，两只手不能同时接触电阻器的两个引脚。因为两只手同时接触电阻器的两个引脚，等于在被测电阻器的两端并联了一个电阻（人体电阻），所以将会使得到的测量值小于被测电阻的实际值，影响测量的精确度。

要求数值很准确，表针最好在格中——量程选择要合适，若太大，不便于读数；若太小，无法测量。只有表针在标度尺的中间部位时，读数才最准确。

读数勿忘乘倍率——读数乘以倍率（所选择挡位，如R×10、R×100等）就是该电阻的实际电阻值。例如，选用R×100挡测量，指针指示为40，则被测电阻值为

$$40 \times 100\Omega = 4000\Omega = 4k\Omega$$

完毕挡位电压中——测量工作完毕后，要将量程选择开关置于交流电压的最高挡位，即交流1000V挡位。

2. 测量交流电压

（1）挡位选择及表笔插接法。测量1000V以下的交流电压时，挡位选择开关置于所需

的交流电压挡。测量 1000～2500V 的交流电压时，将挡位选择开关置于"交流 1000V"挡，正表笔插入"交直流 2500V"的专用插孔。

（2）操作方法。指针式万用表测量交流电压的方法及注意事项可归纳为如下口诀。

操作口诀

量程开关选交流，挡位大小符要求。

确保安全防触电，表笔绝缘尤重要。

表笔并联路两端，相接不分火或零。

测出电压有效值，测量高压要换孔。

表笔前端莫去碰，勿忘换挡先断电。

量程开关选交流，挡位大小符要求——测量交流电压时，必须选择适当的交流电压量程。若误用电阻量程、电流量程或者其他量程，有可能损坏万用表。此时，一般情况是内部的保险管损坏，可用同规格的保险管更换。

确保安全防触电，表笔绝缘尤重要——测量交流电压时必须注意安全，这是该口诀的核心内容。因为测量交流电压时，人体与带电体的距离比较近，所以要特别注意安全。如果表笔有破损、表笔引线有破碎露铜等，应完全处理好后才能使用。

表笔并联路两端，相接不分火或零——测量交流电压与测量直流电压的接线方式相同，即万用表与被测量电路并联，但测量交流电压时不用考虑哪个表笔接火线、哪个表笔接零线的问题。

测出电压有效值，测量高压要换孔——用万用表测得的电压值是交流电的有效值。如果需要测量高于 1000V 的交流电压，需把红表笔插入 2500V 的插孔。不过，在实际工作中一般不容易遇到这种情况。

3. 测量直流电压

（1）挡位选择及表笔插接法。测量 1000V 以下的直流电压时，挡位选择开关置于所需的直流电压挡。测量 1000～2500V 的直流电压时，将挡位选择开关置于"直流 1000V"挡，正表笔插入"交直流 2500V"的专用插孔。

（2）操作方法。指针式万用表测量直流电压的方法及注意事项可归纳为如下口诀。

操作口诀

确定电路正负极，挡位量程先选好。

红笔要接高电位，黑笔接在低位端。

表笔并接路两端，若是表针反向转，

接线正负反极性，换挡之前请断电。

确定电路正负极，挡位量程先选好——用万用表测量直流电压之前，必须分清电路的正负极（或高电位端、低电位端），注意选择好适当的量程挡位。

电压挡位合适量程的标准是：表针尽量指在满刻度的 2/3 以上的位置（这与电阻挡合适倍率标准有所不同，一定要注意）。

红笔要接高电位，黑笔接在低位端——测量直流电压时，红笔要接高电位端（或电源正极），黑笔接在低位端（或电源负极）。

表笔并接路两端，若是表针反向转，接线正负反极性——测量直流电压时，两只表笔并联接入电路（或电源）两端。如果表针反向偏转，俗称打表，说明正负极性搞错了，此时应交换红、黑表笔后再进行测量。

换挡之前请断电——在测量过程中，如果需要变换挡位，一定要取下表笔，断电后再变换电压挡位。

4. 测量直流电流

一般来说，指针式万用表只有直流电流测量功能，不能直接用指针式万用表测量交流电流。

MF47 型万用表测量 500mA 以下的直流电流时，将挡位选择开关置于所需的"mA"挡。测量 500mA～5A 的直流电流时，将挡位选择开关置于"500mA"挡，正表笔插入"5A"的插孔。

指针式万用表测量直流电流的方法及注意事项可归纳为如下口诀。

操作口诀

量程选择直流挡，确定电路正负极。

红色表笔接正极，黑色表笔要接负。

表笔串接电路中，高低电位要正确。

挡位由大换到小，换好量程再测量。

若是表针反向转，接线正负反极性。

量程选择直流挡，确定电路正负极——指针式万用表都具有测量直流电流的功能，但一般不具备测量交流电流的功能。在测量电路的直流电流之前，需要首先确定电路的正、负极性。

红色表笔接正极，黑色表笔要接负——这是正确使用表笔的问题，测量时，红色表笔接电源正极，黑色表笔接电源的负极。

表笔串接电路中，高低电位要正确——测量前，应将被测量电路断开，然后再把万用表串联接入被测电路中，红表笔接电路的高电位端（或电源的正极），黑表笔接电路的低电位端（或电源的负极），这与测量直流电压时表笔的连接方法完全相同。

万用表置于直流电流挡时，相当于直流表，内阻会很小。如果误将万用表与负载并联，就会造成短路，烧坏万用表。

挡位由大换到小，换好量程再测量——在测量电流之前，可先估计一下电路的电流大小，若不能大致估计电路的电流大小，最好的方法是挡位由大换到小。

若是表针反向转，接线正负反极性——在测量时，若是表针反向偏转，说明正负极性接反了，应立即交换红、黑表笔的接入位置。

5. 指针式万用表使用注意事项

（1）使用万用表时，注意不要用手触及测试笔的金属部分，以保证安全和测量的准确度。

（2）在测量较高电压或大电流时，不能带电转动转换开关，否则有可能使开关烧坏。

（3）不能带电测量电阻，因为欧姆挡是由干电池供电的，被测电阻不允许带电，以免损坏表头。

（4）万用表在用完后，应将转换开关转到"空挡"或"OFF"挡。若表盘上没有上述两个挡位时，可将转换开关转到交流电压的最高量程挡（例如，1000V 挡），以防下次测量时因疏忽而损坏万用表。

（5）在每次使用前，必须全面检查万用表的转换开关及量程开关的位置，确定没有问题后再进行测量。

三、数字式万用表的使用

1. 使用注意事项

使用数字式万用表注意事项口诀

指针表和数字表，注意事项有差别。
用前检查电池量，电量不足换电池。
挡位选择应合适，红黑表笔接正确。
表笔接触要良好，数字稳定才读数。
用毕置于高压挡，关闭电源保护表。

上面介绍的指针式万用表使用注意事项，许多都适用于数字式万用表的使用。下面介绍使用数字式万用表应特别注意的几个问题。

（1）满量程时，仪表仅在最高位显示数字"1"，其他数位均消失，这时应选择更高的量程。数字式万用表不能用于测量高于 1000V 的直流电压和高于 700V 的交流电压。

（2）测量电压时，数字式万用表的两表笔应并接在被测电路的两端，假如无法估计被测电压的大小，应选择最高的量程试测一下，再选择合适的量程。若只显示"−1"，证明已发生过载，应选择较高的量程。

在测量高电压（220V 以上）或大电流（0.5A 以上）时，禁止换量程，以防止产生电弧，烧毁开关触点。

（3）测量电流时，要注意将两只表笔串接在被测电路的两端，以免损坏万用表。与指针式万用表不一样，数字式万用表不必担心表笔是否接反，数字表可以自动转换并显示电流的极性。

（4）在使用电阻挡时，红表笔接 V/Ω 插孔，带正电，黑表笔接 COM 插孔，带负电。这点与指针式万用表正好相反，因此检测二极管、三极管、电解电容等有极性的元器件时，应注意表笔的极性。

（5）显示屏显示"000"，或低位上的数字出现跳动。说明是误用交流电压挡去测量直流电压，或者是误用直流电压挡去测量交流电压，应立即予以纠正。

（6）当显示屏显示"￢＿┼"、"BATT"或"LOWBAT"时，表示电池电压低于工作电压，此时应更换电池。大多数的数字式万用表使用 9V 的电池。

（7）测量完毕，应将量程开关拨到最高电压挡，并关闭电源。长期不用应将电池取出，以免电池渗液而腐蚀线路板。

（8）禁止在高温、阳光直射、潮湿、寒冷、灰尘多的地方使用或存放万用表。清洗表壳时，用酒精棉球清洗污垢。

提示：数字式万用表与指针式万用表不同的是，数字式万用表的红表笔接内部电源的正极，黑表笔接负极，与指针式万用表正好相反，在测量二极管时不要误判。

2. 测量电阻

数字式万用表测量电阻口诀

仪表电压要富足，先将电路电关闭。

红笔插入 V/Ω 孔，量程大小选适宜。

精确测量电阻值，引线电阻先记录。

笔尖测点接触好，手不接触表笔尖。

若是显示数字"1"，超过量程最大值。

若是数字在跳变，稳定以后再读数。

仪表电压要富足，先将电路电关闭——为了不影响测量结果的准确性，使用前要检查数字式万用表的电池电压是否足够。测量在路电阻时（在电路板上的电阻），应先把电路的电源关断，若带电测量很容易损坏万用表。当检查被测线路的阻抗时，要保证移开被测线路中的所有电源，所有电容放电。被测线路中若有电源和储能元件，则会影响线路阻抗测试的准确性。

提示：禁止用电阻挡测量电流或电压（特别是交流 220V 电压），否则容易损坏万用表。

红笔插入 V/Ω 孔，量程大小选适宜——测量时，将黑表笔插入 COM 插孔，红表笔插入 V/Ω 插孔；然后将量程开关置于合适的欧姆量程。准备工作完成后，即可进行电阻测量操作。

精确测量电阻值，引线电阻先记录——在使用 200Ω 的电阻挡时，如果需要精确测量出电阻值，应先将两支表笔短路，测量出两支表笔引线的电阻值，并做好记录；然后进行电阻测量，每一次测量的显示数字减去表笔引线的电阻值就是实际电阻值。当然，如果对测量结果的准确性要求不高，可免去这一操作步骤。在使用 200Ω 以上的电阻挡测量时，由于被测量电阻的阻值比较大，表笔的引线电阻可不予考虑。

笔尖测点接触好，手不接触表笔尖——测量操作时，表笔的笔尖与被测量电阻的引脚要接触良好。如果电阻的引脚已氧化、锈蚀，应先予以刮干净，让其露出光泽，再进行测量。操作者的两手不要同时碰触两支表笔的金属部分或被测量物件的两端，否则会使测量误差增大。

若是显示数字"1"，超过量程最大值——如果被测电阻值超出所选择量程的最大值，显示屏将显示过量程"1"，此时应选择更高的量程。（当没有连接好时，例如，开路情况，显示为"1"为正常现象）。

若是数字在跳变，稳定以后再读数——对于大于 1MΩ 或更高的电阻，要几秒钟后读数才能稳定，这是正常现象，等待数字稳定不再跳变即可读数。

3. 测量电流

数字式万用表测量电流口诀

数字电表测电流，红笔插孔很重要。
电流大小不清楚，最大量程来测量。
表笔串联电路中，表笔极性不重要。
由于表笔已带电，安全操作最重要。

万用电表测电流，红笔插孔很重要——数字式万用表测量电流时，黑表笔插入 COM 插孔中，红表笔插入哪一个插孔（mA 或者 A）则要根据被测电流的大小而定。

电流大小不清楚，最大量程来测量——当要测量的电流大小不清楚的时候，可先用最大的量程来测量（例如，20A 插孔），然后再逐渐减小量程来精确测量。测量电流时，切忌过载。

表笔串联电路中，表笔极性不重要——数字式万用表测量电流时，应将表笔串联接入被测量电路中，表笔的极性可以不考虑，因为数字式万用表能够自动识别并显示被测电流的极性。从显示屏上有无"－"号显示来确定直流电压或直流电流的极性。没有"－"号显示，则红表笔为测试源正端，黑表笔为负端。如果有"－"号显示，则表示红表笔接的是负端。

由于表笔已带电，安全操作最重要——万用表测量电流、电压都属于带电作业，应特别注意接触表笔及表笔引线是否完好，若有破损，应在测量之前恢复好绝缘层。人手及身体的其他部位不能接触带电体。必要时，要有人监护。

4. 测量电压

数字式万用表测量电压口诀

表笔插入相应孔，直流交流要分析。
不知被测电压值，量程从大往小减。
量程必须选择好，过载测量符号溢。
表笔并联测电压，接触良好防位移。
确保表笔绝缘好，最好右手握表笔。
直流电压的测量，红测正极黑负极。
红黑表笔极性反，"－"号为红测负极。
交流电压不分极，握笔安全为第一。
正在通电测量时，禁忌换挡出问题。
数字跳变为正常，稳定之后读数值。

表笔插入相应孔，直流交流要分析——数字式万用表测量电压时，将黑表笔插入 COM 插孔，红表笔插入 V/Ω 插孔；根据被测电量是直流电压还是交流电压，将量程选择开关置于直流电压挡或交流电压挡。

不知被测电压值，量程从大往小减——如果不知被测电压的大小范围，可先将量程选择开关置于最大量程，根据情况并逐一置于较低一级的量程挡。注意，减小量程挡时，表笔应从待测量处移开。

　　量程必须选择好，过载测量符号溢——电压量程一定要选择合适，量程过大会影响测量结果；量程过小时显示屏只显示"1"（称为数字溢出），表示过量程，此时功能开关应置于更高量程。

　　表笔并联测电压，接触良好防位移——测量电压时，两支表笔应分别并联在被测电源（例如，测开路电压时）或电路负载上（例如，测负载电压降时）的两个电位端。如果被测量的电极表面有污物或锈迹，应首先处理干净再进行测量。握笔的手不能有晃动，保证表笔与被测量电极保持良好接触。

　　确保表笔绝缘好，最好右手握表笔——表笔及表笔的引线绝缘良好，否则在测量几百伏及以上的电压时有触电危险。操作起来比较顺利。一些初学者喜欢用两个手拿表笔，这是个不良习惯。使用万用表无论进行任何电量测试时，都应该养成单手握笔操作的好习惯，最好是用右手握表笔。

　　直流电压的测量，红测正极黑负极。红黑表笔极性反，"－"号表红测负极——虽然数字式万用表有自动转换极性的功能，为了减少测量误差，测量时最好是红表笔接被测量电压的正极，黑表笔接被测量电压的负极。如果两支表笔的极性接反了，此时显示屏上显示电压数值的前面有一个"－"号，表示此次测量红表笔接的是被测量电压的负极。

　　交流电压不分极，握笔安全为第一——测量交流电压时，红黑表笔可以不分极性。由于交流电压比较高，尤其是测量 220V 以上的交流电压时，握笔的手一定不能去接触笔尖金属部分，否则会发生触电事故。

　　正在通电测量时，禁忌换挡出问题——在使用万用表测量电压，尤其是测量较高电压时，无论什么原因都禁忌拨动量程选择开关，否则容易损坏万用表的电路及量程开关的触点。

　　数字跳变为正常，稳定之后读数值——由于数字式万用表的电压量程的输入阻抗比较大，在测量开始时可能会出现无规律的数字跳变现象，这是正常现象，可稍等片刻，数值即可稳定，然后再读数。

5. 测量电容器

数字式万用表测电容器口诀

选择开关置 C 挡，量程选择要适当；
两脚直插入 Cx 孔，屏幕显示电容值。

　　某些数字式万用表具有测量电容的功能，其量程分为 2000pF、20nF、200nF、2μF 和 20μF 五个挡位。选取适当的量程后，将已放电电容的两个引脚直接插入表板上的 Cx 插孔，显示屏上即可显示出电容器的实际容量。

　　提示：① 大多数的数字式万用表可以测量 1pF ~ 20μF 的电容量。2000p 挡宜于测量小于 2000pF 的电容；20n 挡宜于测量 2000pF ~ 20nF 之间的电容；200n 挡宜于测量 20 ~ 200nF 之间的电容；2μ 挡宜于测量 200nF ~ 2μF 之间的电容；20μ 挡宜于测量 2 ~ 20μF 之间的电容。

　　② 有的数字式万用表本身已对电容挡设置了保护，故在电容测试过程中不用考虑极性及电容充放电等情况，但有的数字式万用表在把电容器连接到电容插孔前有必要注意极性连接，并且还要放完电。

③ 测量大电容时，稳定读数需要一定的时间，需要耐心等待。

④ 在待测电容插入之前，注意每次转换量程时，万用表显示屏的数字清零需要一定的时间，这个时段会有漂溢读数存在，但不会影响测试精度。

⑤ 不要把一个外部电压或充好电的电容器（特别是大电容器）连接到测试端。

6. 测量二极管

数字式万用表测量二极管口诀

数字表测二极管，二极管挡为专用。

正反压降作比较，判断极性及性能。

（1）判断二极管的极性。

用数字式万用表的二极管挡（"⤐"挡或者"⤐ ♪"挡）通过测量二极管的正、反电压降来判断出正、负极性。正常的二极管，在测量其正向电压降时，硅二极管的正向导通压降为 0.5～0.8V，锗二极管的正向导通压降为 0.15～0.3V；测量反向电压降时，表的读数显示为溢出符号 "1"。在测量正向电压降时，红表笔接的是二极管的正极，黑表笔接的是二极管的负极。

另外，此法也可用来辨别硅管和锗管。若正向测量的压降范围为 0.5～0.8V，则所测的二极管为硅管；若压降范围为 0.15～0.3V，则所测的二极管为锗管。

（2）检测普通二极管的性能好坏。

将转换开关置于 "⤐" 挡或 "⤐ ♪" 挡，红表笔接被测二极管的正极，黑表笔接被测二极管的负极，此时显示屏所显示的就是被测二极管的正向压降。

7. 测三极管

数字式万用表测三极管口诀

二极管挡判基极，同时判断其管型。

开关旋转至 h_{FE} 挡，基极插入对应孔；

c、e 两脚交换插，观察两次 β 数据；

值大引脚已插对，由此判定 c、e 脚。

（1）判断三极管的管型和基极。

按照数字式万用表判断二极管的方法，可以判断出其中一极为公共正极或公共负极，此引脚即为基极 b。对 NPN 型管，基极是公共正极；对 PNP 型管，基极则是公共负极。因此，判断出基极是公共正极还是公共负极，即可知道被测三极管是 NPN 或 PNP 型三极管。

在实际测量时，每两个引脚之间都要测一次正反向压降，一共测量 6 次，其中有 4 次显示开路，只有两次显示压降值，否则三极管是坏的或是特殊三极管（如带阻三极管、达林顿三极管等，可通过型号与普通三极管区分开来）。具体做法如下。

① 将黑表笔插入 "COM" 插孔，红表笔插入 "V/Ω" 插孔（红表笔极性为 "+"）。

② 将转换开关置于 "⤐" 挡或者 "⤐ ♪" 挡，打开数字式万用表的电源开关。

③ 将三极管的 3 个脚分别编号为 1、2、3，如图 13-3 所示，并把红表笔接 1 脚，黑表笔接 2 脚，观察数字表的读数，记下该数值。如果有两次是红表笔接同一极即 "2"（红表

笔极性为 " + "），所以该 "2" 极是公共正极（即基极），并且该三极管为 NPN 型。如果是黑表笔接同一极，则该极是公共负极（即基极），那么该三极管为 PNP 型。

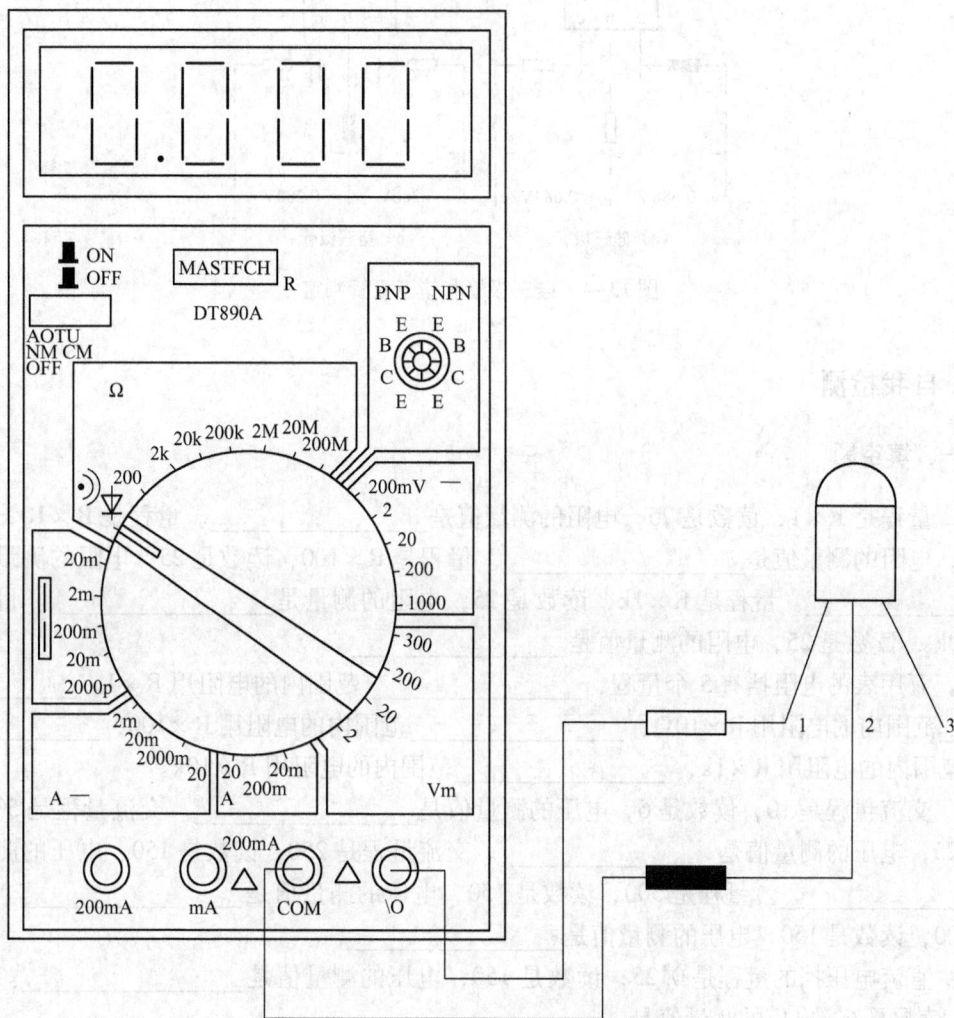

图 13-3　数字式万用表测三极管的基极

（2）判断发射极和集电极。

方法一：用上述方法测试时，其中万用表的红表笔接 "3" 脚的电压稍高，那么 "3" 脚为三极管的发射极 e，剩下的电压偏低的 "1" 脚则为集电极 c。

方法二：在判断出基极和管型的基础上，把数字式万用表的转换开关旋转至 h_{FE} 位置，再把其余两个引脚分别插入 c、e 插孔观察显示屏的读数，然后再将 c、e 孔中的引脚对调再看数据，数值大的说明引脚的插入方法正确，这样就可以区分出 c、e 引脚。

（3）硅、锗三极管的区分。

根据导通的压降来区分硅管还是锗管，压降为 0.6V 左右的是硅管，压降为 0.2V 左右的是锗管。如图 13-4（a）所示，b - e、b - c 的极间电压降在 0.6 ~ 0.7V 之间，该三极管为硅管。如图 13-4（b）所示，b - e、b - c 的极间电压降在 0.15 ~ 0.30V 之间，该三极管为锗管。

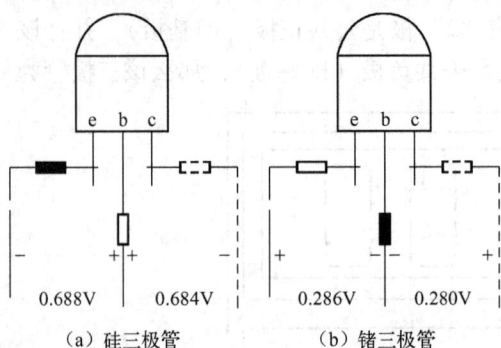

（a）硅三极管　　　　　　　（b）锗三极管

图13-4　硅三极管和锗三极管判定

自我检测

一、填空题

1. 量程是 R×1，读数是 25，电阻的测量值是＿＿＿＿＿＿＿＿＿。量程是 R×10，读数是 25，电阻的测量值是＿＿＿＿＿＿＿＿＿。量程是 R×100，读数是 25，电阻的测量值是＿＿＿＿＿＿＿＿＿。量程是 R×1k，读数是 25，电阻的测量是＿＿＿＿＿＿＿＿。量程是 R×10k，读数是 25，电阻的测量值是＿＿＿＿＿＿＿＿＿。

2. 万用表的电阻挡有 5 个量程，＿＿＿＿＿＿＿＿＿范围内的电阻用 R×1，＿＿＿＿＿＿＿范围内的电阻用 R×10Ω，＿＿＿＿＿＿＿＿范围内的电阻用 R×100，＿＿＿＿范围内的电阻用 R×1k，＿＿＿＿＿＿＿＿＿范围内的电阻用 R×10k。

3. 交流量程是 10，读数是 6，电压的测量值是＿＿＿＿＿＿＿。交流量程是 50，读数是 25，电压的测量值是＿＿＿＿＿＿＿。交流量程是 250，读数是 150，电压的测量值是＿＿＿＿＿＿＿。量程是 500，读数是 150，电压的测量值是＿＿＿＿＿＿＿。量程是 1000，读数是 150，电压的测量值是＿＿＿＿＿＿＿。

4. 直流电压挡的量程是 0.25，读数是 150，电压的测量值是＿＿＿＿＿＿＿。量程是 1，读数是 6，电压的测量值是＿＿＿＿＿＿＿。

5. 在使用万用表之前，调整＿＿＿＿＿＿＿＿旋钮，使表头指针指在表盘刻度的＿＿＿＿＿＿＿＿＿左侧位置上。

6. 在长时间不用万用表时，应取下万用表内＿＿＿＿＿＿＿＿。

7. 在测量高电压时，应站在＿＿＿＿＿＿＿＿＿材料上，并＿＿＿＿＿＿＿＿＿操作。

8. MF47 型指针式万用表，是一种高灵敏度、多量程的携带式仪表，该表共有＿＿＿＿＿＿＿个基本量程。

9. 20kΩ/═ V 表示＿＿＿＿＿＿＿＿＿＿灵敏度，其值越大＿＿＿＿＿＿＿＿＿越高。

10. 直流电流挡的量程是 0.05，电流的测量值是 0.02mA，读数是＿＿＿＿＿＿＿＿。

11. 测量的方法有直接测量和＿＿＿＿＿＿＿＿＿测量两种。万用表通常可分为＿＿＿＿＿＿＿、＿＿＿＿＿＿＿两种。

12. 数字式万用表的特点是＿＿＿＿＿＿＿＿＿＿。

13. 数字式万用表的优点有＿＿＿＿＿＿＿＿＿。

14. 图 13-5 为正在测量中的万用表表盘。如果是用 R×10 挡测量电阻，则读数为＿＿＿＿＿＿＿＿＿＿＿Ω；如果是用直流 10 mA 挡测量电流，则读数为＿＿＿＿＿＿＿＿＿＿＿mA；如果是用直流 5V 挡测量电压，则读数为＿＿＿＿＿＿＿＿＿V。

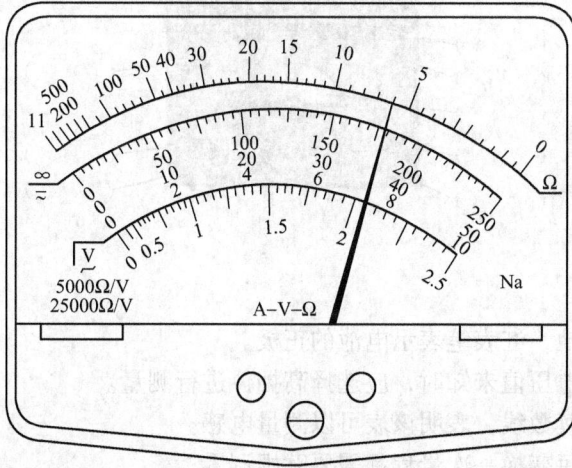

图 13-5

15. （1）使用万用表粗测某一电阻时，操作过程分以下 4 个步骤，请把第②步的内容填在相应的位置上。

① 将红、黑表笔分别插入多用电表的 "＋" "－" 插孔，选择开关置于电阻 R×100 挡。

② ＿＿＿＿＿＿＿＿＿＿＿＿＿＿＿＿＿＿＿。

③ 把红黑表笔分别与电阻的两端相连，读出被测电阻的阻值。

④ 将选择开关置于交流电压的最高挡或 "OFF" 挡。

（2）若上述第③步骤中，多用电表的示数如图 13-6 所示，则所测的电阻值为＿＿＿＿＿＿＿Ω。

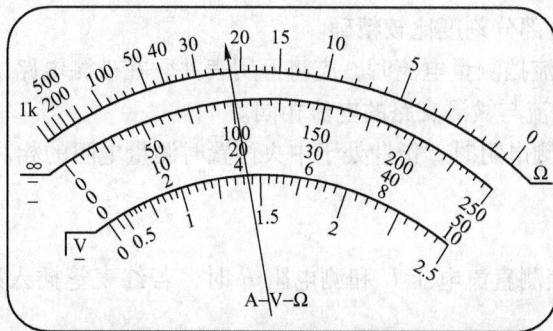

图 13-6

16. 将 MF47 型万用表各部分的名称写入括号内。

二、判断题

1. 万用表内有电池，红表笔表示电池的正极。（　　）
2. 测量的电流或电压值未知时，应选择高挡位进行测量。（　　）
3. 表盘上有电感读数线，表明该表可以测量电感。（　　）
4. 在电阻挡中，每变换一次量程都需要欧姆调零。（　　）
5. 测量中产生的误差是因为万用表的精度不够造成的。（　　）
6. 要扩大直流电流的量程，需要串联电阻才能实现。（　　）
7. 在间接测量直流电流时，需要将万用表串联在电路中。（　　）
8. 在测量电阻时，手应该将电阻的两支引脚握住，测量才准确。（　　）
9. 三极管的放大倍数测量结束后，将三极管扔掉。（　　）
10. 在测量高电压或大电流时，先断电后变换挡位。（　　）
11. 数字式万用表中，黑表笔连接的是内部电池的负极，红表笔接正极。（　　）
12. 数字式万用表测量过程中表可以随意进行放置。（　　）
13. 在用数字式万用表测量750V交流电中，不可以随意拨动挡位。（　　）
14. 数字式万用表在使用电阻挡时，需要电阻挡调零。（　　）
15. 在万用表测量电阻时，应选适当的倍率，使指针指示在中值附近。最好使刻度在1/2 ~ 2/3处的部分，这部分刻度比较精确。（　　）
16. 使用万用表电流挡测量电流时，应将万用表并联在被测电路中，因为只有并联连接才能使流过电流表的电流与被测支路的电流相同。（　　）
17. 指针式万用表测电阻时，指针处于中央位置时测量电阻的相对误差最小。（　　）

三、选择题

1. 用指针式万用表测直流电压 U 和测电阻 R 时，若红表笔插入万用表的（＋）插孔，则（　　）。

　　A. 测 U 时电流从红表笔流入万用表，测 R 时电流从红表笔流出万用表

　　B. 测 U、测 R 电流均从红表笔流入万用表

　　C. 测 U、测 R 电流均从红表笔流出万用表

　　D. 测 U 时电流从红表笔流出万用表，测 R 时电流从红表笔流入万用表

2. 用万用表的欧姆挡测量阻值约为几十千欧姆的电阻 R_x，以下给出的是可能的操作步

骤，其中 S 为选择开关，P 为欧姆挡调零旋钮，把你认为正确步骤前的字母按合理的顺序填写出来（　　）。

  A. 将两表笔短接，调节 P 使指针对准刻度盘上欧姆挡的零刻度，断开两表笔

  B. 将两表笔分别连接到被测电阻的两端，读出电阻 R_x 的阻值后，断开两表笔

  C. 旋转 S 使其尖端对准欧姆挡 ×1k

  D. 旋转 S 使其尖端对准欧姆挡 ×100

  E. 旋转 S 使其尖端对准 OFF 挡，并拔出两表笔

  3. 用万用表测同一定值电阻的阻值时，分别用 R×1、R×10、R×100 三个挡测量三次，指针所指位置如图 13-7 中的①、②、③所示，为了提高测量的准确度应选择的是（　　）挡。

  A. R×1   B. R×10   C. R×100   D. R×1k

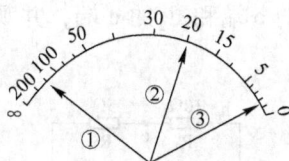

图 13-7

  4. 调整欧姆零点后，用"R×10"挡测量一个电阻的阻值，发现表针偏转角度极小，那么正确的判断和做法是（　　）。

  A. 这个电阻值很小

  B. 这个电阻值很大

  C. 为了把电阻值测得更准确些，应换用"×1"挡，重新调整欧姆零点后测量

  D. 为了把电阻值测得更准确些，应换用"×100"挡，重新调整欧姆零点后测量

  5. 用万用表欧姆挡（×100）测试三只二极管，其结果依次如图 13-8 中的①、②、③所示，关于二极管的说法正确的是（　　）。

  A. ①是完好的，且 a 端为正极   B. ②是完好的，且 a 端为正极

  C. ②是完好的，且 b 端为正极   D. ③是完好的，且 b 端为正极

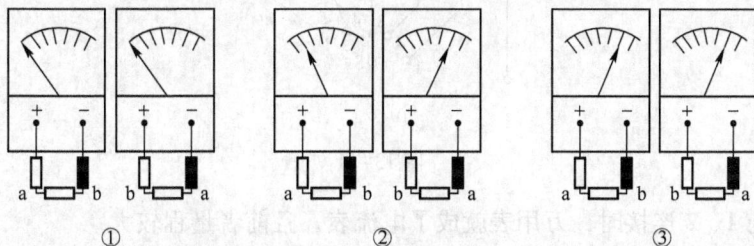

图 13-8

  6. 如图 13-9 所示，E 为电源，R_1、R_2 为电阻，S 为开关。现用万用表测量流过电阻 R_2 的电流，将万用表的选择开关调至直流电流挡（内阻很小）以后，正确的接法是（　　）。

  A. 保持 S 闭合，将红表笔接在 a 处，黑表笔接在 b 处

  B. 保持 S 闭合，将红表笔接在 b 处，黑表笔接在 a 处

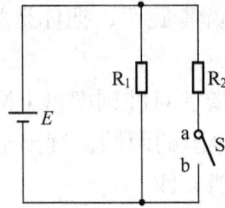

图 13-9

C. 将 S 断开，红表笔接在 a 处，黑表笔接在 b 处

D. 将 S 断开，红表笔接在 b 处，黑表笔接在 a 处

7. 在如图 13-10 所示电路的三根导线中，有一根是断的，电源、电阻 R_1、R_2 及另外两根导线都是好的，为了查出断导线，某学生想先将万用表的红表笔直接接在电源的正极 a，再将黑表笔分别连接在电阻器 R_1 的 b 端和 R_2 的 c 端，并观察万用表指针示数，在下列选挡中符合操作规程的是（　　）。

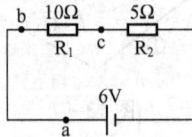

图 13-10

A. 直流 10V 挡   B. 直流 0.5 A 挡

C. 直流 2.5V 挡   D. h_{EF} 挡

8. 图 13-11 所示的是简化了的万用表的电路，转换开关 S 与不同接点连接，就组成不同的电表，已知 $R_3 < R_4$，下面是几位同学对这一问题的议论，请你判断他们中的正确说法是（　　）。

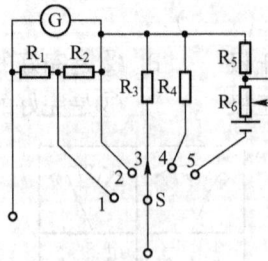

图 13-11

A. S 与 1、2 连接时，万用表就成了电流表，且前者量程较大

B. S 与 3、4 连接时，万用表就成了电流表，且前者量程较大

C. S 与 3、4 连接时，万用表就成了电压表，且前者量程较大

D. S 与 5 连接时，万用表就成了欧姆表

9. 图 13-12 为欧姆表原理图，电池的电动势 $E = 1.5V$，G 为电流表，满偏电流为 $200\mu A$。当调好零后，在两表笔间接一被测电阻 R_x 时，电流表 G 的指针示数为 $50\mu A$，那么 R_x 的阻值是（　　）。

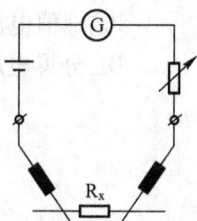

图 13-12

A. 7.5kΩ   B. 22.5kΩ   C. 15kΩ   D. 30kΩ

10. 用万用表测一个电阻 R 的阻值，选择旋钮置于"R×10"挡，测量时指针指在 100 与 200 刻度的正中间，可以确定（   ）。

A. $R = 150\Omega$ B. $R = 1500\Omega$

C. $1000\Omega < R < 1500\Omega$ D. $1500\Omega < R < 2000\Omega$

11. 在使用万用表的欧姆挡测电阻时，下列不正确的是（   ）。

A. 使用前检查指针是否停在欧姆挡刻度线的"∞"处

B. 每次测量前或每换一次挡位，都要进行一次电阻调零

C. 在测量电阻时，电流从黑表笔流出，经被测电阻到红表笔，再流入多用电表

D. 测量时若发现表针偏转的角度较小，应该更换倍率较小的挡来测量

12. 如果收音机不能正常工作，需要判断干电池是否已经报废，可取出一节干电池用万用表来测量它的电动势，下列步骤中正确的是（   ）。

① 将万用表的选择开关置于交流 500V 挡或置于 OFF 挡

② 将万用表的红表笔和干电池的负极接触，黑表笔与正极接触

③ 将万用表的红表笔和电池的正极接触，黑表笔与负极接触

④ 在表盘上读出电压值

⑤ 将万用表的选择开关置于直流 25V 挡

⑥ 将万用表的选择开关置于直流 5V 挡

A. ⑤③④①   B. ②⑤①④   C. ⑥③④①   D. ⑥②④①

13. 用多用电表欧姆挡测电阻时有许多注意事项，下列说法中哪些是错误的（   ）。

A. 测量前必须调定位螺丝，待指针指零，而且每测一次电阻都要重新调零

B. 每次换挡后必须重新进行电阻调零

C. 待测电阻如果是连接在某电路中，应把它先与其他元件断开，再进行测量

D. 使用完毕后应当拔出表笔，并把选择开关旋到交流电压的最高挡

14. 用数字式万用表测量正常的硅二极管时，黑表笔接二极管的正极，红表笔接二极管的负极，则表的示值为（   ）。

A. 1   B. 0.7   C. 0.3   D. 0

15. 用数字式万用表测量一个 10kΩ 的电阻，挡位为 2k，结果表上显示值为"1"，则表明（   ）。

A. 表已损坏   B. 超过量程

C. 电阻值过小   D. 表的精确度不够

16. 指针式万用表的交流电压挡实质上是（   ）。

　　A. 均值电压表　　　　　　B. 峰值电压表

　　C. 有效值电压表　　　　　D. 分贝电压表

四、问答题

1. 如何选择万用表？

2. 数字式万用表测量电阻的步骤？

3. 数字式万用表测量交流电压的步骤？

4. 数字式万用表测量直流电流的步骤？

5. 数字万用表测量电阻时的注意事项？

6. 怎样用数字式万用表测量晶体二极管？

7. 写出用数字式万用表检测下列元件质量的方法。

　　（1）电阻器　　　　　　（2）二极管　　　　　　（3）三极管

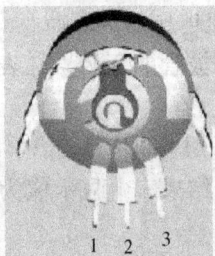

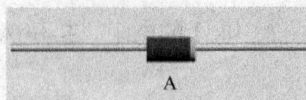

（1）　　　　　　　　　　（2）　　　　　　　　　　（3）

第 14 章

示波器及使用

考试要求

- 了解电子示波器的功能和分类。
- 了解模拟示波器的组成和波形显示基本原理。
- 掌握模拟示波器的使用方法。
- 会使用模拟示波器测量不同波形信号的电压、周期和频率。
- 会使用模拟示波器测量两个同频正弦波的相位差。

知识要点

一、示波器简介

1. 主要功能

示波器是一种能将人眼无法直接观测的交变电信号转换成图像显示在荧光屏上以便测量的电子测量仪器。

示波器的主要测量内容包括电信号的电压幅度、频率、周期、相位等电量，其与传感器配合还能完成对温度、速度、压力、振动等非电量的检测。

2. 分类

（1）按用途可分为简易示波器、双踪（多踪）示波器、取样示波器、存储示波器、专用示波器等。

（2）按对信号的处理方式分为模拟示波器、数字示波器。数字示波器又可分为数字存储示波器（DSO）、数字荧光示波器（DPO）和采样示波器。

3. 示波器面板的组成

（1）模拟示波器的面板主要由电源控制部分、电子束控制部分、垂直（信号幅度）控制部分、水平（时基）控制部分、触发控制部分和其他部分等组成。

（2）数字示波器的面板主要由显示屏、菜单控制键、CH1 及 CH2 功能键、垂直衰减调节旋钮、运算功能键、水平及垂直位移旋钮、水平扫描时间调节旋钮、扫描功能键、触发功能键、触发电平调节旋钮及各种功能按键等组成。

4. 波形显示的组成及基本原理

（1）模拟示波器的原理。模拟示波器主要由显示电路、垂直（Y 轴）放大及衰减电路、水平（X 轴）放大及衰减电路、扫描与同步电路、电源供给电路等构成。

　　模拟示波器的基本原理是利用电子束轰击阴极射线管（CRT），并使它发光来产生肉眼可见的光点。在示波器上，如果用 X 轴代表时间、Y 轴代表 $f(t)$ 来描绘被测信号随时间的变化规律，则就会把人肉眼看不见的、非常抽象的电信号变化过程转换为肉眼可以直接观看的波形，然后在荧光屏上显示出来，从而就可以对电信号进行分析并测量其参数。

　　当一个电压加到一对偏转板上时，将使光点在荧光屏上产生一个位移，该位移的大小与所加的电压成正比。如果在垂直和水平两对偏转板上都加上电压，则荧光屏上的光点位置就由两个方向的位移共同决定。

　　提示：显示电路的核心是示波管，它是一种特殊的电子管。示波管由电子枪、偏转系统和荧光屏三个部分组成。

　　（2）双踪示波器。双踪示波器主要由两个通道的 Y 轴衰减及放大电路、门控电路、电子开关、混合电路、延迟电路、Y 轴后置放大电路、触发电路、扫描电路、X 轴放大电路、Z 轴放大电路、校准信号电路、示波管和高低压电源供给电路等组成。

　　双踪示波器有 4 种不同的工作状态，即 CH1、CH2、双踪、相加。这 4 种工作状态由显示方式开关来控制，以适应各种不同的测试需要。

二、模拟示波器的使用

　　模拟示波器的使用方法详见教材，下面以扫描基线的获得来介绍其主要步骤。

1. 扫描基线的获得（以 CH1 通道为例）

　　（1）开机。打开电源主开关，电源指示灯亮，表示电源接通。

　　（2）设置通道的工作和输入耦合方式。将垂直通道的工作方式设为 CH1，且将 CH1 的输入耦合方式设为接地（GND）。

　　（3）调节辉度。将辉度旋钮顺时针调节，直到看见有亮光为止。

　　（4）选择触发方式。将触发方式设为自动，此时应该出现扫描基线。若此时还未出现基线，可以尝试下一步操作。

　　（5）调节垂直位移。找出扫描基线且调节旋钮使基线与水平轴重合。

　　（6）调节聚焦。旋转聚焦使水平基线最清晰（最细小）。

　　提示：经过以上操作，能在屏幕上得到一条最清晰的水平扫描基线，从而示波器使用的第一步就完成了。

2. 校准

　　（1）探头的一端接示波器。将探头插入端口，且顺时针旋转，拧紧。

　　（2）接校准信号。将探头的另一端接在示波器的校准信号输出端。

　　（3）调节"电压/格"和"时间/格"。将"电压/格"和"时间/格"分别调节到适当的位置，然后分别关闭 CH1 的电压微调和时间微调（将微调旋钮顺时针调到底）。

　　（4）调探头的补偿。用螺丝刀调节探头上的补偿调节，使其补偿适中。

三、示波器测试电压

1. 波形电压测试

　　根据下面的数学表达式可以得到被测量信号的电压值：

电压 = 垂直格数 × 电压/格

例如，$U = 2.5$ 格 × 5V/DIV = 12.5V。

2. 观察正弦波信号波形

（1）调节信号发生器，使之输出正弦波信号，并将信号发生器与示波器进行连接。

（2）设置"电压/格"（例如，0.2V/格），设置"时间/格"（例如，0.2ms/格）。

（3）让触发源（CH1 或 CH2）与通道一致，如果用的是 CH1 通道，触发源就选 CH1，然后调同步电平。经过调节后，即可得到稳定的正弦波图形。

（4）波形参数的计算方法如下。

① 幅度：$U_{PP} =$ 垂直格数 × 伏特/格。

② 周期：$T =$ 水平格数 × 时间/格。

③ 正半周：$T_H =$ 正半周所占水平格数 × 时间/格。

④ 负半周：$T_L =$ 负半周所占水平格数 × 时间/格。

⑤ 频率：$f = \dfrac{1}{T}$。

3. 测量两个同频正弦波的相位差

（1）将 CH1 接信号 1，将 CH2 接信号 2，调节各旋钮，让两信号的波形同时在屏幕上显示出来。

（2）改变通道的增益，使屏幕上显示的两个正弦波信号的幅度尽量接近，且把两个信号的瞬时零值都调节在屏幕中间的水平刻度线上，如图 14-1 所示。

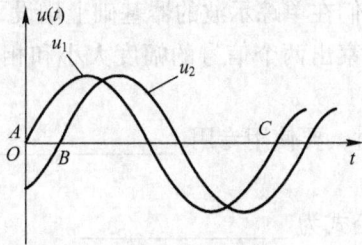

图 14-1　两个同频正弦波的相位差

（3）读出显示的长度值（格数），代入以下公式就可以计算出相位差 $\Delta\Phi$：

$$\Delta\Phi = \frac{AB}{AC} \times 360°$$

自我检测

一、填空题

1. 示波器屏上显示的是一亮度很低、线条较粗且模糊不清的波形。

（1）若要增大显示波形的亮度，应调节 ＿＿＿＿＿＿＿＿ 旋钮。

（2）若要屏上的波形线条变细且边缘清晰，应调节 ＿＿＿＿＿＿＿＿ 旋钮。

（3）若要将波形曲线调至屏中央，应调节＿＿＿＿＿＿＿＿＿＿与＿＿＿＿＿＿＿＿＿旋钮。

2. 若示波器显示屏上显示的波形如图 14-2 所示，要使波形横向展宽，应调节＿＿＿＿＿＿
＿＿＿＿旋钮。

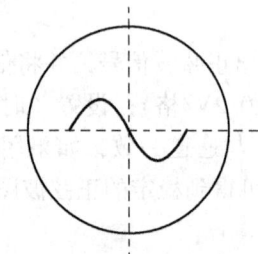

图 14-2

3. 示波器按对信号的处理方式分为＿＿＿＿＿＿＿＿＿和＿＿＿＿＿＿＿＿＿示波器。

4. 示波器主要由显示电路、＿＿＿＿＿＿＿＿＿＿电路、水平（X 轴）放大及衰减电路、
扫描与同步电路、电源供给电路等构成。

5. 电子枪的作用是形成高速、会聚的＿＿＿＿＿＿＿＿＿，去轰击荧光粉使之发光。

6. 某正弦交流信号显示在示波器上，一个周期在水平方向上占 4 格，在垂直方向上占 6
格，若此时示波器的设置为"1ms/DIV"和"0.5V/DIV"，则此时信号的频率是＿＿＿＿＿＿
＿＿＿＿＿Hz，正半周是＿＿＿＿＿＿＿＿＿ms，峰峰值为＿＿＿＿＿＿＿＿＿V，有效值为＿＿＿
＿＿＿＿＿V。

7. 示波器对输入信号的耦合方式有＿＿＿＿＿＿＿＿、＿＿＿＿＿＿＿＿、＿＿＿＿＿
＿＿＿＿三种。

8. 为了实现双踪测量，人们在单踪示波的器基础上增设了一个＿＿＿＿＿＿＿＿开关。

9. 从示波器上不仅能够观察出两个信号的幅度大小和相位的区别，也能够计算出同频
率信号的＿＿＿＿＿＿＿＿。

10. 示波器用于高压测试时，要使用专用＿＿＿＿＿＿＿＿探头，分清楚正负极后，确
认连接无误才能通电开始测量。

11. 波形电压参数的计算公式为＿＿＿＿＿＿＿＿＿。

12. ＿＿＿＿＿＿＿＿是电信号与示波器连接的桥梁，它是一根屏蔽线。

13. 按下示波器的交替触发键，触发信号分别取自＿＿＿＿＿＿＿＿个通道。

14. 按下示波器的极性键，触发信号为＿＿＿＿＿＿＿＿触发。

15. 按下示波器上的 X - Y 键，常用于两个信号的＿＿＿＿＿＿＿＿、＿＿＿＿＿＿＿
进行比较。

16. 在进行水平扫描时间校准时，应将扫描时间校准旋钮＿＿＿＿＿＿＿＿＿时针旋
到底。

17. 用示波器观察信号电压，已知信号频率为 150Hz，在荧光屏上要显示三个周期的完
整波形，扫描频率应该是＿＿＿＿＿＿＿＿Hz；若发现波形缓慢向右移动，这是因为锯齿
波形电压的周期 T_x 比正弦波电压周期 T_y 稍＿＿＿＿＿＿＿＿（填"大"或"小"）。向右
走，说明扫描的快，所以锯齿波周期较小。

18. 如果需要对两个低频信号进行比较，需选用＿＿＿＿＿＿＿＿示波器，且采用＿＿＿

_____显示方式。

19. 示波器探头的作用主要是便于_____、提供_____、减小波形失真及展宽示波器的工作频带等。

20. 通用型示波器的电子枪中，能称为"电子源"的为_____极，而改变辉度的是_____极。

21. 某示波器垂直系统的最高灵敏度为 50μV/DIV，若输入电压为 120μV，则示波器荧光屏上的光点偏移原位_____格。（120/50 = 2.4 格）

二、选择题

1. 示波器使用结束时应注意及时关机，关机的下列操作顺序正确的是（　　）。
    A. 先断开电源开关，再将"辉度调节"旋钮逆时针转到底
    B. 先断开电源开关，再将"辉度调节"旋钮顺时针转到底
    C. 先将"辉度调节"旋钮逆时针转到底，再断开电源开关
    D. 先将"辉度调节"旋钮顺时针转到底，再断开电源开关

2. 从示波器上读得某正弦信号的峰 – 峰值为 1/2V，其频率恰为示波器的截止频率 f_o，则此正弦波的电压表示为（　　）。
    A. $V = (1/4)\sin(2\pi f_o t)$　　　　　　B. $V = (1/2)\sin(2f_o t)$
    C. $V = (1/4)0.5\sin(2f_o t)$　　　　　　D. $V = 0.707\sin(2f_o t)$

3. 不属于波形不同步的原因是（　　）。
    A. 触发源选得不对　　　　　　　　　　B. 触发电平调得不合适
    C. 对于复杂信号还可以调触发释抑　　　D. 输入信号幅度太大

4. 示波器控制栅极的作用是（　　）。
    A. 调节波形的亮度　　　　　　　　　　B. 加速电子束，增加光迹的辉度
    C. 调节波形粗细　　　　　　　　　　　D. 控制射向荧光屏的电子流密度

5. 调节示波器的"辉度"旋钮，是改变 CRT 的（　　）电压。
    A. 栅极和阴极　　　　　　　　　　　　B. 第一阳极和第二阳极
    C. 灯丝　　　　　　　　　　　　　　　D. 高压阳极

6. 测量脉冲电压（尖脉冲）的峰值应使用（　　）。
    A. 交流毫伏表　　　　　　　　　　　　B. 直流电压表
    C. 示波器　　　　　　　　　　　　　　D. 交流电压表

7. 示波器所需带宽是被测信号的最高频率成分的（　　）倍。
    A. 2　　　　　　　　　　　　　　　　　B. 5
    C. 10　　　　　　　　　　　　　　　　D. 1

8. 某同学用示波器观察三角波，发现波形缓缓地从左向右移，已知示波器良好，调节以下哪部分旋钮可能解决（　　）。
    A. 垂直偏转灵敏度粗调（V/DIV）　　　B. 扫描速率粗调（s/DIV）
    C. 聚焦、亮度　　　　　　　　　　　　D. 触发电平、触发源选择

9. 用示波器测量某信号发生器产生的信号，发现测量值与信号发生器的标称值相差很大，产生的原因不可能是（　　）。

    A. 使用的探头不匹配

    B. 信号发生器的标称值是在阻抗匹配下而非空载时的电压值

    C. 示波器的微调旋钮没有校准

    D. 示波器额输入耦合方式选择不正确

10. 用示波器观察正弦波，出现了如图 14-3 所示的图形，可能是示波器的哪个部位工作不正常（   ）。

    A. X 通道   B. Y 通道

    C. 示波管   D. 电源电路

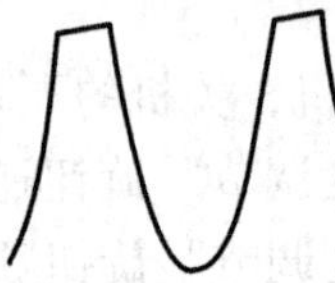

图 14-3

11. 用示波器测量直流电压。在测量时，示波器的 Y 轴偏转因数开关置于 0.5V/DIV，被测信号经衰减 10 倍的探头接入，屏幕上的光迹向上偏移 5 格，则被测电压为（   ）。

    A. 25V   B. 15V

    C. 10V   D. 2.5V

12. 示波器测量中，触发方式选择为（   ）时，屏幕上显示为一条亮线；触发方式选择为（   ）时，屏幕上不显示亮线。

    A. 普通触发   B. 固定触发

    C. 自动触发   D. 其他

三、判断题

1. 示波器是利用电子束在被测电压与同步扫描电压的共同作用下，亮点在荧光屏上所描绘的图形反映被测信号波形的。   （   ）

2. 通用示波器不能观察非周期性的重复信号。   （   ）

3. 在没有信号输入时，仍有水平扫描线，这时示波器工作在触发扫描状态。   （   ）

4. 旋转聚焦旋钮可以使水平基线最清晰（最细小）。   （   ）

5. 将触发方式设为自动，此时屏幕上应该出现一条扫描基线。   （   ）

6. DC 直流耦合适用于高频信号的测量。   （   ）

7. 在双踪显示时，当被测信号的频率较低时，将"交替/断续"键按下（断续方式），可避免波形的闪烁。   （   ）

8. 顺时针方向旋转辉度旋钮，显示的波形会变暗。   （   ）

9. 将探头的衰减开关拨到 ×1 时，垂直方向上每格的电压值为指示值；若拨到 ×10 时，垂直方向上每格的电压值为指示值 ×10。   （   ）

10. 所有示波器中都设有同步装置，只要按照需要来选择适当的触发信号，便可使被测信号与锯齿波扫描保持同步，实现波形的稳定。   （   ）

四、问答题

1. 如图 14-4 所示为示波器的组成框图。
（1）请写出空框内的电路名称。
（2）简述第（1）部分的作用。

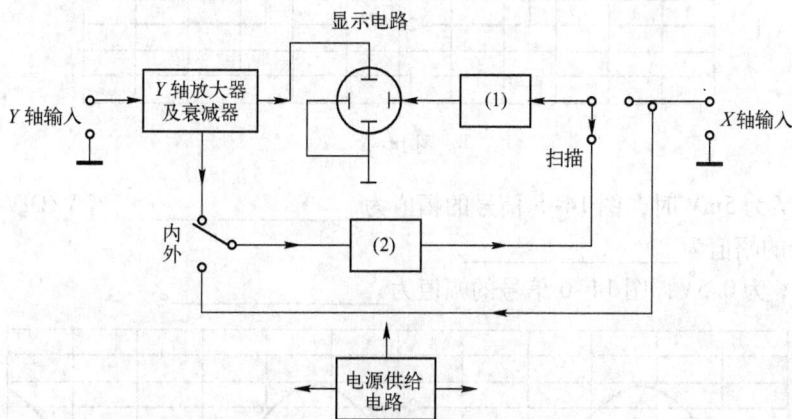

图 14-4

2. 如果要在示波器的荧光屏上得到以下图形：①一个光点，②一条垂直线，③一条水平线，④一频率为 50Hz 的稳定正弦波形，应调节哪些旋钮？为什么？

3. 如果示波器是好的，但当 Y 轴输入交变电压时，发现荧光屏上只出现一条垂直亮线，试问应调哪几个旋钮？

提示：证明 X 轴的信号没有输入时应检查 X 输入信号，或者是否将扫描置于 X–Y 挡。

4. 读出图 14-5 信号、图 14-6 信号的幅值。

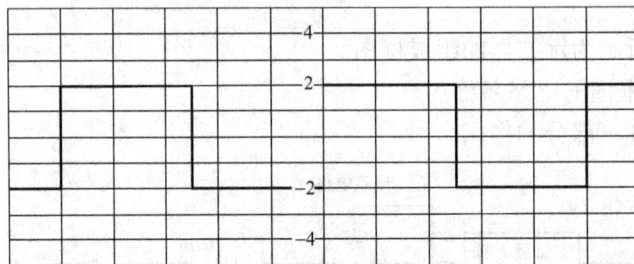

图 14-5

当 V/DIV 为 5mV 时，图 14-5 信号的幅值为_____；当 V/DIV 为 0.2V 时，图 14-5 信号的幅值为_____。

当 V/DIV 为 0.5V，图 14-6 信号的幅值为_____。

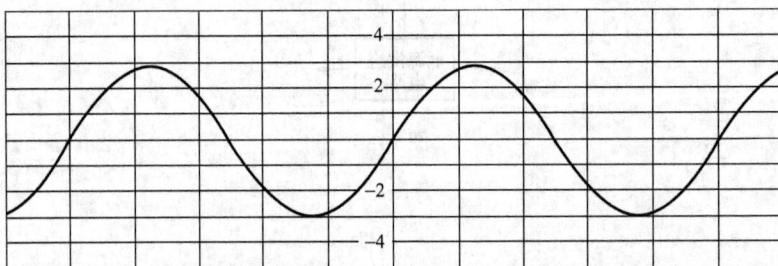

图 14-6

5. 在双踪显示时，什么时候选择"交替"，什么时候选择"断续"？

第15章
其他常用测量仪器及使用

考试要求

○ 了解低频信号发生器的组成、性能指标和功能。
○ 掌握低频信号发生器的使用方法。
○ 了解函数信号发生器的用途和主要参数。
○ 会使用函数信号发生器（CA1640 - 02 型）输出正弦波、三角波和方波。
○ 了解频率计的组成与工作原理。
○ 会使用频率计（NCF - 1000C - 1 型）测量函数信号发生器输出波形的频率和周期。

知识要点

一、信号发生器简介

信号发生器又称信号源或振荡器，是一种能提供各种频率、波形和输出电平电信号的仪器，常作为测试的信号源或激励源的设备。

1. 信号发生器的分类

(1) 信号发生器按其信号波形可分为 4 大类，有正弦信号发生器、函数信号发生器、脉冲信号发生器和随机信号发生器。

① 正弦信号发生器主要用于测量电路和系统的频率特性、非线性失真、增益及灵敏度等。按其不同性能和用途还可细分为低频（20Hz ~ 10MHz）信号发生器、高频（100kHz ~ 300MHz）信号发生器、微波信号发生器、扫频和程控信号发生器、频率合成式信号发生器等。

② 函数信号发生器能产生某些特定的周期性时间函数波形（正弦波、方波、三角波、锯齿波和脉冲波等）信号，频率范围可从几个微赫兹到几十兆赫兹。除供通信、仪表和自动控制系统测试用外，还广泛用于其他非电测量领域。

③ 脉冲信号发生器能产生宽度、幅度和重复频率可调的矩形脉冲的发生器，可用于测试线性系统的瞬态响应，或作为模拟信号来测试雷达、多路通信和其他脉冲数字系统的性能。

④ 随机信号发生器通常又分为噪声信号发生器和伪随机信号发生器两类。用随机信号代替正弦或脉冲信号，以测定系统的动态特性等。

(2) 信号发生器的另一种分类方法是将其分为混合信号发生器和逻辑信号发生器两种。其中混合信号发生器主要输出模拟波形；逻辑信号发生器输出数字码形。混合信号发生器又可分为函数信号发生器和任意波形信号发生器。

（3）信号发生器按传统工作频段分类，有超低频信号发生器、低频信号发生器、高频信号发生器、微波信号发生器。

2. 信号发生器使用注意事项

（1）接通电源前，应保证设备确认电源开关、衰减开关、外测频开关（F2）、电平开关、扫频开关、占空比开关等处于弹出状态。

（2）各输出、输入端口，不可接触交流供电电源，也不可接触正负 30V 以上的直流或交流电源。

（3）输入端口尽量避免长时间短路（小于 1 分钟）或电流倒灌。

（4）不可用连接线拖拉仪器。

（5）为了确保仪器精度，请勿将强磁物体靠近仪器。

（6）不用时应将仪器放在干燥通风处，以免受潮。

二、低频信号发生器

1. 功能

低频信号发生器可用来产生频率为 10Hz ~ 1MHz 的正弦波、方波等信号，其除具有电压输出外，有的还有功率输出。可用于测试或检修各种电子仪器设备中的低频放大器的频率特性、增益、通频带，也可作为高频信号发生器的外调制信号源。另外，在校准电子电压表时，它可提供交流信号电压。

2. 类型

低频信号发生器分为波段式和差频式。

3. 组成

低频信号发生器包括主振级、电平调节电位器、电压放大器、输出衰减器、功率放大器、阻抗变换器和电平指示器等组成，如图 15-1 所示。

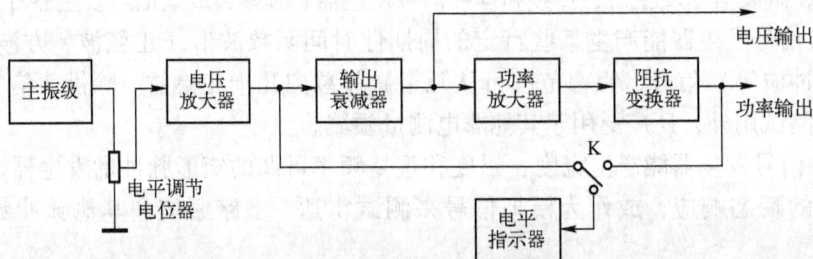

图 15-1　低频信号发生器的组成

（1）主振级用于产生频率可调的低频正弦振荡信号，其电路一般采用文氏电桥振荡器。

（2）放大电路包括电压放大器和功率放大器。

① 电压放大器兼有隔离和电压放大的作用。隔离是为了不使后级的电路影响主振器的

工作；放大是把振荡器产生的微弱振荡信号进行放大，使信号发生器的输出电压达到预定的技术指标要求，一般采用射极跟随器或运放组成的电压跟随器。对电压放大器的要求是输入阻抗高、输出阻抗低、频率范围宽、非线性失真小等。

② 功率放大器实际上是一个换能器，主要是为负载提供所需要的功率，通常采用电压跟随器或 BTL 电路等构成。对功率放大器的要求是失真小、输出额定功率，并设有保护电路。

（3）对于只要求电压输出的低频信号发生器，输出电路仅仅是一个电阻分压式衰减器。对于需要功率输出的低频信号发生器，还必须接上一个或两个匹配输出变压器，并用波段开关改变输出变压器的次级圈数来改变输出阻抗以获得最佳匹配。

输出电压调节方式可以分为连续调节（细调）和步进调节（粗调）。

输出电路还包括电子电压表，一般接在衰减器之前。经过衰减的输出电压应根据电压表的读数和衰减量进行估算。

4. 性能指标

低频信号发生器的主要性能指标见表 15-1。

表 15-1　低频信号发生器的主要性能指标

序号	性 能 指 标	性 能 要 求
1	频率范围	一般为 20Hz～1MHz，且连续可调
2	频率准确度	±1%～±3%
3	频率稳定度	一般是 0.4%/小时
4	输出电压	0～10V 连续可调
5	输出功率	0.5～5W 连续可调
6	输出阻抗	50Ω、75Ω、150Ω、600Ω、5kΩ 等
7	非线性失真范围	0.1%～1%
8	输出形式	平衡输出与不平衡输出

5. 低频信号发生器的使用

低频信号发生器的操作步骤及方法如下。

（1）接通电源。将电源线插入 AC220V 电源插座中，按下电源开关，电源接通后指示灯亮，预热 10min 使仪器工作稳定。

（2）频率选择。先将频率选择开关置于所需频率的倍乘挡，然后调节频率指针，使指针对准所需频率。

（3）波形选择。按下波形选择开关"≈"，信号为正弦波；若需方波则按下波形选择开关"∏"。

（4）输出电压调节。调节输出微调电位器和衰减器相配合，获取所需输出电压信号输出端的正弦波信号（或为方波）电压。

（5）用探头线连接低频信号发生器的输出与频率计输入端，按下电源开关，调节选择适当参数，测量低频信号发生器的频率输出。

（6）用探头线连接低频信号发生器的输出与毫伏表输入端，按下电源开关，调节选择适当参数，测量低频信号发生器的电压输出。

三、函数信号发生器

1. 主要用途

函数信号发生器是使用最为广泛的通用信号源，它除了可以输出正弦波、锯齿波、方波、脉冲串等波形，有的同时还具有调制和扫描功能。

2. 产生信号的方法

不同的函数信号发生器产生信号的方法有所不同，通常有 3 种。第一种是先产生方波，再由变换电路产生正弦波和三角波；第二种是先产生正弦波，再由变换得到方波和三角波；第三种是先产生三角波，再变换得到正弦波和方波。

3. 工作模式

（1）信号输出。输出单一频率的函数信号。

（2）对数扫频。用对数扫频方式输出函数信号。

（3）线性扫频。用线性扫频方式输出函数信号。

（4）外部扫频。用外部扫频方式输出函数信号，外部信号通过插座输入。

（5）外部计数测量外部信号的频率，此时测频系统作为频率计使用。

4. CA1640 - 02 型函数信号发生器的主要参数（见表 15-2）

表 15-2　CA1640 - 02 型函数信号发生器的主要参数

序号	参　数	参　数　值
1	输出频率范围	$0.2Hz \sim 2MHz$
2	输出波形	正弦波、三角波、方波，调节对称性可输出锯齿波、脉冲波等
3	输出幅度	$0 \sim 20V_{P-P}$（负载为 $1M\Omega$）；$0 \sim 10V_{P-P}$（负载为 50Ω）
4	输出衰减	0dB、20dB、40dB、60dB
5	输出阻抗	50Ω
6	幅度显示	显示位数：3 位；显示单位：V_{P-P} 或 mV_{P-P}
7	频率显示	显示范围：$0.200Hz \sim 2MHz$；显示有效位数：4 位
8	直流电平	$-10 \sim +10V$（负载为 $1M\Omega$ 时）；$-5 \sim +5V$（负载为 50Ω 时）
9	TTL 电平输出	输出阻抗 600Ω
10	占空比	$10\% \sim 90\%$
11	外部频率测量范围	$50Hz \sim 20MHz$

5. 用函数信号发生器输出正弦波的步骤及方法

（1）预热。按下电源开关使仪器通电，让函数信号发生器预热 10min。

（2）信号输出端的连接。将函数信号发生器的输出端通过探头线与频率计（或毫伏表）输入端连接。

（3）输出信号选择。按输出信号选择按键，选择正弦波形输出。

（4）频段选择。按频段选择手动按钮，粗调频段。

（5）频率细调。转动频率调谐开关，使函数信号发生器输出频率显示达到所需频率 150Hz，观察并记录频率计测量的显示值。

（6）输出电压调节。根据输出电压的要求，按动衰减调节键，将电压输出衰减调节键置于 0dB，并配合幅度调节旋钮，使函数信号发生器输出幅度显示需要设置的电压值，观察并记录交流毫伏表指示的值。

6. 用函数信号发生器输出三角波信号的步骤及方法

（1）预热。按下电源开关使仪器通电，让函数信号发生器预热 10min。

（2）信号输出端的连接。将函数信号发生器的输出端通过探头线与频率计（或毫伏表）输入端连接。

（3）输出信号选择。按输出信号选择按键，选择三角波形输出。

（4）频段选择。按频段选择手动按钮，粗调频段。

（5）频率细调。转动频率调谐开关，细调频率，使函数信号发生器输出频率显示达到所需频率，观察并记录频率计测量的显示值。

（6）输出电压调节。按动衰减调节键，将电压输出衰减置 20dB，并配合幅度调节旋钮，使函数信号发生器输出幅度显示需要设置的电压值，观察并记录交流毫伏表指示的值。

7. 用函数信号发生器输出方波信号的步骤及方法

（1）预热。按下电源开关使仪器通电，让函数信号发生器预热 10min。

（2）信号输出端的连接。将函数信号发生器的输出端通过探头线与频率计（或毫伏表）输入端连接。

（3）输出信号选择。按输出信号选择键，选择方波信号输出。

（4）频段选择。按频段选择按钮，粗调频段。

（5）频率细调。转动频率调谐开关，细调频率，使函数信号发生器输出频率显示达到所需频率，观察并记录频率计测量的显示值。

（6）输出电压调节。根据输出电压要求，按动衰减调节键，将电压输出衰减置 40dB，并配合幅度调节旋钮，使函数信号发生器输出幅度显示需要设置的电压值，观察并记录交流毫伏表指示的值。

四、频率计

1. 主要用途

频率计又称频率计数器，是一种用电子学方法测出一定时间间隔内输入的脉冲数目，并以数字形式显示测量结果的多功能的电子测量仪器。

频率计除用做频率测量外，还可以测量与之有关的多种参量，如周期、频率比及记数等。

NFC – 1000C – 1 频率计有 4 个主要功能：A 通道测频、B 通道测频、A 通道测量周期和 A 通道计数。其全部测量采用单片机 AT89C51 进行智能化控制和数据处理。其中，A 通道具有低通滤波器和 20 倍衰减功能。

NFC – 1000C – 1 频率计的输出电平为 15mV ~ 3V。

2. 频率计的组成

频率计主要由 A 通道（100MHz 通道）、B 通道（1500MHz 通道）、系统选择控制门、同步双稳电路，以及 E 计数器、T 计数器、MUP 微处理器单元、电源等组成。

3. 频率计基本工作原理

被测量信号经过放大与整形电路后传入十进制计数器，变成其所要求的信号。时基电路提供标准时间基准信号，用来触发控制电路，进而得到一定宽度的闸门信号。当 1s 信号传入时，闸门开通，其计数器开始计数；当 1s 信号结束时，闸门关闭，停止计数。当被测信号在特定时间段 T 内的周期个数为 N 时，则被测信号的频率为 $f = N/T$。

逻辑控制电路的任务就是打开主控门计数，关上主控门显示，然后清零，这个过程不断重复进行。

4. 使用频率计测量频率和周期

（1）测量函数信号发生器发出 2.3kHz、幅度为 3V 方波信号的频率和周期。

（2）测量函数信号发生器发出 2.256kHz、幅度为 2V 正弦波信号的频率和周期。

（3）测量多谐振荡电路输入信号的频率和周期，并使用其计数功能。

（4）测量电路板上晶振两端信号的频率和周期。

使用频率计进行上述 4 种测量的步骤及方法基本相同，如下所示。

（1）按下"FA"功能键。

（2）衰减开关置于 ×20 位置。

（3）低通滤波器置于"开"位置。

（4）时间闸门选择 1s。

（5）显示屏上显示出频率值后，按下"PERA"功能选择键，此时显示此信号的周期。

（6）按下"TOTA"功能选择键对信号进行计数。

（7）测量结束后，先关断仪器和电路板的电源，然后拆除仪器与电路之间的连接线，最后将仪器的按钮和旋钮都重置到初始状态。

提示：① 输入信号以 100MHz 为界限，低于 100MHz 选"输入 A"端口，高于 100MHz 选"输入 B 端口"。

② "FA"测量信号的幅度大于 300mV，衰减开关置于 ×20 位置。

③ 输入信号的频率若低于 100kHz，低通滤波器置于"开"位置。

④ 闸门预选时间一般设定为 1s。时间越长，分辨率越高。

自我检测

一、填空题

1. 计数器输入为 500MHz、0.5V 的信号，要检测其周期应该选择_____输入端，功能键应选择_____，闸门应选择_____。

2. NCF – 1000C – 1 型多功能计数器的功能选择键有_____四个选择铵键。

3. 使用计数器时，应根据输入信号频率的高低和幅度大小确定_____和_____按钮应处的位置。

4. 数字式频率计不仅可以测量_____信号、_____信号和_____信号的频率，而且还能对其他多种物理量的变化频率进行测量。

5. 使用 NCF – 1000C – 1 型多功能计数器时，被测信号的频率为 1Hz ~ 100MHz 选择输入_____端口，被测信号的频率为 100MHz ~ 1.5GHz 选择输入_____端口。

6. 使用 NCF – 1000C – 1 型多功能计数器时，按_____键可以用于提高低频段测量的准确性和稳定性。

7. 频率计的逻辑控制电路的任务是_____主控门计数，_____主控门显示，然后清零。

8. NCF – 1000C – 1 型频率计的全部测量采用单片机_____进行智能化控制和数据处理。

9. NCF – 1000C – 1 型频率计主要由 A 通道、B 通道、系统选择控制门、同步双稳，以及_____、_____、_____、_____组成。

10. 低频信号发生器用于产生_____信号。

11. 低频正弦信号发生器的主振级，改变输出信号频率的办法是：改变_____值以选择不同频段，在频段内调节_____值对频率进行细调。

12. 转动低频信号发生器的频率指针旋钮，将指针对应的读数与所选的频率倍乘挡_____即为此时该仪器的振荡频率。

13. 低频信号发生器的组成包括_____、主振输出调节电位器、电压放大器、输出衰减器、功率放大器、阻抗变换器等。

14. _____振荡器的优点是稳定度高，非线性失真小，正弦波形好，在低频信号发生器中获得广泛的应用。

15. 低频信号发生器内部的电压放大器兼有_____的作用。

16. 低频信号发生器中的输出电压调节可分为_____调节和_____调节。

17. 函数波形发生器在设计上分为_____式和_____式。

18. 函数信号发生器的工作模式有_____五种。

19. 函数信号发生器输出的常见信号有_____三种。

20. 占空比的作用是_____。

21. 混合信号发生器主要输出_____波形；逻辑信号发生器主要输出_____波形。

二、判断题

1. 数字频率计进行频率、周期测量时采用等精度的测量原理。　　　　　　（　　）

2. 按下衰减键时，A 通道的灵敏度被提高了 1/20。　　　　　　　　　　（　　）

3. 为了保证计数器测量的精度，计数器内部使用了高稳定性的石英晶体振荡器。

　　　　　　　　　　　　　　　　　　　　　　　　　　　　　　　　（　　）

4. 数字频率计进行频率、周期测量时采用等精度的测量原理。　　　　　　（　　）

5. 当计数值的溢出指示灯亮时，表示计数器已满，显示已溢出，此时显示的数值为计

数器的第一次测量的数值。 （　　）

6. 低频信号发生器属于一种特殊的信号发生器。 （　　）

7. 低频信号发生器对输出信号幅度应由低向高调试。 （　　）

8. 低频信号发生器的输出电压是能连续可调的。 （　　）

9. 低频信号发生器的频率挡位选择越小表示输出信号的频率调节越低。 （　　）

10. 低频信号发生器中，对功率放大器的要求是失真小，输出额定功率，并设有保护电路。 （　　）

11. 低频信号发生器的主振级几乎都采用 RL 桥式振荡电路。 （　　）

12. 使用低频信号发生器进行频率选择时，先将频率倍乘选择开关置于所需频率倍乘挡，然后调节频率指针，使指针对准所需频率。 （　　）

13. 使用低频信号发生器时，应先预热 10min 左右。 （　　）

14. 低频信号发生器的频率准确度一般为 ±5%。 （　　）

15. 函数信号发生器接通电源后不需预热直接使用。 （　　）

16. 使用函数信号发生器时，对输出信号幅度应由低电压向高电压调试。 （　　）

17. 函数信号发生器具有测试外接信号频率的功能。 （　　）

18. 使用函数信号发生器时，频率挡位选择越大表示输出信号的频率调节越高。（　　）

19. 由单片集成芯片组成的函数信号发生器产生的信号频率比由分立元件组成的函数信号发生器产生的信号频率低。 （　　）

20. 超低频信号发生器一般用于专业上的特殊用途，低频信号发生器一般用于音频领域。 （　　）

21. 任意波形发生器可以仿真实际电路测试中需要的任意波形。 （　　）

22. 函数信号发生器的工作频率虽然不高、频率下限很低，但函数信号发生器的用途非常广泛。 （　　）

23. 使用函数信号发生器时，调节占空比可以改变输出信号的对称性，处于关位置时输出不对称信号。 （　　）

三、选择题

1. 低频信号发生器的主振级多采用 （　　）。
   A. 三点式振荡器　　　　　　　　　B. RC 文氏电桥振荡器
   C. 电感反馈式单管振荡器　　　　　D. 三角波振荡器

2. 下面哪种方法不能够减小计数器测量周期的误差 （　　）。
   A. 采用多周期测量　　　　　　　　B. 提高标准频率
   C. 提高信噪比　　　　　　　　　　D. 保留更多的有效数字位数

3. 不属于函数信号发生器产生信号的方法是 （　　）。
   A. 先产生方波，再由变换电路产生正弦波和三角波
   B. 先产生正弦波，再由变换电路产生方波和三角波
   C. 转换
   D. 触发滞后

4. 低频信号发生器的工作频率一般为 （　　）。

A. 1Hz～1MHz　　　　　　　　　　B. 0.001Hz～1kHz

C. 200kHz～30MHz　　　　　　　　D. 300MHz 以上

5. 通用计数器在测量频率时，当闸门时间选定后，被测信号的频率越低，则（　　）误差越大。

A. ±1　　　　　B. 标准频率　　　　C. 转换　　　　　　D. 触发滞后

6. 频率计测量结束后，不正确的操作方法是（　　）。

A. 先关断仪器和电路板的电源

B. 拆除仪器与电路之间的连接线

C. 将仪器的按钮和旋钮都重置到初始状态

D. 低通滤波器键置于"开"位置

7. 低频信号发生器进行频率选择时，正确的方法是（　　）。

A. 先将频率选择开关置于所需频率的倍乘挡，然后调节频率指针，使指针对准所需频率

B. 先调节频率指针，使指针对准所需频率，然后将频率选择开关置于所需频率的倍乘挡

C. 在测量过程中根据输出信号的频率进行调节

D. 按下电源开关，调节选择适当参数

8. 下列仪器中可以产生方波和三角波信号的仪器有（　　）。

A. 数字式万用表　　B. 晶体管测试仪　　C. 频率计　　　　　D. 低频信号发生器

9. 下列选项中，通用计数器不能测量的量是（　　）。

A. 频率　　　　　B. 相位　　　　　C. 周期　　　　　D. 电压

10. 使用前，需要预热 10min 的电子仪器是（　　）。

A. 频率计　　　　B. 低频信号发生器　C. 函数信号发生器　D. 毫伏表

四、问答题

1. 简述 NCF－1000C－1 型频率计"周期测量"的步骤。

2. 低频信号发生器的主要性能指标有哪些?

3. 简述函数信号发生器输出频率为 165Hz、有效值 $U_{P-P} = 2V$ 的正弦波的主要操作步骤？

4. 通用电子计数器主要由哪几部分组成？画出其组成框图。

5. 为测量功能选择最佳的测量仪器，将仪器序号填在测量功能后的空白处。

测量功能   测量仪器

A. 测量电压_____   （1）函数信号发生器

B. 测量频率_____   （2）电子计数器

C. 观察电信号幅频特性_____   （3）万能电桥

D. 产生三角波信号_____   （4）电子示波器

E. 测量三极管的输出特性_____   （5）晶体管特性图示仪

F. 测量精密电阻_____   （6）毫伏表

第四篇

模拟考试题

模拟考试题一

时间 150 分钟，总分 300 分

一、填空题（每空 4 分，共 64 分）

1. 集成三端稳压器 CW7915 的输出电压为_____。

2. 稳压管通常工作在_____区。

3. 如果变压器二次电压的有效值为 12V，桥式整流电容滤波后输出电压为_____。

4. 用万用表判断三极管的引脚时，应先判断它的_____极。

5. 二进制数 11011 变换成十进制数为_____。

6. 测得三极管各引脚对地的电压分别为 $U_C = 0.4V$、$U_B = 1.0V$、$U_E = 0.3V$，则此三极管工作于_____状态。

7. 灯泡标有"220V、40W"的字样，将该灯泡接在 100W 的电源上，此时电灯泡的功率为_____。

8. 磁场中任意一点磁场的强弱和方向用_____描述。

9. 如图一所示，当开关 S 接通后，灯泡 A 比原来_____。

10. 通电导体在磁场中受力的方向用_____定则来判断。

11. 惠斯通电桥的平衡条件是_____。

12. 如图二所示，$R_1 = R_2 = R_3 = 12\Omega$，则 $R_{AB} =$_____。

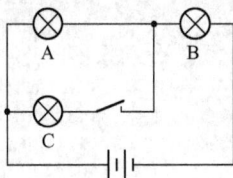
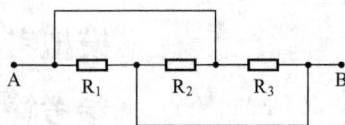

图一　　　　　　　　　　　图二

13. 电场中 A、B 两点的电位分别是 80V 和 $-20V$，则 U_{AB} 两点电压是_____。

14. 电子测量是以_____为手段的测量。

15. 在双踪示波器显示时，当被测信号的频率较低时，应按下_____键可避免波形的闪烁。

16. 数据舍入原则可简单概括为_____。

二、判断题（每小题 5 分，共 65 分）

1. 反馈类型按取样方式分为正反馈和负反馈。　　　　　　　　　　　　　（　　）

2. OTL 功放采用单电源供电，有输出耦合电容。　　　　　　　　　　　　（　　）

3. 从调频波中解调出原调制信号的过程称为检波。　　　　　　　　　　　（　　）

4. 振荡器要起振必须满足相位平衡条件，即反馈信号与输入信号反相。　　（　　）

5. 运放输入级常采用差动放大器，其目的是抑制零点漂移。　　　　　　　（　　）

6. 在直流电路中，电感线圈在电路中视为短路，电容器视为开路。　　　　（　　）

7. 在照明电路中，常用的连接方法是并联。 （   ）

8. 电容器串联的等效电容量等于各电容器的容量之和。 （   ）

9. 导体的长度和截面都增大一倍，其电阻值也增大一倍。 （   ）

10. 照明电路必须采用三相四线制供电线路，中线绝对不能省去，因此中线上一定要安装开关和熔断器。 （   ）

11. 使用万用表的交流电压量程测量时，一定要区分表笔的正负极。 （   ）

12. 测量时，电流表要串联在电路中，电压表要并联在电路中使用。 （   ）

13. 为保护示波器的寿命，应使示波器上的亮点长时间停留在一个位置，而不要经常去移动其位置。 （   ）

三、选择题（每小题 5 分，共 60 分）

1. 如图三所示复合管 $\beta_1 = 50$、$\beta_2 = 30$，复合管的总电流放大倍数 β 和复合后的管型分别为（   ）。

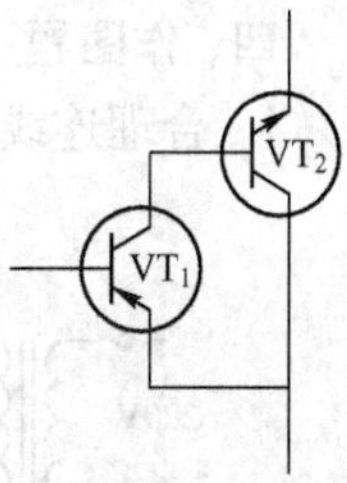

    A. 80；NPN 型　　　　　　B. 1500；PNP 型

    C. 50；PNP 型　　　　　　D. 30；NPN 型

2. 在负反馈电路中，要求输入电阻和输出电阻都比未加反馈时小，则此负反馈应采用（   ）。

图三

    A. 电流串联　　　B. 电压串联　　　C. 电流并联　　　D. 电压并联

3. 在桥式整流电路中，若有一只二极管开路，则（   ）。

    A. 可能烧毁元器件　　　　　　　B. 输出电流变大

    C. 电路变为半波整流　　　　　　D. 输出电压为 0

4. 同步 RS 触发器，当 $S = 0$，$R = 1$ 时，CP 脉冲作用后，触发器处于（   ）。

    A. 保持原状态　　　B. 置 0　　　C. 置 1　　　D. 状态不确定

5. OTL 功放电路的最大不失真功率为（   ）。

    A. V_{CC}^2/R_L　　　B. $V_{CC}^2/2R_L$　　　C. $V_{CC}^2/4R_L$　　　D. $V_{CC}^2/8R_L$

6. 两只电容器，一只为 $20\mu F$ 耐压 30V，另一只容量为 $30\mu F$ 耐压 40V，串联后的电路等效电容量及耐压值是（   ）。

    A. $50\mu F$，30V　　B. $12\mu F$，50V　　C. $12\mu F$，70V　　D. $50\mu F$，40V

7. 下列叙述正确的是（   ）。

    A. 磁通大，磁感应强度一定大

    B. 磁感应强度大，磁通一定大

    C. 在面积 S 一定的情况下，磁感应强度增大，磁通一定增大

    D. 磁通的大小等于磁感应强度和它的垂直方向横截面面积的乘积

8. 单相电度表是用来测量（   ）的仪表。

    A. 电功　　　　B. 电流　　　　C. 电压　　　　D. 阻值

9. 电压和电动势的正方向是（   ）。

    A. 电压从高电位指向低电位，电动势从电源负极指向电源正极

    B. 电压和电动势都是高电位指向低电位

    C. 都是从低电位指向高电位

    D. 电压从低电位指向高电位，电动势从高电位指向低电位

10. 把阻值为 1Ω 的电阻丝均匀拉长为原来的两倍后，接到 8V 的电路中，此时通过它的电流是（　　）。

  A. 0.5A   B. 2A   C. 1A   D. 4A

11. 对示波器校准时在荧光屏上却出现了如图四所示的波形，应调整示波器（　　　）旋钮或开关才能正常观测。

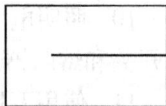

  A. 偏转灵敏度粗调   B. 垂直位移

  C. 水平位移   D. 扫描速度粗调   图四

12. 下列仪器中，可以产生方波和三角波信号的仪器有（　　）。

  A. 示波器   B. 毫伏表   C. Q 表   D. 信号发生器

四、作图题（共 32 分）

1. 合理连线，构成 5V 的直流稳压电源。（6 分）

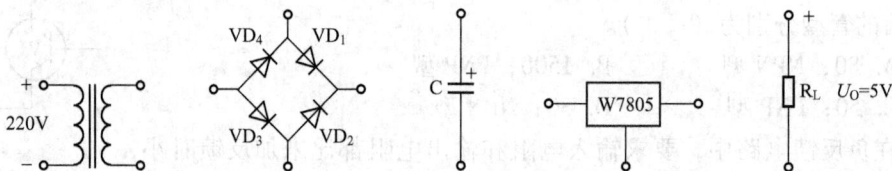

2. 画出分压式偏置放大电路。（6 分）

3. 380V 三相四线制供电网络中，A 组为不对称负载，B 组为对称负载，将 A 连接成星形，B 连接成三角形。（6 分）

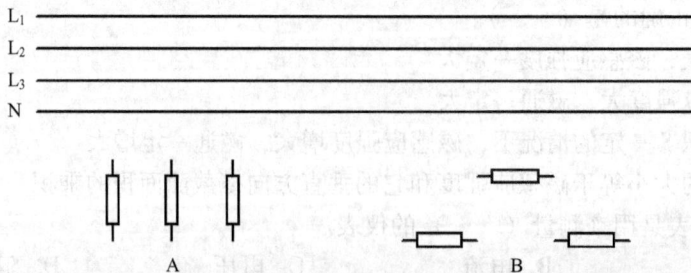

4. 在实训中要选用两个色环电阻，其阻值和误差要求如下图所示，在图中标出所选色环电阻的阻值。（8 分）

阻值为 56kΩ, 误差为 5%　　　　　　阻值为 1Ω, 误差为 10%

( )　( )　( )　( )　　　　　( )　( )　( )　( )

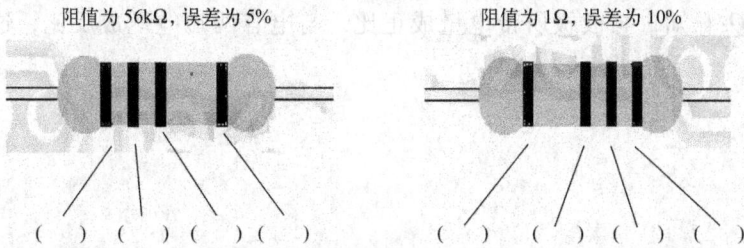

5. 电流方向及导线在磁场中的受力方向如图五所示, 标出 N、S 极。(6 分)

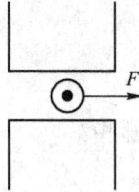

图五

五、问答题 (每小题 8 分, 共 40 分)

1. 负反馈对放大器的性能有哪些影响?

2. 组合逻辑电路的分析包括哪几个步骤?

3. 通电长直导线磁场方向采用什么方法判定? 具体方法是?

4. 由 $C = Q/U$ 知，与极板所带电量成正比，与电容两端电压成反比，这种说法对吗，为什么？

5. 万用表测量电阻时的注意事项有哪些？

六、综合题（共 39 分）

1. 化简下列逻辑函数。（10 分）

$$Y = A + \overline{A}B + AC + BCD$$

2. 如图六所示的运算放大电路，已知 $R_1 = 10\mathrm{k}$，$R_F = 25\mathrm{k}$，$u_i = 12\mathrm{mV}$；试计算 u_o 及 R_2。（10 分）

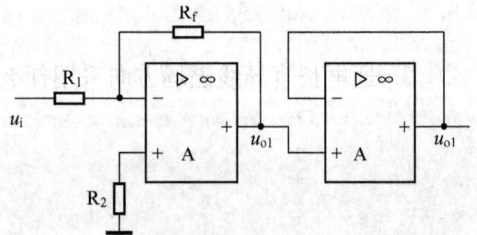

图六

3. 如图七所示电路中，已知 $E_1 = 40V$，$E_2 = 5V$，$E_3 = 25V$，$R_1 = 5\Omega$，$R_2 = R_3 = 10\Omega$。用支路电流法求各路电流。（10 分）

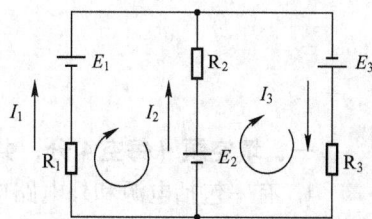

图七

4. 示波器波形如图八所示，已知水平格数为 10 格，垂直格数为 6 格。设置"电压/格"为 0.2V/格，"时间/格"为 0.05ms /格。求被测信号的峰-峰值、周期及频率。（9 分）

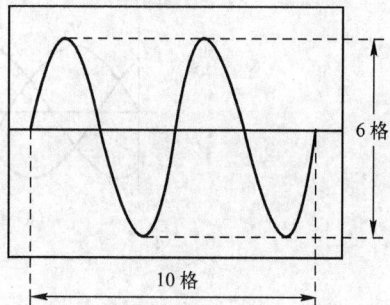

图八

模拟考试题二

时间 150 分钟，总分 300 分

一、填空题（每空 4 分，共 64 分）

1. 有一包括电源和外电路电阻的简单闭合电路，当外电阻加倍时，通过的电流减为原来的 $\frac{2}{3}$，则外电阻与电源内电阻之比为_____。

2. 电路的作用有两个，一是进行电能的传输和转换，二是_____。

3. 如果电场力将负电荷从 A 点移动到 B 点，则电压的方向为_____。

4. 如图一所示为某三相正弦交流电的波形图和相量图，则_____的顺序称为三相交流电源的正相序。

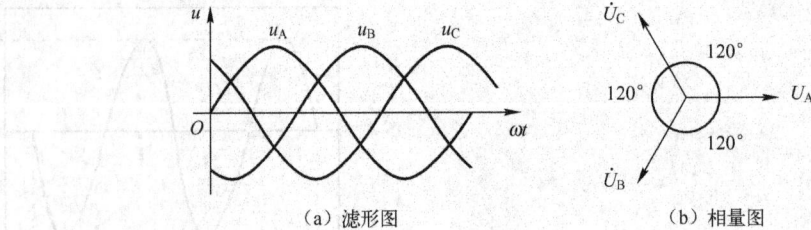

（a）滤形图　　　　　　（b）相量图

图一

5. 若电源的开路电压为 60V，短路电流为 2A，则负载从该电源获得的最大功率为_____。

6. 如果把一电容器极板的面积加倍，并使其两板之间的距离减半，则_____。

7. 理想二极管正偏时可以视为短路，反偏时则视为_____。

8. 三只三极管各电极的直流电位如下表所示，由此可确定处于放大状态的三极管是_____。

	V_C（V）	V_B（V）	V_E（V）
VT$_1$	-6	-3	-2.7
VT$_2$	3	1.6	2.3
VT$_3$	6	7	6.3

9. 差分放大电路是为了_____而设置的。

10. 三端集成稳压器 CW7812 的输出电压是_____。

11. 逻辑函数 $Y = AD + A\overline{D} + AB + \overline{AC} + BD$ 的最简式为 $Y = $_____。

12. 如果将全班 43 个学生以二进制代码进行编码，最少需要二进制码的位数是_____。

13. 测量时选择量程的原则是，使指针的偏转位置尽可能处于满度值的_____以上区域。

14. 指针式万用表可用来测量_____。

15. 信号发生器又称信号源，它可以产生不同频率、幅度和波形的各种_____。

16. 示波器就是一种能把随时间变化的、抽象的电信号用_____来显示的综合性电信号测量仪器。

二、判断题（每小题 5 分，共 65 分）

1. 线性电阻适用于欧姆定律，非线性电阻不适用于欧姆定律。　　　　　　（　　）

2. 几只电容器并联后的等效电容比任何一只电容器的容量都小。　　　　（　　）

3. 任何磁体都有 N 极和 S 极，若将磁体截成两段，则一段为 N 极，另一段为 S 极。

　　　　　　　　　　　　　　　　　　　　　　　　　　　　　　　（　　）

4. 磁场强度是矢量，而磁感应强度是标量。　　　　　　　　　　　　　（　　）

5. 正弦交流电的三要素是指它的最大值、角频率和相位。　　　　　　　（　　）

6. 只要是正弦量就可以由矢量图进行加减运算。　　　　　　　　　　　（　　）

7. 在三相四线制中，中性线可以保证三相负载对称，防止事故发生，所以一定要在中性线上安装保险或开关。　　　　　　　　　　　　　　　　　　　　　　（　　）

8. 在单向桥式整流电容滤波电路中，若变压器次级电压的有效值为 $U_2 = 20\text{V}$，则输出电压 U_o 为 24V。　　　　　　　　　　　　　　　　　　　　　　　　　（　　）

9. 从二极管的伏安特性曲线可知，它的电压电流关系满足欧姆定律。　　（　　）

10. 当输入端中任意一组全为 1 时，输出为 0；各组输入中分别都有 0 时，输出为 1，可用来描述与或非门的逻辑功能。　　　　　　　　　　　　　　　　　　　　（　　）

11. 20×10^2 是 4 位有效数字。　　　　　　　　　　　　　　　　　　（　　）

12. 在用万用表测量 220V 交流电中，可以随意拨动量程挡位。　　　　　（　　）

13. 当被测量的电压是 8V 时，量程应选择 10V 挡，这样测量误差才最小。　（　　）

三、选择题（每小题 5 分，共 60 分）

1. 某电阻上的参数标注为 "222"，则该电阻的阻值为（　　　）。

　　A. 222Ω　　　　　　B. 220Ω　　　　　　C. 2200Ω　　　　　D. $22\text{k}\Omega$

2. 连续点亮一个 25W 的灯泡做照明，消耗 1 度电所用的时间为（　　　）。

　　A. 2.5h　　　　　　　B. 4h　　　　　　　　C. 25h　　　　　　　D. 40h

3. 根据电容的表达式 $C = \dfrac{q}{U}$，可得出（　　　）。

　　A. 电容器的容量与所带电量成正比

　　B. 电容器的容量与两端的电压成反比

　　C. 电容器的容量是电容器本身的一种属性，与电容器两端的电压和电容所带电量无关

　　D. 电容器的容量与所带电量成正比，与两端的电压成反比

4. 判断磁场对运动电荷的作用力方向时，对于负电荷，左手四指指向电荷的运动方向，大拇指指向（　　　）。

　　A. 速度方向　　　　　B. 速度反方向　　　　　C. 洛伦兹力方向　　　D. 洛伦兹力反方向

5. 两正弦交流电的表达式为 $u_1 = 380\sqrt{2}\sin\left(314t - \dfrac{\pi}{6}\right)\text{V}$，$u_2 = 380\sqrt{2}\sin\left(314t - \dfrac{\pi}{4}\right)\text{V}$，则

u_1 与 u_2 的相位关系为（　　　）。

    A. u_1 超前　　　　B. u_1 滞后　　　　C. 同相　　　　D. 正交

6. 在如图二所示电路，设二极管为理想二极管，则二极管的状态及 U_{A0} 的值是（　　　）。

    A. 二极管 VD 截止，$U_{A0} = -4V$

    B. 二极管 VD 截止，$U_{A0} = 4V$

    C. 二极管 VD 导通，$U_{A0} = -6V$

    D. 二极管 VD 导通，$U_{A0} = 6V$

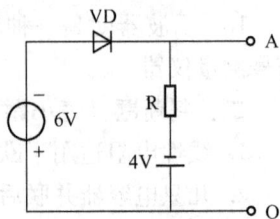

图二

7. 将低频信号发生器（XD－2 型）的"输出衰减"置于 0dB 处，调节"输出细调"旋钮，使其输出电压为 5V。当"输出衰减"置于 20dB 处时，其实际输出电压为（　　　）V。

    A. 100　　　　B. 0.05　　　　C. 50　　　　D. 0.5

8. 在输入量不变的情况下，若引入反馈后（　　　），则说明引入的是负反馈。

    A. 输入电阻增大　　B. 输出量增大　　C. 净输入量增大　　D. 净输入量减小

9. 如图三所示电路中，为共发射极放大电路的是（　　　）。

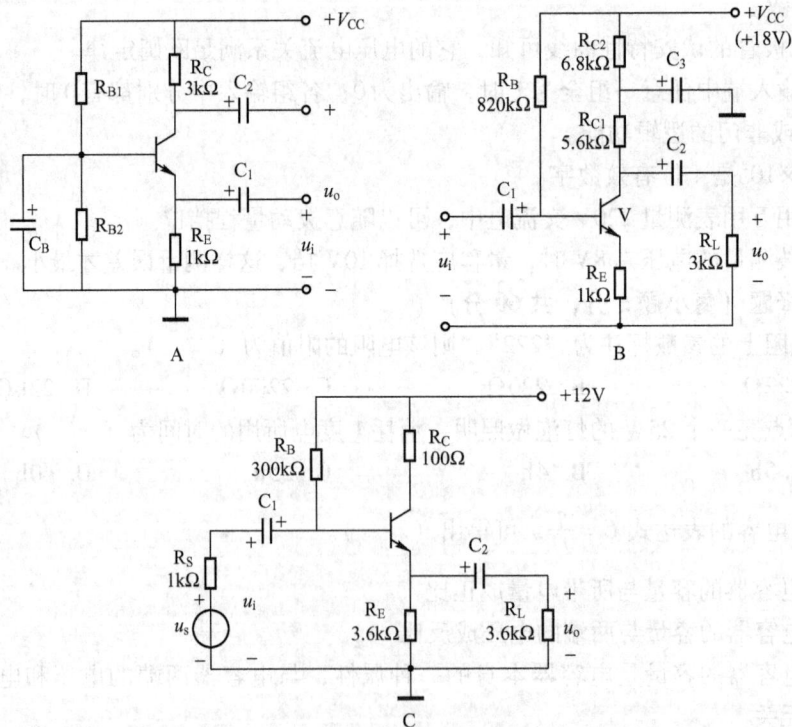

图三

10. 欲从信号源获得更大的电流，并稳定输出电流，应在放大电路中引入（　　　）负反馈。

    A. 电压串联　　　　B. 电压并联　　　　C. 电流串联　　　　D. 电流并联

11. 为了尽可能准确地测量某一电阻的阻值，宜采用（　　　）。

    A. 直接测量法   B. 伏安法   C. 电桥法   D. 无法确定

12. 低频信号发生器的工作频率一般为（   ）。

    A. $0.0001 \sim 1000\,\text{Hz}$ B. $1\,\text{Hz} \sim 1\,\text{MHz}$

    C. $100\,\text{kHz} \sim 30\,\text{MHz}$ D. $30 \sim 300\,\text{MHz}$

四、作图题（共 32 分）

1. 根据 CP、J、K 的波形画出 Q 端波形，假设初态为零。（5 分）

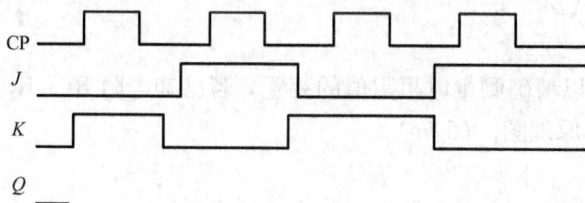

2. 电路如图四所示，试用相位条件判断该电路能否振荡，若不能振荡，则将电路加以改正。（6 分）

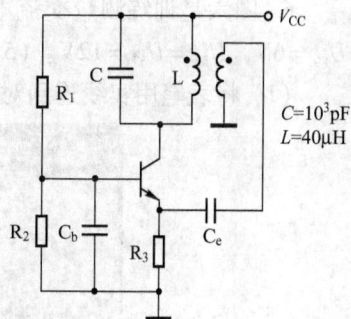

$C = 10^3\,\text{pF}$
$L = 40\,\mu\text{H}$

图四

3. 图五是做探究电磁感应产生条件的实验器材及示意图。（6 分）

① 在图中用实线代替导线把它们连成实验电路。

② 有哪些操作可以使电流表的指针发生偏转？

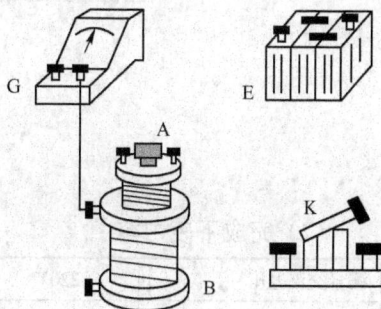

图五

4. 已知 $I=8A$，$f=50Hz$，$\varPhi_0=\dfrac{\pi}{3}$，画出该正弦交流电的波形图和矢量图。（5分）

5. 电桥是一种可以精确测量电阻阻值的装置。若已知电阻 R_1、R_2、R_3 的阻值，待测电阻为 R_X，试画出电桥原理图。（5分）

6. 图六是训练测量交流电的装置，绕组 1 是初级，接入电压为 220V，若 $U_{12}=130V$，$U_{89}=6V$，$U_{56}=U_{67}=12V$。（5分）

（1）将表笔用实线连到对应插孔。

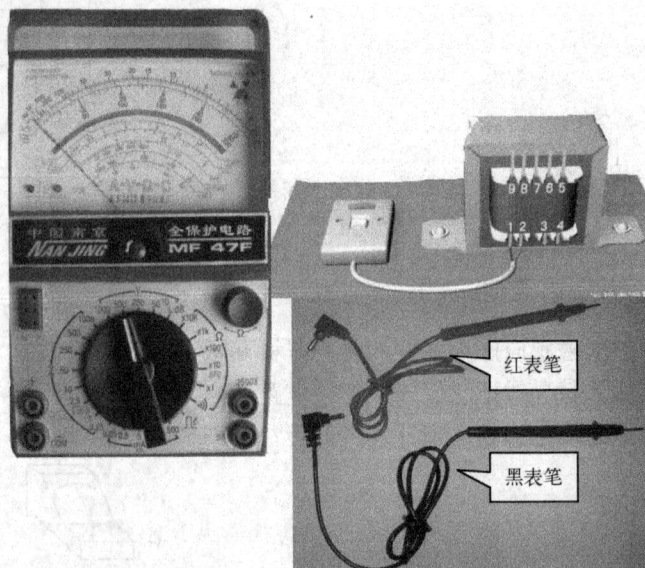

红表笔

黑表笔

图六

（2）完成下表内容。

测量交流电压	220V	130V	6V	12V	24V
选择挡位					
表笔所连接引脚					

五、问答题（每小题 8 分，共 40 分）

1. 简述用万用表初步测量判断电容器好坏的方法。

2. 基尔霍夫第一定律和第二定律的内容分别是什么？

3. 简述石英晶体振荡电路的特点。

4. 电子测量的主要内容有哪些？

5. 基本逻辑门电路有哪些？请写出各自的逻辑表达式和逻辑功能。

六、综合题（1 小题 9 分，其余每题 10 分，共 39 分）

1. 图七所示电路中，稳压管的稳定电压 $U_z = 12V$，图中电压表流过的电流忽略不计，试求：

（1）当开关 S 闭合时，电压表 V 和电流表 A_1、A_2 的读数分别为多少？

（2）当开关 S 断开时，电压表 V 和电流表 A_1、A_2 的读数分别为多少？

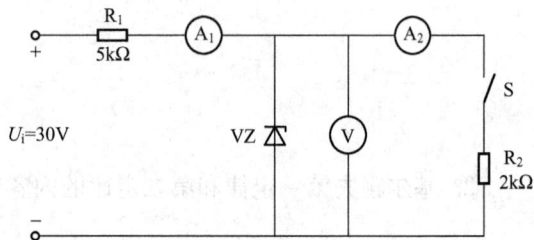

图七

2. 图八所示电路中，运放为理想器件。试求输出电压 V_{o1}、V_{o2} 的表达式，并说明该运算电路所实现的功能。若 $R_{f1} = 2R_1$，$R_{f2} = R_1 = R_2$，$V_{i1} = 25V$，$V_{i2} = 5V$，则输出电压 V_{o2}、V_{o2} 各为多少？求解图示电路的运算关系式。

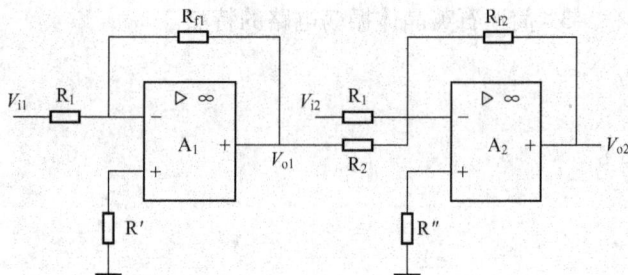

图八

3. 对称三相电源采用星形连接向三相负载供电，若已知 L_1 相的相电压为 $u_1 = 220\sqrt{2} \sin 314t$，对应的相线上的电流为 $i_1 = 5\sqrt{2} \sin\left(314t - \dfrac{\pi}{6}\right) A$。

（1）写出另外两相电压的解析式。

（2）写出三个线电压的解析式。

（3）写出另外两根相线中电流的解析式。

4. 用 0.2 级 100mA 的电流表和 2.5 级 100mA 的电流表串联测量电流，前者示值为 80mA，后者示值为 77.8mA。

（1）如果把前者作为标准表校验后者，问被校表的绝对误差是多少？应当引入的修正值是多少？测得值的实际相对误差为百分之几？

（2）如果认为上述结果是最大绝对误差，则被校表的准确度应定为几级？

模拟考试题三

时间 150 分钟，总分 300 分

一、选择题（每小题 4 分，共 60 分）

1. 某导体由三段粗细不等的导线接成，其横截面积的关系为 $S_1 < S_2 < S_3$，则流过导体的电流强度为（   ）。

    A. S_1 处大   B. S_2 处大   C. S_3 处大   D. 各处电流一样大

2. 若使电桥电路处于平衡，则应满足（   ）。

    A. 对臂电阻相等   B. 对臂电流相等

    C. 对臂电阻乘积相等   D. 对臂两端电压相等

3. 某电容器的电压 $U = 300\text{V}$，电容 $C = 40\mu\text{F}$，则该电容器能存储的电场能为（   ）。

    A. 4.8J   B. 0.006J   C. 0.012J   D. 1.8J

4. 正弦交流电的三要素是（   ）。

    A. 最大值、频率、周期   B. 最大值、频率、初相位

    C. 有效值、频率、相位   D. 有效值、周期、相位

5. 在图一中 $u-i$ 相位差和超前滞后关系为（   ）。

    A. $-2\pi/3$，u 超前于 i $2\pi/3$ B. $-2\pi/3$，u 滞后于 i $2\pi/3$

    C. $2\pi/3$，u 滞后于 i $2\pi/3$ D. $2\pi/3$，u 超前于 i $2\pi/3$

6. NPN 型三极管工作在放大状态时，各电极的电位应满足（   ）。

    A. $V_E > V_B > V_C$ B. $V_E > V_C > V_B$ C. $V_C > V_B > V_E$ D. $V_C > V_E > V_B$

7. 如图二所示共射放大电路，现处于截止状态，欲恢复放大状态，通常采用的方法是（   ）。

    A. 减小 R_B B. 增大 R_B C. 减小 R_c D. 减小 $+E_c$

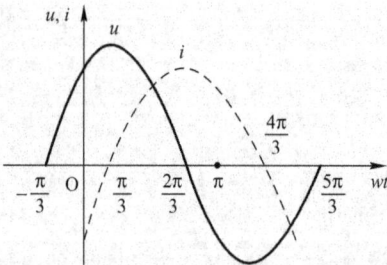

图一

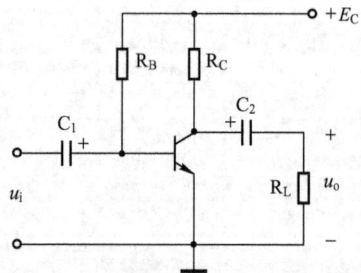

图二

8. 用指针式万用表测三极管时，若用黑表笔接 NPN 型三极管假定的集电极 C，红表笔接发射极 E，用手捏住基极 B 和假定的集电极 C（两极不能相碰），读出电阻值；交换 C、E 极重测一次，比较两次情况下的电阻值相差越大，表明三极管的（   ）。

    A. β 越大   B. β 越小   C. CE 间的电阻越大   D. I_e、I_e 越小

9. 如图三所示（开关 A、B、C 闭合用 A、B、C，断开用 $\bar{A}$、$\bar{B}$、$\bar{C}$ 表示），使灯 Y 亮的逻辑表达式为（   ）。

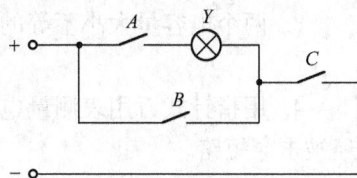

图三

    A. $Y = A + B + C$ B. $Y = AB + C$

    C. $Y = (A + \bar{B})C$ D. $Y = A\,\bar{B}C$

10. 基本 RS 触发器，输入信号 $R_d = 0$，$S_d = 1$，该触发器处于（   ）。

    A. 0 状态   B. 1 状态   C. 保持状态   D. 不允许状态

11. 组合逻辑电路与时序逻辑电路的区别在于（   ）。

    A. 组合逻辑电路是模拟电路，时序逻辑电路是数字电路

    B. 组合逻辑电路是数字电路，时序逻辑电路是模拟电路

    C. 组合逻辑电路某一时刻的输出状态不仅取决于该时刻的输入信号，而且与原输出状态有关，时序逻辑电路则只与该时刻的输入信号有关

    D. 时序逻辑电路某一时刻的输出状态不仅取决于该时刻的输入信号，而且与原输出状态有关，组合逻辑电路则只与该时刻的输入信号有关

12. 在图四所示的复合管中，已知 VT_1 的 $\beta_1 = 40$，VT_2 的 $\beta_2 = 60$，则复合管的导电类型和电流放大系数分别为（   ）。

    A. NPN 型和 100   B. NPN 型和 2400

    C. PNP 型和 100   D. PNP 型和 2400

13. 图五是一块 TTL7400 集成门电路的使用情况，它是根据（   ）逻辑函数关系连接成的。

    A. $Y = \overline{A \cdot \bar{B}}$ B. $Y = A + \bar{B}$ C. $Y = \overline{A + \bar{B}}$ D. $Y = A \cdot \bar{B}$

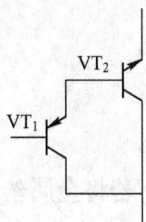

图四

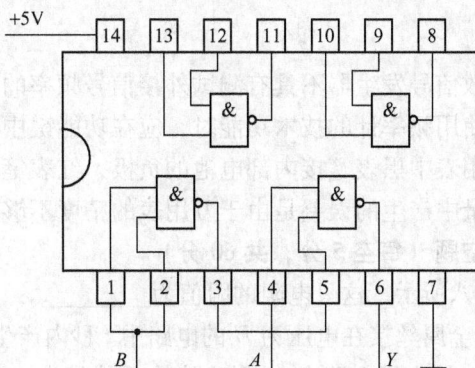

图五

14. 七段字符显示器电路中，a、b、c、d、g 段发光是显示数字（   ）。

    A. 6   B. 5   C. 4   D. 3

15. 当示波器屏幕上的波形不稳定时，应调节（   ）。

    A. 触发耦合   B. 触发源选择   C. 触发方式选择   D. 触发电平调节

二、判断题（每小题 4 分，共 60 分）

1. 若 $I_{AB} = -2A$，则表明该支路电流的实际方向为 A 到 B。   （   ）

2. 给微安计串联不同阻值的电阻，即可改装得到不同量程的电压表。   （   ）

3. 两个电容量大小不等的电容器，充电到相同的电压时，两个电容器所带的电量相等。

（　　）

4. 用指针式万用表测量电解电容时，如果指针向右偏转后不向左返回，说明该电容已经被击穿短路。（　　）

5. 在 RLC 串联电路中，当 $U_L = U_C$ 时，总电压和电流的相位是相同的。（　　）

6. 某电路两端的端电压为 $u = 220\sqrt{2}\sin(314t + 30°)$ V，电路中的总电流为 $i = 10\sqrt{2}\sin(314t - 30°)$ A，则该电路为电感性电路。（　　）

7. 负载为星形连接的不对称三相电路中，有中线和没有中线是没有差别的。（　　）

8. 稳压二极管处于工作状态时，其伏安特性是电压微变、电流剧变。（　　）

9. 在放大电路中引入并联负反馈将使输入电阻减小。（　　）

10. 图六是一个电流串联负反馈电路。（　　）

11. 图七所示的电路能起振。（　　）

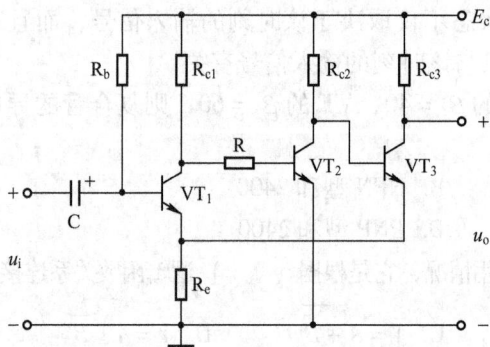
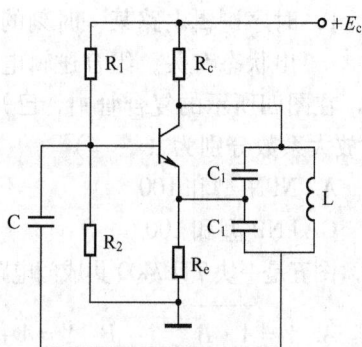

图六　　　　　　　　　　　　　　图七

12. 函数信号发生器不具有测试外接信号频率的功能。（　　）

13. 要使用频率计的技术功能时，应在功能键中选择 TOTA 键。（　　）

14. 万用表中黑表笔接内部电池的负极，红表笔接正极。（　　）

15. 测量中产生的误差是由于万用表的精度不够造成的。（　　）

三、填空题（每空 5 分，共 60 分）

1. 如图八所示，这只电阻的阻值为_____。

2. 将某金属丝接在电压为 U 的电路中 t 秒内产生的热能为 10J。若将金属丝均匀拉长为原来的 2 倍，接在原电路中，t 秒内产生的热量为_____ J。

3. 一只电容器的容量用数字字母法标注在外壳上为"6n8"，则这只电容器的容量为_____。

4. 图九所示电路的充电时间常数 $\tau =$_____。

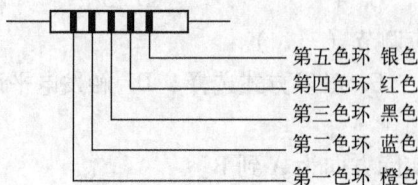
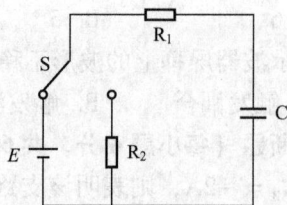

图八　　　　　　　　　　　　　　图九

5. 在同一对称三相电压作用下，对称负载做三角形连接时的总功率是做星形连接时总功率的_____倍。

6. 半波整流电路中，若保证输出电压的平均值为 4.5V，则变压器次级电压的有效值为_____ V。

7. 为了有效地抑制零点漂移，多级直接耦合放大器的第一级一般采用_____电路。

8. OTL 功率放大器的电源电压为 12V，负载电阻 R_L 的阻值为 4Ω，则最大输出功率 P_{om} = _____。

9. 如图十所示，A. B. C 为三只额定功率、额定电压均相同的灯泡，当输入图中所示直流电压时，灯泡_____不亮。

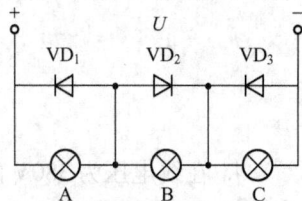

10. 测量误差的表示方法有绝对误差和_____两种。

11. 长时间不用万用表时，应取下万用表内的_____。

12. 频率计衰减开关置于 ×20 位置，表示输入灵敏度被_____。

图十

四、作图题（每小题 8 分，共 32 分）

1. 如图十一所示，螺线管的细导线悬挂着导体 AB，当条形磁铁 N 极靠近螺线管时，

（1）在图中标出导体 AB 的电流方向（用箭头表示）。

（2）在图中标出导体 AB 的受力方向（垂直纸面朝里用"$\otimes$"表示，垂直于纸面朝外用"$\odot$"表示）。

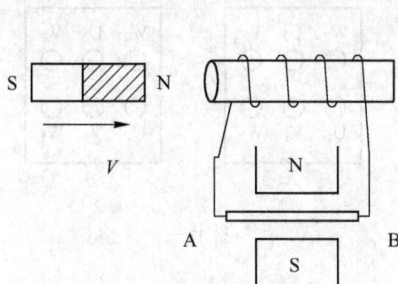

图十一

2. 请画出 $Y = ABC + \overline{\overline{A} + B + C}$ 的逻辑电路图。

3. 触发器逻辑符号如图十二（a），请根据输入信号的波形画出输出波形（Q 初态为 0）。

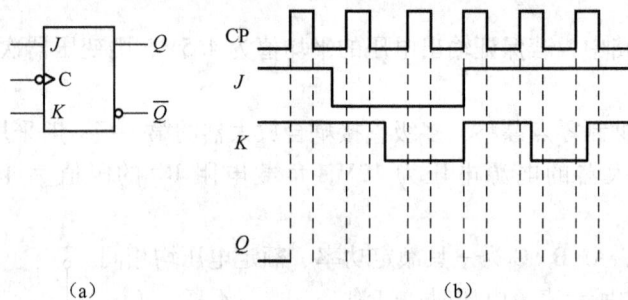

(a)　　　　　　　　　　(b)

图十二

4. 在线电压为 380V 的三相四线制供电网络中，电动机 A 每相绕组的工作电压为 380V，电动机 B 每相绕组的工作电压为 220V，在如图十三所示的电路中，试在 A、B 接线板和供电网络中画出接线图。

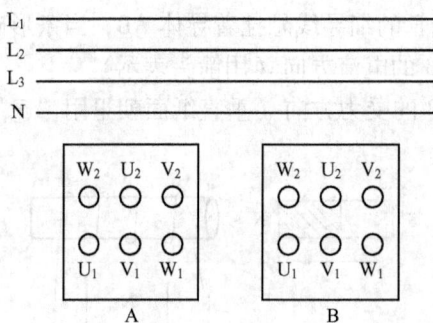

图十三

五、问答题（每小题 8 分，共 32 分）

1. 如图十四所示 AB 中的电流方向向上，矩形框沿 AB 轴转动时，矩形金属框中有无感生电流产生？为什么？

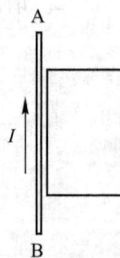

图十四

2. 用万用表测量电流、电压时，万用表应如何接入电路中？用指针式万用表测量电阻前或每次更换倍率挡时，应注意什么问题？

3. 功率放大器的要求是什么？

4. 三极管具有电流放大作用，那么它就具有能量放大作用，这种说法对吗？为什么？

六、综合题（1、4 小题各 12 分，2、3、5、6 小题各 10 分，共 64 分）

1. 如图十五所示，$E_1 = 12V$，$E_2 = 5V$，$R_1 = 2\Omega$，$R_2 = 5\Omega$，$R_3 = 3\Omega$。（1）当开关 S 断开时，U_{AB} 为多少；（2）当 S 闭合时，试求 I_1、I_2 和 I_3 的值。

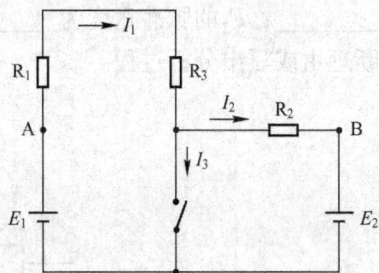

图十五

2. 图十六所示的是日光灯电路原理图，现测得流过日光灯管的电流是 0.5A，灯管两端的电压为 110V，镇流器两端的电压为 190V（内阻忽略不计）。求：（1）电源电压 U；（2）灯管电阻 R；（3）镇流器感抗 X_L；（4）日光灯消耗的功率 P。

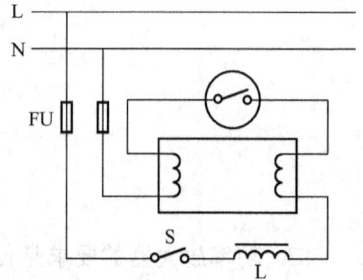

图十六

3. 某单管放大电路如图十七所示，已知三极管的 $R_{B1} = 20\text{k}\Omega$，$R_{B2} = 10\text{k}\Omega$，$R_C = R_E = R_L = 2\text{k}\Omega$，$\beta = 50$，试画出交、直流通路，计算其静态工作点、电压放大倍数 A_V、输入电阻 r_i 和输出电阻 r_o。

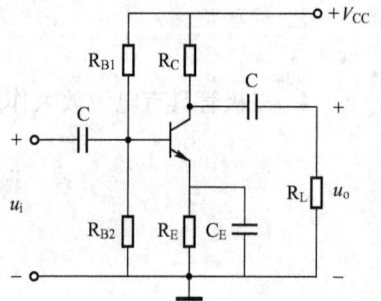

图十七

4. 分析图十八所示组合逻辑电路的功能。

图十八所示为一组合电路，用示波器观察各门电路输入端与输出端的电压波形，如图十八（b）所示，已知示波器：Y 轴衰减为 2V/DIV，X 轴扫描速度是 $1\mu\text{s/DIV}$，则 A 的频率为_____，幅值为_____；B 的频率为_____，幅值为_____；F_1 的频率为_____；F_2 的脉冲宽度为_____。根据波形确定 G_1 和 G_2 分别是什么门电路，并说明判断理由或写出分析过程。

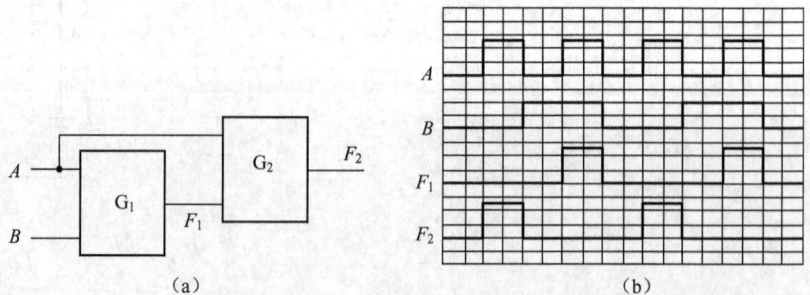

（a）　　　　　　　　　　　　　　　　（b）

图十八

5. 电路如图十九所示，$V_{I1} = 1V$，$V_{I2} = 2V$，$V_{I3} = 3V$，$V_{I4} = 4V$，求 V_{O1}、V_{O2}、V_O。

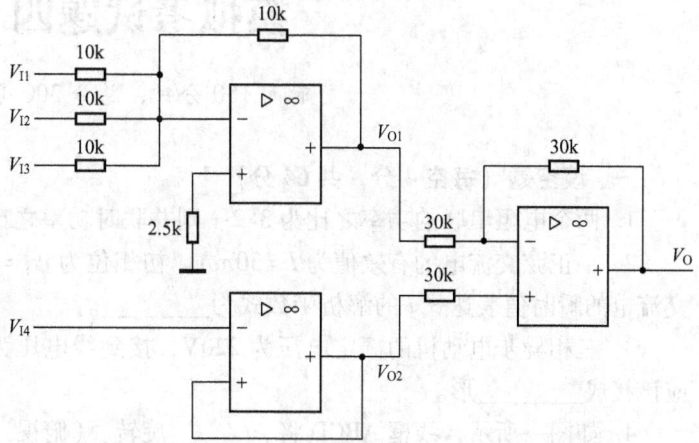

图十九

6. 分析如图二十所示电路的逻辑功能（写出表达式，列真值表，并描述其电路的功能）。

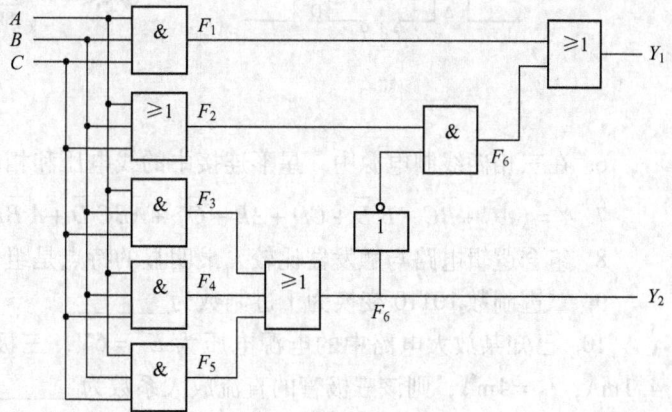

图二十

模拟考试题四

时间 150 分钟，总分 300 分

一、填空题（每空 4 分，共 64 分）

1. 两个电阻串联的功率之比为 $3:2$，则并联时功率之比为_____。

2. 一正弦交流电的有效值为 $I = 30\text{mA}$，初相位为 $\psi_1 = 30°$，角频率为 $\omega = 314\text{rad/s}$，则交流电的瞬时值表达式 i 的解析函数式为_____。

3. 三相异步电动机的额定电压为 220V，接到线电压为 220V 的三相电源上，则电动机应该接成_____形。

4. 如图一所示，线框 ABCD 将_____旋转。（俯视）

5. 如图二所示电路中，A 点的电位为_____。

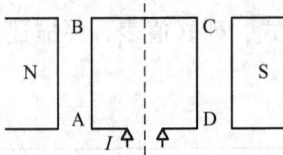
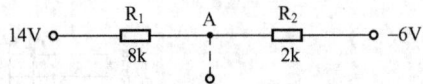

图一   图二

6. 在三相四线制电源中，星形连接中的线电压和相电压的大小关系为_____。

7. $Y = (AC + \overline{BC} + B\overline{D} + CD + AB + \overline{C}) + \overline{ABC}\overline{D} + A\overline{B}DE$ 的最简式为_____。

8. 组合逻辑电路与触发器比较，最明显的特点是组合逻辑电路没_____的功能。

9. 二进制数 10110 变换为十进制数为_____。

10. 已知某放大电路中的电源电压为 $E_C = 6\text{V}$，三极管为 $U_{CE} = 3\text{V}$，$U_{BE} = 0.65\text{V}$，$I_E = 4.1\text{mA}$，$I_C = 4\text{mA}$，则该三极管的直流放大系数为_____。

11. 要想稳定放大器的静态工作点，则应引入_____反馈。

12. 用万用表判断三极管的引脚时，首先应该判断它的_____脚。

13. 用万用表的欧姆挡测得一只二极管的正反向电阻的阻值均较大，表明二极管_____。

14. OCL 功放与 OTL 功放电路的结构相同，只是在供电方式和_____方式上做了改进。

15. 测量误差的表示方法主要有_____两种。

16. 频率计的输入为 150MHz、5V 的信号，要检测其频率应该选择_____输入端。

二、判断题（每小题 5 分，共 65 分）

1. 直流放大器只能放大直流信号。（   ）

2. 在放大电路中，放大状态的 PNP 管三个电极上的电位必须满足 $V_C > V_B > V_E$。（   ）

3. 放大器引入负反馈后，其通频带宽度、电压放大倍数、信号失真情况为通频带宽度展宽、电压放大倍数增大、信号失真减小。（   ）

4. OTL 功放电路的输出耦合电容只起隔直通交的作用。 （　　）

5. RLC 串联电路的相量图如图三所示，该电路的性质是电感性。 （　　）

6. 电桥平衡电路的条件是：对臂电阻的乘积相等。 （　　）

7. 如图四所示，已知 $X_C = X_L$，当 S 闭合的瞬间，安培表的读数增大，伏特表的读数减小。 （　　）

8. 如图五所示，灯 S 的逻辑函数表达式为（开关闭合用原变量表示，断开用反变量表示）$Y = A\overline{B}C$。 （　　）

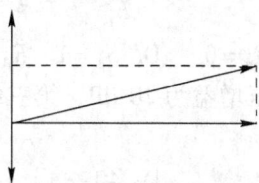 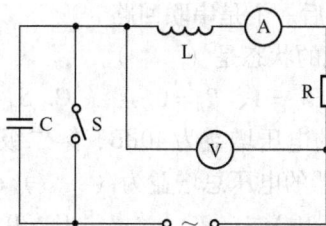 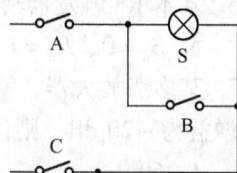

图三　　　　　　　　　　　图四　　　　　　　　　　　图五

9. 1 度电可供一只"220V、40W"的灯泡正常使用 25h。 （　　）

10. 耐压 220V 的电容器不能接到电压有效值为 220V 的交流电路上。 （　　）

11. 万用表量程选用的原则是使指针在满度值的 $\frac{2}{3}$ 内读数。 （　　）

12. 使用数字式万用表的电阻挡时，需要进行电阻调零。 （　　）

13. 模拟示波器波形电压的值可用以下公式计算：电压＝垂直格数×电压/格。 （　　）

三、选择题（每小题 5 分，共 60 分）

1. 如图六所示的电路中，电位器 RP 的阻值可在 0～10k 之间变化，当 RP 的滑动触头分别处于中间和最上端两个位置时，其输出电压 U_0 分别为（　　　）。

　　A. 10V，15V　　　　B. 15V，10.9V　　　　C. 10V，8V　　　　D. 8V，10.9V

2. 如题图七所示，$U_{AB} = $（　　　）。

　　A. 0V　　　　　　　B. 2V　　　　　　　C. −2V　　　　　　D. 10V

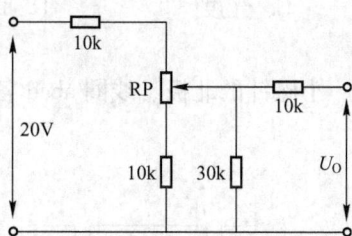 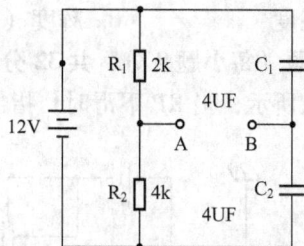

图六　　　　　　　　　　　　　图七

3. 将 $C_1 = 20\mu F$、耐压为 150V 和 $C_2 = 10\mu F$、耐压为 200V 的两只电容器串联后，接到 360V 的电源上，则有（　　　）。

　　A. 都不会被击穿　　　　　　　　　　B. C_1 先被击穿，C_2 后被击穿

　　C. C_2 先被击穿，C_1 后被击穿　　　　D. C_1、C_2 同时被击穿

4. 积分电路的工作特点是（　　　　）。

    A. 突出恒定量，压低变化量   B. 突出变化量，压低恒定量

    C. 即突出恒定量又突出变化量   C. 即压低恒定量又压低变化量

5. 在双调谐放大器中，对两个 LC 回路说法正确的是（　　　　）。

    A. 两个都为串联回路

    B. 两个都是并联回路

    C. 前一个是串联回路，后一个是并联回路

    D. 前一个是并联回路，后一个是串联回路

6. 基本 RS 触发器禁止出现的状态是（　　　）。

    A. $S_d = 0$、$R_d = 1$ B. $S_d = 1$、$R_d = 0$ C. $S_d = 0$、$R_d = 0$ D. $S_d = 1$、$R_d = 1$

7. 某多级放大器，第一级的电压增益为 40dB，第二级的电压增益为 20 dB，第三级的电压增益为 −20 dB，则该放大器的电压总增益为（　　　）dB。

    A. 60   B. 100   C. 30   D. 40

8. 在 RLC 串联电路中，下列表达式正确的是（　　　）。

    A. $S = P + Q$ B. $Z = R + \dfrac{1}{2\pi fc}$

    C. $U = \sqrt{U_R^2 + U_C^2 + U_L^2}$ D. $\dot{U} = \dot{U}_R + \dot{U}_C + \dot{U}_L$

9. 有效数字是指它的绝对误差不超过末位数字的单位的（　　　）时，从它的左边第一个不为零的数字算起，直到末位为止的全部数字。

    A. $\dfrac{1}{3}$ B. $\dfrac{1}{2}$ C. $\dfrac{1}{4}$ D. $\dfrac{2}{3}$

10. 在测量时，当数字式万用表仅在最高位显示数字（　　　），其他数位均消失时，表示满量程，应该选择更高量程。

    A. 1   B. 2   C. 0   D. 01

11. 低频信号发生器产生的频率范围为（　　　）。

    A. $1Hz \sim 1MHz$ B. $10Hz \sim 10MHz$ C. $10Hz \sim 1MHz$ D. $1Hz \sim 10MHz$

12. 要将示波器的亮度调大时，应顺时针调节（　　　）旋钮。

    A. 亮度   B. 辉度（INTEN）   C. 光度   D. B 辉度

四、作图题（每小题 8 分，共 32 分）

1. 如图八所示，当 RP 下滑时，指出铝环 A、小磁针的北极、线圈 abcd 各怎样运动？

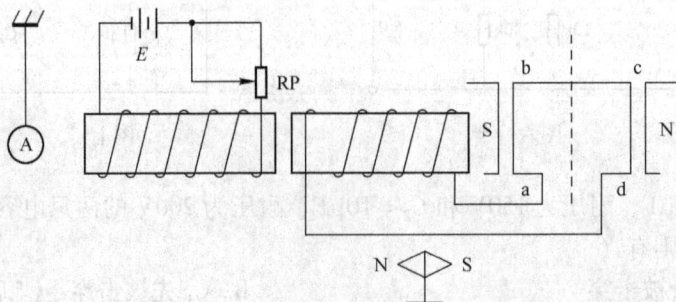

图八

2. 做出逻辑函数式 $Y = \overline{ABD} + \overline{B}CD + C\overline{D} + \overline{D}$ 的逻辑电路图。

3. 做出同步 RS 触发器的输出端 Q 的波形（设原态为 0）。注：RS 触发器的主从结构。

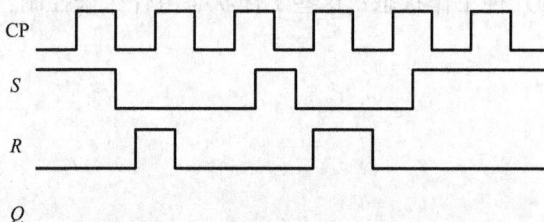

CP

S

R

Q

4. 在实习中要选用两个色环电阻，其阻值和误差要求如图九所示，在图中标出所选色环电阻的色环颜色。

阻值为 47kΩ, 误差为 5%　　　　　　　　　　　阻值为 10Ω, 误差为 10%

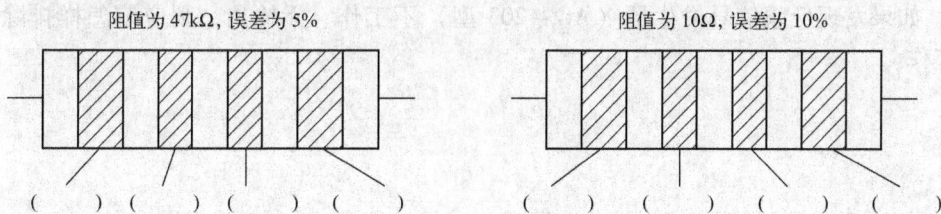

(　　) (　　) (　　) (　　)　　　　　(　　) (　　) (　　) (　　)

图九

五、问答题（每小题 8 分，共 40 分）

1. 把电流表接到电源两端去测电源的电流，这样行不行？为什么？

2. 简述如何用数字式万用表测量晶体二极管的好坏？

3. 三相四线制电路中的中线可以取消吗？为什么？

4. 双踪示波器有哪几种工作状态？这些工作状态由什么来控制？

5. 如果发现低频信号发生器（AG – 203 型）不工作、无输出，则应该怎样排除故障，使其工作。

六、综合题（4 小题 9 分，其余每题 10 分，共 39 分）

1. 如图十所示的电路，已知 $E_1 = 9V$，$E_2 = 10V$，$E_3 = 8V$，$R_1 = 10\Omega$，$R_2 = R_3 = 20\Omega$，求三个电阻上的电流。

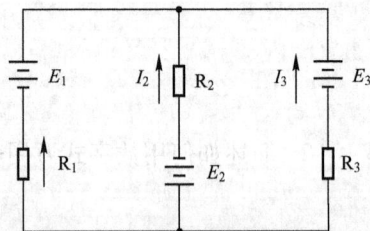

图十

2. 在图十一中，匀强磁场的磁感应强度 B 为 0.1T，切割磁力线的导体长度 AB 为 40cm，向右匀速运动的速度为 15m/s，整个线框的电阻 $R = 0.5\Omega$。试求：

(1) 感应电动势的大小。

(2) 感应电流的大小和方向。

(3) A、B 两点哪一点的电位高。

(4) 使导线向右匀速运动所需的外力大小。

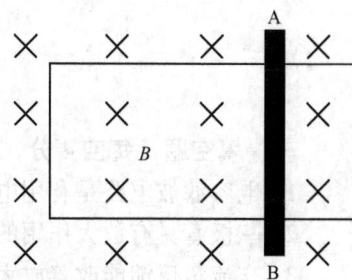

图十一

3. 在 RLC 串联电路中，已知 $R = 100\Omega$，电感 $L = 4$mH，电容 $C = 160$pF，信号源输出电压的有效值 $U = 25$V，试求：

(1) 电路的谐振频率 f_0。

(2) 电路的谐振电流 I。

(3) 电容器两端的电压 U_C。

(4) 电路的品质因数 Q。

(5) 通频带 B_W。

4. 在如图十二所示的电路中，已知 $R_1 = 50$k，$R_2 = 12.5$k，$R_3 = 50$k，$R_4 = 40$k，且 $V_{i1} = 2$V，$V_{i2} = -0.5$V，试求出 V_o。

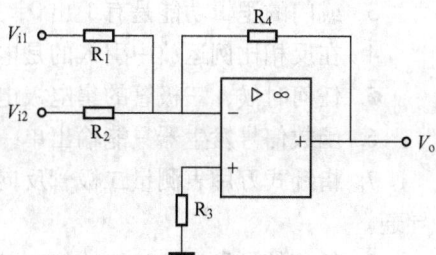

图十二

模拟考试题五

时间 150 分钟，总分 300 分

一、填空题（每空 4 分，共 64 分）

1. 电容滤波电路是利用电容的_____原理进行滤波。

2. 三极管具有放大作用的外部条件是_____。

3. 交流负反馈能改善放大器的_____性能。

4. 调谐放大器是利用_____特性实现选频的。

5. OCL 电路静态时的中点电位等于_____。

6. 共集电极放大电路的输出信号与输入信号的相位_____。

7. 测量电压时应将电压表_____于电路两端，测量电流时应将电流表_____于电路中。

8. 数字式万表用在测量的过程中，显示屏上若出现"−1"则表明挡位选择_____。

9. 指针式万用表测量时，选择挡位的原则是_____。

10. 若需调节电子束的强度来控制波形的亮度，则应将辉度调节旋钮应_____时针调节来增加亮度。

11. 如图一所示，$R_1 = 2k\Omega$，$R_2 = 3k\Omega$，A 点电位为_____。

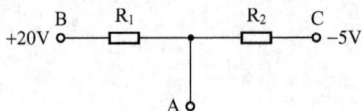

图一

12. 正弦交流电的三要素是_____、_____、_____。

13. 通常的照明电路中的电灯开得越多，总的负载电阻值就越_____。

14. 我国供电系统采用的是_____制。

二、判断题（每小题 5 分，共 65 分）

1. 只要给二极管加上正向电压，二极管就导通。（　）

2. 电流串联负反馈能使放大器的输入电阻增大、输出电阻减小。（　）

3. 或门的逻辑功能是有 1 出 0，全 0 出 1。（　）

4. 在反相比例运放中引入的是电压并联负反馈。（　）

5. 任何时候，三极管的集电极电流都是基极电流的 β 倍。（　）

6. 函数信号发生器只能输出单一频率的函数信号。（　）

7. 指针式万用表测量二极管反向电阻时，红表笔接 N 区，黑表笔接 P 区，则该二极管导通。（　）

8. 低频信号发生器只能输出正弦波，且输出的电压连续可调。（　）

9. 电流的方向为负电荷移动的方向。（　）

10. 时间常数 τ 越小，则电容器充、放电的速度越快，暂态过程越短。（　）

11. 任何磁体都有 N 极和 S 极，若将磁体截成两段，则一段为 N 极，另一段为 S 极。

( )

12. 在纯电感电路中，最大值、有效值、瞬时值都遵循欧姆定律。 ( )

13. 照明电路和三相电动机都必须采用三相四线制电源供电。 ( )

三、选择题 (每小题 5 分，共 60 分)

1. 在单相半波整流电路中，若变压器次级电压为 $U_2 = 10\sqrt{2}\,\pi\sin\omega t$，则二极管截止时承受的最高反向电压为 ( )。

 A. 10V B. 20V C. $10\sqrt{2}$ V D. 12V

2. 用直流电压表测得一只 NPN 三极管各脚对地的电位分别是 $V_B = 4.7$V、$V_C = 4.3$V、$V_E = 4$V，则该三极管的工作状态为 ( )。

 A. 截止 B. 饱和 C. 放大 D. 无法判断

3. 如图二所示，其逻辑表达式为 ( )。

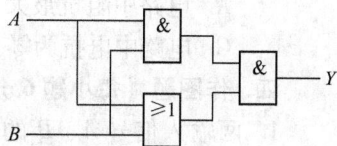

图二

 A. $(A+B)\overline{A+B}$

 B. $AB + \overline{A+B}$

 C. $AB\overline{A+B}$

 D. $\overline{AB}\ \overline{A+B}$

4. 用万用表测小功率三极管 PN 结的正反向电阻时，用的挡位为 ( )。

 A. R×1Ω 电阻挡 B. 10V 直流电压挡

 C. R×10kΩ 电阻挡 D. R×1kΩ 电阻挡

5. 要振荡器起振，必须满足的条件是 ( )。

 A. 相位平衡 B. 幅度平衡

 C. 相位平衡和幅度平衡 D. 相位平衡比幅度平衡更重要

6. 电子测量的依据是 ( )，若用万用表测量电压、电流是 ( ) 的测量。

 A. 设备仪器，电路的性能指标 B. 万用表，元器件参量

 C. 电子技术理论，基本量 D. 仪器测量，特性曲线

7. 相对误差的表示方法为 ( )。

 A. $r_A = \Delta X / A \times 100\%$ B. $r_A = \Delta X / X_m \times 100\%$

 C. $r_A = \Delta X / X \times 100\%$ D. 以上均属于

8. 电路中两点之间的电压越高，则 ( )。

 A. 这两点之间的电位差小 B. 这两点之间的电位差大

 C. 两点电位都是正值 D. 两点电位都是负值

9. 在纯电感电路中，满足欧姆定律的是 ( )。

 A. 有效值、最大值、瞬时值 B. 有效值、瞬时值

 C. 最大值、瞬时值 D. 有效值、最大值

10. 电路如图三所示，三个白炽灯泡完全相同，当开关 S 闭合时，白炽灯 A、B 的亮度变化规律是 ( )。

 A. A 变暗，B 变亮 B. A 变亮，B 变亮

C. A 变暗，B 变暗   D. A 变亮，B 变暗

11. 如图四所示的电路中，电路的属性为（   ）。

    A. 阻性   B. 容性   C. 感性   D. 都不是

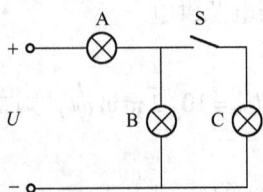

图三

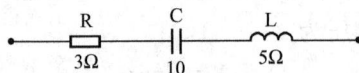

图四

12. 串联谐振的特点正确的是（   ）。

    A. 电路中阻抗最大、电流最小   B. 电路中阻抗最小、电流最大

    C. 电路中电抗为零、电流最大   D. 上述说法都不对

四、作图题（每小题 6 分，共 24 分）

1. 两输入信号 A、B 的波形如图五所示，A、B 输入到与门电路中，试画出 Y 的输出波形。

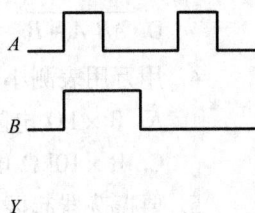

图五

2. 在图六中，在不增加放大电路级数的情况下分别引出 R_{f1} 电压串联、R_{f2} 电压并联和 R_{f3} 电流串联三种负反馈。

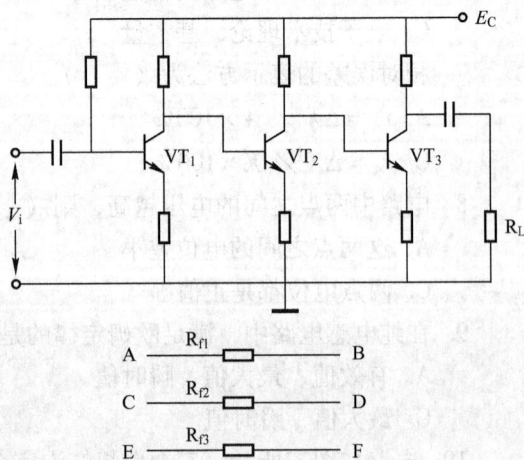

图六

3. 分别画出用数字法、色标法标称 $3.3k\Omega$、5% 的实物电阻。

4. 已知对称三相电动势的相序为 $L_1 - L_2 - L_3$，其中 $e_1 = 380\sin(100\pi t - 45°)V$，试画出这三相电动势的最大值旋转矢量图。

五、问答题（每小题 8 分，共 48 分）

1. 简述负反馈对放大器性能的影响。

2. 图七能否起振？为什么？

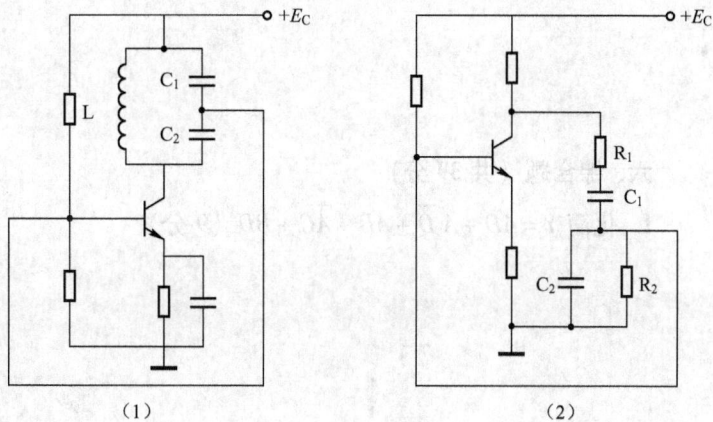

（1）　　　　　　　　（2）

图七

3. 使用低频信号发生器输出 $f = 50\,\mathrm{Hz}$、$U = 1\,\mathrm{V}$ 的正弦波信号,用频率计数测量输出频率,毫伏表测量输出电压,简述具体的操作步骤方法?

4. 简述指针式万用表测量直流电压的步骤方法?

5. 电动势与电压的异同点?

6. 楞次定律告诉我们,感应电流产生的磁通总是阻碍原磁通的变化,这是不是说感应电流产生的磁通总是与原磁通方向相反?

六、综合题(共 **39 分**)

1. 化简 $Y = AD + A\overline{D} + AB + \overline{A}C + BD$ (9 分)

2. 图八中，三极管的 $\beta = 50$，$R_1 = 20k$，$R_2 = 10k$，$R_3 = 2k$，$R_4 = 2k$，$R_L = 4k$，$E_C = 12V$。$U_{BEQ} = 0.7V$，求静态工作点、电压放大倍数。（10 分）

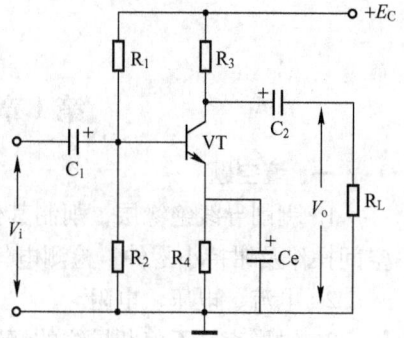

图八

3. 一只容量为 $10\mu F$、耐压为 250V 的电容器与另一只容量为 $40\mu F$、耐压为 50V 的电容器串联后接在电压为 60V 的电源上，这样使用是否安全？若不安全，则外加电压的最大值应为多少？（10 分）

4. 已知正弦电流 $i = 100\sin(6280t - 600)$，试求出它的频率、周期、角频率、最大值、有效值及初相位，并画出该解析式的波形图和旋转矢量图。（10 分）

参考答案

第1章 安全用电与用电保护常识

一、填空题

1. 剥削导线绝缘层，削制其他物品；主要用于剪切截面积较小的导线，以及在较小的空间操作及钳持小零件；检测电气线路及用电器是否带电

2. 电流、电压、电阻

3. 钳形表；不剪断导线的情况下

4. 波形

5. 42V、36V、24V、12V、6V

6. 电击、电伤；单相触电、两相触电、跨步电压触电

7. 电气操作制度不健全或不遵守规章制度；用电设备不合格；用电不谨慎；线路敷设不合格

8. 绝缘措施、自动断电措施、间距措施、警示措施、屏护措施

9. 交流电源；直流电源

10. 从一脚流经人体后，从另一脚流出

11. 保护接地；保护接零

12. 二氧化碳，以及1211、1301、干粉灭火器

13. 14～16；18～24

14. 4Ω

15. 尽快脱离电源

16. TT；TN－S

二、判断题

1. √ 2. × 3. × 4. × 5. √ 6. × 7. √ 8. × 9. × 10. √ 11. ×
12. √ 13. √ 14. × 15. ×

三、选择题

1. A 2. C 3. B 4. D 5. D 6. P 7. B 8. D 9. B 10. C 11. B 12. B 13. D
14. D 15. C 16. D 17. D 18. B 19. C 20. A

四、问答题

答案：略。

第2章 直流电路基础

一、填空题

1. 导体；半导体；绝缘体　2. 参考点（零电位点）；电位之差　3. 高；低

4. 2.5　5. 电动势　6. 电动势；电阻；$I = \dfrac{E}{R+r}$　7. 并；电压；串；电流

8. 导通、短路、开路　9. 总电压等于各分电压之和；总电阻等于各电阻之和即 $R = R_1 + R_2 + \cdots + R_n$；正比；正比

10. 相等；总电流等于分电流之和；倒数；倒数之和；反比；反比

11. 串联；并联　　12. 串；并　13. 电流代数和；$\sum I = 0$；电压代数和；$\sum U = 0$

14. 实际；参考；实际；参考　15. 相对臂电阻相等；相邻臂比值相等

16. 参考点（零电位点）；零电位点；零电位点；参考点

17. 3.9kΩ；$\pm 10\%$　18. 1/8

二、选择题

1. A　2. C　3. B　4. C　5. C　6. C　7. B　8. D　9. A　10. D　11. B

三、判断题

1. ×　2. ×　3. ×　4. ×　5. √　6. √　7. √　8. ×　9. √　10. √　11. √　12. ×
13. ×　14. ×

四、问答题

1. 答：白炽灯的灯丝烧断后搭接上，由于长度变短，据 $R = \rho \dfrac{L}{S}$ 得 R 减小，又据欧姆定律 $I = \dfrac{U}{R}$，R 减小，I 增大，所以亮度变亮。

2. 答：因为把电压表接到电源的两端，由于电压表的内阻很大，相当于开路，所以可以近似测得电源的电动势；而电流表接到电源的两端，由于电流表的内阻很小，相当于短路，所以不能这样测量电源的电流。

3. 答：不行，因为两只灯的额定功率不相等，电阻也不相等，串联后分的电压不相等，额定功率为60W 的分压高，额定功率为100W 的分压小，都不能正常工作。

4. 答：检查兆欧表是否可用分两步：第一，将两引出线端的鳄鱼夹短接，轻摇手柄，表针应迅速指零；第二，将两鳄鱼夹分开，迅速摇动手柄，逐步达到120 转/分，表针应指向∞。若达不到上述要求，则该兆欧表不可用。测电动机绕组绝缘电阻时，将兆欧表的 L 接线端接电动机绕组，E 接线端接机壳，摇动手柄，使其转速逐步达120 转/分，仪表所示的电阻值大于 0.5MΩ 为正常。

5. 略。

五、计算题

1. 15Ω

2. 105V；220A；0

3. $E_2 = 46V$；$V_A = 5V$；$V_B = -3V$；$V_C = -23V$；$V_D = -27V$

第3章　电容与电感及其应用

一、填空题

1. 2倍；2倍；不变　2. $\dfrac{1}{2}$；2倍；不变　3. 提高工作电压

4. 电容量；耐压　5. 小；反比　6. 10^{-4}；2×10^{-4}；30μF；15V

7. 0.25；0.75　8. 192V；160V　9. 端电压　10. 0.1F；0.2C

11. 顺磁物质、反磁物质、铁磁物质；软磁材料、矩磁材料、硬磁材料

12. 感应电动势；感应电动势　13. 保持不变；改变　14. 0.5T；垂直导线向上；0.5T

15. 0；最大　16. 同名端　17. 电磁感应现象；感应电流；感应电动势

18. 切割磁力线；感应电流　19. 磁通　20. 阻碍　21. 磁通变化率

22. 右手定则；楞次定律　23. 无关；线圈的结构；介质的磁导率

24. 磁场；自感应电动势　25. 电感　26. 2×10^4

27. 150；相同　28. 磁场　29. 磁感线；磁感线；磁感线

30. 同心圆；越密；越强；磁场　31. 匀强磁场

二、判断题

1. ×　2. ×　3. ×　4. ×　5. √　6. ×　7. ×　8. ×　9. ×　10. √　11. ×　12. √

13. ×　14. √　15. ×　16. ×　17. ×　18. √　19. ×　20. ×　21. ×　22. √　23. ×

24. ×　25. √

三、选择题

1. D　2. D　3. A　4. D　5. B　6. B　7. A　8. C　9. B　10. C　11. A　12. C　13. C

14. C　15. B　16. D　17. C　18. B　19. B　20. A　21. C　22. B　23. B　24. C　25. C　26. C

四、综合题

1. 答：这种现象说明电容器的充电过程与放电过程，表明电容器的质量很好，漏电很小。

2. 略。

3. 略。

4. 电流由 A 到 B，AB 导体的受力方向是垂直导体向里。

5. 略。

6. 答：有电容。因为电容 C 与极板的面积大小、相对位置及极板间的电介质有关，与极板上的电量与两极板间的电压大小，以及所带电量的多少无关。

7. 略。

8. 答：不是，当原磁通增加时，感应电流产生的磁通与原磁通的方向相反以阻碍原磁通的增加，当原磁通减小时，感应电流产生的磁通与原磁通的方向相同以阻碍原磁通的减小。

9. 略。

10. 略。

五、计算题

1. （1）40V，（2）8×10^{-4}C；1.2×10^{-3}C

2. 略。

3. $I = \dfrac{F}{BL\sin\theta} = \dfrac{1.5\text{N}}{0.5\text{T} \times 0.6 \times \sin 30°} = 10\text{A}$

4. $E = BLV\sin\alpha = 0.4\text{T} \times 0.25\text{m} \times 6\text{m/s} \times \sin 30° = 0.3\text{V}$

5. $E = 4 \times 10^{-4}$V；感应电动势的方向由右手定则判出，感应电流的方向为 dcba 逆时针流动。

6. 略。

7. 30V；20V；10V

第4章 单相正弦交流电路

一、填空题

1. 振幅、频率、初相 2. 0°；超前；滞后；90°

3. 110；$110\sqrt{2}$；314V；0.02rad/s；50Hz；$\dfrac{\pi}{3}$

4. 有功功率；W；电阻；无功功率；Var；电感；电器；视在功率；VA；电源

5. 直；交流；交；直 6. 有功功率；视在功率；1.0；0

7. L；C；无关；固有性质；固有频率

8. 电源电压；电源电压的 Q 值；电压谐振

9. 电容器；电场；电感线圈；磁场；互补

10. 电压三角形；阻抗三角形；功率三角形

11. 30°；0.866；346.4W；200Var；400VA 12. 同频率

13. 有效；311；50；0.02；314 14. 0°；180°

15. $i=8\sqrt{2}\sin\left(\omega t+\dfrac{\pi}{6}\right)$A 16. 有效值 17. 50Ω；容；750W；1000Var

18. 4；100；$\dfrac{\pi}{2}$；0.0628；15.9Hz；3.46V

19. $-120°$；i_2；i_1 20. $20\sqrt{2}$A；0A 21. 超前；$2\pi fL$；Ω

22. 滞后；$\dfrac{1}{\omega C}$；Ω 23. 增大

二、选择题

1. B 2. A 3. B 4. C 5. C 6. C 7. B 8. D 9. C 10. B 11. C 12. B
13. C 14. C 15. C 16. D 17. A 18. B 19. B 20. C 21. C 22. C 23. B

三、判断题

1. × 2. × 3. × 4. × 5. × 6. × 7. √ 8. × 9. √ 10. √ 11. × 12. √
13. √ 14. × 15. √ 16. √ 17. √ 18. × 19. × 20. √ 21. × 22. × 23. × 24. √

四、识图与作图题

略。

五、问答题

1、2、3 题略。

4. 答：在纯电阻电路中，最大值、有效值、瞬时值均满足欧姆定律。

在纯电感电路和纯电容电路中，只有最大值和有效值满足欧姆定律，而瞬时值不满足欧姆定律。

5. 略。

六、综合题

1. $u=317\sin\omega t$V；$i_1=10\sin\left(\omega t+115°\right)$A，$i_2=4\sin\left(\omega t-130°\right)$A

2、3、4 题略。

5. 峰峰值 $U_{P-P}=8$V；有效值 $U=2.8$V。

6. 0.35H。

7. 60°。

第5章 三相正弦交流电路

一、填空题

1. 振幅相等、频率相同、相位相差 $\dfrac{2\pi}{3}$

2. 相线（火线）；380；火线；中线（零线）；220

3. $U_{YI} = \sqrt{3}\,U_{Y\Phi}$ 4. 振幅；频率；$\dfrac{2\pi}{3}$

5. $220\sqrt{2}(314t - 90°)$；$220\sqrt{2}\sin(314t + 150°)$

6. 对称；不对称   7. 相等；$\dfrac{2\pi}{3}$；0

8. 开关；熔断器；接地

9. $\sqrt{3}:1$；线电压超前相电压30°   10. 相序；$L_1 - L_2 - L_3$

11. 电阻；电抗；阻抗角   12. 380；38；$38\sqrt{3}$

13. 380；380   14. 190；380；90   15. 5.8；10

16. 30°；$\dfrac{2\pi}{3}$；$\sqrt{3}$ 17. 尾；首

18. $\sqrt{3}\,U_{LN}I_{LN}\cos\varPhi$；$S\cos\varPhi$；$\sqrt{3}\,U_{LN}I_{LN}\sin\varPhi$；$S\sin\varPhi$；$\sqrt{3}\,U_{LN}I_{LN}\sqrt{P^2+Q^2}$

19.

负载连接方式	线电流	相电流	相电压	负载参数		
				Z/Ω	R/Ω	X/Ω
星形连接	10	10	220	22	19	11
三角形连接	10	5.77	380	65.9	57	33

20. $\sqrt{3}:1$；$\dfrac{I_1}{\sqrt{3}}$；0

二、选择题

1. A   2. D   3. D   4. B   5. C   6. C   7. B   8. D   9. D   10. D

三、判断题

1. √   2. ×   3. ×   4. ×   5. ×   6. ×   7. ×   8. √   9. ×   10. √   11. √   12. √
13. √   14. ×   15. ×

四、计算题

1. （1）3.8A，6.6A   （2）0.8，2.6kVar

2. 38A，26kW

3. （1）2.2A；2.2A；1161.6W   （2）3.8A；6.6A；3465.6W

4. （1）星形接法时，380V、220V、44A、44A

    （2）三角形接法时，380V、380V、76A、132A

5. （1）星形接法时，8.7kW   （2）三角形接法时，26kW

五、综合题

1、2 题略。

3. 答：如下图所示

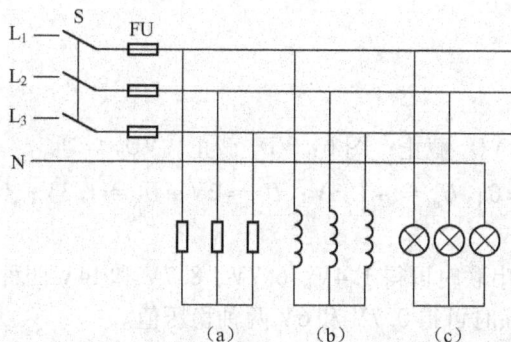

（a）　　　　　（b）　　　　　（c）

4. 答：中线是确保三相供电系统中每一相都能形成独立的供电回路。如果中线一旦断开，则破坏了三相电路形成独立回路的基本条件，从而导致各相因负载的不同而所分配的电压差异很大的结果，致使有的相分得的电压低，将正常工作，而有的相分得的电压过高将有被损坏的危险。所以中线上不能安装有断开可能的开关和熔断器。

第6章　晶体二极管及其应用

一、填空题

1. 单向；P 区；N 区　2. 0.9

3. 滤除交流成分；平直；　4. 4；14.1

5. I_F；U_{RM}　6. 0；2.5　7. 4；2；2；12；1.38；0

8. 截止　9. 15；10；24；14

二、选择题

1. C　2. A　3. A　4. B　5. A　6. C　7. C；A　8. B；D；A　9. C　10. C　11. B

12. C　13. B　14. A　15. C

三、判断题

1. ×　2. √　3. ×　4. √　5. ×　6. √　7. ×　8. √　9. ×　10. ×　11. √

四、问答题

1. 答：当交流电为正半周（a＋、b－）时，VD$_1$ 截止，VD$_2$ 导通，有电流通过 R$_2$，也流过 R$_1$；当交流电为负半周（a－、b＋）时，VD$_1$ 导通，VD$_2$ 截止，没有电流通过 R$_2$，但有电流通过 R$_1$。可见，此电路中通过 R$_1$ 的是交流电，通过 R$_2$ 的是经半波整流后的直流电。

2. 略。

3. 答：稳压二极管的外形和正向特性与普通二极管的相似，只是反向击穿特性不同。

（1）反向击穿后，稳压二极管的特性曲线比普通二极管陡直，反向电流急剧变化，但反向管压降基本保持不变，稳压二极管正是利用反向击穿时的这种特性进行稳压的。由于它的稳压性能良好，所以把它经电阻接到整流电路的输出端，能克服电网电压的波动和负载变化的影响，起稳定电压的作用。

（2）在反向击穿情况下，普通二极管会损坏，而稳压二极管却工作在反向击穿区域，由于稳压二极管是特殊工艺制造的硅二极管，只要反向电流不超过极限电流，管子工作在反向击穿区并不会损坏，属可逆击穿。

4. 略。

五、计算题

略。

六、综合题

1. 图 a：VD_1 导通，VD_2 截止；图 b：VD_1 截止，VD_2 导通

2. $U_{o1} \approx 1.3V$；$U_{o2} = 0$；$U_{o3} \approx -1.3V$；$U_{o4} \approx 2V$；$U_{o5} \approx 1.3V$；$U_{o6} \approx -2V$

3. 12V；6.7V；1.4V

4.（1）两只稳压管串联时可得 1.4V、6.7V、8.7V 和 14V 四种稳压值。

（2）两只稳压管并联时可得 0.7V 和 6V 两种稳压值。

第7章　晶体三极管及放大电路

一、填空题

1. $I_E = I_B + I_C$

2. 基极电流；集电极电流；基极电流；集电极电流

3. I_{BQ}、I_{CQ}、U_{CEQ}；$U_{CEQ} = E_C - I_{CQ}$；$I_{BQ} = \dfrac{E_C - U_{BEQ}}{R_b}$；$I_{CQ} = \beta I_{BQ}$

4. 0.707；下限截止频率；0.707；上限截止频率；通频带；$F_H - F_L$

5. 共集电极；大；小　6. 隔直流；耦合交流信号；正负极性

7. 饱和；截止　8. 温度变化；分压式偏置电路

9. 共发射极或共基极；共集电极　10. 30dB

11. 通过 R_C 为集电极供电；充当集电极负载　12. 集电；发射；0.7

13. U_{CE}；i_C；放大区；截止区；饱和区　14. 1058，相同　15. ebc；bce；ebc；ebc

二、判断题

1. ×　2. ×　3. ×　4. √　5. ×　6. √　7. ×　8. √　9. ×　10. ×　11. √

三、选择题

1. C　2. B　3. B　4. A　5. C　6. D　7. D　8. AACA　9. BACC　10. ACBBBCB　11. C
12. B　13. A　14. C　15. C　16. D　17. C　18. B

四、问答题

1. 这样将会烧毁三极管，因为一旦三极管的基极和集电极短路，很高的电压将直接加在发射结上，由于基－射之间的电阻很小，就有很大的电流流过发射结，从而烧毁三极管。

2. 接通 A、B、C 时，三极管分别处于饱和、放大、截止区域。

3. 图（a）的三极管为 NPN 型，电源为 $-V_{CC}$，发射结处于反偏状态，不能正常放大交流信号。将电源改为 $+V_{CC}$，电路就可正常工作。

图（b）的三极管为 PNP 型，电源为 $+V_{CC}$，发射结处于反偏状态，不能正常放大交流信号。将电源改为 $-V_{CC}$，电路就能正常工作。

图（c）由于 C_1 隔断直流，$+V_{CC}$ 不能通过 R_b 为发射结加正偏电压，因此不能正常放大交流信号。将 R_b 的下端改接到三极管的基极即能正常工作。

图（d）中的电容 C_1 和 C_2 的极性接反，漏电会明显变大，甚至造成电容 C_1、C_2 的击穿，这会影响电路的正常工作。处理的办法是将 C_1、C_2 的引脚对调后接入电路中。

4. A 管处于饱和状态；B 管处于放大状态

5.（a）：1 脚发射极，2 脚集电极，3 脚基极；NPN 型，锗材料

（b）：1 脚基极，2 脚集电极，3 脚发射极；PNP 型，硅材料

6、7 题略。

五、计算题

1.（1）略；（2）$I_{BQ} = 0.017\text{mA}$，$I_{CQ} = 1\text{mA}$，$U_{CEQ} = 4\text{V}$；（3）$R_b = 830\text{k}\Omega$；（4）略。

2. 略。

六、综合题

略。

第8章　常用放大器和稳压电源

一、填空题

1. 闭环放大倍数；$A_{uf} = \dfrac{A_u}{1 + A_u F}$　　2. 电压相减　　3. 静态工作点；动态

4. 输出电压；减小；输出电流；增大

5. 增大；减小　　6. 电压串联负反馈　　7. 电压串联

8. 电流；电压　　9. 较小；较高　　10. B；C；A；D

11. LC；并联　　12. 放大器；具有选频特性的正反馈网络

13. 频率；波形；振幅　　14. 相位平衡条件和幅度平衡条件

15. 电感三点式；电容三点式；不需要外来信号

16. 三阶 RC 移相；基本放大电路

17. 频率　　18. 压电效应；很高

19. 变压器反馈式；电感三点式；电容三点式；LC 回路

20. 直接耦合　　21. 忽大忽小、忽快忽慢；电源电压波动；温度变化；差动

22. −；相反；0　　23. 输入级；中间级；输出级　　24. 同相；"＋"；"P"

25. $-\dfrac{R_f V_i}{R_1}$；$\left(1 + \dfrac{R_f}{R_1}\right) V_i$　　26. 甲；乙；甲乙；整；正半个；大半个

27. 输出功率；效率；非线性失真；散热　　28. 死区；交越；偏置；微导通；甲乙类

29. 单；输出耦合；耦合输出交流信号；在输入信号的正半周兼做电源

30. $\beta_1 \times \beta_2$　　31. NPN 型；PNP 型

二、选择题

1. A　2. C　3. D　4. B　5. B　6. D　7. A　8. D　9. A　10. A　11. C　12. D　13. C　14. B

15. C　16. D　17. A　18. D　19. A　20. C　21. B　22. C　23. D　24. A　25. A　26. A　27. B

28. B　29. C　30. B　31. B　32. D　33. D　34. C　35. B　36. B　37. A

三、判断题

1. ×　2. ×　3. √　4. ×　5. ×　6. ×　7. ×　8. √　9. √　10. √　11. ×　12. ×

13. √　14. √　15. √　16. √　17. ×　18. ×　19. ×　20. √　21. √　22. √　23. √

24. √ 25. √ 26. × 27. × 28. √ 29. √ 30. × 31. √ 32. √ 33. × 34. √
35. √ 36. × 37. × 38. × 39. ×

四、问答题

1. 该电路为一种 OTL 功放电路，其工作原理如下：静态时，输出耦合电容 C_2 已充电到 $\frac{1}{2}$ V_{CC}，电阻 R_1 和二极管 VD_1、VD_2 上的压降基本稳定。在输入信号的负半周时，由于 VT_1 的倒相作用，VT_1 导通，VT_2 截止，由电源 V_{CC} 提供一个自上而下的负载电流，得到输出信号为正半周的波形，在输入信号的正半周，由于 VT_1 的倒相作用，VT_2 导通，VT_1 截止，由电容 C_2 放电提供一个由下而上的负载电流，得到输出信号为负半周的波形。该电路的最大输出功率公式为 $P_0 = \dfrac{V_{CC}^2}{8R_L}$。

2、3 题略。

4. 正弦波振荡器由基本放大电路和具有选频特性的正反馈网络组成。如果没有选频网络，输出电压将由各次谐波组成，而不能产生单一频率的正弦波，因此，一定要有选频网络。

5、6 题略。

五、作图与分析

1. （a）电压串联负反馈；（b）电流并联负反馈

2. （1）将 R_1 的 a 与 VT_1 的 e 极连接，b 与 VT_2 的 c 极连接；（2）将 R_2 的 a 与 VT_1 的 b 极连接，b 与 VT_2 的 e 极连接。

3. （a）：电流串联负反馈；（b）：电流并联负反馈；（c）：电压串联负反馈；（d）：电压并联负反馈

4、5、6、7 题略。

六、计算题

1. 略。

2. $u_0 = -1.5V$

3. （1）能满足相位平衡条件；（2）392 kHz

第9章　稳压电源和高频信号处理电路

一、填空题

1. 无线电波　2. 电磁波　3. 地面波；天波；空间波　4. 低频电；高频电
5. 调制；调制信号；载波　6. 频率；高频载波信号；低频　7.465
8. 输出端；输入端；接地端　9.87～108MHz　10. 非线性

二、选择题

1. D　2. B　3. C　4. A　5. C　6. B　7. B　8. C　9. A　10. B

三、判断题

1. ×　2. ×　3. ×　4. √　5. ×　6. √　7. √　8. √

四、综合题

1、2 题略。

3. 54.3mA；10.9V

4. （1）对取样电压与基准电压进行比较放大；（2）12.5V；（3）150mA；（4）0.825W。

第10章 数字电路基础

一、填空题

1. 1；0；"逢二进一"　2. 0、1、2、3、4、5、6、7、8、9；"逢十进一"　3. TTL；CMOS　4. 乘权相加；除2取余法　5. 1000001　6. 57　7. 0001 0010 1000　8. 与　9. 或

10. 非　11. 有低为低，全高为高　12. 1　13. $\overline{\overline{AB} \cdot \overline{AC}}$　14. 1

二、选择题

1. B　2. C　3. C　4. D　5. A　6. D　7. A　8. D

三、判断题

1. √　2. ×　3. ×　4. √　5. √　6. √　7. ×　8. ×

四、综合题

1、2题略。

3. $Y_1 = \overline{AB}$；$Y_2 = \overline{A+B}$；输出波形略。

4. 化简后的表达式为 $Y = ABC + A\overline{B}\,\overline{C} + \overline{A}B\,\overline{C} + \overline{A}BC$，真值表略。

5. 略。

五、问答题

略。

第11章 逻辑电路及其应用

一、填空题

1. 电压或电流　2. 指数形式；$\tau = RC$　3. 正负尖脉冲　4. 锯齿　5. 外加信号　6. 稳定；暂稳　7. R；C；无关　8. 矩形　9. 组合电路；存储电路　10. 与非门　11. 时钟脉冲　12. 置0；置1；保持；翻转　13. 非　14. 置1；置0　15. 2　16. 接收数据；存放数据；输出数据　17. 脉冲的个数　18. 状态的组合；记忆　19. 2^n　20. 1　21. 四　22. 0

二、选择题

1. D　2. C　3. D　4. A　5. C　6. C　7. D　8. D　9. C　10. B　11. C　12. D

三、判断题

1. ×　2. ×　3. √　4. √　5. √　6. ×　7. √　8. √　9. √　10. √　11. ×　12. √
13. √　14. ×　15. ×　16. √　17. ×　18. √　19. √　20. √　21. √　22. √　23. ×　24. √

四、综合题

1. 用与门和或门组成的逻辑电路见（a）图；用与非门电路组成的逻辑电路（b）图。

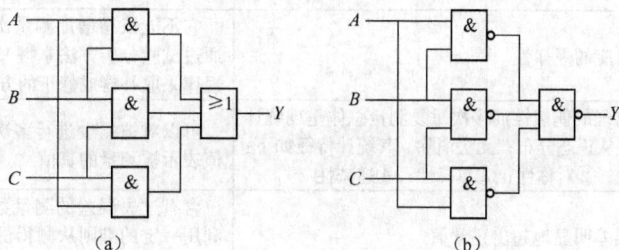

（a）　　　（b）

2. 略。

3. 由图写出电路的逻辑表达式为：$Y = AB + \overline{A + B} + B\overline{C} \cdot \overline{\overline{C}}$

化简后：$Y = \overline{A} + B + C$；真值表（略）；逻辑功能为：电路只有当 A 为高电平，B、C 为低电平时，输出才为低电平，否则，均为输出高电平。

4. 略。

第12章　电子测量基础

一、填空题

1. 数值（大小及符号）和相应的单位名称　2. 间接　3. 误差　4. 操作误差（使用方法误差）　5. 0.5kΩ　2.5%　6. $\dfrac{2}{3}$　7. 四舍六入五凑偶　8. 10^{-13}　9. 满度相对误差　10. 相对　11. 绝对误差　被测量的约定值　12. 准确度　准确度　13. 2.7172　2.717　14. 0.25

二、判断题

1. ×　2. ×　3. √　4. ×　5. √　6. √　7. √　8. ×　9. ×　10. √　11. ×　12. ×　13. ×　14. √　15. √

三、选择题

1. C　2. D　3. D　4. C　5. D　6. B　7. B　8. D　9. C　10. A　11. A　12. D　13. B　14. C　15. B

四、问答题

1. 电子测量是指以电子技术理论为依据，以电子测量仪器和设备为手段，对各种电量和非电量所进行的测量。

根据电子测量的定义，第二种测量方法属于电子测量。

2. 电子测量的内容

序号	测量内容	具体实例
1	元器件参数的测量	电阻器的阻值、电容器的容量、晶体管和集成电路的参数等
2	基本量的测量	电压、电流、功率和电场强度等
3	电信号特性的测量	电信号的波形、幅度、相位、周期、频率、相位等
4	电路性能指标	灵敏度、增益、带宽、信噪比等
5	特性曲线的显示	频率特性、器件特性等

电子测量的特点：测量频率范围宽；测量量程宽；测量准确度高；测量速度快；可以进行遥测；可以实现测试智能化和测试自动化

3.

分　类	特　点	减小误差方法
系统误差	有其对应的规律性	它不能依靠增加测量次数加以消除，一般可通过试验分析方法掌握其变化规律，并按照相应规律采取补偿或修正的方法加以消除
随机误差	个别出现的偶然性而多次重复测量总体呈现统计规律，服从正态分布；无法消除。其统计特征如下：①有界性；②对称性；③单峰性；④递减性	可以对被测量进行多次重复测量，取算术平均值表示被测量的真值
粗大误差（过失误差）	测量误差明显地超出正常值	含有过失误差的测量数据是不能采用的，必须利用一定的准则从测得的数据中剔除。如比赛中采用的"去掉一个最大值和最小值的计分方法"

4. 电压测量仪器，频率、时间、相位测量仪器，电路参数测量仪器，测试用信号源，信号分析仪器

5. 选择 0V、2.5 级比较合适

五、综合题

1. 0.1A   1.25%   1.5 级

2. 26.36   7.136   3.480 ×10^{-4} 5.835 ×10^4 54.79   2.100 ×10^5 19.99   41.23

3. 1.3mA   ±1.3mA   101 mA   2 mA

4. 0.5 级   0.2 级   0.2 级

若测 250V 电压，要求测量示值相对误差不大于 ±0.5%，则允许的绝对误差为 1.25V，如果选用量程为 250V 电压表，其精度应该为小于或者 0.5 级，才能满足要求。因为这样仪表测出的的最大误差才能保证在 1.25V 之内。

若选用量程为 300V 的表，则 1.25V 相对于 300V，是它的 0.41%，需要表的精度小于或者等于 0.4%，根据仪表的准确度等级应选择 0.2 级。

同理 500V 的电压表，其精度应小于或者等于 0.25%，才能保证测出的误差不超过 1.25V，根据仪表的准确度等级应选择 0.2 级。

5. 15V、±2.5 级更合适

第13章   万用表及使用

一、填空题

1. 25Ω   250Ω   2.5kΩ   25 kΩ   250 kΩ

2. 0 ~100Ω   10 ~1k   100 ~10k   1 ~100k 10k 以上

3. 6V   2V   150V   300V   600V   4. 0.15V   0.6V   5. 机械零位调整   零点

6. 电池   7. 绝缘   单手   8. 26   9. 直流电压灵敏度   灵敏度   10. 20

11. 间接   指针式   数字式   12. 采用大规模集成电路和液晶数字显示技术

13. 体积小、耗电省、功能多、读数清晰和准确等   14. 61   7.2   3.6

15. 把两支表笔短接，进行欧姆调零。   2200   16. 略

二、判断题

1. ×   2. √   3. √   4. √   5. ×   6. ×   7. ×   8. ×   9. ×   10. √   11. √
12. ×   13. √   14. ×   15. √   16. ×   17. ×

三、选择题

1. A   2. C→A→B→E   3. B   4. C   5. B   6. C   7. B   8. AD   9. B   10. D   11. D
12. C   13. A   14. A   15. B   16. C

四、问答题

1. 万用表可分为数字万用表和指针式万用表两大类。指针式表读数比较直观，便于维修，价格较低。数字式万用表的精确度高、读数方便、功能多，但价格较高。初学者可先选用指针式万用表，待操作熟练后再选用数字式万用表。

选购万用表时，可以随身带上已知测量过的电阻、电池、电容器。当场对比测量，看误差是否在正常范围内。如果你是一个新手，最好找一位行家帮助选择购买。

2. (1) 将红表笔插入 V/Ω 插孔，黑表笔插入 COM 插孔；(2) 打开表的电源开关，将量程开关旋至合适的挡位；(3) 此时显示"1"，将表笔跨接在待测量电阻的两端；(4) 示数稳定后再读取数值，这就是待测量电阻的电阻值。

3. (1) 将红表笔插入 V/Ω 插孔，黑表笔插入 COM 插孔；(2) 打开表的电源开关，将量程开关旋至合适的交流电压挡；(3) 将表笔任意接在交流电源插座的孔中（表笔不用区

分正负极）；（4）示数稳定后直接从显示屏上读取数值，这就是待测电源的电压值。

4. （1）将黑表笔插入 COM 插孔，当测量电流的最大值不超过 200mA 时，将红表笔插入 200mA 插孔，当测量电流的最大值超过 200mA 时，将红表笔插入 10A 插孔；（2）打开表的电源开关，将量程开关旋至直流电流相应的量程；（3）再将两表笔串联在被测电路中，便可测量出结果。

5. （1）必须在关掉电路电源的情况下测量电阻，不能带电测量电阻；（2）在对低电阻进行精确测量时，必须从测量值中减去表笔线的电阻值；（3）笔尖与被测电阻的引脚要接触良好，两手不要同时碰触两支表笔的金属部分或被测量电阻的两端；（4）显示屏显示"1"，此时应选择更高的量程；（4）读数时，要注意单位是欧姆（Ω）、千欧（kΩ），还是兆欧（MΩ）。

6. （1）开启电源，将功能开关拨至二极管挡位；（2）红、黑表笔分别接二极管的两个引脚，此时显示的读数为 0.59 或 0.2（也可能是 1）；（3）表笔调换后，此时显示的读数为 1（也可能是 0.59 或 0.2）；（4）根据读数为 0.59 或 0.2 的一次判定，红表笔接二极管正极，黑表笔接二极管负极。若读数为 0.59，二极管为硅管；若读数为 0.2，二极管为锗管；（5）如果以上两次测量均为 1，表明此二极管已损坏。

7. 见教材，略。

第 14 章 示波器及使用

一、填空题

1. 辉度聚焦 水平位移 垂直位移 2. 时间/格 3. 模拟示波器 数字示波器

4. 垂直控制 5. 电子束 6. 0.25K 2 3V 1.0605V 7. AC DC GND

8. 专用电子 9. 相位差 10. 高压 11. U_{P-P} = 垂直格数 × 伏特/格 12. 探头

13. 两 14. 负极性 15. 频率 相位 16. 顺 17. 450 大

18. 双踪 双踪 19. 连接设备 补偿 20. 阴极 栅极 21. 2.4

二、选择题

1. C 2. A 3. D 4. A 5. A 6. C 7. B 8. D 9. C 10. B 11. A 12. C，A

三、判断题

1. √ 2. × 3. ×（在没有信号输入时，仍有水平扫描线，这时示波器工作在连续扫描状态，若工作在触发扫描状态，则无信号输入时就没有扫描线） 4. √ 5. × 6. ×
7. √ 8. × 9. √ 10. √

四、问答题

1.

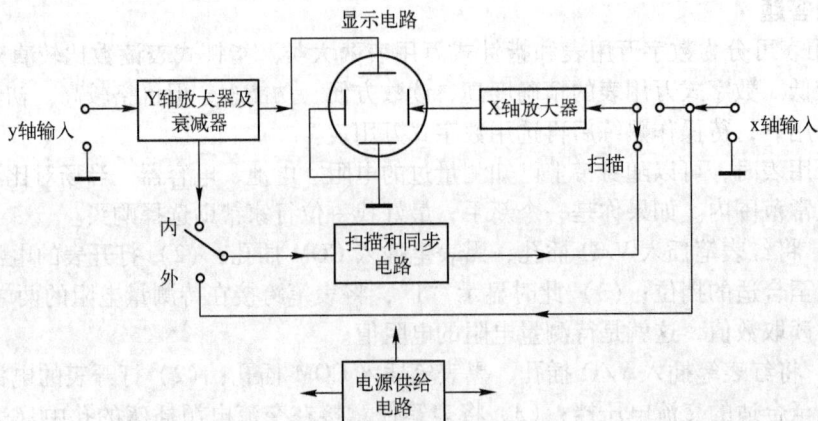

X 轴放大器的作用：当输入信号电压较小时，用于在 X 轴上的信号电压放大，避免光点偏移很小而无法观测信号电压的波形。

2.（1）一个亮点：顺时针调节辉度旋钮、调节聚焦旋钮使其处于中央位置，使屏上出现亮点，然后调节水平位移及垂直位移旋钮使亮点处于中心；（2）一条垂直线：通道一（CH1）不输入信号通道二（CH2）输入信号，"X 增益"逆时针旋到底，顺时针调节"Y 增益"，在屏上能看到一条垂直线；（3）一条水平亮线：通道一（CH1）输入信号通道二（CH2）不输入信号，将 CH1 的输入耦合方式设为接地，将触发方式设为自动，顺时针调节辉度旋钮即可出现一条水平亮线；（4）调节信号发生器，使之输出 50Hz 的正弦波信号，并连接信号发生器与示波器。正确设置合适的"电压/格"和"时间/格"，如果用的是 CH1 通道，触发源就选 CH1，然后反复调同步电平，就可得到稳定的正弦波形。

3. 略　4. 略

5. 在双踪显示时，当被测信号频率较低时应选择"断续"方式，可避免波形的闪烁。观察两个工作频率较高的信号时选择"交替"方式，信号的频率越高，越不会出现闪烁现象。

第15章　其他常用测量仪器及使用

一、填空题

1. B 通道　PERA　1s　2. FA　FB　PERA　TOTA　3. 低通滤波器　衰减器

4. 正弦波方波　尖脉冲　5. A　B　6. 低通滤波器　7. 打开　关上　8. AT89C51

9. E 计数器　T 计数器　MUP 微处理器单元　电源

10. 频率为 10Hz～1MHz 的正弦波、方波等　11. 频率倍乘选择　输出微调

12. 相乘的数值　13. 主振级　14. 文氏电桥　15. 隔离和电压放大

16. 连续调节（细调）　步进调节（粗调）　17. 模拟式　数字合成式

18. 信号输出　对数扫频　线性扫频　外部扫频　外部计数测量外部信号的频率

19. 正弦波、方波、三角波　20. 改变输出信号的对称性　21. 模拟　数字

二、判断题

1. √　2. ×　3. √　4. √　5. ×　6. ×（常用的）　7. √　8. √　9. √　10. √

11. ×　12. √　13. √　14. ×　15. ×　16. √　17. √　18. √　19. ×　20. √

21. √　22. √　23. ×

三、选择题

1. B　2. D　3. D　4. A　5. C　6. D　7. A　8. D　9. BD　10. BC

四、问答题

1. 参见《电子测量仪器》P43　　2. 参见《电子测量技术与仪器》P129

3. 参见《电子测量仪器》P70　　4. 参见《电子测量仪器》P51

5. A（6）　　B（2）　　C（4）　　D（1）　　E（5）　　F（3）

模拟考试题一

一、填空题

1. –15V　2. 反向击穿　3. 14.4V　4. 基　5. 27　6. 饱和　7. 8.26W

8. 磁感应强度　9. 暗　10. 左手　11. 邻臂电阻比值相等或对臂电阻乘积相等

12. 4Ω　13. 100V　14. 电子技术理论　15. 交替/断续　16. 四舍六入五凑偶

二、判断题

1. ×　2. √　3. ×　4. ×　5. √　6. √　7. √　8. ×　9. ×　10. ×　11. ×　12. √　13. ×

三、选择题

1. B 2. D 3. C 4. B 5. D 6. B 7. D 8. A 9. A 10. B 11. C 12. D

四、作图题

1. 略

2.

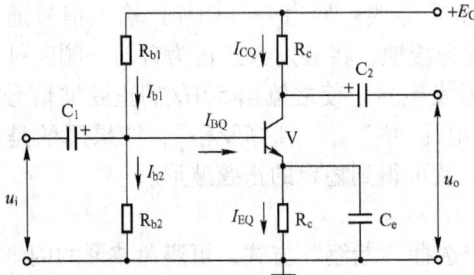

3.

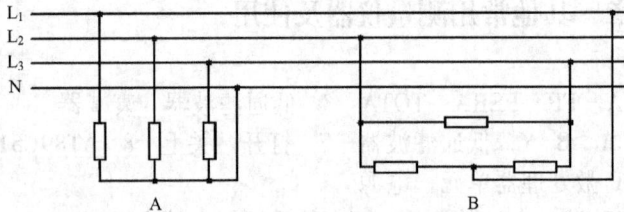

4. 绿；蓝；橙；金 银；金；黑；棕

5.

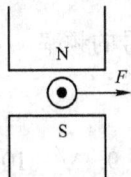

五、问答题

1. 答：①降低了放大倍数；②提高了放大器的稳定性；③减小非线性失真；④展宽频带；⑤改变输入输出电阻。

2. 答：①根据逻辑图写出逻辑表达式；②对逻辑表达式进行化简；③列出真值表；④根据真值表得出电路的功能。

3. 答：通电长直导线磁场方向用右手螺旋定则判定，具体方法是：右手握住导线并把拇指伸开，拇指指向电流方向，那么四指环绕的方向就是磁场方向。

4. 答：这种说法不对。电容是电容器本身的属性，它的大小只与构成电容本身的结构、电介质等有关。与极板所带的电量和极板两端的电压无关。

5、答：①测量时应首先调零；②正确选择合适的量程挡，要求指针在全刻度的 2/3 范围内，这样测试精度才能满足要求；③测量较大电阻时，手不可同时接触被测电阻的两端，否则将影响测量结果；④使用完毕不要将量程开关放在欧姆挡上。

六、综合题

1. $Y = A + B$

2. $u_o = 30\text{mV}$；$R_2 = 7.14\text{k}$

3. $I_1 = 5\text{A}$；$I_2 = -1\text{A}$；$I_3 = 4\text{A}$

4. $U_{P-P} = 1.2\text{V}$；$T = 0.25\text{ms}$；$f = 4\text{kHz}$

模拟考试题二

一、填空题

1. 1:1   2. 对电信号进行加工和处理   3. B→A   4. $u_A \rightarrow u_B \rightarrow u_C \rightarrow u_A$

5. 30W   6. 电容增大到 4 倍   7. 开路   8. VT_1 9. 抑制零点漂移

10. 12V   11. $Y = A + C + BD$ 12. 6   13. $\dfrac{2}{3}$

14. 交、直流电压、电流，直流电阻及音频电平，能估测电容器的性能，判别各种类型的二极管、三极管极性等。

15. 供测试的信号（如正弦波、方波、三角波、锯齿波、脉冲波、调幅波、和调频波等信号）

16. 图像

二、判断题

1. √   2. ×   3. ×   4. ×   5. ×   6. ×   7. ×   8. ×   9. ×   10. √   11. ×   12. ×   13. √

三、选择题

1. C   2. D   3. C   4. D   5. A   6. A   7. D   8. D   9. B   10. C   11. C   12. B

四、作图题

1. 略。   2. 略。

3. ①（连错一条线则得 0 分）

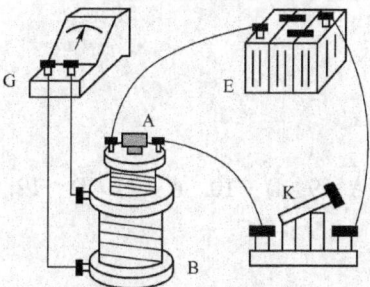

② 将开关闭合（或者断开）；将螺线管 A 插入（或拔出）螺线管 B

4. 略。   5. 略。   6. 略。

五、问答题

1. 答：① 用万用表 R×10k 挡测量，有正常的充放电（刚开始指针向右偏转一下，然后回到原始位置），就说明电容器是好的；② 使用电容测试挡，根据电容容量的大小选择挡位测试，如果测得的数值与电容标定的数值偏差较大，则说明被测电容的质量不合格。

2. 答：对于任一级总电路中的任一节点，在任一时刻，流出（或流进）该节点的所有支路电流的代数和为零；对于任一级总电路中的任一回路，在任一时刻，沿着该回路的所有支路电压降的代数和为零。

3. 答：① 频率长期稳定性极高；② Q 值高，带宽很窄，有利于选频；③ 体积小，适应现在集成工艺要求。

4. 答：电子测量内容包括：① 电能量的测量，如电压、电流、电功率等；② 电信号的特性的测量，如信号的波形、失真度、频率、相位、调制度等；③ 元件和电路参数的测量，如电阻、电容、电感、阻抗、品质因数、电子器件的参数等；④ 电子电路性能的测量，如放大倍数、衰减量、灵敏度、噪声指数、幅频特性、相频特性曲线等。

六、综合题

1. （1）当开关 S 闭合时，$U_{VZ} = 30 \times \dfrac{2}{5+2} V \approx 8.57V < U_Z$，所以稳压管截止。电压表读数 $U_V = 8.57V$，而

$$I_{A1} = I_{A2} = \frac{30V}{(5+2)k\Omega} = 4.29mA$$

（2）当开关 S 断开时，$I_{A2} = 0$，稳压管能工作于稳压区，故得电压表读数 $U_V = 12V$，A_1 的读数为

$$I_{A1} = \frac{(30-12)V}{5k\Omega} = 3.6mA$$

计算最后的结果数字为（1）$U_V = 8.57V$，$I_{A1} = I_{A2} = 4.29mA$

（2）$U_V = 12V$，$I_{A1} = 3.6mA$，$I_{A2} = 0mA$

2. $V_{o1} = -\dfrac{R_{f1}}{R_1}V_{i1}$

$V_{o2} = \dfrac{R_{f1}}{R_1}\dfrac{R_{f2}}{R_2}V_{i1} - \dfrac{R_{f2}}{R_1}V_{i2}$

功能：减法运算电路

$V_{o1} = -2V_{i1} = -5V$

$V_{o2} = 2V_{i1} - V_{i2} = 2 \times 2.5 - 5 = 0$

3. 略

4. （1）$-2.2mA$、2.2、2.75%　　（2）2.5 级

模拟考试题三

一、选择题

1. D　2. C　3. D　4. B　5. D　6. C　7. A　8. A　9. D　10. A　11. D　12. D　13. D　14. D　15. D

二、判断题

1. ×　2. √　3. ×　4. √　5. √　6. √　7. ×　8. √　9. √　10. √　11. ×　12. √　13. √　14. ×　15. ×

三、填空题

1. $3.6k\Omega$　2. 2.5　3. $6.8nF$　4. R_1C　5. 3　6. 10V

7. 差分放大电路　8. 4.5W　9. B　10. 相对误差　11. 电池　12. 降低 1/20

四、作图题

1.

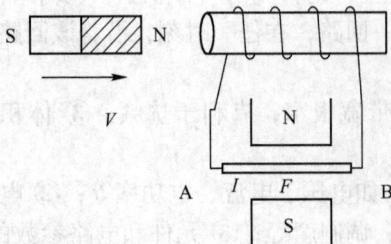

2.

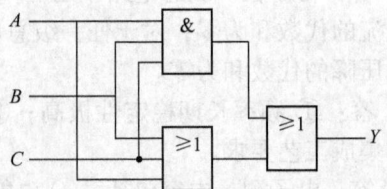

3.

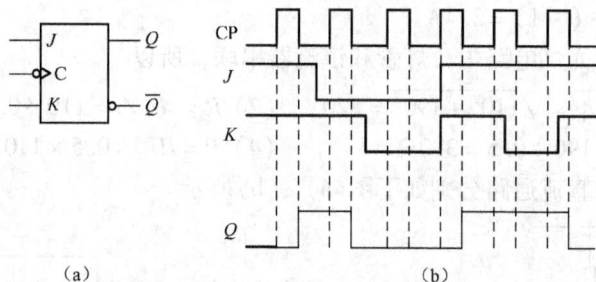

(a)   (b)

4.

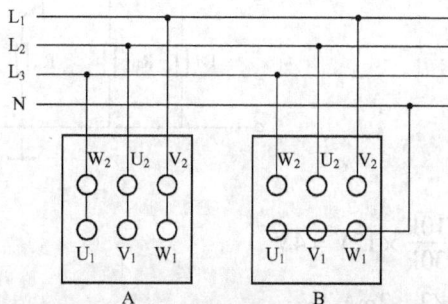

五、问答题

1. 答：矩形框沿 AB 轴转动时，矩形金属框中没有感生电流产生。因为穿过矩形金属框中的磁通没有发生变化，无电磁感应现象产生，所以矩形金属框中也没有感生电流产生。

2. 答：用万用表测量电流时，应将万用表串联接入电路中，如果是测直流电流，应让电流从万用表的红表笔流入，黑表笔流出；用万用表测量电压时，应将万用表并联接入电路中，如果是测直流电压，应让万用表的红表笔接高电位端，黑表笔接低电位端；用指针式万用表测量电阻前或每次更换倍率挡时，都应注意欧姆调零。

3. 答：功率放大器的要求是输出功率大、效率高、非线性失真小、要加装散热和保护措施。

4. 答：这种说法不正确。因为三极管具有放大电流作用的电流 I_c 是由电源提供的，而不是由 I_b 提供的，并不是把 I_b 真正放大为 I_c，只是将直流电能经过三极管的特殊关系，按 I_b 的变化规律转换为幅度更大的交流能量而已。

六、综合题

1. 解：（1）当开关 S 断开时，其等效电路如下图（a）所示

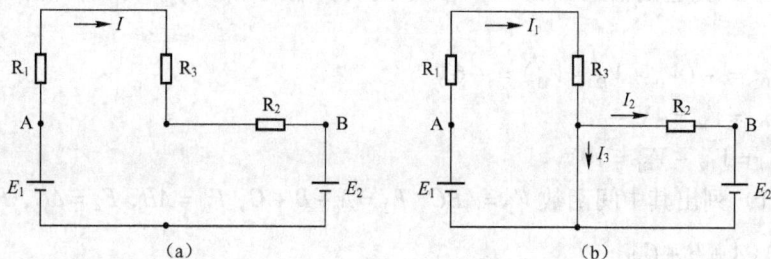

(a)   (b)

$U_{AB} = E_1 - E_2 = 12 - 5 = 7V$

（2）当开关 S 断开时，其等效电路如图（b）所示

$I_1 = E_1 / R_1 + R_3 = 12 \div (2 + 3) = 2.4A$

$I_2 = -E_2/R_2 = -5 \div 5 = -1A$

$I_3 = I_1 - I_2 = 2.4 - (-1) = 3.4A$

2. 解：因为在日光灯电路中，灯管和镇流器串联，所以

（1）$U = \sqrt{U_R^2 + U_L^2} = \sqrt{110^2 + 190^2} = 220V$　　（2）$R = U_R/I = 110 \div 0.5 = 220\Omega$

（3）$X_L = U_L/I = 190 \div 0.5 = 380\Omega$　　（4）$P = IU_R = 0.5 \times 110 = 55W$

3. 解：画出其交、直流通路分别如下图（a）、（b）所示

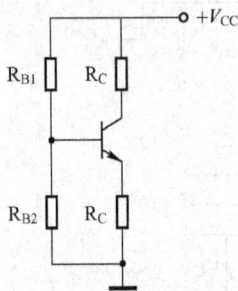
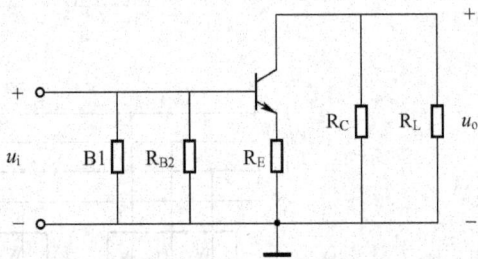

（a）　　　　　　　　　　　　　　　　（b）

（1）$U_{BQ} = \dfrac{R_{B2}}{R_{B1} + R_{B2}}E = \dfrac{10k}{30k} \times 12V = 4V$

　　$I_{CQ} \approx I_e = U_e/R_e = 4/2 = 2mA$

　　$I_{BQ} = I_c/\beta = 2/50 = 40\mu A$

　　$V_{CEQ} = V_{CC} - I_{CQ}(R_C + R_e) = 12 - 4 \times 2 = 4V$

（2）$r_{be} = 300 + (1 + \beta)\dfrac{26}{I_{EQ}} = 300 + (1 + 50)\dfrac{26}{2} = 0.96k\Omega$

　　$R_L' = R_C // R_L = 2 // 2 = 1k\Omega;$

　　$A_V = \dfrac{\beta R_1'}{r_{be}} = -\dfrac{50 \times 1}{1} = -50$

（3）$R_i = R_{B1} // R_{B2} // r_{be} \approx r_{be} = 0.96k\Omega;$

　　$R_0 = R_C = 2k\Omega;$

4. 解：A 的频率为 250kHz，幅值为 5.8V；B 的频率为 125kHz，幅值为 4V；F_1 的频率为 125kHz；F_2 的脉冲宽度为 $2\mu s$。

由波形可知 G_1 为与门电路，因为它的输入 A 和 B 全高时输出 F_1 为高，即 $F_1 = AB$；G_2 是异或门电路，因为它的输入 A 和 $AB(F_1)$ 不同时，输出 F_1 为高，相同时输出为低即 $F_2 = AB \oplus A$。

5. 解：$V_{O1} = -(V_{I1} + V_{I2} + V_{I3}) = -6V$

　　$V_{O2} = V_{I4} = 4V$

　　$V_O = V_{O2} - V_{O1} = 10V$

6. 解：（1）列出其中间函数 $F_1 = ABC$，$F_2 = A + B + C$，$F_3 = AB$，$F_4 = AC$，$F_5 = BC$，$F_6 = \overline{(F_3 + F_4 + F_5)}(A + B + C)$

得 $Y_1 = F_1 + F_6 = ABC + \overline{AB + BC + AC}(A + B + C)$

$Y_2 = AB + AC + BC$

（2）列出真值表

$\begin{array}{c}A\\C\end{array}$	B	Y_1	Y_2
0 0	0	0	0
0 1	0	1	0
1 0	1	1	0
0 1	1	0	1
1 0	0	1	0
1 1	0	0	1
1 0	1	0	1
1 1	1	1	1

（3）逻辑功能

① 输出为 Y_1 的电路的逻辑功能是电路实现了输入奇数个有效时输出为 1。

② 输出为 Y_2 的电路的逻辑功能是电路实现了输入两个或两个以上有效时输出为 1。

模拟考试题四

一、填空题

1. 2:3   2. $i = 30\sqrt{2}\sin(314t + 30°)\,\text{mA}$ 3. 星形

4. AB 向纸内、CD 向纸外旋转（逆时针）   5. −2V   6. $U_{\text{线}} = \sqrt{3}\,U_{\text{相}}$ 7. 1

8. 记忆   9. 22   10. 40   11. 电压串联   12. 基极   13. 内部断路

14. 输出耦合   15. 绝对误差和相对误差   16. B 通道

二、判断题

1. ×   2. ×   3. ×   4. ×   5. √   6. √   7. ×   8. √   9. √   10. ×   11. √

12. ×   13. √

三、选择题

1. D   2. B   3. C   4. A   5. D   6. C   7. D   8. D   9. B   10. A   11. C   12. B

四、作图题

1. 铝环 A 向左运动、小磁针 N 极向纸外运动，线圈 abcd 是 ab 向纸外、cd 向纸内旋转（顺时针）。

2.

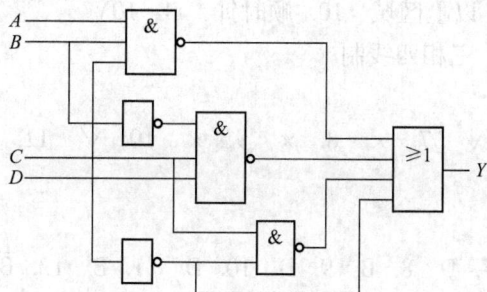

3.

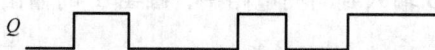

4. 黄；紫；橙；金　棕；黑；黑；银

五、问答题

1. 答：把电流表接到电源两端去测电源的电流，这样做是不行的。因为电流表的内阻通常很小，如果将其接到电源两端去测电源的电流，会因为电路电阻太小，而导致电路电流很大，从而使电流表因电流过大而烧坏，甚至会使电源损坏。

2. 答：（1）将数字万用表转换开关置于"⊦⊢"挡。

（2）用两只表笔分别接触二极管的两个电极，测第一次；交换两表笔位置再测一次。

（3）若两次屏幕上都显示"000"，则说明二极管击穿短路；若两次屏幕上的左侧都显示"1"。说明二极管内部都已开路。

3. 答：三相四线制电路中的中线不可以取消，因为中性线能平衡各相电压，使三相负载成为三个相互不影响的独立回路。如果取消中性线，会使某相电压因过高或过低而导致不能正常工作，严重时会损坏电路，甚至引起火灾等事故。

4. 答：双踪示波器有 CH1、CH2、双踪、叠加四种工作状态。这四种工作状态由显示方式开关来控制。

5. 答：应先检查电源指示灯，若没有亮，应先检查 AC 电源及插头是否有问题；若正常亮，应检查熔断器是否烧断，若断，更换，若没有断，打开机箱检查仪器内各引线插头中是否有松脱断线现象，若均无异常，则检查 45V 直流电压是否正常，若不正常，应分别检查 VD_4、VT_{10}、B_1，直至故障排除。

六、综合题

1. $I_1 = 0.5A$；$I_2 = -0.7A$；$I_3 = 0.2A$

2. （1）$e = 0.6V$；（2）$I = 1.2A$；电流由 B 指向 A；（3）A 点电位高；（4）$F = 0.048N$

3. （1）$f_0 = 200kHz$；（2）$I_0 = 0.5A$；（3）$U_C = 2500V$；（4）$Q = 100$；（5）$BW = 200Hz$

4. $V_0 = 0V$

模拟考试题五

一、填空题

1. 充放电　2. 发射极正偏、集电极反偏　3. 动态　4. LC 回路的并联　5. 0V

6. 相同　7. 并联；串联　8. 过低，且表笔与被测电源极性相反

9. 尽量让指针读数保持在满偏刻度的 2/3 以上区域　10. 顺时针　11. 10V

12. 最大值、频率、初相位　13. 小　14. 三相四线制

二、判断题

1. ×　2. ×　3. √　4. √　5. ×　6. √　7. ×　8. ×　9. ×　10. √　11. ×

12. ×　13. ×

三、选择题

1. C　2. B　3. B　4. D　5. C　6. C　7. D　8. B　9. D　10. D　11. B　12. B

四、作图题

1. 两输入信号 A、B 的波形如下图所示，A、B 输入到与门电路中，画出 Y 的输出波形如下图所示。

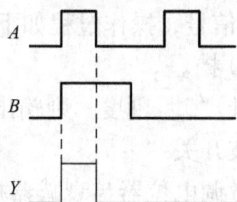

2. 在不增加放大电路级数的情况下分别引出 R_{f1} 电压串联、R_{f2} 电压并联和 R_{f3} 电流串联三种负反馈如下图所示。

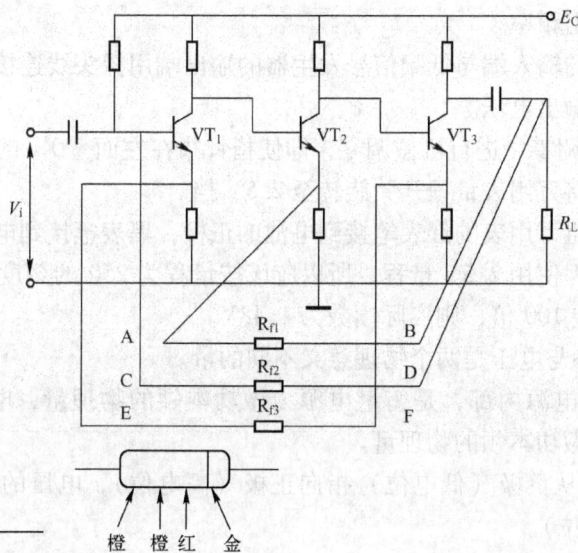

3.

4. $e_1 = 380\sin(100\pi t - 45°)\,\text{V}$

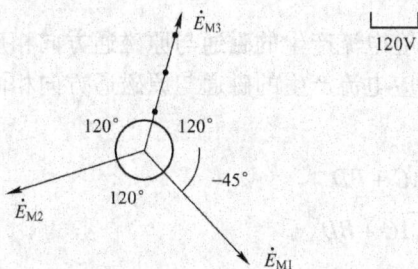

五、问答题

1. 答：① 降低了放大倍数。

② 提高了放大器的稳定性。

③ 减小非线性失真。

④ 展宽频带。

⑤ 改变输入、输出电阻。

⑥ 减小内部噪声。

2. 答：（1）不能起振，因为是负反馈不能满足相位平衡；（2）不能起振，因为是负反馈不能满足相位平衡。

3. 答：第一步，开启电源。接入电源 AC220，预热 10min。

第二步，频率选择。

本任务要求输出频率为50Hz的信号，操作过程如下。

（a）将频率倍乘选择开关置×10挡。

（b）调节频率指针，使指针对准"5"刻度。则输出频率为 $5 \times 10Hz = 50Hz$。

第三步，波形选择。按下正弦波开关"～"。

第四步，输出电压调节。输出微调电位器与衰减器相配合，获得输出信号，利用毫伏表输出。

第五步，频率计的输入端与低频信发生器输出端用探头线连接，选择适当的参数，测量低频信号发生器的输出频率。

第六步，毫伏表的输入端与低频信号发生器的输出端用探头线连接，选择适当参数，测量低频信号发生器的输出电压。

4. 答：第一步，调零。进行机械调零，即使指针指在左面"0"的刻度位置。

第二步，选择。将万用表量程开关旋转至2.5V挡。

第三步，连接。将万用表的红表笔接到电池的正极，黑表笔接到电池的负极。

第四步，读数。因使用2.5V量程，所以应该按量程为250的刻度线读数，若指针读出值为148，由于倍率差100倍，则实际读数为1.48V。

5. 答：① 电动势与电压是两个物理意义不同的量。

② 电动势存在于电源内部，是衡量电源力做功本领的物理量，电压存在于电源的内、外部，是衡量电场力做功本领的物理量。

③ 电动势的方向从负极（低电位）指向正极（高电位），电压的方向是从正极（高电位）指向负极（低电位）。

④ 电动势与电压的单位均是伏特（V）。

6. 答：不是

① 当原磁通增加时，感应电流产生的磁通与原磁通方向相反以阻碍原磁通的增加。

② 当原磁通减小时，感应电流产生的磁通与原磁通方向相同以阻碍原磁通的减小。

六、综合题

1. $Y = AD + A\overline{D} + AB + \overline{A}C + BD$

$= A(D + \overline{D}) + AB + \overline{A}C + BD$

$= A + AB + \overline{A}C + BD$

$= A + \overline{A}C + BD$

$= A + C + BD$

2. $V_B = \dfrac{R_2}{R_1 + R_2}E_C = \dfrac{10}{20 + 10} \times 12 = 4V$

$V_E = V_B - 0.7 = 4 - 0.7 = 3.3V$

$I_{EQ} = \dfrac{V_E}{R_4} = \dfrac{3.3}{2} = 1.65mA$

$I_{CQ} \approx I_{EQ} = 1.65mA$

$I_{BQ} = \dfrac{I_{CQ}}{\beta} = \dfrac{1.65}{50} = 33\mu A$

$$V_{\text{CEQ}} = E_C - I_{\text{CQ}} \times (R_3 + R_4) = 12 - 1.65 \times (2 + 2) = 5.4\text{V}$$

$$r_{\text{be}} = 300 + (1 + \beta)\frac{26}{I_{\text{EQ}}} = 1.1\text{k}$$

$$R_L' = \frac{R_L + R_3}{R_L R_3} = 1.3\text{k}$$

$$A_u = -\beta\frac{R_L'}{r_{\text{be}}} = -60.6$$

3. 解：① 因为 $\dfrac{1}{c} = \dfrac{1}{c_1} + \dfrac{1}{c_2}$

$$c = \frac{C_1 C_2}{C_1 + C_2} = \frac{10\mu\text{F} \times 40\mu\text{F}}{10\mu\text{F} + 40\mu\text{F}} = 8\mu\text{F}$$

$$Q = Q_1 + Q_2 = CU = 8\mu\text{F} \times 60\text{V} = 480\mu\text{C}$$

$$U_1 = \frac{Q}{C_1} = \frac{480\mu\text{C}}{10\mu\text{F}} = 48\text{V}$$

$$U_2 = \frac{Q}{C_2} = \frac{480\mu\text{C}}{40\mu\text{F}} = 12\text{V}$$

所以由于电容器 C_1 所承受的电压是 48V，超过了它的耐压 25V，所以 C_1 会被击穿，当 60V 电压全部加到 C_2 上，也超过了它的耐压 25V，所以 C_2 也会被击穿，不能正常工作。

② 外加多大的电压安全。

$$Q_1 = C_1 U_1 = 10\mu\text{F} \times 25\text{V} = 250\mu\text{C}$$

$$Q_2 = C_2 U_2 = 40\mu\text{F} \times 50\text{V} = 2000\mu\text{C}$$

因为选择电量小的为串联电路的总电量，所以取 $Q_1 = Q$。

$$U_1 = \frac{Q}{C_1} = \frac{250\mu\text{C}}{10\mu\text{F}} = 25\text{V}$$

$$U_2 = \frac{Q}{C_2} = \frac{250\mu\text{C}}{40\mu\text{F}} = 6.25\text{V}$$

$$U_3 = U_1 + U_2 = 25\text{V} + 6.25\text{V} = 31.25\text{V}$$

答：外加电压的最大值就为 31.25V。

4. 解：已知 $i = 100\sin(6280t - 600)\text{A}$

① 频率：$f = \dfrac{\omega}{2\pi} = \dfrac{6290}{2 \times 3.14} = 1000\text{Hz}$

② 周期：$T = \dfrac{1}{f} = \dfrac{1}{1000} = 0.001\text{s}$

③ 角频率：6280rad/s

④ 最大值：100V

⑤ 有效值：$100/\sqrt{2} = 70\text{V}$

⑥ 初相位：$-60°$

参 考 文 献

[1] 聂广林，赵争召主编．电工技术基础与技能．重庆：重大出版社出版，2010.

[2] 曾祥富主编．电工技术基础与技能．北京：科学出版社出版，2010.

[3] 赵争召主编．电子技术基础与技能．重庆：重大出版社出版，2011.

[4] 王英主编．电子技术基础与技能．北京：科学出版社出版，2010.

[5] 谭定轩，杨鸿主编．电子测量技术与仪器．重庆：重大出版社出版，2013.

[6] 辜小兵，杨清德，沈文琴主编．电子测量仪器．北京：高等教育出版社，2012.

[7] 杨清德主编．全国高等职业院校招生考试电类专业复习一点通．北京：金盾出版社，2010.